U0444875

"泰山学者"建设工程专项经费资助项目

Gaoxiao Shengtai Chanye Fazhan Yanjiu

高效生态产业发展研究

张卫国 王宝义 邱兆林 著

中国社会科学出版社

图书在版编目（CIP）数据

高效生态产业发展研究/张卫国，王宝义，邱兆林著.—北京：中国社会科学出版社，2021.8

ISBN 978-7-5203-8650-0

Ⅰ.①高… Ⅱ.①张… ②王… ③邱… Ⅲ.①生态经济—经济发展—研究—中国 Ⅳ.①F124.5

中国版本图书馆 CIP 数据核字（2021）第 123340 号

出 版 人	赵剑英
责任编辑	李庆红
责任校对	郝阳洋
责任印制	王 超
出 版	中国社会科学出版社
社 址	北京鼓楼西大街甲 158 号
邮 编	100720
网 址	http：//www.csspw.cn
发 行 部	010-84083685
门 市 部	010-84029450
经 销	新华书店及其他书店
印 刷	北京君升印刷有限公司
装 订	廊坊市广阳区广增装订厂
版 次	2021 年 8 月第 1 版
印 次	2021 年 8 月第 1 次印刷
开 本	710×1000 1/16
印 张	26
插 页	2
字 数	426 千字
定 价	139.00 元

凡购买中国社会科学出版社图书，如有质量问题请与本社营销中心联系调换
电话：010-84083683
版权所有 侵权必究

前　言

高效生态产业发展研究是源于实践和问题导向的结果。2009年11月，国务院正式批复、12月国家发展和改革委员会正式印发《黄河三角洲高效生态经济区发展规划》，标志着中国第一个以"高效生态经济发展"为主题的国家区域发展战略的正式出台。本书作者张卫国在黄河三角洲高效生态经济区发展上升为国家战略的过程中，曾先后多次带领科研团队到黄河三角洲地区进行有关大河三角洲地区生态经济和生态产业发展的调研。在该规划以专栏形式初步界定了高效生态经济以及高效生态产业及其空间布局特征以后，对高效生态经济、高效生态产业发展的理论研究逐步成为一段时间内的理论热点。但是，国内外学术界对高效生态经济、高效生态产业及其发展的概念和基本理论问题的关注还比较少，学术成果大多集中于一般生态经济、生态产业概念和基本理论问题的探讨上。原因在于，有了生态经济、生态产业的概念，为什么还要建立高效生态经济、高效生态产业的概念？如何建立高效生态经济、高效生态产业的理论基础？这是伴随高效生态经济、高效生态产业发展实践不断深化而必须加以回答的理论问题。

2011年8月山东省委、省政府确定，张卫国为山东社会科学院高效生态经济研究岗位泰山学者特聘专家；2017年1月山东省委、省政府确定，张卫国符合泰山学者特聘专家续聘条件，予以续聘。为了更好地完成高效生态经济研究泰山学者岗位目标任务，2011年12月张卫国主编的《山东经济蓝皮书2012年：高效生态经济赢取未来》一书，由山东人民出版社正式出版，该书在对生态经济学及其研究对象以及生态经济与绿色经济、循环经济、低碳经济等概念之间的区别与联系加以阐释的基础上，引入热力学第二定律关于体系熵变的原理，建立了高效生态经济的基本概念。2015年8月，由中国生态经济学学会主办、山东社会科学院高效生态经济研究泰山学者岗位承办的"生态经济研究前沿国际高层论坛"在山东省滨州北海经济开发区举行。论坛邀请了国际著名生态经济学家 Rorbert Costanza 教授到会并作了主题演讲。论坛共收到参会论文 100 余篇，张卫国提交了唯一一篇题为《高效生态经济研究的理论基础》的会议论文，并作了大会发言。会后从参会论文中精选出 21 篇论文形成《全球生态治理与生态经济研究》一书，内容涵盖了可持续发展、生态文明建设、农村生态环境、资源高效利用与管理等全球生态治理中的关键问题，同时也涵盖了高效生态经济研究的相关理论问题。该书由张卫国、于法稳主编，2016 年 4 月中国社会科学出版社出版。中国社会科学院经济学部编、中国社会科学出版社 2018 年 12 月出版的《中国经济学年鉴 2016—2017》在"著作选介"栏目给予介绍。该书英文版还将由德国斯普林格出版社（Springer）出版。

中国的供给侧结构性改革在理论和实践上都与高效生态经济和高效生态产业发展有着内在的一致性。前者是在习近平新时代中国特色社会主义政治经济学指导下，通过供给侧结构性改革降低制度性交易成本，进而提高全要素生产力的崭新理论成果和社会实践；后者则是生态经济、生态产业历经长期演进而达到的，同样是以提高全要素生产力为取向的生态系统与经济系统有机统一的生态经济系统的典型发展形态的理论概括和发展成果。因此，正是中国供给侧结构性改革的理论与实践，强有力地助推着高效生态经济、高效生态产业发展理论与实践的不断深化。作为山东社会科学院创新工程团队支撑项目，2016 年 12 月，张卫国、程臻宇等著的《化解产能过剩问题研究》一书由山东人民出版社出版；2017 年 12 月，张卫国、蔺栋华等著的《深化供给侧结构性改革》一书由山东人民出版社出版。2016 年 8 月，张卫国主持，王宝义、邱兆林、苏明参加的国家社会科学基金重点项目"供给侧结构性改革背景下高效生态产业发展研究"获准立项（立项批准号 16AJY006）；2020 年 11 月，该项目准予结项（结项证书号 20204596）。

高效生态产业发展研究也是全球生态治理与生态经济研究的一次有益探索。本书廓清了高效生态经济和高效生态产业的基本概念；解析了高效生态产业发展的基本维度和基本问题；提出了供给侧结构性改革背景下高效生态产业发展的基本思路。因为地球高熵化，生态经济系统是生态系统与经济系统的有机统一，生态经济的演化经历了从低效到高效的历史过程，影响生态经济系统的政治、文化、社会等各种因素都可以内生化为生态经济研究模型中，所以，可以把高效生态产业定义为：高效生态产业是指在地球上存量十分有限的化石能源消耗殆尽之前，通过卓有成效地调控低熵矿石和化石燃料向高熵废物和燃烧化石燃料产生的废能转化的流量，达到既能"细水长流"又能经济效益最大化的产业形态。它也是具有最典型生态经济系统特征的产业发展模式。高效生态产业发展是实现经济可持续发展的基础和载体，是实施供给侧结构性改革的重要发力点。高效生态产业发展的实质是遵循自然规律和市场规律，寻求生态系统与经济系统有机结合的产业发展最优集合，规避传统产业发展模式内在的数量约束和市场困境，兼取更高的经济效益和生态效益。按照现有的产业统计体系，高效生态产业也可以分为高效生态农业、高效生态工业和高效生态服务业等产业门类。所以，高效生态产业发展是包括高效生态农业、高效生态工业和高效生态服务业及其内部次生产业在内的结构演进、规制创新等一系列发展过程。

深化高效生态产业发展研究的经验空间势必更加广阔。从高效生态产业发展遵循的一般规律看，地球演化的高熵化规律，市场经济发展的高效化规律，社会生产力发展以科学技术为基础、以升级换代为形式的不断智能化规律等，一起决定了绿色、可持续或高效生态产业发展的历史必然性。

从高效生态产业发展的中国演进态势看，在所有涉及国内外广阔空间、决定中国"两个一百年"奋斗目标和中华民族伟大复兴中国梦的重大区域发展战略规划中，都充分体现出中国经济和产业绿色、可持续或高效生态产业发展的理论和实践都在不断演进着，已经走在路上。中共十九届四中全会通过的《中共中央关于坚持和完善中国特色社会主义制度、推进国家治理体系和治理能力现代化若干重大问题的决定》，提出了到中国共产党成立一百年、到2035年、再到新中国成立一百周年时分三步走全面实现国家治理体系和治理能力现代化，使中国特色社会主义制度更加巩固、优越性充分展现的总体目标。决定的具体内容既包括坚持社会主义基本经济制度，充分发挥市场在资源配置中的决定性作用，更好地发挥政府作用，全面贯彻新发展理念，坚持以供给侧结构性改革为主线，加快建设现代化经济体系；也包括坚持和完善生态文明制度体系，促进人与自然和谐共生，实行最严格的生态环境保护制度，全面建立资源高效利用制度，健全生态保护和修复制度，严明生态环境保护责任制度等。实现这样的国家治理体系和治理能力现代化，中国的绿色发展、可持续发展或高效生态发展就一定会取得更加辉煌的成就。随着中国高质量发展和深度参与全球环境治理，势必为全球绿色发展、可持续发展或高效生态产业发展贡献出越来越多的方案和智慧。

从高效生态产业发展的国际演进态势看，把充分发挥市场机制对资源配置卓有成效的调节作用与产业发展中充分发挥以科学技术为基础的智能主导作用有机结合，已是当今世界发展大趋势。随着时间的推进，世界各国不断完善创新市场经济体制机制，遵循生产力发展基本规律、工业革命发展规律的共同结果，绿色经济、可持续发展经济或高效生态产业发展绩效的不断提高，势必引致世界各国对着力于绿色经济、可持续发展经济或高效生态产业发展的越来越多的共识，以及对于高效生态经济和高效生态产业概念本身的理论共识。包括发达国家和欠发达国家在内的世界各国对"地球村""人类命运共同体"以及发展"过冲"必须避免等的共识越来越多；国际学术界、高端智库、决策机关、政府组织与非政府组织（NGO）、联合国等跨国组织对绿色发展、可持续发展或高效生态产业发展的相关研究越来越投入，越来越深入，越来越合作；企业绿色生产经营、居民绿色消费、产业高效生态发展、国民经济绿色核算、生态环境保护和应对气候变化等各种生态环境保护和资源节约利用的规制、协定、方案、行动越来越多，越来越有效，越来越有约束力；绿色、环保技术进步速度越来越快，质量越来越高；全球经济、生态、社会治理体系创新步伐越来越快，越来越朝着绿色、生态、高效的方向演进。

张卫国
2021 年 1 月 20 日

目 录

第一章 导论 1
第一节 人类四次工业革命的历史启迪 1
第二节 世界经济可持续发展的现实选择 4
第三节 中国高质量发展的主导战略 7
第四节 高效生态经济与高效生态产业 10
第五节 研究的基本内容和总体框架 11
第六节 创新之处和今后的研究方向 14

第二章 高效生态产业发展研究的相关文献 17
第一节 生态产业与高效生态产业 17
第二节 经济增长的本质 31
第三节 经济增长的方法及其他相关文献 40

第三章 高效生态产业发展的理论基础 45
第一节 社会生产力发展的基本规律 45
第二节 高效生态产业发展的必然性 54
第三节 高效生态产业发展的研究对象 61

第四章 供给侧结构性改革理论与实践 65
第一节 经济理论中的供给与需求 65
第二节 中国经济新常态与新阶段 69
第三节 供给侧结构性改革的概念 75
第四节 供给侧结构性改革的影响 81

第五章 供给侧结构性改革与产业发展 ········· 87

第一节 供给侧结构性改革与产业结构演进 ········· 87
第二节 供给侧结构性改革与产业组织创新 ········· 92
第三节 供给侧结构性改革与产业政策优化 ········· 97

第六章 高效生态产业结构 ········· 107

第一节 高效生态产业结构的理论基础 ········· 107
第二节 中国产业结构演进及存在的问题 ········· 114
第三节 构建中国高效生态产业结构 ········· 120

第七章 高效生态农业发展 ········· 129

第一节 高效生态农业的理论基础 ········· 129
第二节 中国生态农业发展现状及存在的问题 ········· 137
第三节 中国高效生态农业发展 ········· 142

第八章 高效生态工业发展 ········· 150

第一节 高效生态工业的理论基础 ········· 150
第二节 中国生态工业发展现状及存在的问题 ········· 156
第三节 中国高效生态工业发展 ········· 162

第九章 高效生态服务业发展 ········· 172

第一节 高效生态服务业的理论基础 ········· 172
第二节 中国服务业发展现状及存在的问题 ········· 178
第三节 中国高效生态服务业发展 ········· 185

第十章 高效生态产业空间布局 ········· 194

第一节 高效生态产业空间布局的理论基础 ········· 194
第二节 中国产业空间布局现状及存在的问题 ········· 201
第三节 构建中国高效生态产业空间布局 ········· 211

第十一章　高效生态产业发展规制 ······ 221

第一节　高效生态产业发展规制的概念 ······ 221
第二节　中国产业发展规制演进现状 ······ 225
第三节　中国产业发展规制存在的问题 ······ 234
第四节　中国高效生态产业发展规制安排 ······ 240

第十二章　高效生态产业市场结构 ······ 251

第一节　高效生态产业市场结构的概念 ······ 251
第二节　中国产业市场结构演进现状 ······ 256
第三节　中国产业市场结构存在的问题 ······ 268
第四节　构建中国高效生态产业市场结构 ······ 272

第十三章　高效生态产业市场主体行为 ······ 280

第一节　高效生态产业市场主体的概念 ······ 280
第二节　中国产业市场主体行为类型 ······ 284
第三节　中国产业市场主体行为存在的问题 ······ 287
第四节　高效生态引领中国产业市场主体行为合理化 ······ 294

第十四章　高效生态产业发展绩效 ······ 310

第一节　高效生态产业发展绩效的概念 ······ 310
第二节　中国产业发展绩效现状 ······ 313
第三节　中国产业发展绩效的主要影响因素 ······ 323
第四节　提高中国高效生态产业发展绩效 ······ 328

第十五章　高效生态产业发展的数量分析 ······ 335

第一节　生态经济数量分析的简要回顾 ······ 335
第二节　高效生态产业发展的微观数量分析 ······ 347
第三节　高效生态产业发展的中观数量分析 ······ 349
第四节　高效生态产业发展的宏观数量分析 ······ 351

第十六章　高效生态产业发展政策 ……………………………… 356

第一节　贯彻新发展理念 …………………………………… 356
第二节　创新生态文明规制 ………………………………… 358
第三节　前置生态文明规划 ………………………………… 361
第四节　构建高效生态产业结构 …………………………… 363
第五节　加快形成低碳绿色能源主导的现代能源结构 …… 365
第六节　高效生态产业发展的财政政策 …………………… 368
第七节　高效生态产业发展的金融政策 …………………… 370
第八节　高效生态产业发展的就业政策 …………………… 372
第九节　高效生态产业发展的人才政策 …………………… 374
第十节　高效生态产业发展的科技政策 …………………… 376
第十一节　高效生态产业发展的国际合作政策 …………… 378

第十七章　高效生态产业发展前瞻 ……………………………… 381

第一节　高效生态产业发展的中国展望 …………………… 381
第二节　高效生态产业发展的世界展望 …………………… 383

参考文献 ………………………………………………………… 387

后　记 …………………………………………………………… 407

第一章 导论

第一节 人类四次工业革命的历史启迪

人类文明发展史中，人类足迹对地球环境影响最深远的时期就是自18世纪后期第一次工业革命以后迄今为止的这段历史时期。其间，经历了18世纪后期至19世纪40年代的第一次工业革命、19世纪末至20世纪初的第二次工业革命、20世纪60年代至今的第三次工业革命，以及20世纪与21世纪之交开始的第四次工业革命。① 每一次工业革命都伴随着人口、经济、能源等诸多人类经济社会发展变量的巨大变化，相应地，对我们生存的地球环境产生了深远影响。

第一次世界工业革命源于英国。在经历了17世纪科学革命的长期积累以后②，英国围绕煤炭等化石能源的利用产生了煤铁、炼钢等主导性技术发明，在此基础上诞生了先进的珍妮纺车等工具机以及蒸汽机和内燃机等动力机。机械作业代替手工劳动，引致手工作业专业化，使生产组织向大规模使用大机器的社会化方向变革，大大提高了生产效率，加上新动能对公众文化普及的迅速推动，社会生产迅速扩大，人口规模迅速扩大，人类文明发生了巨大变化，对化石能源和自然资源的利用、对地

---

① 由于对每次工业革命划分标准上的一些细微差异，不同文献中各次工业革命的起止时间界定略有不同，但这不影响由基本特征所决定的起止时间的大致一致。此外，由于工业革命首先发生在发达国家及其主要衍生国家，然后逐步波及世界范围，所以，各次世界工业革命的历史时期是有所交叉的。例如，目前第三次世界工业革命尚未结束，但国际公认的第四次工业革命已经开始了。

② 本书特别强调科学革命、技术革命对工业革命的先导和基础作用，这既体现出当今创新驱动发展的人类共识，也表达了在人类文明演进的长期过程中，可持续发展的根本决定方面是"供给侧"，而不是市场原教旨主义所谓的"需求侧"。

球环境的影响大大超过了以往任何时代。地球上出现了从未有过的人类生态足迹（Ecological Footprint，EF）。0—1000 年、1000—1500 年、1500—1820 年、1820—1870 年，世界 GDP 年均复合增长率分别为 0.01%、0.15%、0.32%、0.93%；世界人口年均复合增长率分别为 0.02%、0.10%、0.27%、0.40%。① 可见，第一次工业革命期间世界经济、人口规模的增长是加速的。

第二次工业革命几乎同时发生在德国和美国等几个先进的资本主义国家。19 世纪科学革命实现了科学理论的统一、科学革命与技术革命的融合，为第二次世界工业革命奠定了坚实基础，也深远地影响到第三次工业革命乃至当今的世界工业发展和一切人类文明成就。以热力学、电磁学、化学、生物学、地质学的突破性进展为代表的科学革命，极大地促进了电力、化工和钢铁业的技术创新、产业组织变革和规模扩张。世界经济、人口的增长更加迅速，人类对化石能源的大规模开发与利用从以煤炭为主的"蒸汽时代"走向煤炭、石油并重的"电气时代"。资本主义从自由资本主义转变为垄断资本主义。人类对地球环境的影响更加深远、广阔，人类生态足迹更加明显了。1870—1913 年，世界 GDP 年均复合增长率为 2.11%，世界人口年均复合增长率为 0.80%。② 可见，第二次工业革命期间世界经济、人口增长均明显高于第一次工业革命期间的水平。

第三次工业革命在美国、西欧、苏联和东欧、日本等先进国家相继发生。20 世纪初叶相对论和量子力学把 19 世纪科学革命推到高峰；20 世纪五六十年代空间科学、核物理、电子学、地球科学、生物学和医学等有了诸多新的发现；20 世纪 60 年代以后，系统论、控制论、信息论、仿生学、环境科学、计算机科学技术等助推科学综合化和整体化、科学与技术融合化发展，科学革命和技术革命交织进行，越来越具有科学技术革命，而不是比较单纯的科学革命或技术革命的特征。20 世纪科学技术革命极大地驱动了人类经济社会发展，世界经济、人口均高速增长，50 年代至 70 年代初还呈现出加速趋势；人类对化石能源的利用从煤炭、石油主导转变为煤炭、石油、天然气并重，且广泛利用核能。"人类中心主

---

① ［英］安格斯·麦迪森：《世界经济千年史》，伍晓鹰、叶燕文、施发启译，北京大学出版社 2003 年版，第 239、260 页。

② ［英］安格斯·麦迪森：《世界经济千年史》，伍晓鹰、叶燕文、施发启译，北京大学出版社 2003 年版，第 239、260 页。

义"的文明演进特征非常突出，人类在地球上的生态足迹达到了空前的规模、广度和深度，世界进入了"人类世"。1913—1950年、1950—1973年、1973—1998年，世界GDP年均复合增长率分别为1.85%、4.91%、3.01%，世界人口年均复合增长率分别为0.93%、1.92%、1.66%。[①]

第四次工业革命已经在美国、德国、日本和中国等工业化强国或大国初露端倪。20世纪科学技术革命为这次新的工业革命奠定了雄厚基础，而20世纪后期物理学、生物学、材料科学、数字技术、互联网技术、人工智能等科学技术的突破性发展，使第四次工业革命呈现出高度数字化、信息化、智能化和生物化的显著特征。人类已经开始以数字神经系统管理组织[②]、治理国家和运行社会，数字化生存已经成为我们生活的常态[③]，万物互联时代已经到来，可持续发展理念深入人心。即将过去的21世纪头20年，虽然经历了2008年以后的全球金融危机，但世界经济规模依然快速扩张，全球人口增长继续向高位运行。一方面，能源结构依然呈现出煤炭、石油、天然气等高碳化石能源占比居高不下的特点；但另一方面，清洁能源、可再生能源等绿色低碳能源占比也在不断提升。人类生态足迹不仅踏遍了地球，而且正向地球外部空间迈进——人类留给宇宙的垃圾也越来越多。人类对地球环境的污染、地球气候变化、地球生物多样性失却的问题，已经成为世界各国共同面临的问题。世界可持续发展已面临日益严峻的挑战。1990年、2000年、2005年、2010年、2015年、2016年世界GDP年增长率分别是3.0%、4.4%、3.9%、4.3%、2.7%、2.4%；2000年、2005年、2010年、2016年世界年中人口分别是611807.5万人、651702.1万人、693065.7万人、744213.6万人。[④]

人类文明演进史实表明：人类通过不断学习和实践产生出新的需求，而有社会需求的科学革命或科学技术革命从供给侧驱动了经济社会的发展。而人类四次工业革命的史实表明：工业革命以来的人类文明演进过

[①] ［英］安格斯·麦迪森：《世界经济千年史》，伍晓鹰、叶燕文、施发启译，北京大学出版社2003年版，第239、260页。

[②] 参见［美］比尔·盖茨《未来时速：数字神经系统与商务新思维》，蒋显璟、姜明译，北京大学出版社1999年版。

[③] 参见［美］尼古拉·尼葛洛庞帝《数字化生存》，胡冰、范海燕译，海南出版社1997年版。

[④] 中华人民共和国国家统计局编：《国际统计年鉴2017》，中国统计出版社2018年版，第33、91页。

程是人类以经济增长，特别是以 GDP 增长衡量的物质财富巨量扩张，人口规模巨量扩大的过程。同时，也是人类对煤炭、石油、天然气等高碳化石能源主导的能源巨量开发和利用的过程，约翰·R. 麦克尼尔（John R. McNeill）经大略计算发现，20 世纪全球所使用的能源是 1900 年之前 1000 年的 10 倍①；又是人类生态足迹遍布全球、对地球环境产生恒远影响，乃至影响地球外部宇宙空间的过程，用"全球公顷"② 方法计算的结果表明，2010 年人类正在使用 1.4 个地球的资源来提供现在所需要的粮食、肉类、木材、鱼类、城市空间以及能源，而且计算中还不包括所有生产淡水、吸收除二氧化碳之外的污染以及地球其他生物生存、消费与污染吸收所需要的土地面积③。那么，这种人类文明的演进过程是可持续的吗？热力学第二定律已经存在，四次工业革命的史实似乎也在证明着地球高熵化的规律。

第二节　世界经济可持续发展的现实选择

在 19 世纪科学革命和 20 世纪科学技术革命中，化学、化工工业获得长足发展，极大地推进了煤炭、石油和天然气等化石能源的巨量开发与利用；以煤炭、石油和天然气等不可再生资源为原料的交通运输业、建筑业、制造业、农业乃至服务业等的蓬勃发展，又进一步极大地产生了对地球环境的污染、造成地球气候变化，使生物多样性缺失。例如，人口的大规模增长和以粮食为原料的工业的迅速发展等引致对粮食的大量需求，防治病虫害以提高粮食产量就导致了对化学物质制成的农药的大规模使用，而化学农药的大规模使用造成了对土地、水、大气的严重污染。1962 年，现代环境保护运动的先驱蕾切尔·卡森（Rachel Carson）在详尽叙述了大规模使用化学农药，特别是杀虫剂以防控害虫所造成的

---

① ［美］约翰·R. 麦克尼尔：《太阳底下的新鲜事——20 世纪人与环境的全球互动》，李芬芳译，中信出版集团 2017 年版，序曲，第 12 页。
② "全球公顷"就是每年生产人类所需要的商品与服务所需要的平均生物生产力。参见［挪威］乔根·兰德斯《2052：未来四十年的中国与世界》，秦雪征、谭静、叶硕译，译林出版社 2013 年版，第 138 页。
③ ［挪威］乔根·兰德斯：《2052：未来四十年的中国与世界》，秦雪征、谭静、叶硕译，译林出版社 2013 年版，第 138 页。

对土壤和水源等的污染以后，尖锐地指出：人类"控制自然"这一妄自尊大的想象，是生物学和哲学还处于低级阶段时的产物。而现在"应用昆虫学"所运用的这些原始科学的概念和做法已经被最现代、最可怕的化学武器武装起来以对付昆虫，已转过来威胁我们整个大地了，这真是我们的巨大不幸。我们必须与其他生物共同分享地球，为此，我们发明了许多新的、富于想象力和创造性的方法。但是，我们是在与活的群体生命打交道，必须设法把这一群体生命的力量引导到对人类有用的轨道上来，进而在彼此之间形成一种合理的协调。①

自1972年罗马俱乐部出版《增长的极限》这一研究报告以来，对"增长的极限"问题的研究逐步深入，一系列相关成果得到越来越广泛的肯定。德内拉·梅多斯（Donella Meadows）、乔根·兰德斯（Jorgen Randers）等基于系统动力学原理和模型，分别通过情景模拟和宏观层面的分析②，说明了由于人口和实物经济的"指数型增长"③ 和对资源，特别是不可再生资源的耗竭式开发利用，人类经济社会活动造成的地球环境污染，气候变化等，所引致的"过冲"④ 及其潜在危害，进而导致经济发展的不可持续。从1987年挪威首相布伦特兰夫人在她任主席的联合国世界环境与发展委员会的报告《我们共同的未来》中，定义了可持续发展（Sustainable Development）概念以来，可持续发展的理念已得到世界各国的认同，各种促进世界经济社会可持续发展的国际公约、规划、机构和

---

① ［美］蕾切尔·卡森：《寂静的春天》，吕瑞兰、李长生译，上海译文出版社2008年版，第295页。

② 参见［美］梅多斯（Meadows, D）、［美］兰德斯（Randers, J）、［美］梅多斯（Meadows, D）《增长的极限（珍藏版）》，李涛、王智勇译，机械工业出版社2013年版；［挪威］乔根·兰德斯《2052：未来四十年的中国与世界》，秦雪征、谭静、叶硕译，译林出版社2013年版。

③ 指数型增长也就是翻倍、翻倍、再翻倍的非线性增长，它是工业革命以来人类社会经济系统的一个主导性特征。（［美］梅多斯（Meadows, D）、［美］兰德斯（Randers, J）、［美］梅多斯（Meadows, D）：《增长的极限（珍藏版）》，李涛、王智勇译，机械工业出版社2013年版，第17—18页。）

④ 过冲（overshoot）意思是走过头了，意外而不是有意地超出了极限。过冲在多数情况下不会给任何人带来严重危害，因为经常发生会使人们学会在潜在危害出现之前避免它或将其危害程度降到最低。但是，偶尔也会出现带有潜在灾难性的过冲，地球上人口和实物经济的增长就会使人类面临这种可能。（［美］梅多斯（Meadows, D）、［美］兰德斯（Randers, J）、［美］梅多斯（Meadows, D）：《增长的极限（珍藏版）》，李涛、王智勇译，机械工业出版社2013年版，第2—3页。）

组织不断设立。1988年联合国政府间气候变化专门委员会（Intergovernmental Panel on Climate Change，IPCC）设立，1992年联合国环境与发展大会在巴西里约热内卢提出并通过了全球的可持续发展战略——《21世纪议程》，2016年联合国大会通过《2030年可持续发展议程》等。这一切说明，世界经济可持续发展已经不仅是个需要引起人类共同关注的理论问题，也已经提上加强全球生态治理以促进世界经济可持续发展的重大议事议程。

世界第一次工业革命以来的经济增长史实也表明，高耗能、高污染、高消耗原材料的传统工业化老路和经济发展模式很难支撑世界经济的可持续发展。人类必须探索出一条绿色、低碳、高效的可持续发展新路。从前述安格斯·麦迪森（Angus Maddison）给出的统计数据看，1820—1870年、1913—1950年、1950—1973年、1973—1998年，世界GDP年均复合增长率、世界人口年均复合增长率均在1950—1973年达到最高水平，然后呈现下降趋势；从前述世界银行WDI数据库给出的统计数据看，2001—2016年世界GDP年均增长率、2000—2016年世界年中人口增长率同样呈现下降趋势。另外，2012年的世界已经处于"过冲"状态：人类对生物圈的需求是全球生物产能的1.4倍，全球温室气体排放量是可持续标准的2倍，全球许多渔场的过度捕捞导致商业鱼类数量逐渐减少，热带雨林不断被侵蚀。① 进入工业化时期以来，地球的平均气温已经升高近1℃；在80万年间，全球大气中的二氧化碳（最主要的温室气体）浓度一直保持在200—300ppm，但仅在过去的150年里，就猛增至约387ppm，导致浓度升高的主要原因是化石燃料的燃烧，其他还有农业和土地利用方式的变化。空气和海水温度升高、冰雪的大面积融化和海平面的上升已使我们看到了气候变化带来的影响。放任气候变化可能使气温在21世纪内升高5℃以上，而即使与工业化前相比温度仅上升2℃，也会导致新天气类型的出现，从而带来全球性影响。由于御灾能力的差别，气候灾害虽然威胁所有国家，但对发展中国家的威胁尤为严重。② 世界经济不可持续发展的原因，除了人为的人口和实物等"指数型增长"引致的"过

---

① ［挪威］乔根·兰德斯：《2052：未来四十年的中国与世界》，秦雪征、谭静、叶硕译，译林出版社2013年版，第295页。

② 世界银行：《2010年世界发展报告发展与气候变化》，胡光宇等译，清华大学出版社2010年版，第4—5页。

冲"及其潜在危害外，还有人类本身寿命有限、人类决策能力有限等导致劳动适龄结构优化水平有限，随着时间的推移，在人们的生活满足程度越来越高的情况下出现人口老龄化、劳动生产率降低、贫富两极分化等难以消除的社会"软约束"。所以，考虑世界经济可持续发展问题理应采用系统思维，系统地设计生态系统与经济系统的有机结合。

第三节　中国高质量发展的主导战略

中国是当今世界最大的发展中社会主义国家。从人均收入水平、产业结构演进水平，以及工业化、城市化、信息化、市场化、国际化的进程看，也是处于崛起中的大国。根据联合国贸发会议数据库、世界贸易组织数据库、世界银行 WDI 数据库、国际货币基金组织数据库统计，2016 年中国①国土面积 960 万平方千米，占世界的 7.1%，在世界排第 4 位；年中人口 137866.5 万人，占世界的 18.5%，在世界排第 1 位；国内生产总值（GDP）111991 亿美元，占世界的 14.8%，在世界排第 2 位；人均 GDP 8123 美元，是世界平均水平的 79.9%，在世界排第 93 位。② 根据安格斯·麦迪森的估计和预测，2003 年总能源消费中国、美国分别为 1409 百万吨、2281 百万吨石油当量，分别占世界的 13.1%、21.2%；人均总能源消费分别是 1.09 吨、7.86 吨，分别是世界平均水平的 63.7%、459.6%。2030 年总能源消费中国、美国分别为 2630 百万吨或 2971 百万吨、2889 百万吨或 3131 百万吨石油当量，分别占世界的 18.0% 或 18.3%、19.8% 或 19.3%；人均总能源消费分别是 1.80 吨或 2.04 吨、7.94 吨或 8.61 吨，分别是世界平均水平的 101.1% 或 103.0%、446.1% 或 434.8%。③ 2003 年碳排放量中国、美国分别为 1043 吨、1562 吨，分

---

① 除国土面积外，均未包括中国台湾地区、香港特别行政区和澳门特别行政区。如无特别说明，本书其他地方也均使用这一统计口径。

② 中华人民共和国国家统计局编：《国际统计年鉴 2017》，中国统计出版社 2018 年版，第 3、7、19、23、91 页。

③ 2030 年估计值是根据国际能源机构（IEA）的 A、R 两个不同方案而来，IEA 的 A 方案考虑了预测期间各国可能有道理采纳的节能政策；IEA 的 R 方案采纳了一个最低限度的假定，即如果各国政府不会实行超出其目前所承诺的政策，能源需求将会出现什么状况。2030 年碳排放估计值同此说明。

别占世界的15.5%、23.1%;人均碳排放量中国、美国分别是0.81吨、5.38吨,分别是世界平均水平的75.7%、502.8%;碳排放量/能源消费量中国、美国分别为0.74、0.68,分别是世界的115.9%、107.9%。2030年碳排放量中国、美国分别为2100吨或2487吨、1828吨或2081吨,分别是世界的23.9%或23.8%、20.8%或19.9%;人均碳排放量中国、美国分别是1.44吨或1.71吨、5.02吨或5.73吨,分别是世界平均水平133.3%或133.6%、464.8%或446.9%;碳排放量/能源消耗量中国、美国分别为0.80或0.83、0.63或0.66,分别是世界平均水平的133.3%或129.7%、105%或103.1%。① 从新中国成立算起,中国的大国崛起之路已走了70余年;从1978年改革开放算起,也已经走过40余年。在这一过程中,中国毫无疑问对世界人口和实物经济的"指数型增长"及其导致的"过冲"等问题产生过巨大影响。已有国际可持续发展智库专家指出:中国已经是生物承载能力超支最严重的国家,需要2.2个中国的生物承载力才能满足现有的国内需求。② 问题更在于,根据上述统计、估计和预测,如果中国要达到美国的人均GDP水平、人均能源消费水平、人均碳排放水平,加上碳排放量/能源消耗量反映的中国煤炭、石油和天然气等高碳化石能源占比的居高,就会对世界经济可持续发展形成严重制约。

中国作为世界人口最大的发展中社会主义国家,自1978年改革开放和社会主义现代化以来的40余年中,以远高于世界平均水平的增长速度创造了人类历史上经济总量增长的"奇迹",近年来对世界经济增长的贡献率屡屡最高。与此同时,中国累积减少贫困人口7亿多人,成为世界上减贫人口最多、率先完成联合国千年发展目标的国家,拥有世界上最大规模的中等收入群体。这一切,得到了世界各国的普遍赞同。特别是,中国作为崛起大国积极践行推动世界经济可持续发展的承诺,更得到了包括联合国在内的各个相关国际组织和机构以及世界各国政府、非政府组织和学界的好评。例如,1994年中国根据《21世纪议程》制定了《中国21世纪议程》,即《中国21世纪人口、环境与发展白皮书》,作为制

---

① [英]安格斯·麦迪森:《中国经济的长期表现——公元960—2030年》(修订版),伍晓鹰、马德斌译,上海人民出版社2016年版,第109页。

② [挪威]乔根·兰德斯:《2052:未来四十年的中国与世界》,秦雪征、谭静、叶硕译,译林出版社2013年版,第142页。

订国民经济和社会发展中长期计划的指导性文件；积极落实《巴黎气候变化协定》《2030年可持续发展议程》的承诺等。但是，由于曾经长期经历高耗能、高污染、高消耗原材料的传统工业化老路，以及片面追求GDP高速增长为主要特征的粗放式数量扩张经济发展方式，也积累了一系列经济发展不平衡、不协调和不可持续的突出问题：经济增长依赖投资和外需拉动，依赖廉价物质资源和劳动力等生产要素投入，依赖资源加工型和劳动密集型产品出口；产业结构呈现高耗能、高污染、高消耗原材料的重化工业特征，一般加工工业比重居高不下，高科技含量、高附加值、绿色生态产业比重低，精细加工、品质优良、品牌美誉度高、适应人民对美好生活新需求的产品和服务比重低；能源结构上，高碳化石能源比重居高不下，低碳绿色能源比重畸低；城乡、区域结构上，收入差距大，不公平、不平等的问题比较明显，还有几千万贫困人口，特别是，现代化进程明显不同步；生态环境中，存在着大气、水、土地等全方位污染问题，生态足迹明显超出承载能力，耗竭式开发利用资源导致不可再生资源和能源的缺失乃至枯竭，生态环境问题已成为中国可持续发展问题的明显短板。

基于社会主要矛盾已经转化为人民日益增长的美好生活需要和不平衡不充分的发展之间的矛盾这一科学判断，中共十九大提出了中国经济要由高速增长转向高质量发展的战略部署。这就是要按照创新、协调、绿色、开放、共享的新发展理念，使市场在资源配置中起决定性作用、更好地发挥政府作用，把推进供给侧结构性改革作为主线，建设现代化经济体系，包括建设创新引领、协同发展的产业体系，统一开放、竞争有序的市场体系，体现效率、促进公平的收入分配体系，彰显优势、协调联动的城乡区域发展体系，资源节约、环境友好的绿色发展体系，多元平衡、安全高效的全面开放体系。[①] 这些与发展高效生态经济和高效生态产业的战略取向相同，通过本书以下的逐步分析可以充分说明这一点。毋宁说，发展高效生态经济和高效生态产业理应成为高质量发展的主导战略选择。

---

① 中共中央宣传部编：《习近平新时代中国特色社会主义思想学习纲要》，学习出版社、人民出版社2019年版，第109—122页。

第四节　高效生态经济与高效生态产业

因为地球高熵化，生态经济系统是生态系统与经济系统的有机统一，生态经济的演化经历从低效到高效的历史过程，影响生态经济系统的政治、文化、社会等各种因素都可以内生化到生态经济研究模型中，所以，我们把高效生态经济定义为：高效生态经济是指在地球上存量十分有限的化石能源消耗殆尽之前，通过卓有成效地调控低熵矿石和化石燃料向高熵废物和燃烧化石燃料产生的废能转化的流量，达到既能"细水长流"又能经济效益最大化的经济形态。它也是具有最典型生态经济系统特征的发展模式。产业生态化，消费生态化，效益生态经济化，经济制度生态文明化，最终表现为生态经济体系高效运转，生态系统与经济系统有机统一，经济文明、政治文明、社会文明、文化建设、生态文明协调发展。

高效生态经济概念的确立有助于统一生态经济理论研究框架，一方面有助于克服忽视市场经济作用，片面强调生态足迹阈值、自然资源开发利用物理规模限制、环境承载力极限或生态服务短缺等研究视角；另一方面也有助于克服过度强调市场机制有效调节作用，忽视地球高熵化演化，客观存在生态经济阈值、自然资源开发利用物理规模、环境承载力极限或生态服务短缺等研究视角。有助于建立生态系统与经济系统有机统一的生态经济系统的科学视角；有助于探求生态系统与经济系统有机统一的生态经济系统的最佳实现形式，即生态系统与经济系统有机结合的最佳模式，亦即高效生态经济形态的实现形态。而且，经济长期高效增长是可能的，市场经济体制的不断完善有助于经济高效增长；在工业经济时代，环境库兹涅茨曲线（EKC）的存在是现实可能的，这两个相互联系的命题，在转型中的中国得到计量实证，进而说明上述高效生态经济概念的提出是合理的。

经济是创造、转化和实现价值的人类活动，它是生产、交换、分配和消费有机联系的社会生产和再生产过程及其结果。产业是社会生产和再生产过程中社会分工的结果，产业发展是经济发展的实质和核心；高效生态产业的特征是由高效生态经济的特征决定的，高效生态产业发展是高效生态经济发展的实质和核心。同样，生态产业从低效向高效的演进是一个涉及经济、政治、文化、社会、生态发展的复杂历史过程。高效生态产业是实现经济可持续发展的基础和载体，其发展是实施供给侧结构性改革的重要发力点。高效生态产业发展的实质是遵循自然规律和市场规律，寻求生态系统与经济系统有机结合的经济发展最优集合，规避传统产业发展模式内在的数量约束和市场困境，兼取更高的经济效益和生态效益。按照现有的产业统计体系，高效生态产业也可以分为高效生态农业、高效生态工业和高效生态服务业等产业门类。

第五节 研究的基本内容和总体框架

本研究的基本内容包括五个方面：①高效生态产业发展的理论探讨（第二章至第五章）；②高效生态产业发展的结构分析（第六章至第九章）；③高效生态产业发展的空间分析（第十章）；④高效生态产业发展的规制分析（第十一章至第十四章）；⑤高效生态产业发展的数量分析（第十五章）。基于前述各章研究所揭示的政策优化含义，具体分析高效生态产业发展的政策选择（第十六章）；高效生态产业发展前景展望（第十七章）。

第一，高效生态产业发展的理论探讨。在梳理国内外高效生态产业研究相关文献的基础上，从社会生产力发展的一般规律、高效生态产业发展的必然性的结合上，对高效生态产业发展的研究对象进行了界定；在对主流经济学中供给侧与需求侧的理论主张简要回顾的基础上，对当今中国进入经济新常态以后供给侧结构性改革的理论与实践进行了具体分析；从产业结构演进、产业组织创新、产业政策优化等基本维度，具体分析了供给侧结构性改革与产业发展的内在联系及其演进趋势——进一步说明了高效生态产业发展的历史必然性。

第二，高效生态产业发展的结构分析。高效生态产业结构是高效生态农业、高效生态工业和高效生态服务业之间的内在联系和数量比例关系的综合，像一般产业结构一样，又表现为高效生态产业的次生产业结构，如高效生态农业内部结构、高效生态工业内部结构、高效生态服务业内部结构等。高效生态产业发展追求的是产业间的协调发展和循环发展；既重视产业间的比例关系，又重视产业发展的内在联系；既重视产业发展的"供给侧"结构性改革，又密切结合"需求侧"管理，实现供给管理和需求管理的有机统一；借鉴已有的产业分类标准，对高效生态产业进行多标准划分，并结合中国经济转型的战略选择，提出适合中国的高效生态产业结构模式；深入挖掘三次产业间以及各产业内部的生态经济联系，合理选择高效生态主导产业和高效生态支柱产业；构建高效生态产业发展体系。

第三，高效生态产业发展的空间分析。这是高效生态产业结构分析在空间上的体现和深化。因为：①高效生态产业发展具有区域协同效应，信息化时代的区域经济（产业）发展已演变为产业互补型协同发展关系，高效生态产业发展就是基于地区协同发展的视角构筑高效生态产业体系，在中国就是要将高效生态产业发展内嵌于国家区域协同发展战略；②高效生态产业发展具有空间集聚和溢出效应，以高效生态产业园区为载体的供应链横向纵向网状组合不但能够构筑物质的闭环流动，而且大大提升产业发展的集聚效应和溢出效应。本部分梳理了产业集聚理论及国内外高效生态产业空间布局的实践经验；在对中国部分代表性地区和园区所进行的实地调研基础上，对高效生态产业发展的宏观微观典型案例进行剖析；结合中国各地区经济发展战略和区域产业发展优势，基于全球价值链构建区域高效生态产业体系。

第四，高效生态产业发展的规制分析。传统主流经济学主张，企业以追求利润最大化为目标。生态经济效益具有明显的外部性特征，高效生态产业发展所带来的生态经济效益难以通过市场机制自发实现内部化，政府的单一行政干预不但增加了自身成本，而且规制效果也常常相对较差。规制安排是人类行为的指挥棒，从国际经验和中国历程看，高效生态产业需要依靠供给侧结构性改革框架下的"诱导性"规制安排来完成产业模式的自主转变。根据信息增长、大数据时代和第四次工业革命的理论主张，扁平化、分散化、对等参与、社会合作的体制机制和商业模式，是高效生态产业发展规制的必然选择。本部分在梳理国内外产业发展规制相关理论的基础上，确立高效生态产业发展规制新理念，从市场结构、主体行为、发展绩效等各个维度描述中国产业发展规制演进态势；并进行相应的计量实证分析；结合中国产业发展规制现实和供给侧结构性改革背景下高效生态产业发展模式要求，构建高效生态产业发展的

"诱导性"制度体系。

第五，高效生态产业发展的数量分析。更好地把握高效生态产业发展的一般规律，需要揭示影响高效生态产业发展各种影响因素之间的数量关系，建立数量经济模型并进行实证分析。本部分试图在已有生产函数理论和模型基础上，建立高效生态产业发展的生产函数模型。为此，在对生态经济数量分析回顾与前瞻的基础上，分别从微观、中观和宏观三个层次对高效生态产业发展的数量分析进行了区分。综合考虑经济、政治、文化、社会、生态等各种因素对高效生态产业发展的影响，试图将制度因素内生化于生产函数模型中。选择度量高效生态产业发展的数量分析指标，利用面板数据（Panel Data）模型、受限因变量模型（Tobit Model）、随机前沿分析（Stochastic Frontier Analysis，SFA）、数据包络分析（Data Envelopment Analysis，DEA）等方法测度分析一定地域空间（地区或园区）内高效生态产业发展效率。例如，在阶段性研究成果中，尝试采用基于修正松弛变量的 DEA 模型，同时考虑非期望产出的 Super – SBM 模型，测算了中国 2000—2015 年 30 个省份（西藏除外，不包含港澳台地区）的工业经济效率；并基于动态空间杜宾模型（Spatial Dubin Model，SDM）与门槛效应检验，分析了行政垄断约束下环境规制对工业生态效率的影响；基于中国 1996—2015 年 31 个省份的面板数据，综合采用 DEA – Tobit 等多种模型和方法，实证分析了中国农业生态效率的省际差异与影响因素。

本研究的总体框架。以构建高效生态产业发展的一般性框架为导向，以高效生态产业发展为主要对象，围绕高效生态产业发展的理论基础、发展规律和发展现实进行全面系统研究。在充分借鉴国内外相关理论基础上，构筑高效生态产业的理论体系；基于当今中国供给侧结构性改革背景，探究 21 世纪世界第四次工业革命新时代和中国高质量发展新阶段产业可持续发展模式；此外，根据信息增长、大数据、第四次工业革命的价值观，特别是在中国特色社会主义核心价值观的指导下，综合分析经济、政治、文化、社会对高效生态产业发展的影响作用，提出促进其发展的具体对策。着眼于高效生态产业的机理分析、体系构建及实证研究，高效生态产业发展战略选择，落实供给侧结构性改革的目标任务，以期为中国经济新常态下促进产业生态化转型，进而促进中国经济的可持续发展并为世界经济的可持续发展提供一定理论借鉴。基本思路是：

"理论前提分析→一般规律分析→时空结构分析→规制行为分析→数量实证分析→发展展望分析"。研究重点是：①高效生态产业发展的内在机理和总体趋势；②构筑高效生态产业发展的空间布局；③构建供给侧结构性改革背景下高效生态产业发展的"诱导性"制度体系。研究难点在于：①将制度因素引入高效生态产业发展生产函数中，刻画经济、政治、文化、社会、生态等复杂因素对其的影响和作用；②高效生态产业发展战略构思与地区经济发展战略、地区产业发展优势等实现密切结合；③由于可持续发展进程和生态产业发展进程的缓慢，获得国际、跨国、跨区域权威绿色 GDP 统计核算台账或大数据非常受限，这极大约束了高效生态产业发展的数量分析。具体研究方法是：规范研究和实证研究相结合。①文献研究、实地调研和案例分析法。广泛查阅国内外高效生态产业发展的学术论文、研究报告、专著，以及文件材料、新闻报道、调查报告、统计资料等文献，同时通过文献对比分析国内外高效生态产业发展的异同。采用专家访谈、座谈和实地考察等方式进行调查。在调查的基础上，选择具有典型性、代表性和可借鉴性的范例和样本，总结其经验和做法。②数理、计量、统计分析法。综合采用多种数理分析、计量分析和统计分析法，对高效生态产业的发展进行建模和实证分析，包括：第一，在设定博弈要素基础上，利用演化博弈对高效生态产业发展主体的博弈行为进行模型化分析；第二，构建高效生态产业生产函数模型，解释高效生态产业的一般发展过程；第三，采用随机前沿分析及数据包络分析测度高效生态产业发展效率，并利用 Tobit 等回归分析法实证分析影响效率的因素；第四，采用基尼系数等统计指标测算分解高效生态产业发展的区域差异状况等。

第六节 创新之处和今后的研究方向

1. 本研究的创新之处

从总体上看，在一定程度上深化了生态经济和生态产业发展理论。通过界定高效生态经济和高效生态产业概念，构建高效生态产业体系，对高效生态产业发展的理论框架和现实发展进行全面系统研究，与"熵"增趋势前提下的信息增长、大数据、第四次工业革命等视角一起，丰富并深化经济可持续发展理论体系。本研究也可以作为进一步深化生态经济研究和生态经济教学的参考文献。具体来看：①学术思想特色和创新。将经济、政治、文化、社会、生态等各种复杂因素纳入高效生态产业发展体系中，利用"结构—空间—规制—数量"四维度分析法，既剖析高效生态产业发展的内在机理和规律，又实证研究高效生态产业的实践发展，从而构筑高效生态产业发展的一般性框架，具有一定的创新性。②学术观点特色和创新。高效生态产业是一种具有典型生态经济特征的产业发展模式；高效生态产业发展依赖于产业结构、空间布局优化发展，必须与供给侧结构性改革、中国区域经济协同发展战略等密切结合；将各类复杂影响因素纳入高效生态产业生产函数中，尤其重视制度是促进形成高效生态产业模式现实发展的关键；新兴工业革命视角下大数据等信息资本是高效生态产业发展的重要支撑，这些观点都体现了一定的创新性。③研究方法的特色和创新。综合采用多种研究方法，试图构建高效生态产业生产函数，并将制度因素内生到模型中；对高效生态产业发展的指标体系进行设计；利用演化博弈理论分析高效生态产业发展中的主体行为和制度变迁，等等，在研究方法上具有一定的创新性。

2. 今后的研究方向

高效生态经济和高效生态产业发展的理论和实践历程还很短，有理由认为，今后在上述高效生态产业发展的各个基本内容方面，都还有下大气力进一步努力的学术需要。①在高效生态产业发展的理论探讨方面，熵增趋势下，不平衡系统、信息的固态积累、物质的计算能力等，在有效传递和增加了信息的同时，又因为知识、技术、社会网络等能力的不足，或多或少限制了生态、经济、社会系统的有机统一，甚至出现极不统一的"过冲"问题，进而导致经济社会发展的不可持续。那么，其具体的机理何在？或者说，如何运用信息增长理论解释应有的生态经济系统的客观实在性？②在高效生态产业发展的结构分析方面，大数据时代、第四次工业革命时期，产业发展或产业结构演进的一般规律是什么？以往传统工业化时代出现的第一、二、三次产业依次递进的演进趋势是否会继续？特别是，在绿色国民经济核算体系下，这些产业发展或产业结构演进趋势又会怎样？③在高效生态产业发展的空间分析方面，第四次工业革命呈现数字化、信息化、网络化、智能化、生物化的特征，垄断竞争成为常态，管理组织扁平化，新古典经济的理性人假说太过于抽象，这些都会导致以往产业空间布局、集群化发展理论的解释力不足，那么，新的解释是什么？④同样，由于第四次工业革命呈现数字化、信息化、网络化、智能化、生物化的特征，垄断竞争成为常态，管理组织扁平化，新古典经济的理性人假说太过于抽象，在高效生态产业发展的规制分析方面，传统的竞争、垄断、垄断竞争理论，市场结构、市场主体行为、市场绩效等理论的解释力也明显不足，新的解释又是什么？⑤在高效生态产业发展的数量分析方面，现有的生态足迹、能值分析、生态价值评估等数量分析方法偏重物理规模，而建立在生产函数基础上的生态经济数量分析方法往往又因为新古典经济前提假说、总量经济指标对应有的细分化影响因素的遮蔽，从而遮蔽具象化背后的丰富信息，进而使生态经济数量分析的科学性、合理性大打折扣；特别是，绿色经济核算体系至今还未比较完善地建构起来，这大大制约了生态经济的计量实证等分析。⑥在高效生态产业发展的政策选择方面，跨国际空间的大尺度理论研究起步比较晚，顶层设计不完善，经验空间不丰富，加上研究力量协作不够等原因，使政策研究的系统性、针对性、操作性等明显不足，这给政策选择带来了困难。

第二章 高效生态产业发展研究的相关文献

第一节 生态产业与高效生态产业

经过长期曲折探索，生态产业及其发展理论逐步确立并不断深化。近年来，高效生态产业发展的理论与实践问题也成为许多学者关注的重点。与高效生态产业发展相关的生态产业与高效生态产业及其发展理论的研究文献，大致上可以归纳为产业生态化、生态产业与生态农业、高效生态产业与高效生态农业、生态产业链与生态产业园（集群）、生态绩效（效率）、生态（环境）规制等几个主要方面。

1. 产业生态化

产业生态学是生态产业的理论基础，产业生态化是产业生态学理论视角下产业发展的高级形态，产业生态化与生态产业发展概念存在区别，广义视角下生态产业发展过程可以视作产业生态化过程，这也是现实中诸多学者对两者不做严格区分的原因。产业生态化理论源于1984年罗伯特·艾尔斯（Robert Ayres）提出的产业代谢理论及1989年罗伯特·福罗什（Robert Frosch）提出的产业生态系统理论，布拉德·艾伦比（Brad Allenby）等学者在1995年前后对产业生态理论做了系统探讨。[①] 中国学者王如松、杨

[①] 如 "Industrial Ecology: Adapting Technology for a Sustainable World" (Frosch R. A., 1995), "The Greening of Industrial Ecosystems" (B. R. Allenby and D. J. Richards, 1994), "Industrial Ecology" (Graedal, B. R. Allenby, 1995), "Industrial Ecology and the Automobile" (T. E. Graedal and B. R. Allenby, 1997) 等。

建新等自20世纪末以来对产业生态学进行了系统研究和梳理。① 围绕产业生态学，产业生态化理论研究已取得系列成果，形成产业共生、产业代谢、产业生态系统等重要理论。产业生态化的核心是通过模仿自然生态系统构建科学合理的产业生态系统，促进产业生态化不但要在生态隐喻基础上模仿自然生态系统，还要区分产业系统与生态系统运行机理的差别。② 典型区域是实践产业生态化发展的重要基础，如长江经济带、黄河三角洲高效生态经济区、鄱阳湖生态经济区等。产业生态化的关键任务是建立科学合理的生态化产业体系。地区产业生态化具有如下特征：形成闭环回路的区域产业链条、产业内外各企业形成生态循环链条、具有生态产业园区（基地）等微观载体、废弃物综合利用以及生态科技支撑保障等。③ 产业生态化是可持续发展的支撑，生态环境是其重要的外在约束条件，依托阶段化发展思想动态考察产业生态化发展的历程，中国工业生态化已跨越传统产业发展，处于向生态文明转型过渡阶段，东、中、西区域不同生态化阶段特征符合区域产业发展现实，结合区域发展优势制定因地制宜、因时制宜的原则是发展的前提。④ 中国省域产业生态化水平总体可以分为领先区、发达区、中等区和落后区四个类型，21世纪以来四个类型区域生态化水平逐年提高，但区域之间也呈现差距拉大趋势，对经济发展产生重要影响。⑤

2. 生态产业与生态农业

按照三次产业分类标准，生态产业体系包含生态农业、生态工业和生态服务业，其中生态农业是基础，生态工业是核心，生态服务业是重要支撑。从研究现状来看，生态产业和生态农业的直接研究较多，生态工业主要依托生态工业园等载体而进行，生态服务业提及较少。邓英淘

---

① 如《产业生态学的回顾与展望》（杨建新、王如松，1998）、《产业生态学基本理论探讨》（杨建新、王如松，1998）、《产业生态学和生态产业转型》（王如松、杨建新，2000）、《产业生态学与生态产业研究进展》（王如松，2001）、《循环经济建设的产业生态学方法》（王如松，2003）、《产业生态学理论框架与主要方法探析》（杨建新、王如松、刘晶茹，2003）、《产业生态学基础》（王如松编著，2006）等。

② 李鹏梅：《我国工业生态化路径研究》，博士学位论文，南开大学，2012年。

③ 王晶：《鄱阳湖生态经济区产业生态化研究》，博士学位论文，江西财经大学，2013年。

④ 刘传江、吴晗晗、胡威：《中国产业生态化转型的IOOE模型分析——基于工业部门2003—2012年数据的实证》，《中国人口·资源与环境》2016年第2期。

⑤ 陆根尧、盛龙、唐辰华：《中国产业生态化水平的静态与动态分析——基于省际数据的实证研究》，《中国工业经济》2012年第3期。

认为工业革命是继农业革命崛起后的产业革命,生态产业可能成为继工业革命之后崛起的新的产业革命。① 李周提出生态产业以低物级资源替代高物级资源,以低能级能源替代高能级能源为核心,同时能源耗竭和环境恶化是生态产业萌发的外在动力,而技术升级和产业升级是生态产业崛起的内在动力,生态技术创新是促进生态产业发展的核心,促进生态产业发展要促进生态技术创新实现"自利"与"利他"的统一。② 生态产业是具有生态功能和高效经济过程的网络进化产业,通过多个生产体系及环节的系统耦合,实现物质和能量的多级利用和高效产出,生态产业的耦合及设计原则主要包括横向耦合、纵向闭合、区域耦合、柔性结构、功能导向、软硬结合、自我调节、人类生态、信息网络等。③ 从理论与实践的结合来看,循环经济是生态产业发展的重要基础,循环经济在中国已经上升到法律层次,通过与西方以及东亚国家的比较,中国在循环经济框架下的生态产业开发,使中国具备一定的生态产业发展的后发优势。④ 农业是最具自然生态属性的一类产业,生态产业起端于生态农业,现代生态农业不同于传统生态农业。现代农业是一个巨大而复杂的生态系统,实现生态系统的平衡要发展生态农业,生态农业维持生态系统平衡既包括维持农业生态系统内部物质与能量循环的微观平衡,又包括农业系统与经济社会等发展关系的宏观平衡。⑤ 从农业发展历程来看,人均资源禀赋变迁不断诱发农业发展模式变革,生态农业为解决农产品和生态环境安全而生,它依赖人力资本和生态资本等关键要素,现代生态农业不同于传统(生态)农业,它具有市场化、专业化、品牌化等经济特征,总体上追求利润与福利的双重目标,发展生态农业关键是促进生态技术的创新升级。⑥ 生态农业实践发展的基本原则包括可持续性、整体协调性、系统结构有序性、合理能量转换与物质循环、资源充分利用

---

① 邓英淘:《新发展方式与中国的未来》,中信出版社1991年版,第221页。
② 李周:《生态产业初探》,《中国农村经济》1998年第7期。
③ 王如松、杨建新:《产业生态学和生态产业转型》,《世界科技研究与发展》2000年第5期。
④ John A. Mathews and Hao Tan, "Progress Toward a Circular Economy in China: The Drivers (and Inhibitors) of Eco‑industrial Initiative", *Journal of Industrial Ecology*, Vol. 15, No. 3, 2016, pp. 435 – 457.
⑤ 叶谦吉:《生态农业》,《农业经济问题》1982年第11期。
⑥ 李周:《生态农业的经济学基础》,《云南大学学报》(社会科学版)2004年第2期。

和经济发展以及环境保护的统一、短期经济效益和长期经济效益的结合、区域差异和因地制宜、根据不同阶段制定发展计划等。① 从世界范围来看,石油农业弊端对农业可持续发展的挑战促使生态农业在世界范围内得到广泛关注,种植面积不断增加,在欧盟包括罗马尼亚、保加利亚、土耳其等生态农业种植面积超过500万公顷,总体上呈现动态增长趋势,如罗马尼亚年均增长超过20%。② 从国际经验考察来看,农业生态化转型的转折点通常在人均GDP达到1万—3万美元,中国已接近转型拐点,2015年起中国连续出台了一系列促进农业生态化转型的政策措施,生态农业发展逐渐得到广泛认可。③ 从差异化视角来看,依托悠久农业历史、多样自然条件和文化积淀,我国学者提出了具有中国特色的生态农业概念,实践中也开展了不同层面的试点建设,但仍存在一些矛盾和问题,总体上促进中国生态农业的发展要坚持以生态文明建设为指导,完善基本概念并建立科学合理的评价体系,融合传统农业精髓和现代高新技术,拓展农业的多功能性,重视组织管理和政策激励,推进国际合作等。④ 服务业范围广阔,现有研究对生态服务业的提及较少,部分学者探讨了低碳服务业、服务业绿色转型等涉及生态理念的服务业发展问题,也有学者将生态服务业具象化为生态旅游、现代物流等现代服务业发展。雷尚君、夏杰长认为服务业绿色转型是推动供给侧结构性改革的重要突破口,它是在强调消费满足的前提下,通过生态或绿色服务模式替代或补充传统服务模式,体现环境友好特征。⑤ 生态服务业中生态旅游得到较多关注,生态旅游一词于1983年由谢贝洛斯·拉斯喀瑞(Ceballos Lascurain)提出,已被引入我国20多年,理论研究和实践发展均取得系列成果,对

---

① X. J. Ye, Z. Q. Wang, Q. S. Li, "The Ecological Agriculture Movement in Modern China," *Agriculture Ecosystems and Environment*, Vol. 92, No. 2 - 3, 2002, pp. 261 - 281.

② Vasilica Onofrei, Gabriel - Ciprian Teliban, Christiana Balan, et al., "Necessity, Desirability and Importance of Ecological Agriculture in the Context of Medicinal Plants Cultivation," *Bulletin of University of Agricultural Sciences and Veterinary Medicine Cluj - Napoca*: Agriculture, Vol. 73, No. 1, 2016.

③ 骆世明:《农业生态转型态势与中国生态农业建设路径》,《中国生态农业学报》2017年第1期。

④ 李文华:《中国生态农业的回顾与展望》,《农学学报》2018年第1期。

⑤ 雷尚君、夏杰长:《以习近平新时代绿色发展思想推动服务业绿色转型》,《黑龙江社会科学》2018年第3期。

促进消费者生态自觉性以及行业可持续发展起到重要作用。①

3. 高效生态产业与高效生态农业

高效生态产业概念主要由中国学者提出，高效生态经济、高效生态产业、高效生态农业等概念国外文献较少提及，而国内文献涉及高效生态产业的直接研究较少，涉及高效生态农业的直接研究较多。中国能追溯到的高效生态经济研究在2000年以后，1999年山东省东营市率先提出建设"高效生态经济示范区"的设想，高效生态经济引起理论界的关注，2009年12月1日，国务院通过《黄河三角洲高效生态经济区发展规划》，高效生态经济逐渐成为生态经济研究的一个热点问题，与此同时，围绕高效生态经济区建设实践所进行的高效生态产业及其发展研究的理论成果也开始出现。刘克英认为高新技术的快速发展，促进产业由低级形式向高级形式演进，由平面型产业向空间型产业延伸，是为高效生态产业的演进。② 促进高效生态产业的发展既要遵循高效生态产业的一般理论，又要依托因地制宜的思想，制定符合现实的发展战略，典型区域高效生态产业发展现实研究成为学者关注的重点。郭训成认为黄河三角洲高效生态产业发展要以高效生态农业为基础，环境友好型工业为重点，现代服务业为支撑的理念推进，重点促进传统产业生态化和新兴产业绿色化，完善基础设施推进园区载体建设，促进资源节约高效利用和生态环境保护等。③ 秦庆武认为黄河三角洲高效生态产业发展要结合现实在高效循环农业、传统产业生态化改造、先进制造业和战略新兴产业培育发展、现代物流以及生态旅游等现代服务业大力促进等方面下功夫，总体上推动结构调整、布局优化以及产业升级。④ 高效生态农业是高效生态产业的基础，高效生态农业的概念于20世纪90年代提出，甚至早于高效生态经济和高效生态产业，伴随区域高效生态农业发展战略的实施，其理论研究不断得到推进。高效生态农业突出高效、生态、结合三个属性，具有生物多样、结构优、功能强、环境好以及低排放、高效益、可持续等发展特点，多层用水、高效用肥、立体用光、充分用地、超额用季、共生互

---

① 钟林生、马向远、曾瑜皙：《中国生态旅游研究进展与展望》，《地理科学进展》2016年第6期。

② 刘克英：《论高效生态产业的演进及组织》，《生态经济》2004年第S1期。

③ 郭训成：《黄河三角洲高效生态产业发展研究》，《山东社会科学》2012年第9期。

④ 秦庆武：《黄河三角洲高效生态产业选择与土地利用》，《科学与管理》2016年第2期。

补等是其增产增效的基本原理。① 高效生态农业的精髓是物质单元多次经过经济体的生产过程，其目的是将物质单元最大限度地附着于产品走出经济体，从而保障价值之船承载物质单元畅通循环于经济体内，基本发展思路是用科学技术体系进行武装、规模化的组织运营模式进行承载、科学化的政策扶持体系进行引导。② 生态农场是实施高效生态农业的重要载体，蒋高明团队依托弘毅生态农场的一系列理论研究和实践表明，总体上高效生态农业能够实现产量与经济效益共赢。③ 鄱阳湖生态经济区、三峡库区、浙江省等典型区域及省市提出了高效生态农业发展战略，对于此类地区的现实研究也相对较多，如邓启明等提出从重点产品、重点产业、重点区域、重点项目四个方面推进浙江省高效生态农业。④

4. 生态产业链与生态产业园（集群）

生态产业园是生态产业，尤其是生态工业发展的重要载体，生态产业链是实践生态产业、构建生态产业园的基础，生态工业研究主要依托生态产业链和生态产业园区而推进。①生态产业链。供应链与生态工业园的结合以及区域层面的生态产业链构建是近年来研究的重点。生态产业链是构建了生态工业园的基础，生态产业链的结构决定园区生态系统的稳定性和可持续性。⑤ 颜建军、谭伊舒构建了生态产业价值链模型，发现个人理性与集体理性的矛盾导致出现价值链陷阱，通过价值链协同促进价值链节点的互惠与共赢是构建生态产业价值链的关键。⑥ 生态产业链的构建建立在废物循环利用基础上，Chen 构建了生态产业链三阶段演化博弈模型，结合系统动力学平衡点分析，研究了生态产业链进化稳定的

---

① Guoqin Huang, Qiguo Zhao, Shaolin Gong, et al., "Overview of Ecological Agriculture with High Efficiency", *Asian Agricultural Research*, Vol. 9, 2012, pp. 71-77.

② 朱立志：《对新时期我国生态农业建设的思考》，《中国科学院院刊》2013 年第 3 期。

③ 蒋高明、郑延海、吴光磊等：《产量与经济效益共赢的高效生态农业模式：以弘毅生态农场为例》，《科学通报》2017 年第 4 期。

④ 邓启明、胡剑锋、黄祖辉：《财政支农机制创新与现代农业转型升级——基于浙江现代高效生态农业建设的理论分析与实践探索》，《福建论坛》（人文社会科学版）2011 年第 7 期。

⑤ 王兆华、尹建华、武春友：《生态工业园中的生态产业链结构模型研究》，《中国软科学》2003 年第 10 期。

⑥ 颜建军、谭伊舒：《生态产业价值链模型的构建与推演》，《经济地理》2016 年第 5 期。

基本策略。① 供应链与产业链存在密切关系，绿色供应链与生态产业链也具有一致之处，Qin 和 Guo 结合钢铁、造纸、制浆、石油化工等行业，以临海工业园为例探讨了绿色供应链在生态工业园区中的实施。② 马蒂尔德·勒泰利埃（Mathilde Le Tellier）等结合生态工业园区与供应链共同特征，利用供应链管理工具描述生态工业园内共生协同作用。③ 基于区域视角构建生态产业链，能在更大范围内协同生态产业发展，如史宝娟、郑祖婷探讨了京津冀生态产业链共生耦合机制。④ ②生态产业园。生态产业园是生态产业发展的载体，是生态产业空间集聚的基础，促进生态产业园的发展一方面要基于生态产业思想设计生态循环链条，打造空间集聚的生态产业系统；另一方面要基于已有园区进行生态化改造，在获取集聚经济的同时提升绿色生态发展属性。生态产业园区以生态工业园区为主体，生态工业园区概念源自欧美发达国家，其释义侧重于地理空间邻近的企业间基础设施共享、废弃物交换利用、能源多梯次使用等方面。⑤ 中国生态工业园区建设道路与发达国家存在一定区别，主要采取了依托国家级和省级开发区等既有园区生态化改造模式，决定了中国生态工业园区发展必须采取政府主导发展模式，同时要依托市场驱动，从企业、产业集群、园区、社会多个层面推动。⑥ 生态工业园的建设目标是实现经济与生态效益的双赢，基于多种评估方法的评估显示，中国生态工业园区环境绩效总体上不断提升。⑦ 同时对于生态工业园区的实践研究也是国

---

① Sihua Chen, "An Evolutionary Game Study of an Ecological Industry Chain Based on Multi‐Agent Simulation: A Case Study of the Poyang Lake Eco‐Economic Zone", *Sustainability*, Vol. 9, No. 7, 2017, pp. 1–27.

② Dianjun Qin, Xiaojing Guo, "Research on Implementation Strategies of Green Supply Chain Management", *Applied Mechanics and Materials*, Vol. 84–85, No. 8, 2011, pp. 757–760.

③ Mathilde Le Tellier, Lamia Berrah, Benoit Stutz, et al., "From SCM to Eco‐Industrial Park Management: Modelling Eco‐Industrial Park's Symbiosis with the SCOR Model", *Advances in Production Management Systems*, 2017, pp. 467–478.

④ 母爱英、何恬：《京津冀循环农业生态产业链的构建与思考》，《河北经贸大学学报》2014 年第 6 期。

⑤ Marian Ruth Chertow, "Industrial Symbiosis: Literature and Ttaxonomy", *Annual Review of Energy and the Environment*, Vol. 25, No. 1, 2000, pp. 313–337.

⑥ 田金平、刘巍、李星等：《中国生态工业园区发展模式研究》，《中国人口·资源与环境》2012 年第 7 期。

⑦ 田金平、刘巍、臧娜、陈吕军：《中国生态工业园区发展现状与展望》，《生态学报》2016 年第 22 期。

外学者追踪的热点问题，穆罕默德·萨德格·塔希里（Mohammad Sadegh Taskhiri）等结合韩国蔚山生态工业园的现实情况，利用线性规划模型优化废物能源化网络①；金贤宇（Hyeong‐Woo Kim）等利用投入产出分析评估生态工业园对韩国经济的影响，得出生态工业园是整个供应链上下游产业整体经济绩效提升的驱动因素结论②；Zhang等提出了一种评估生态工业园余热回收的方法，并以新加坡裕廊岛生态工业园为例验证了评估方法的有效性③，此外联合国工业发展组织和世界银行等制定了生态工业园区国际框架，以指导生态工业园区建设工作④。③生态产业集群。生态产业集群是生态产业发展的重要组织形式，不但有利于在较大范围内构建生态产业链网，还有利于发挥生态产业发展的空间集聚效应。基于国内外实践动向来看，生态产业集群可以分为主副产业衍生模式、多产业共生模式、静脉和动脉产业循环模式以及外部效应内部化模式，对传统产业集群进行生态化改造，依托多产业协同促进产业集群式发展等是构建生态产业集群的主要路径⑤。生态产业集群是一个复杂系统，利用系统理论方法对其进行模拟分析也得到部分学者关注，Qin和Fu利用复杂适应系统理论对生态产业集群进行分析，建立动态仿真模型，为生态产业集群管理提供新的理论和实践方法⑥；徐升华、吴丹基于"产业—经济—资源"反馈系统利用系统动力学对鄱阳湖生态经济区生态产业集群进行了模拟分析，结果表明区域资源水平影响了区域产业集群度，进而影响

---

① Mohammad Sadegh Taskhiri, Shishir Kumar Behera, Raymond R. Tan, et al., "Fuzzy Optimization of a Waste‐to‐energy Network System in an Eco‐industrial Park", *Journal of Material Cycles and Waste Management*, Vol. 17, No. 3, 2015, pp. 476–489.

② Hyeong‐Woo Kim, Liang Dong, Seok Jung, et al., "The Role of the Eco‐Industrial Park (EIP) at the National Economy: An Input‐Output Analysis on Korea", *Sustainability*, Vol. 10, No. 12, 2018, pp. 1–19.

③ Chuan Zhang, Li Zhou, Pulkit Chhabra, et al., "A Novel Methodology for the Design of Waste Heat Recovery Network in Eco‐industrial Park Using Techno‐economic Analysis and Multi‐objective Optimization", *Applied Energy*, Vol. 184, 2016, pp. 88–102.

④ 参见世界银行"An International Framework for Eco‐industrial Parks", http://documents.shihang.org/curated/zh/429091513840815462/An‐international‐framework‐for‐eco‐industrial‐parks.

⑤ 危旭芳：《生态产业集群的基本模式及其构建路径》，《江西社会科学》2008年第5期。

⑥ Suntao Qin, Weiwei Fu, "Evolvement Model of Eco‐Industrial Cluster—Research Based on Complex Adaptive System", *Advanced Material Research*, Vol. 304, No. 6, 2011, pp. 247–252.

经济发展水平①。

5. 生态绩效（效率）

生态绩效（效率）是衡量高效生态产业发展的重要标准，同时也是找寻影响高效生态产业发展因素的重要基础。从产业的视角来看，农业、工业及特殊产业生态效率评价较多受到关注。潘丹、应瑞瑶对中国农业生态效率测算结果表明，农业生态效率总体呈现缓慢上升趋势，但还存在较强的改进空间，资源减量使用和效率提高及污染物减量排放是提高农业生态效率的基本路径②；卢燕群、袁鹏对中国30个省份工业生态效率测算结果表明，大部分省份工业生态效率呈现波动上升趋势，呈现自西向东逐渐增强的空间格局和区域差异，同时科技创新、产业集聚、环境规制等对工业生态效率呈现不同影响③；李斌等对中国36个工业行业的绿色全要素生产率测算结果表明中国工业行业绿色全要素生产率出现倒退④；林伯强、刘泓汛发现中国工业行业的能源环境效率水平不高，但整体处于上升趋势⑤。从行业和企业视角来看，国外对具体行业的研究较多。乔琪亚·奥吉奥尼（Giorgia Oggioni）等测算了21个国家水泥产业生态效率，结果表明投资技术先进的窑炉及生产过程中采用替代燃料和原材料的国家生态效率相对较高，为新兴经济体生产工业现代化提供了支撑⑥；巴希尔·本·拉胡尔（Béchir Ben Lahouel）利用法国17家消费服务公司2011—2012年数据评价企业生态效率，发现企业的生态效率相对不高，生态效率与环境效率存在密切关系⑦；基蒂科恩·查蒙杜斯（Kitikorn Charmondusit）等基于经济指标、环境指标、社会指标三类指标对

---

① 徐升华、吴丹：《基于系统动力学的鄱阳湖生态产业集群"产业—经济—资源"系统模拟分析》，《资源科学》2016年第5期。

② 潘丹、应瑞瑶：《中国农业生态效率评价方法与实证——基于非期望产出的SBM模型分析》，《生态学报》2013年第12期。

③ 卢燕群、袁鹏：《中国省域工业生态效率及影响因素的空间计量分析》，《生态学报》2017年第7期。

④ 李斌、彭星、欧阳铭珂：《环境规制、绿色全要素生产率与中国工业发展方式转变——基于36个工业行业数据的实证研究》，《中国工业经济》2013年第4期。

⑤ 林伯强、刘泓汛：《对外贸易是否有利于提高能源环境效率——以中国工业行业为例》，《经济研究》2015年第9期。

⑥ Giorgia Oggioni, Rossana Riccardi, R. Toninelli, "Eco-efficiency of the World Cement Industry: A Data Envelopment Analysis", *Energy Policy*, Vol. 39, No. 5, 2011, pp. 2842–2854.

⑦ Béchir Ben Lahouel, "Eco-efficiency Analysis of French Firms: A Data Envelopment Analysis Approach", *Environmental Economics and Policy Studies*, Vol. 18, No. 3, 2016, pp. 395–416.

木质玩具产业生态效率进行了测度,为中小企业生态效率评价提供借鉴①;He 等基于物质流对中国有色金属产业生态效率进行分析,并对比分析了资源效率和资源经济效率及能源效率和能源经济效率情况,认为总体上中国有色矿产产量不足②。此外,典型的产业基地、生态工业园生态绩效和生态足迹等也得到学者较多的关注。亨根(Hengen)等构建了复合生态效率模型,对肉牛饲养场的生态效率进行评价,结果表明水、生态系统、人类健康排放是影响饲养场生态效率的主要因素③;安卡·布特纳留(Anca Butnariu)等以服装厂为对象进行了生态足迹分析,对影响生态足迹的能源、资源、废物三个方面进行分析,得出资源是生态足迹的主要贡献者等结论④;还有学者利用生命周期法测算了泰国油棕和橡胶等相关园区的生态足迹,在此基础上测算了全球油棕和橡胶园的生态足迹指标⑤。产业结构调整对生态绩效具有重要影响,韩永辉等研究结果显示产业结构高度化具有本地和外部生态效率正面效应,产业结构合理化则对生态效率具有正外部效应,经济发展水平的提高和环境规制的增强有助于本地生态效率的提高。⑥

6. 生态(环境)规制

高效产业发展在很大程度上要依赖以生态为核心的产业规制,同时互联网时代产业组织和发展模式的变革也对规制创新提出一系列要求。

---

① K. Charmondusit, S. Phatarachaisakul, P. Prasertpong, "The Quantitative Eco‑efficiency Measurement for Small and Medium Enterprise: A Case Study of Wooden Toy Industry", *Clean Technologies and Environmental Policy*, Vol. 16, No. 5, 2014, pp. 935‑945.

② Jingke He, Fengrui Jia, Qiang Yue, et al., "Ecological Efficiency for Non‑ferrous Metals Industry in China Based on Bulk Materials Flow Analysis", Sustainable Development: Proceedings of the 2015 International Conference on Sustainable Development (ICSD2015). 2015.

③ Tyler J. Hengen, Heidi L. Sieverding, Noel A. Cole, et al., "Eco‑Efficiency Model for Evaluating Feedlot Rations in the Great Plains, United States", *Journal of Environment Quality*, Vol. 45, No. 4, 2016, pp. 1234‑1242.

④ Anca Butnariu, Silvia Avasilcai, "Research on the Possibility to Apply Ecological Footprint as Environmental Performance Indicator for the Textile Industry", *Procedia‑Social and Behavioral Sciences*, Vol. 124, 2014, pp. 344‑350.

⑤ Charongpun Musikavong, Shabbir H. Gheewala, "Ecological Footprint Assessment Towards Eco‑efficient Oil Palm and Rubber Plantations in Thailand", *Journal of Cleaner Production*, Vol. 140, 2016, pp. 581‑589.

⑥ 韩永辉、黄亮雄、王贤彬:《产业结构优化升级改进生态效率了吗?》,《数量经济技术经济研究》2016 年第 4 期。

环境规制是高效生态产业发展规制的主体，它被认为是减少污染和提升环境保护技术的重要因素[①]。研究发现，环境污染给中国带来的经济损失占 GDP 总量的 8%—15%[②]，通过制定合理的环境规制政策推进工业绿色全要素生产率提升成为新型工业化发展的必然之路[③]。弗朗西斯科·泰斯塔（Francesco Testa）等指出环境规制在短期不利于增进企业绩效，但在长期存在积极影响[④]。也有学者认为环境规制在异质性行业中存在差异化效应[⑤]。环境规制对高效生态产业发展的影响作用可以通过生态绩效反映和衡量出来，总体研究表明环境规制与工业生态效率存在非线性关系，但同时其作用的发挥还要借助一定的媒介，还较强依赖于政府行为。李玲、陶锋研究显示环境规制与绿色全要素生产率之间呈"U"形关系[⑥]。随着经济全球化的推进，FDI 技术溢出效应成为环境规制影响工业生态效率的重要媒介。环境规制与外商直接投资的交互效应有助于促进工业绿色转型，环境规制作为外资进入的重要门槛，能够引导外资流向清洁生产型行业，空间异质性对环境规制与外商直接投资的交互效应产生重要影响[⑦]。行政垄断与环境规制政策存在相互影响。李胜兰等研究表明地方政府在环境规制的制定和实施过程中具有相互"模仿"行为[⑧]；马春文、武赫也发现地方政府竞争对环境污染产生影响[⑨]；罗能生、王玉泽发现财政分权程度提升引致生态效率的下降，随着环境规制强度的不断提高，

[①] 宋马林、王舒鸿：《环境规制、技术进步与经济增长》，《经济研究》2013 年第 3 期。

[②] 韩超、胡浩然：《清洁生产标准规制如何动态影响全要素生产率——剔除其他政策干扰的准自然实验分析》，《中国工业经济》2015 年第 5 期。

[③] 陈诗一：《中国的绿色工业革命：基于环境全要素生产率视角的解释（1980—2008）》，《经济研究》2010 年第 11 期。

[④] Francesco Testa, Fabio Iraldo, Marco Frey, "The Effect of Environmental Regulation on Firm' Competitive Performance: The Case of the Building & Construction Sector in Some EU Regions", *Journal of Environmental Management*, Vol. 92, No. 9, 2011, pp. 2136 – 2144.

[⑤] Suphi Sen, "Corporate Governance, Environmental Regulation, and Technological Change", *European Economic Review*, Vol. 80, No. 10, 2015, pp. 36 – 61.

[⑥] 李玲、陶锋：《中国制造业最优环境规制强度的选择——基于绿色全要素生产率的视角》，《中国工业经济》2012 年第 5 期。

[⑦] 朱东波、任力：《环境规制、外商直接投资与中国工业绿色转型》，《国际贸易问题》2017 年第 11 期。

[⑧] 李胜兰、初善冰、申晨：《地方政府竞争、环境规制与区域生态效率》，《世界经济》2014 年第 4 期。

[⑨] 马春文、武赫：《地方政府竞争与环境污染》，《财经科学》2016 年第 8 期。

财政分权对生态效率的作用由"攫取之手"向"援助之手"转变①。同时新工业革命背景下涌现出一系列新产业、新业态、新模式,对规制变革与创新提出了一系列要求,如蒋大兴、王首杰认为随第四次工业革命兴起的共享经济模式,特点迥异于传统经济,传统规制模式不能满足其需求,应进行规制创新。②

此外,市场主体行为、市场结构等也与高效生态产业发展有着密切关系。企业是生产的主体,是高效生态产业发展的核心,而消费者的消费理念和消费行为从需求端对高效生态产业发展产生驱动作用。企业的社会责任是经济社会发展到高级阶段的必然要求和产物,企业的社会责任含有道德因素,社会整体利益作为一项衡量尺度,其重要性要远远高于企业的利润最大化。徐莉婷、叶春明研究发现政府的行为在影响企业决策中起到决定性的作用,应提高对企业生态责任的奖惩力度。③ 消费者的绿色(生态)消费从需求端和供给端共同发力,既为高效生态产业发展产生驱动力,也成为高效生态产业体系的重要组成部分。绿色消费是一种环境友好型消费模式,基本理念是消费者购买、使用以及处置产品时考虑消费行为对生态环境的影响作用,以降低消费对环境的负面作用。④ 消费者绿色消费行为受自身因素、外部因素、宣传因素以及产品因素影响,绿色消费关注生态环境价值,消费者绿色消费行为将驱动企业绿色生产行为。⑤ 吉志鹏认为促进绿色消费需要以生态文化作为价值支撑,通过构建以生态价值观念为基础的生态文化,引导社会形成绿色消费理念,促进绿色生活方式和生活模式的大众化、普及化。⑥ 市场结构影响主体行为和资源配置效率,良好的市场结构也是促进高效生态产业发展的重要保障。徐朝阳、周念利通过构建市场需求不确定企业动态模型

---

① 罗能生、王玉泽:《财政分权、环境规制与区域生态效率——基于动态空间杜宾模型的实证研究》,《中国人口·资源与环境》2017年第4期。
② 蒋大兴、王首杰:《共享经济的法律规制》,《中国社会科学》2017年第9期。
③ 徐莉婷、叶春明:《基于演化博弈论的雾霾协同治理三方博弈研究》,《生态经济》2018年第12期。
④ Les Carlson, Stephen J. Grove, Norman Kangun, "A Content Analysis of Environmental Advertising Claims: A Matrix Method Approach", *Journal of Advertising*, Vol. 22, No. 3, 1993, pp. 27–39.
⑤ 吴波:《绿色消费研究评述》,《经济管理》2014年第11期。
⑥ 吉志鹏:《新时代绿色消费价值诉求及生态文化导向》,《山东社会科学》2019年第6期。

发现，随着行业发展成熟度的增强，需求确定性提高，优势企业逐渐淘汰劣势企业，促进产业效率不断提高，因此政府维护公平市场竞争环境，让市场内生机制发挥作用是治理产能过剩、提高产业效率的基础。① 同时，互联网时代市场结构理论发生新的变化，垄断性与竞争性不能成为判断企业资源配置效率的绝对标准，这对于互联网企业更是如此。傅瑜等基于互联网平台企业的研究发现，互联网平台受制于供需双方的规模经济效应影响，产业最终向单寡头竞争性垄断市场结构进化，由此颠覆了传统市场结构理论。②

综上所述，一系列既有成果为推进高效生态产业发展研究奠定了基础，突出反映在以下几个方面：第一，产业生态化和生态产业发展基本理论逐步确立，为依托生态理念设计产业发展道路奠定基础，且近年来国内研究已跳出狭义视角，同时关注中观与宏观层面的理论与实践结合研究，总体上为系统化、多层面探讨高效生态产业发展奠定基础；第二，生态农业和高效生态农业发展研究逐渐趋于成熟，高效生态农业是构建高效生态产业体系的基础，相关研究为依托高效生态农业发展向其他产业发展延伸以及融合各产业发展之间的关系奠定基础；第三，以生态工业园区为核心的研究逐渐深化，生态工业园是高效生态工业发展的最佳实践载体，生态工业发展研究主要集中在生态产业链和生态工业园等方面，现有研究不但关注生态工业园发展的一般问题，还加强生态产业链、绿色供应链、生态产业集群与生态工业园的结合研究，为依托系统观念在园区乃至区域范围内构建高效生态产业链网奠定基础。此外，生态绩效（效率）研究逐渐深化，为把握生态产业发展水平提供帮助，生态（环境）规制研究为探讨高效生态产业发展规制新要求以及互联网时代的规制创新奠定基础，同时围绕新时代新发展理念要求的主体行为、市场结构等研究为研究高效生态产业中观和微观发展奠定基础。

但从研究视角以及内容来看，总体上已有研究还存在以下几个方面的不足：第一，概念的统一性存在不足。生态产业和高效生态产业及其发展相关研究呈现百花齐放的格局，但一些关键概念如高效生态产业及

---

① 徐朝阳、周念利：《市场结构内生变迁与产能过剩治理》，《经济研究》2015 年第 2 期。
② 傅瑜、隋广军、赵子乐：《单寡头竞争性垄断：新型市场结构理论构建——基于互联网平台企业的考察》，《中国工业经济》2014 年第 1 期。

其发展尚缺乏有说服力的界定，不利于高效生态产业及其发展的统一研究；第二，如何区别于一般生态产业及其发展，凸显高效生态产业及其发展的高效特征是需要探索的重要问题。生态产业从低效向高效发展需要经历一定的过程，中国发展环境逐渐为生态产业由低效向高效发展提供条件，这涉及经济支撑、制度建设、技术发展等一系列影响因素，是高效生态产业发展的关键问题；第三，缺乏从产业体系整体视角对高效生态产业及其发展的研究。高效生态农业及其发展得到较多关注，高效生态工业、高效生态服务业及其发展还较少涉及，更缺乏对高效生态三次产业之间融合发展的探讨；第四，特别是考虑到当今中国国情，目前缺乏高效生态产业发展与新时代经济新常态和重要战略背景的互动融合研究。高效生态产业发展必须密切结合新时代经济新常态、供给侧结构性改革、区域协同发展战略、新旧动能转换等一系列现实背景，方能凸显现实发展特征。为此推进高效生态产业发展研究还需要重点把握以下几个方面的问题：第一，明确高效生态产业及其发展的概念，明晰生态产业向高效生态产业的演进机制，从而实现与一般生态产业研究的区别。生态产业由低效向高效的发展，必须基于不断提升的经济和技术条件，依托高效生态经济及其发展理念，新时代经济新常态下供给侧结构性改革等重大战略背景而推进；第二，广义与狭义相结合，理论研究与现实发展相融合推进研究。高效生态产业及其发展存在狭义与广义之分，狭义的高效生态产业及其发展依赖于具体的诸如生态循环产业模式等的构建，而广义的高效生态产业及其发展则隐喻在产业发展过程中高效生态理念的充分体现。中国特色社会主义新时代"人与自然"和谐共生的现代化建设目标和生态文明建设的顶层设计，为高效生态产业及其发展在宏观层面提出了要求也准备了条件。推动高效生态产业发展既要发挥具体的诸如生态循环模式等的重要作用，也要基于全局统筹的思路，充分体现产业发展的高效生态理念，最大限度地实现生态与效率的平衡与"双赢"；第三，研究过程要充分吸收已有研究成果。高效生态产业发展研究涉及范围甚广，面面俱到的研究很难实现，但为实现系统性、综合性研究必须充分吸收已有研究成果，同时与新发展理念密切结合起来，体现现实性与创新性。

第二节 经济增长的本质

产业发展是经济发展的本质和核心，同样，高效生态产业发展也是高效生态经济发展的本质和核心。经济增长是经济发展的基本内容，它也伴随着产业结构变动和以产出、就业等指标衡量的产业规模的扩大。所以，研究高效生态产业发展就必须研究作为这一发展重要度量指标的经济总量增长及其影响因素问题，特别是要深入探究经济增长的本质：是什么带来了经济增长，或者说经济增长的来源究竟是什么？迄今为止，经济增长理论在探讨这一问题时，已经先后把土地（自然资源）、人口、劳动、资本等传统要素投入，人力资本、技术进步、教育、知识、文化、制度等现代要素投入作为归因。但是，由于多方面的原因，这一理论研究还有很长的路要走。以往经济增长与经济发展理论还没有一致的明确界限，能够将二者严格区分开来，却经历了一个二者合一、二者分开、再而合一的"混沌"过程；出现现代经济增长模型以后，假说前提、数学形式、关注重点等的不同，使解析出的变量和计量解很难归结为是增长的抑或是发展的原因；发展越来越向以人为本复归的结果使过去那种见物不见人的增长理念、增长模式、增长模型的历史局限性越来越大，曾经被主流经济学热捧的所谓完美理论越来越不能满足现代人、现有的资源环境约束、现代经济增长和发展新趋势对新的经济增长和新的经济发展理论的需要。

自古典经济学以来，关于经济增长理论的文献可谓汗牛充栋，各自反映了所处时代的特点。而且，已经历了合—分—合的"混沌"过程。以下，根据本书研究的需要和我们所掌握的文献资料，以及经济增长理论的演进阶段，将经济增长理论划分为古典经济增长理论、现代经济增长理论、伊达尔戈经济增长本质理论三大类，并逐一简要概述。

古典经济学家如亚当·斯密（Adam Smith）、托马斯·罗伯特·马尔萨斯（Thomas Robert Malthus）、大卫·李嘉图（David Ricardo）、卡尔·马克思（Karl Marx）、约瑟夫·熊彼特（Joseph Alois Schumpeter），在一般经济发展理论或经济学说中阐释了经济增长的来源和本质，对经济长期增长的动态均衡做出了深刻分析，迄今依然在基本思路、主要观点、分析方法等各方面影响着各种现代经济增长理论分析。即使以最现代的经济增长或发展视角看，也仍然可以认为斯密关于劳动分工是报酬递增的原因，进而才会有经济增长与发展的思想是其最重要的经济学贡献。斯密具体分析了适合于分工的制造业部门劳动力增进的原因："第一，劳动者的技巧因业专而日进；第二，由一种工作转到另一种工作，通常须损失不少时间，有了分工，就可以免除这种损失；第三，许多简化劳动和缩减劳动的机械的发明，使一个人能够做许多人的工作。"① 马尔萨斯认为在满足营养水平要求的前提下生命将按几何比率增加，而在农业报酬递减的前提下生活资料将按算术比率增加，这将使粮价上升并对工业成本施加不良影响，进而世界各国人均收入将围绕着生存水平上下波动，即陷入所谓"低水平均衡陷阱"之中。"设世界人口为任一数目，比如说十亿，则人口将按 1、2、4、8、16、32、64、128、256、512 这样的比率增加，而生活资料将按 1、2、3、4、5、6、7、8、9、10 这样的比率增加。225 年后，人口与生活资料之比将为 512∶10。300 年后，人口与生活资料之比将为 4096∶13，两千年后，两者的差距将大得几乎无法加以计算，尽管到那时产量已经增至极高的水平。"② 李嘉图认为，"利润高低由工资而定，工资高低由必需品价格腾落而定，必需品价格腾落，又主要由食品价格腾落而定。"③ 所以，在土地报酬递减和成本递增而造成粮价上升时，作为生存工资和地租二者余额的利润就必然下降，而且这是一个长期趋势，作为增长和发展来源的资本积累就失去动力。"他预测，资本主义经济最终将会结束于静止状态。"④ 马克思在其鸿篇巨制《资本论》里，明确指出剩余价值才是资本积累的来源和经济增长的源泉。而随着资本积累的进行，以不变资本与可变资本的比率衡量的"资本有机构成"随时间不断提高，"劳动后备军"将会消失，这将推动工资上升和利润下降。相应地，资本家要么压低工资，导致"工人阶级贫困化"、生

---

① ［英］亚当·斯密：《国民财富的性质和原因研究》（上卷），郭大力、王亚南译，商务印书馆1972年版，第8页。
② ［英］马尔萨斯：《人口原理》，朱泱、胡企林、朱和中译，商务印书馆1992年版，第12页。
③ ［英］大卫·李嘉图：《政治经济学及赋税原理》，郭大力、王亚南译，北京联合出版公司2013年版，第58页。
④ ［英］A. P. 瑟尔沃：《增长与发展》，郭熙保译，中国财政经济出版社2001年版，第101页。

产过剩和社会危机；要么用资本替代劳动，这又会复而提高"资本有机构成"。所以，资本主义经济增长不会持续下去，资本主义危机一定会到来。但是，马克思总是联系生产关系研究生产力，联系资本主义制度研究资本主义增长。正如华尔特·惠特曼·罗斯托（Walt Whitman Rostow）所指出的："将马克思和其他古典经济增长理论家区别开来的，是他所依赖的黑格尔哲学框架以及把个体嵌入社会的视角。"[①] 熊彼特在其《经济发展理论》等著作中定性分析了创新或技术是经济发展的内生变量，经济增长过程是一种创造性破坏过程，经济增长是通过经济波动等实现的一系列经济增长理论问题。

从实践上看，现代经济增长是从工业革命以后才真正开始的。但从理论上看，却因为以下几个原因使现代经济增长理论成熟于20世纪中叶以后。第一，微积分可以被用来精确分析在严格假定条件下的经济学命题，加上当时西方发达国家经历着自工业革命以后的长期动态有效增长，使从1870年开始主流经济学代表人物如威廉·斯坦利·杰文斯（William Stanley Jevons）、卡尔·门格尔（Carl Menger）、莱昂·瓦尔拉斯（Léon Walras）、约翰·斯图亚特·穆勒（John Stuart Mill）直到阿尔弗雷德·马歇尔（Alfred Marshall）等，不再关心古典经济学家关于经济静止状态的问题，主要从需求角度关注市场短期均衡对资源优化配置的问题，而忽视从供给角度分析解决经济长期增长的动态有效性问题。第二，第二次世界大战以后，殖民地国家和地区纷纷实现民族独立和解放，如何实现经济迅速增长和发展成为主流经济学必须高度关注的时代课题。正如有的学者所指出的：20世纪40年代至60年代，是一个"增长的发展"[②]时代。第三，西蒙·史密斯·库兹涅茨（Simon Smith Kuznets）、戴尔·乔根森（Dale Jorgenson）、安格斯·麦迪森等人关于经济增长统计分析和计量实证的成果，为建构精细研究经济增长的计量模型和进行更深入的经济增长来源分析奠定了可靠基础。

现代经济增长理论的起点是1928年弗兰克·普伦普顿·拉姆齐（Frank Plumpton Ramsey）对跨时家庭最优化分析的经典论文，现在讨论

---

① ［美］罗斯托：《经济增长理论史：从大卫·休谟至今》，陈春良等译，浙江大学出版社2016年版，第181页。
② ［澳］海因茨·沃尔夫冈·阿恩特：《经济发展思想史》，唐宇华、吴良建译，商务印书馆1997年版，第51页。

与经济增长有关的消费理论、资产定价或商业周期理论很难不涉及由拉姆齐和1930年欧文·费雪（Irving Fisher）介绍给经济学家的最优性条件。如今拉姆齐的跨时可分效用函数已被使用得和科布－道格拉斯（Cobb－Douglas）生产函数一样广泛。然而经济学界迟至20世纪60年代才广泛采用拉姆齐的方法。罗伊·福布斯·哈罗德（Roy Forbes Harrod）1936年和埃弗塞·多马（Evsey David Domar）1946年在大萧条时期或紧接其后试图在约翰·梅纳德·凯恩斯（John Maynard Keynes）分析中整合进经济增长的因素，他们采用在投入之间缺乏替代弹性的生产函数来论证资本主义体系是内在不稳定的。1956年罗伯特·默顿·索洛（Robert Merton Solow）和特雷弗·温彻斯特·斯旺（Trevor Winchester Swan）在不变规模报酬、对每种投入的报酬递减、投入之间的某种正的且平滑的替代弹性等假说下，构造了一个新古典形式的生产函数模型，即索洛－斯旺（Solow－Swan）模型。这种生产函数与不变储蓄率结合起来，产生了一个极为简单的一般均衡经济模型。该模型对于所谓条件收敛的经验假说，即真实人均GDP的起始水平相对于长期或稳定位置越低，增长率越快，有着相当大的解释力。这是因为资本报酬递减，人均资本更少的经济（相对于其长期人均资本）趋于有更高的回报率和更高的增长率。收敛之所以是有条件的，是因为该模型中资本和人均产出的稳态水平依赖于储蓄率、人口增长率、生产函数的位置、政府政策、人力资本等一系列在各国经济之间差异甚大的特征。同样在资本报酬递减的假说下，索洛－斯旺模型还进行了一个类似于马尔萨斯和李嘉图所做出的预测，即在缺乏技术进步的情况下，人均增长将最终停止，但这与已经观察到的人均增长率可以持续1个世纪或更长的现实不符。20世纪50年代末期和60年代的新古典增长理论家们用外生的技术进步假说对该模型进行修补，把理论与一个正的可能不变的长期人均增长率调和在一起，同时仍保留条件收敛的预测。但明显的缺陷也就在于长期人均增长率完全被一个外生的技术进步率所决定，同时也依赖一个外生的人口增长率。1965年凯斯（Cass）和佳林·库普曼斯（Tjalling Koopmans）把拉姆齐的消费最优化分析引入新古典增长理论中，因而提供了对储蓄率的内生决定，但同时也维持了条件收敛假说。然而，储蓄的内生性也并没有消除长期人均增长率对外生技术进步的依赖。因为技术进步涉及新观念的创造，这些非竞争性的公共品要素投入的规模报酬是递增的。因此，把技术变迁理论包括进具有分权竞争性和规模报酬不变假说而分权结果又是帕累托最优的新古典框架中是困难的。1962年肯尼斯·约瑟夫·阿罗（Kenneth Joseph Arrow）和1967年伊坦·谢辛斯基（Eytan Sheshinski）构造了一个所谓"干中学"机制的模型，认为观念是生产或投资的无意识副产品；而且每个人的发现都立刻外溢到整个经济中，因为知识是非竞争性的。1986年保罗·迈克尔·罗默（Paul Michael Romer）证明在这种情形下仍可以在竞争性框架中决定一个均衡的技术进步率，但是所造成的增长率将不再是帕累托最优。一般地，如果发明部分地仰仗于有目的的研发努力，而且如果一个人的创新只能逐渐扩散给其他生产者，则竞争性框架将崩溃。现实构架中，技术进步的分权理论要求新古典增长理论的根本变化，即把不完全竞争整合到模型中去。1965年凯斯和库普曼斯的著作完成了基本的新古典理论后，增长理论变得过于技术化且失去了与经验应用的联系。与此相反，发展经济学家被要求为贫穷国家出谋划策，趋于采用技术上不精确但经验上更有用的模型。经济增长和经济发展的领域就此分道扬镳。至20世纪70年代，曾作为一门活跃的研究领域的增长理论已死气沉沉，时值理性预期革命和石油危机的前夜。自此以后约15年间，宏观经济学研究集中于短期波动，主要贡献是在经济周期模型中整合进理性预期，改进了政策评价方法和真实经济周期中一般均衡方法的应用。[①]

20世纪80年代中期以后，由于内生增长理论模型的提出以及这一模型中解析出的影响经济长期增长的内生决定因素越来越与影响和决定整个经济发展的因素一致，还由于更加关注理论研究与经验含义以及数据之间的关系，经济增长和经济发展研究领域再次趋于综合。以1986年罗默和1988年罗伯特·埃默生·卢卡斯（Robert Emersom Lucas）的著作为开端，学者们不仅认识到长期经济增长决定的重要性远甚于经济周期的机理或者货币和财政政策的逆周期效应；而且建构了内生增长理论模型，在模型之内决定了长期增长率，从而摆脱了新古典模型中长期人均增长率被外生技术钉住的束缚。这一综合性研究的第一波是1986年罗默、1988年卢卡斯、1991年塞尔吉奥·雷贝罗（Sergio Rebelo）建立于阿罗、

[①] ［美］罗伯特·J. 巴罗、［美］哈维尔·萨拉伊马丁：《经济增长》，何晖、刘明兴译，中国社会科学出版社2000年版，第9—12页。

谢辛斯基和宇泽弘文（Hirofumi Uzawa）工作之上的，但并未真正引入技术变迁理论的探讨。在这些模型中，由于包括人力资本在内的一系列资本品的投资收益随着经济的发展并不必然递减［这一想法肇始于1944年法兰克·海克曼·奈特（Fank Hyneman Knight）］，增长的持续是不确定的。知识在生产者之间的扩散和从人力资本中得来的外部收益是这一过程的一部分，但这只是因为它们有助于避免对资本积累的递减报酬倾向。1987年和1990年罗默、1992年菲利普·阿基翁①（Philippe Aghion）和彼得·霍伊特（Peter Howitt）、1991年吉恩·M. 格罗斯曼（Gene M. Grossman）和埃尔赫南·赫尔普曼（Elhanan Helpman）的重要贡献是把R&D理论与不完全竞争理论整合进增长框架中。在这些模型中，技术进步是有目的的R&D活动的结果，而且这种活动获得了某种形式的事后垄断力量作为奖励。如果经济中不存在想法、观念耗竭的趋势，那么增长长期可以保持为正。然而，由于与新产品及新生产方法的创造有关的扭曲，增长率和发明活动的基本数量不再趋于是帕累托最优。在这些框架中，长期增长率依赖于政府行动，诸如税收、法律和秩序的维护，基础设施服务的提供，知识产权的保护及对国际贸易、金融市场和经济的其他方面的管制。因而政府通过其对长期增长率的影响既可造福百姓，又可为祸于民。新研究包括技术扩散模型，可用于分析后进经济通过比创新来的便宜的技术模仿分享好处。扩散模型预测了一种与新古典增长模型的预测类似的条件收敛形式。新研究也对克服新古典增长模型中人口增长率这一关键外生变量的问题做出了努力，通过把生育选择分析整合进新古典模型中来使人口增长内生化，以及通过迁移及劳动/闲暇选择分析使增长框架中劳动供给内生化等。②

这里特别需要说明的是，近年来把熊彼特方法引入内生经济增长理论所形成的模型对面对自然资源限制的经济可持续发展理论对高效生态经济增长理论研究的重要性。1990年赛格斯托姆（Paul S. Segerstrom）、阿南特（T. C. A. Anant）和迪诺波勒斯（Elias Dinopoulos）最早尝试把熊彼特方法引入内生增长理论，他们把持续增长的过程模拟为固定数量

---

① 也有文献翻译成阿吉翁或阿洪。
② ［美］罗伯特·J. 巴罗、［美］哈维尔·萨拉伊马丁：《经济增长》，何晖、刘明兴译，中国社会科学出版社2000年版，第12—13页。

企业条件下产品连续改进的过程，但在创新过程中不存在不确定性。1988年、1992年阿基翁和霍伊特在他们建立的引入熊彼特方法的内生增长模型分析中指出，增长是由一系列随机的质量改进或者说垂直型创新带来的，而这些创新本身也来自具有不确定性结果的研发活动。具有垂直创新的增长模型有一个特点，就是新发明会使旧技术或旧产品过时，即"创造性毁灭"，它意味着在当前和未来的研发之间负相关，而这会导致唯一的稳定状态或均衡增长的均衡的存在，也可能带来周期性经济增长模式出现。虽然当前创新对于未来研发会产生正外部效应，但也会对现在的生产者施加所谓抢占市场份额的负外部效应，这将进一步导致完全自由市场经济条件下过度增长的可能性。在此前的内生增长模型中，这种可能性不会出现。20世纪70年代，为了应对石油输出国组织（OPEC）的挑战和回应罗马俱乐部的悲观论调，经济学家开始把能源、自然资源和环境污染问题引入新古典增长理论中来；20世纪90年代，经济学家对全球气候变化和布伦特兰委员会（Brundtland Commission，世界环境与发展会议）报告做出反应，则把这些问题引入内生增长理论。尽管相对于20世纪70年代中期比较成熟的新古典增长理论，内生增长理论目前仍然很幼稚，但比起新古典理论，内生增长理论更见长于解释可持续发展问题。因为无论增长是否可持续都是内生增长理论探讨的核心。内生增长理论把能源、自然资源和环境污染引进模型中的理论拓展，表明了这一理论的熊彼特方法比同是这一理论的AK方法有优势。因为熊彼特方法明确创新作为一种经济行为，而不像AK方法那样加总处理。AK方法不能明显区分创新与资本积累，也就不能把握住创新在增长可持续中的作用。更确切地说，面对自然资源的限制，可持续发展的关键原因是生产知识的技术比生产物质的技术要更清洁一些。[①]

塞萨尔·伊达尔戈（Cesar Hidalgo）主要从物理学的角度，但跨越物理学、经济学和社会学，在其《增长的本质——秩序的演化，从原子到经济》一书中，深入、系统和富有时代特点地探讨了经济增长的本质，成为以前所未有的独特方式探讨经济增长本质和根源的第一人。在简要介绍他对经济增长本质理论主张之前，先要简单引介伊利亚·普里高津

[①] [美]菲利普·阿吉翁、[美]彼得·霍伊特：《内生增长理论》，陶然、倪彬华、汪柏林、曹广忠等译，陶然审校，北京大学出版社2004年版，第2、136—137页。

(Ilya Prigogine)① 的几个主要观点，因为伊达尔戈著作的基础理论分析主要是以普利高津的相关理论观点为基础的。普利高津对非平衡热力学，尤其是耗散结构理论做出了贡献。他认为，一个系统与外部世界的相互作用，嵌入非平衡之中，可能成为形成物质的新动力学态——耗散结构的起点。耗散结构实际上相当于一种超分子组织的形式。耗散结构是产生全局性非平衡状况的一种反应。在远离平衡的条件下，可能发生各种不同类型的自组织过程。无论是整个生物圈还是它的组成部分（活的或死的）都存在于远离平衡条件下。生命远不是在自然秩序之外，而是所发生的自组织过程的最高表现。无限的熵垒把可能存在的初始条件与不允许的初始条件分隔开，所以技术的进步永远也不可能克服它。我们不得不放弃有朝一日能到自己的过去漫游一番的希望。在所有层次上，无论是宏观物理学的层次、涨落的层次，或是微观的层次，非平衡是有序之源，非平衡使有序从混沌中产生。社会是极为复杂的系统，包含着潜在的巨大数目的分叉，以在一段相对短的人类史中演变的各种文化为例证。这样的系统对涨落高度敏感。这既引出希望，是因为哪怕小的涨落也可能增长并改变结构，结果，个别活动不是注定不重要的；也引出一种威胁，因为在我们的宇宙中，稳定的、永恒的规则的安全性似乎一去不复返了。②

伊达尔戈为了说明信息增长是经济增长的本质，首先从物理学角度分析了信息的概念。他认为，在统计物理学中，"熵"的定义即等价状态在所有可能的状态中所占的比例（严格来讲，是这个分数的对数）。他区分了克劳德·艾尔伍德·香农（Claude Elwood Shannon）关于信息和熵等价的概念，与路德维希·爱德华·玻尔兹曼（Ludwig Edward Boltzmann）关于熵是某种条件下等价状态的个数的概念二者的不同，认同曼弗雷德·艾根（Manfred Eigen）所说"熵是（物理）状态的均值，而信息是一个特定的（物理）状态"。因为信息所代表的一向都不仅限于比特数，还包括对于有序程度的度量。在一个物理系统内，信息是熵的对立面，因为信息通常体现在罕见、规则但不容易得到的状态中。他还对熵与混

---

① 也有人译成伊·普里戈金，就像下面引用的汉译本著作一样。
② ［比］伊·普里戈金、［法］伊·斯唐热：《从混沌到有序》，曾庆宏、沈小峰译，上海译文出版社1987年版，第187、197、222、332、342、373页。

沌、无序做了区分，认为实际上熵不是用来衡量混乱程度的，而是衡量状态的多重性（等价状态的个数），只不过凑巧，无序状态往往多重性较高，因此实际中，高熵值状态极有可能是无序的。自然界中信息十分罕见，不仅因为"信息丰富"的状态并不普遍，更是因为非人为条件下，这种状态很难达到。"信息量丰富"状态的特征之一是其中存在着长期或短期的内在联系。对于"沟通交流"来说，我们需要一个从无意义到有意义的转化：我们向外传递的有意义的信息是建立在信息本身毫无意义的物理秩序之上的，而这些无意义的物理秩序就是真正的信息本身。① 伊达尔戈接着分析了信息增长的机理。首先，他认同普里高津关于时间的不可逆性为我们在混沌中带来秩序的理论，认为时间的不可逆性紧紧联系着宇宙从有序到混沌的过程，伴随这一过程，地球上信息的数量在稳定增长。地球是一个趋于平衡的更大的系统，即宇宙里的非平衡系统，太阳向地球辐射的能量和地核本身的核衰变源源不断地给地球提供生成信息所需要的能量，从而维持了地球的非平衡状态。他也认同了普利高津非平衡系统有自组织特性的主张，认为非平衡系统中信息会自发产生。我们生活在一个足够"黏"以至于可以被重组和重建的星球上。第一个促使信息黏性的机制与"热力学势"相联系：非平衡系统的稳恒态最小化熵产生，或者说非平衡系统自发趋于稳恒态，且秩序自发出现来最小化信息破坏；第二个使信息具有黏性的原因是信息可以被固体所体现和携带。为了让信息增长，宇宙还有很重要的一环：就是物体处理信息的能力或者说物质计算能力。② 其次，伊达尔戈分析了作为想象力具象化的产品，对帮助我们传递诸如专业技术、想象力和知识的实际应用这些文字所无法表达的信息的作用，进而提高人类能力的益处：社会中每个人的能力都远远超过了他们知识所能及的范畴，对于知识实际应用能力的共享，人们尽情表达形成了综合创造力。③ 最后，经过对技术量化，有偿社会联系，诚信，经济系统复杂性，社会作为一个集体所积累的知识技

---

① ［美］塞萨尔·伊达尔戈：《增长的本质：秩序的演化，从原子到经济》，浮木译社译，中信出版社2015年版，第13—25页。

② ［美］塞萨尔·伊达尔戈：《增长的本质：秩序的演化，从原子到经济》，浮木译社译，中信出版社2015年版，第29—49页。

③ ［美］塞萨尔·伊达尔戈：《增长的本质：秩序的演化，从原子到经济》，浮木译社译，中信出版社2015年版，第51—85页。

术、知识、技术和信息的联姻等一系列有机关联的分析，伊达尔戈指出：非稳态系统、固体物质和物质的可分析计算能力，这三者帮助我们理解包括细胞、人、城市等在内的整个宇宙中信息的存在与增长。在经济体系中，信息的发展是经济发展最核心的一点，它是整个人类分析计算能力的进步，加以人类创新产物的长期积累共同作用的结果。当这个宇宙不断发展、熵值不断增长时，我们的星球则继续走在一条抗争着这个大趋势的路上，它在口袋里储藏了丰富的信息。①

第三节　经济增长的方法及其他相关文献

如何促进经济增长或者说经济增长的路径是什么？可以从经济和社会等不同的视角进行分析。这里主要介绍约瑟夫·斯蒂格利茨（Joseph Stiglitz）从经济视角，以及马克·格兰诺维特（Mark Granovetter）从社会网络视角等对促进经济增长的方法和途径的分析。

斯蒂格利茨在其著作《增长的方法：学习型社会与经济增长的新引擎》一书中，通过一个把学习、研究和开发、市场结构等内生化的一般均衡理论模型，对促进经济长期动态有效增长而不是短期静态均衡的路径进行了系统、深入和颇具创意的分析。

在该书中，他首先分析了学习是经济增长内生决定因素的机理。从历史来看，正如麦迪逊所提供的统计资料所证实的，从人均产值数据最初可靠的罗马时代到1800年前后，人类的生活水平一直裹足不前；而从19世纪初到19世纪中后期，从前只有贵族才能享有的优越生活方式开始加速席卷欧洲、北美和澳大利亚；到了20世纪，从前所谓的精英生活水准已经变成了欧洲、北美、大洋洲和亚洲许多国家大众生活的标配。如此巨大的社会变革正是由于生产力的提高、技术的进步和"学习把事情做得更好"。从经验来看，不仅学习（创新）的进程是提高生活水平的重要决定因素，而且几乎可以肯定的是，这个进程本身就是内生的。科技进步的速度随时间和国家不同而呈现不同的态势，也许我们不能解释在

---

① ［美］塞萨尔·伊达尔戈：《增长的本质：秩序的演化，从原子到经济》，浮木译社译，中信出版社2015年版，第86—211页。

其中起作用的所有变量，但至少可以肯定的是，政府政策起到了至关重要的作用。因为学习不但受到经济环境、社会环境和经济结构的影响，也受到政府和私人部门对研究和教育投资的影响。行业之间、企业之间，甚至企业内部各部门之间的生产率提高存在高度相关性，这意味着，可能有一些包括环境、公共投资在内的因素对整个社会存在系统性影响，或者每个学习者、创新者之间都存在着溢出效应。然而，国家和企业间巨大而持续的差异（从微观经济层面来说，最好的、平均水平的和最优水平的巨大差异）却表明，知识并不会在国家和企业间平滑流转。从理论模型上看，1962年阿罗的"从实践中学习"的论文，是最早的内生增长理论的论文之一。在索洛关于科技进步率设定为固定和外生的经济增长的开创性文献等的基础上，自20世纪60年代一直延续到80年代，涌现了一大批试图内生化科技发展的论文。大部分生产效率的提高来自企业间的学习，或者通过生产实践进行技术改造。现实中，大部分企业的实际产量都低于它们的生产可能性曲线，"最优生产实践"和"平均生产实践"之间存在很大差异，在不同国家中，这些差异也不尽相同。对于一个典型企业而言，即使它缩小了今天与昨天的差距，马上又会有新的差距出现，因此大部分企业是处于永远都在"追赶"最优生产实践的状态。最成功的经济体不但能大幅度推进生产可能性边界的外移，而且可以尽量缩小"平均"和"最优"实践之间的差异。学习越多，知识向外的扩散也越多。正是这些不断累积的学习成就为那些成功的经济体带来了生活水平的提高。在知识生产和传播过程中，市场是无效的，因此需要政府干预以纠正市场失灵。①

其次，斯蒂格利茨提出了建设和创建学习型社会和学习型企业的一整套理论主张。他具体分析了建设和创建学习型社会的三个基本要素，即学习的内容、学习过程和学习的决定因素。他认为，创建一个动态学习型社会，个人必须拥有学习的心态、学习的技能和学习的动力；知识被个体创造，尤其是被在组织内工作的个体创造并在组织内传播给他人，然后又从一个组织或个体传播到另外一个组织或个体；知识传播的范围、难易程度和速度本身是学习型社会的核心要素：新知识会刺激新思想，

---

① ［美］约瑟夫·斯蒂格里茨、［美］布鲁斯·格林沃尔德：《增长的方法：学习型社会与经济增长的新引擎》，陈宇欣译，中信出版集团2017年版，第5—20页。

它既是形成新思想和创造力的原料，也是其催化剂。无论在缩小最优实践和平均实践的差距方面，或是在扩展知识边界的进展方面，一些国家比其他国家都更擅长学习。提高知识产权的收益比例以提供更有力的激励，进而产生更强的知识产权反而会阻碍知识的传播。工业企业是创新的源泉，因为一般工业企业规模大，可以将创新应用到更多单位的产出中，研发动力大；一般工业企业存续时间长，稳定性和连续性有助于知识积累；规模大、复杂、存续时间长、稳定且独立活动范围广泛的工业企业，有更多的机会和更大的动机积累人力资本；劳动力密度大、规模大、通常生产差异化产品的工业企业，更能有效进行跨企业知识的集中和扩散。存在工业行业向其他行业的显著溢出效应，这是通过技术人员流动以及跨行业技术和资本产品的推进，一个企业或者细分行业向其他企业和细分行业的学习溢出，工业企业创造的税收等学习收益支持公共研发、公共人力资本积累、金融系统的稳健发展等来实现的。工业行业内的学习更为成功；溢出集中在国界之内，原因是地理上接近、国际上对劳动转移的限制、语言和文化障碍、社交行为的历史模式等；国家内部各行业之间存在显著的学习溢出，超过国家之间的学习溢出。①

再次，斯蒂格利茨深入分析了市场结构、福利和学习之间的关系，以及"熊彼特竞争"，即"为市场而竞争"，而不是"在市场内竞争"的福利经济学问题。他认为，存在知识公共池效应，或专利对机会集的不利影响：获得专利的创新会减少其他人可以利用的知识集。他质疑了熊彼特关于市场主导企业的竞争将导致一个高水平创新，而垄断权力又随时需要被潜在的竞争挑战，进而，市场会产生创新的观点。同时，他还指出了熊彼特垄断理论中忽略的代理问题。他指出，发展中国家应该保护自己的工业产业部门（包括"现代"服务业和农业），因为市场本身不能创建一个学习型社会，或者即使它们可以，它们也将做得更慢，并且广度不足。政府可以帮助一个新生行业成长，绝大多数从不发达到发达、从停滞经济到动态学习型经济成功转型的国家的政府已经在这样做了。②

最后，斯蒂格利茨分析了学习型社会的政策设计。他认为，政府的

---

① ［美］约瑟夫·斯蒂格里茨、［美］布鲁斯·格林沃尔德：《增长的方法：学习型社会与经济增长的新引擎》，陈宇欣译，中信出版集团2017年版，第53—54、101—108页。
② ［美］约瑟夫·斯蒂格里茨、［美］布鲁斯·格林沃尔德：《增长的方法：学习型社会与经济增长的新引擎》，陈宇欣译，中信出版集团2017年版，第138—139、193页。

目标是帮助具有提高学习弹性和学习溢出效应的行业发展。学习型行业或者创新很重要的行业的收益是递增的，并且是自然垄断的。因为垄断将学习的外部效应内化了，垄断企业会扩大学习型产品的生产，使之接近政府理性干预下所要求的水平。这种"内化效应"抵消了它们使用垄断权力带来的严重不足。培育一个竞争更充分的市场是一项全球公益，各地消费者都将从中获益，因此培育全球竞争市场的投资可能会不充分。政府干预汇率到政府需要保持贸易顺差的程度可能是最优选择，这会使发展中国家与发达国家之间的知识差距渐渐缩小，最终，在发达国家向发展中国家溢出的自然规律下，知识差距可能完全弥合，或者更典型的情况是，保持相对差距不变，出现一个不收敛的长期均衡。[1]

学习、知识积累和创新都是经济增长的内生决定变量，而这一切又都是在企业、组织和社会中进行的。因此，在探讨经济增长的方法或路径时，就不应该缺失对社会关系网络或社会结构等对经济增长的影响的分析。格兰诺维特关于经济行动镶嵌（Embeddedness）在社会网络中的理论对此做出了重要贡献。他认为，经济生活中，具体的关系以及关系结构或称"网络"能产生信任，防止欺诈。商业关系和社会关系密不可分。公司间的社会关系对秩序的贡献比原本"市场或科层"思考方式想象的要重要些，而公司内的威权则没有想象的那么有效力。一个较均衡而对称的想法会注意到市场内各公司间的权力关系以及公司内的社会连带。最重要又最少人探究的机制之一就是，现代社会本质或政治经济变迁如何影响人际关系，而经济生活又深深镶嵌在这类关系之中。小公司在市场上能够生存是因为紧密的社会关系网络变成联结它们的商业关系网，从而减轻了必须要垂直整合的压力。在劳动力市场研究方面，经济学一般忽略经济动机与非经济动机的交互作用。当我们在与别人的互动中寻求经济目的时，常常也混杂着追求社会交往性、认可、社会地位以及权力，等等。当一个人换了一系列工作后，他或她所得到的绝不只是人力资本而已，更得到了，也是更难被解释为投资现象的一系列同僚，这些人深知他或她的能力与品格。专业、技术与管理人员的流动是透过

---

[1] ［美］约瑟夫·斯蒂格里茨、［美］布鲁斯·格林沃尔德：《增长的方法：学习型社会与经济增长的新引擎》，陈宇欣译，中信出版集团2017年版，第201—202、216、227—228页。

他们职业生涯中或职业生涯开始之前得到的个人社会网络进行的。① 罗伯特·D. 阿特金森（Robert D. Atkinson）认为，找到平衡个人和社会、现在和未来、活力和稳定来最好地促进市场化创新和政府创新政策，是每个国家都要面临的长久挑战。"二战"后形成的"华盛顿共识"如今已不再适用，取而代之的是新的、更符合当今地缘政治和经济形势的"创新共识"。享有更高程度的创造力和生产力，解决比如缓解气候变化、治愈主要的慢性疾病等全球面临的各种严峻挑战，如何在双赢的高效创新和胜负难分的低效创新中建立一个强大的全球创新体系。②

---

① ［美］马克·格兰诺维特：《镶嵌——社会网络与经济行动》，罗家德译，社会科学文献出版社 2007 年版，第 11、18、25、31—32、99、107—109 页。

② ［美］罗伯特·D. 阿特金森、［美］史蒂芬·J. 伊泽尔：《创新经济学：全球竞争优势》；王瑞军等译，科学技术文献出版社 2014 年版，第 388、390—391 页。

第三章 高效生态产业发展的理论基础

第一节 社会生产力发展的基本规律

产业发展是包括各种生产力要素及其组合所形成的有机整体，即社会生产力在包括社会生产关系在内的经济社会复杂环境中运行的结果。产业发展必须遵循生产力、生产关系以及生产力与生产关系矛盾运动的一般规律，特别是要遵循社会生产力发展的一般规律。因为生产力发展是处理人与自然关系的过程和结果，这也是产业发展过程与结果的实质内容。这一切，对于高效生态产业发展也不例外。毋宁说，高效生态产业发展更应该遵循社会生产力发展的一般规律。从这个角度可以认为，高效生态产业发展呼唤新时代中国特色社会主义生产力经济学体系的构建。

社会生产力发展的基本规律是"社会生产力以科学技术为基础、以升级换代为形式的不断智能化规律"[1]。规律是事物内在联系、必然性和普遍性的体现和形式。社会生产力发展规律在不同时代、不同条件下的具体表现会有不同，但史实充分证明，其基本规律正如上述。前已述及，在17世纪科学革命长期积累的基础上，出现了煤铁、炼钢等主导性技术发明，诞生了先进的珍妮纺车等工具机以及蒸汽机和内燃机等动力机。机械作业代替手工劳动，引致手工作业专业化，使生产组织向大规模使用大机器的社会化方向变革，大大提高了生产效率，加上新动能对公众文化普及的迅速推动，人类文明发生巨大变化，对化石能源、自然资源

---

[1] 薛永应、张德霖、李晓帆：《生产力经济论》，人民出版社1995年版，第101页；张卫国主编：《知识经济与未来发展》，青岛海洋大学出版社1998年版，第3页。

的利用、对地球环境的影响大大超过了以往任何时代。19 世纪以热力学、电磁学、化学、生物学、地质学的突破性进展为代表的科学革命，极大地促进了电力、化工和钢铁业的技术创新和产业组织变革和规模扩张，人类对化石能源的大规模开发与利用从以煤炭为主的"蒸汽时代"走向煤炭、石油并重的"电气时代"。资本主义从自由资本主义转变为垄断资本主义。20 世纪初叶，相对论和量子力学把 19 世纪科学革命推到高峰；20 世纪五六十年代，空间科学、核物理、电子学、地球科学、生物学和医学等有了诸多新的发现；20 世纪 60 年代以后，系统论、控制论、信息论、仿生学、环境科学、计算机科学技术等助推科学综合化和整体化、科学与技术融合化发展，科学革命和技术革命交织进行，越来越具有科学技术革命，而不是比较单纯的科学革命或技术革命的特征。20 世纪科学技术革命极大地驱动了人类经济社会发展，世界经济、人口均高速增长，50 年代至 70 年代初还呈现出加速趋势；人类对化石能源的利用从煤炭、石油主导转变为煤炭、石油、天然气并重，且广泛利用核能。"人类中心主义"的文明演进特征非常突出，人类在地球上的生态足迹达到了空前的规模、广度和深度，世界进入了"人类世"。20 世纪后期，物理学、生物学、材料科学、数字技术、互联网技术、人工智能等科学技术的突破性发展，使第四次工业革命呈现出高度数字化、信息化、智能化和生物化的显著特征。人类已经开始以数字神经系统管理组织、治理国家和运行社会，数字化生存已经成为我们生活的常态，万物互联时代已经到来，可持续发展理念深入人心。

1. 劳动者

劳动者首先是人，是人与自然关系的主体，是生产力构成要素中最具主观能动性的要素。在顺应自然、利用自然、与自然和谐相处的漫长历史中，人的智力水平不断提高，人处理与自然关系的能力和智慧不断提升。一句话，人的智能化水平不断提高。而这一切，又都是人作为劳动者创造物质财富和精神财富的过程和结果。原始人没有用于顺畅交流的语言工具，大脑发育低下，智慧有限，只能打磨石器作为猎捕的工具，利用天然火种或简单技术生火，主要靠体力劳动。人类创造了语言，可以顺畅交流，成为智人以后，大脑发育成熟，智慧大大增加，发明了青铜器、铁器等劳动工具，也有了更多可以互相交流与学习的集体活动，生产率水平大大提高，创造的财富也越来越多，有了剩余产品，开始进行贸易，产权、阶级、国家等形成，管理职能分化出来，专业化分工成为常态，劳动者有了体力和脑力之分、通才与专才之分。再进一步，经过几次科学技术革命，特别是近代科学技术革命以后，人类掌握了更加丰富的语言工具，具有了更加便捷的通信工具，科学技术知识、应用、创新、创造、发明等水平大大提高，并开始走向智能化、信息化、网络化和生物化，在更加广阔的宇宙空间开展科学技术研究，运用科学技术，获取科学技术成果，乃至发明创造人工智能，实现智人成神的奇异变化。劳动者的演进过程经历了体力劳动者→文化劳动者→科技劳动者→智能劳动者的序列之变。人类以科学技术为基础，以升级换代为形式的不断智能化，还在于对大自然的认知态度发生了从开发利用、"征服"到和谐相处、"顺应"的历史转变；在处理人与社会、人与人以及人与自我关系的认知态度上，则越来越倡导和谐相处、和平共生以及命运共同体的理念，战争、敌视、敌对的野蛮行为越来越为人所不齿、唾弃和反对。人类正确处理与自然、与社会、与人、与自己关系的智慧越来越多，水平越来越高，能力越来越强。

2. 劳动工具

从原始社会使用自己的手足、石器、天然植物枝干等获取食物、取火，到发明制造和使用青铜、铁器、动物骨器制造产品、获取能源和原材料；从简陋的器械、效率低下的动力机、传动机和工作机到复杂器械、效率倍增的动力、传动和工作机器；从没有自动化操控的普通大机器工业体系到自动化水平越来越高的自动化大机器制造体系；从制造—服务一体化的现代制造—工作机器体系到人工智能机器人，劳动工具演进过程经历了手工器械—体力技术体系→机器—蒸汽—电力技术体系→自动化机器—新能源—电子技术体系→智能机器—绿色能源—数字化、信息化、网络化、生物化技术体系的序列之变。作为人脑和四肢的延伸，还在于劳动工具的无形化。由于人类智慧、智力和智能水平的不断提升，人类创造的机器人可以自我学习，自动产生不需要人类操控的劳动功能；万物互联的数字化、信息化、生物化网络，无形延伸了人类的体力劳动和脑力劳动空间，一部连接网络的移动手机、一台电脑就可以成为一个办公场所、一处制造平台、一部直接产出商品的工作机。无纸办公、无形工厂、无人车间等已经存在，人类正在数字化生存，人类的大脑和四肢正成为神器，无处不在、无所不能、无限延伸。

3. 劳动对象

原始社会，人类吃的是天然食物，如野生陆生或海洋动物肉、野生植物及其种子；穿的是野生植物枝叶、野生动物皮毛或者简单的手工编织物；住的是天然洞穴或者经简单构筑的遮蔽场所；用的是天然物品和经简单加工的劳动工具；靠步行迁徙或变换生活和生产空间；天然取火或钻木取火照明和烧煮食物。伴随科学技术的进步，特别是自工业革命以来，大规模食物来源已由靠体力种植和养殖的动植物，变成通过煤炭、石油、天然气、电力作为能源的机器加工的营养丰富的各类精细熟食品；穿戴品已不仅是天然植物、动物皮毛或者未经加工的人工栽培植物和人工驯养动物皮毛为原料，而且包括大量经过机器加工的纺织材料、化学合成材料；住的是由各种高档、高品质、有益健康的原材料建成的高科技含量、高舒适度以及美观的住宅；使用的生活用品和生产工具则由最广泛、最集中、最丰富地采用了科学技术乃至高科技含量极高的原材料加工制造而成；无论在生活、生产或工作中，交通工具主要是由电力、成品油、天然气或新能源驱动的便捷、高效、舒适和耐用的各类混合材料制成的车辆、航空工具、船舶。再如，人类已经可以通过太空实验将足可以与人工染制的彩色布料相媲美的天然彩色棉花加工品作为高档纺织面料；各种功能材料的出现，极大丰富了地球上乃至在其他星球、星外广阔宇宙空间生活、生产和工作所需要的原材料及其制品。特别是，生态环保、绿色、高科技含量的原材物料及其制成品，为生活和生产服务的产品和服务的大规模发明和出现，使劳动对象越来越符合可持续发展的时代要求。作为劳动对象的原材料演进过程经历了天然材料和粗加工金属材料→精细加工金属材料和化学材料→分子设计型新材料和新发现的功能材料的序列之变。

4. 能源

能源是社会生产力的动力源泉。原始社会，人类生活靠天然火种作为能源，而生产则依靠自身体力驱动。手工作坊或手工工场时代，人类生活靠木材、天然或人工种植的植物枝叶燃烧取能，生产主要靠人力、畜力、风力、水力等供给能量。机器大工业时代，生活和生产已经先后主要靠蒸汽、煤炭、石油、天然气、电力等供给能源。随着第四次工业革命到来，人类生活和生产将逐步由主要依靠煤炭、石油和天然气等高碳化石能源变为主要依靠太阳能、核能、风能、海洋能、生物质能、氢能等低碳绿色能源、清洁能源、新能源。在继续使用化石能源的场合，也会随着发电等能源制造技术、能源使用技术等的进步，提高能源使用效率，加强能源生产和使用的管理，倡导绿色出行等低碳生活方式，使碳排放水平尽可能降低到对环境的影响最小化。特别是，随着能源互联网、分布式能源的开发利用，能源的集约式利用、节能生活和生产、高效生态绿色能源体系的形成时代将会到来，如今，欧洲发达国家、美国、日本、中国等都在朝着这一新能源时代迈进。能源的演进过程经历了人力、畜力、简单自然力→蒸汽和高碳化石能源发电→高效生态低碳绿色能源的序列之变。

5. 信息

按照伊达尔戈的观点，信息是经济增长的本质。在这里，信息是无意义的有规则的物理秩序与有意义的作为具象化的信息的统一体。后者是指包括语言、知识、技术以及各种作为具象化的信息的集合。很显然，由于知识经济、信息经济、数字经济时代已经向我们走来，人类对信息在经济社会生活中的作用越来越重视，特别在经济增长与发展领域，人类已经开始重视信息流在沟通和统摄人流、物流、能量流中的决定性作用，出现了"信息为王""数字化生存"等表征第四次工业革命浪潮兴起特征的概念、范畴和词汇。首先，信息是经济增长的实体要素。没有人类语言，不仅难以进行社会交流，人类大脑发育和智力水平的提升将大大迟滞，也难以成为地球上的中心者；知识的普及和学习、科学体系建构、技术发明和创新创造等都将难以进行，劳动工具、劳动对象等的智能化也不可能出现；在生产函数理论和模型中解析出的增长"余值"也不会产生。其次，信息是沟通和统摄其他经济增长和发展要素的有形或无形的决定性因素或根本因素。这一点，随着人类文明的演进，变得越来越重要。"信息度不对称"导致市场失灵，进而制约经济增长或发展可持续的问题，已经被信息经济学理论清晰解释。问题还在于，普通语境下、特殊环境下、营造新的社会文化氛围，都要通过筛选的特定信息进行统摄——既要从特定物理秩序的角度对信息进行筛选，也要从具象化的层面进行筛选，以便使经济增长或发展能够在由此引导、组合、系统化的语境、环境和氛围中持续进行。在这里，信息的统摄机制就像一只"无形的手"，比市场机制等其他"无形的手"的组织更有机、更复杂、更有力，因而也更具决定性作用。最后，信息是经济可持续增长与发展的根本因素。现代经济增长理论在解析经济增长与发展的诸种因素时，已经可以通过生产函数模型把经济产出或经济总量增长解析为资本、劳动、技术、管理、文化、教育、制度等一系列要素，但无论怎样拉长这一要素链条，经济可持续增长与发展最终还是要归结为作为增长的本质因素的信息。这一点，普里高津、伊达尔戈等人综合物理学、生物学、社会学、经济学等所提出的耗散结构理论、增长的本质论理论还是最有说服力的；在我们反思新古典经济学等主流经济学对当今时代经济增长和发展可持续问题的解释所存在的明显不足时，就更加确信无疑了。

6. 交通

原始社会，人类生活和生产空间因为主要靠自身行走而十分有限，借助自然提供的未经加工的交通工具，如树木干枝等水上漂流工具等对于满足生活和生产活动的各种需要十分有限。农业社会，出现了畜力拉动的木车等交通工具后，人类社会活动范围明显增加，交流机会也明显增加，加上语言的开发和丰富，知识、技能乃至科学知识迅速得以积累和发展，世界也更加信息化了。工业革命以后，海陆空交通四通八达，而且已经拥有到地球以外宇宙空间的交通工具，大大拓展了人类的活动空间；各类交通工具从低速到中速，再到高速，复又到超高速、超音速，使人类生活和生产的快节奏达到了空前的程度；立体综合交通网络特别是数字化现代交通网络的形成，从有形与无形两方面，极大地拓展了人类活动空间。这种在科学技术革命和进步基础上发展起来的数字化现代交通网络，极大地解放了人类的四肢和体力，人类在绝大多数场合不需要靠步行完成往返活动，靠肩扛人抬手提运输货物，在漫长时间区间完成旅途等；极大地提高了生活质量和生产效率，旅游出行、会亲访友、参加各种日常生活、就医休养等变得便捷，异地工作、参加社会活动、接受教育培训等不再受远涉和往返耗时的困扰，无人驾驶飞机、汽车、轮船等交通工具的出现则可以完成无须人亲身往返出发地—目的地之间的多种需要。

7. 教育

从人类文明不断演进的持续过程看，教育发展既是科学技术进步的基础，又是科学技术进步的结果。伴随科学技术发展，教育内容从简单的德育到德、智、体、美、劳全面教育；教育方式从家长传授孩子的言传身教式到私塾教育、师傅传帮带徒弟的作坊式，再到现代学校教育；

教育机构从分门别类的文化型、科学技术型、职业型到综合型；教育阶段从学前到小学，再到中学，复又到大学，在这一过程中，人的知识水平不断提高，科学技术含量越来越高，德、智、体、美、劳的综合素质越来越高。在今天，成长于数字化、信息化、网络化和智能化时代的劳动者，已经成为曾被作为梦想的现代智神，真可以"下五洋捉鳖、上九天揽月"了。这里，特别要指出的是，在运用现代经济增长生产函数模型所解析出的各种提高全要素生产率的要素中，教育既是直接要素变量，也是对丰富作为根本要素的信息的所有其他影响因素产生影响的首要因素。这里，有三方面的现代教育问题需要引起高度重视，因为这既是科学技术飞速发展的必然要求，也是教育先行以推进科学技术进步的题中应有之义。一是加快教育变革，实现教育现代化。目前，世界教育方式主要是适应机器大工业产品"批量生产"模式的学生"批量教育"模式，学科、专业设置雷同，所授知识高度重叠，学生素质没有特色，结果是难以适应千变万化的社会需求，跟不上科学技术的飞速发展，特别是难以适应当今第四次工业革命浪潮兴起的要求。这一方面导致大学生毕业后改修技工学校课程、改学其他专业的"回炉再造"，乃至改行从事学业水平并不高的其他职业等；另一方面，社会急需的高水平研发人才，特别是高端人才却十分缺乏。我们必须努力实现从"批量生产"的工业 3.0、"批量教育"的教育 3.0 方式向定制、柔性生产的工业 4.0 和定制、特色的教育 4.0 方式的转变。二是充分利用数字化、智能化、生物化、网络化、信息化技术等高科技技术，实现教育高质量发展。要充分运用数字化教学设施、数字化教材、可视化教学辅导手段，充分发挥人工智能、智能机器人、智能教育手段等在课堂、实习现场、实验室等场合的作用，加强生物工程与数字化技术有机结合的题材教育，深化教育的网络化和信息化以拓展教育空间、提高教育开放度、实现教育信息共享。三是探索"产学研政金服用"融合发展的规律，构建高水平教育发展开放平台。现代教育发展的规律之一就是产业、学界、研发机构、政府、金融、教育服务单位、包括毕业生在内的教育成果使用者的多方有机融合发展，形成包括教育成果质量优、应用效率高在内的合作各方投入产出效果好的共赢。只有构建起这样的平台，才能使教育适应新的时代要求，成为能够对快速变化的社会需求做出实时、适机反应和变化的现代开放系统。

8. 科技

科学是关于自然、社会和人类思维运动形式和发展规律的知识体系，而技术则是人类依据科学原理或实践经验创造的与自然之间进行物质转换和能量传递的各种活动手段。古代社会，科学与技术处于认识的"混沌"状态，彼此没有明确分界，人类只有对自然界、社会、思维现象的简单认识，没有形成对自然、社会、思维运动形式和发展规律的深入认识，更没有相应的系统性的知识体系。古代火药、指南针、造纸术、印刷术等的发明既是科学的也是技术的，因为表征这些发明的知识体系依然简单，也难以有系统性的明确分界。近代科学革命以后，科学作为完整的知识体系已经清晰可辨，作为整体的技术体系也已经形成；科学革命→技术革命→工业革命→社会革命的变化次序、阶段特征和划分标准都已形成共识，不再"混沌"不清。第四次工业革命浪潮兴起，数字化、信息化、网络化、智能化和生物化的结果，使科学技术化、技术科学化、科学技术一体化变革的速度越来越快，似乎又将科学与技术"混沌"了。但是，这种"混沌"是在人类已经能够深刻认识自然、社会、思维运动形式和发展规律基础上的、由于科学和技术变化周期缩短、变革加速、形式复杂基础上的暂时"混沌"或者形式上的"混沌"，科学和技术内在联系及其发展规律还是各自清晰可辨的。在现代经济增长理论生产函数模型中，科技进步是作为根本决定因素的信息演进的具象化的直接产物，它还是决定其他信息具象化影响因素的要素。索洛"余值"法解析出的影响全要素生产率增长的直接要素就是科技进步。当今时代，科学与技术在经历了"混沌"—分离—整合的历史演进过程以后，显示出越来越系统、越来越复杂、越来越一体化的大趋势，甚至研究宇宏观、宏观、中观、微观、微微观的科学方法，以及相应的应用技术方法都越来越具有普适性、共性和边界的模糊性。伴随第四次工业革命的到来，科学技术的换代升级速度越来越快，形式更加复杂多样。如今，科学技术是生产力，而且是第一生产力的认识已经深入人心。

9. 管理

管理也是生产力，科学合理的管理有助于产生 $1+1>2$ 的集体力或系统合力，从而提高生产或工作效率，促进社会文明演进过程。人类是社会动物，生活、生产、工作和各种活动，都离不开作为秩序稳定和信息增长的自觉控制的一定的社会管理。在手工工具时代，管理在家庭或手工作坊里进行，主要是劳动管理，而且管理的方式和手段也是比较粗鲁乃至野蛮的，比如强迫、恐吓、威逼、体罚等；普通机器时代，管理在工厂中进行，管理的内容除劳动管理以外，还包括机器设备、劳动材料、资金财务、生产布局等，管理方式和手段也更加文明和科学了，更加注重人性化管理和运用科学手段；现代管理，则越来越注重以人为本，注重运用系统科学技术手段，管理内容和对象更加复杂，除传统的人、财、物、产、供、销等生产经营全过程、全方位的管理对象以外，还涉及产前影响因素预测、产后延伸服务，对人、财、物的全生命周期管理，越来越注重生产经营的预测与决策管理。推而广之，社会管理则更加注重以人为本，更加注重管理体制机制的现代化，例如建立在充分发挥市场机制决定性作用与更好发挥政府作用的市场经济管理取向，由管理向治理理念的转型、治理能力和治理体系的现代化。无论生产经营管理、工作管理、社会管理、家庭管理、国内治理，抑或参与国际治理，都越来越注重合作共赢的正和博弈思维，越来越注重高科技手段和工具。这一切经济社会管理的不断换代升级，极大促进了经济社会发展，极大推进了人类文明进步。

10. 生产力要素组合所形成的有机整体

生产力要素受自然、社会、经济、技术等因素的影响，客观上存在着物质属性、品质规格、数量比例、时间顺序、空间并存等维度上的内在联系和表现形式，从而能够形成生产力组合及其有机整体，产生特定结构，获得整合功能。从人类文明演进历史看，生产力组合及其有机整体以科学技术为基础，以升级换代为形式的不断智能化演进趋势就更加清晰。原始社会，生产力要素组合主要限于人类个体和家庭或部落，基本没有社会分工和协作，多为靠体力和手工获取的自然产品，生产力结构化水平低下，原始社会生产力要素组合及其整体功能十分有限；农业革命以后至工业革命以前，人类生活、生产主要限于农业领域，在家庭、部落、社区或部落之间出现了简单的社会分工和协作，在农业技术技能形成发展的基础上，农业生产力结构化逐渐形成，已经形成了一定的产品结构、产业结构、产业技术结构，农业生产力整体社会功能较之以前明显提升了；工业经济时代，在近代以来科学体系形成、技术体系发达基础上，建立起了精细化的社会分工和协作体系，生产力结构化达到前所未有的水平，产品结构、行业结构、产业结构、产业技术结构的合理化、高级化和有机化水平，支撑着整个社会生产力要素组合及其整体功能的日益强大，社会生产力要素组合及其整体已经系统化了，产生出 1＋1＞2 的系统力或整合功能；进入后工业经济、服务经济、新经济、知识经济、科技经济或智能经济这些不同称谓的当今时代，数字化、信息化、网络化、智能化、生物化的结果，使社会联系跨社区、跨行业、跨区域、跨国家，人类社会联系更加便捷、广泛、畅通、紧密，更具有人类命运共同体的历史特征，社会分工与协作更加精细、更加深化、更加有机，生产力结构化正使现代智人变成现代智神，产品结构、行业结构、产业结构、产业技术结构换代升级速度空前高、空前快、超极速，社会生产力要素组合及其整体所产生的系统力、系统功能神强大。

第二节 高效生态产业发展的必然性

高效生态产业理论问题的提出。经济是创造、转化和实现价值的人类活动，它是生产、交换、分配和消费有机联系的社会生产和再生产过程及其结果。产业是社会生产和再生产过程中社会分工的结果，产业发展是经济发展的实质和核心。高效生态产业的特征是由高效生态经济的特征决定的，高效生态产业发展是高效生态经济发展的实质和核心。所以，高效生态产业发展问题的提出，是高效生态经济问题提出的题中应有之义，了解了高效生态经济问题提出的背景和原因，也就了解了高效生态产业发展问题提出的背景和原因。高效生态经济本质上是一种生态经济，之所以在已有生态经济概念的同时还要提出高效生态经济的概念，主要是因为在美国等市场经济发达的国家和地区自 20 世纪 60 年代生态经济学科体系建立至今，实际上一直存在着有关生态经济学的两种研究方向和研究方法均有失偏颇的学科体系：一种片面强调生态足迹阈值、自然资源开发利用物理规模限制、环境承载力极限或生态服务短缺等；另一种过度强调市场机制有效调节作用，忽视地球高熵化演化，客观存在生态经济阈值、自然资源开发利用物理规模、环境承载力极限或生态服务短缺。而现实是，世界各国纷纷采用迄今为止对资源配置最有效的市场机制来促进经济活动，交易许可证制度、环保税等与市场机制紧密相关的环保管理工具也已经分别在美国和欧盟运用①，漠视市场机制配置资源有效作用的生态价值观多少有些偏离现实；同时，撇开自然服务稀缺这一前提，也不可能不被诟病。此外，生态经济问题研究也需要与其他社会科学，如集体选择理论、社会学、心理学和正规伦理学结合起来，才能充分显示出其综合性的魅力。②进入20世纪90年代以后，随着可持续发展理论的兴起，两种理论学科越来越朝向同时实现生态可持续性和经济可持续性的理想状态演进，即"增加人类财富"的同时确保生态足迹保持在全球承载能力以下（彼得·巴斯特姆，2010）。③在中国，自20世纪80年代生态经济学学科体系确立以来，就一直主张生态经济系统是生态系统和经济系统相结合的有机整体，应当重点研究生产力、生产关系与生态关系三个系统的结合关系及其规律，特别是着眼于这个复合系统来研究人类社会的经济关系，经济行为及其效果（许涤新等，1987）④，这就克服了上述两种学科体系存在的生态主张理想化与市场主张极端化的两种片面的主张问题。在"过冲"等人类行为的累积尚没有或远未达到使环境承载能力彻底崩溃或"增长的极限"时，我们不仅应当以自己选择的范式对已经充满生态危机的地球未来进行忧思⑤，而且也应当探求生态系统与经济系统有机整合、协调发展的理论模式——如何既实现生态可持续发展目标，又实现经济可持续发展目标的典型模式。我们把高效生态经济发展模式或形态作为此目标的最佳选择。

　　高效生态产业概念的理论分析。高效生态经济以及高效生态产业概念的形成源于三个理论前提：一是，地球演化的高熵化。⑥根据热力学理论，在热力体系中，不能用来做功的热能可以用热能的变化量除以温度

---

① ［法］克洛德·热叙阿、克里斯蒂昂·拉布鲁斯、达尼埃尔·维特里、达米安·戈蒙主编：《经济学词典》（修订版），李玉平、郭庆岚等译，史忠义、任君治等审校，社会科学文献出版社2013年版，第236—237页。

② ［英］约翰·伊特韦尔、默里·米尔盖特、彼得·纽曼主编：《新帕尔格雷经济学大辞典》（第二卷：E - J），经济科学出版社1996年版，第176页。

③ ［德］彼得·巴斯特姆：《数量生态经济学——如何实现经济的可持续发展》，齐建国、张友国、王红等译，社会科学文献出版社2010年版，第232页。

④ 许涤新主编：《生态经济学》，浙江人民出版社1987年版，第3—11页。

⑤ ［挪威］乔根·兰德斯：《2052：未来四十年的中国与世界》，秦雪征、谭静、叶硕译，译林出版社2013年版，第18—19页。

⑥ 关于地球演化高熵化的解释以及本部分高效生态经济概念的概括，参见张卫国主编《山东经济蓝皮书2012年：高效生态经济赢取未来》，山东人民出版社2011年版，第16—18页。

所得的商来表示，这个商叫作熵。① 热力学第一定律的一种说法指出，不可能制造一种机器，外界不供应能量而能不断地对外做功。热力学第二定律的开尔文（Kelvin）说法指出，从一个热源吸热，使之完全转化为功，而不产生其他变化是不可能的。② 热力学第二定律指出，孤立系统只能向熵增加的方向发展。虽然物质和能量数量上守恒（第一定律），质量却不守恒。熵就是质量的测量，它是测量利用程度、结构随机性或物质和能量的可用性的基本物理手段。假定宇宙是一个孤立系统，根据热力学第二定律，宇宙自然的趋势是走向"混乱"而不是"有序"。假定地球是一个封闭系统，则矿石和化石燃料的固定存量（低熵）通过可调节的流量（消费率）将不断转化为废物和燃烧化石燃料产生的废能（高熵）。最终，人类将越来越依赖于有限的低熵资源。即使宇宙系统中总量巨大的太阳能通过固定流量补充给地球，但太阳能最终也要变成废热，并且低熵太阳能将向外层空间辐射，地球在一定时间内只能利用其很小一部分。③ 二是，生态经济系统是生态系统与经济系统的有机统一。建立这一理论又必须在环境承载力或生态足迹阈值、经济增长极限等尚未或远未达到之前，同时摈弃以往忽视市场机制有效调节作用，片面追求生态目标的生态幻想；漠视生态服务短缺前提，过分强调市场机制有效调节资源作用这两种不切实际的研究思维。从经济哲学的角度看，生态经济系统是生态关系、生产力与生产关系的有机结合。其中，科学技术使生态、能源等自然资源的减量化成为可能；不断完善的市场经济体制使对资源的高效利用成为可能，更为重要的是，"科学技术进步＋市场体制完善"使高效生态经济模式或形态，从而使高效生态产业发展成为可能。三是，生态经济的演化经历从低效到高效的历史过程。人类社会经济发展遵循社会生产力发展规律以及相应的社会生产关系发展规律，呈现出农业经济→工业经济→知识经济、信息经济、网络经济、数字经济或智能经济的社会经济形态发展轨迹；人类社会生态经济发展也一定会遵循低效生

---

① 中国社会科学院语言研究所词典编辑室编：《现代汉语词典》，商务印书馆1996年版，第1105页。

② 关于熵的概念及其度量，热力学第一、第二规律的表述参见印永嘉主编《大学化学手册》，山东科学技术出版社1985年版，第731—732页。

③ 参见［美］赫尔曼·E. 戴利、［美］乔舒亚·佛蕾《生态经济学：原理与应用》，徐中民等译，黄河水利出版社2007年版，第28—29页。

态经济（传统农业经济）→生态经济（工业经济）→高效生态经济（知识经济、信息经济、网络经济、数字经济或智能经济）的发展轨迹。这是生态系统与经济系统并行演进，生态关系、社会生产力与社会生产关系同时演进，科学技术进步与社会经济体制相伴创新的必然结果。在高熵化的地球尚没有或远未因为"过冲"达到环境承载能力极限、生态足迹阈值、经济增长极限等"崩溃"（Collapse）之前，这是我们所能够表达的"有管控的下降"（Managed Decline）的理论阐释。传统农业经济时代，市场经济体制不发达，经济效益低下，但环境污染程度低，在基本污染水平线上存在一条污染随时间缓慢变化的渐近线，属于低效生态经济时代；工业经济时代①，正向发达市场经济转型，经济效益趋于提高，环境污染随时间的变化经历先高后低的倒U形变化过程，属于一般生态经济时代；知识经济、信息经济、网络经济、数字经济或智能经济时代，完善的市场经济体制已经确立，经济效益稳定在高水平，环境污染程度在新的基本污染水平线上②随时间的变化更加缓慢，形成一条污染随时间变化的新的渐近线。

基于上述三个理论前提分析，我们现在可以将高效生态经济和高效生态产业的概念定义如下：高效生态经济和高效生态产业是指在地球上存量十分有限的化石能源消耗殆尽之前，通过卓有成效地调控低熵矿石和化石燃料向高熵废物和燃烧化石燃料产生的废能转化的流量，达到既能"细水长流"又能使经济效益最大化的经济形态和产业形态。它也是具有最典型生态经济系统特征的经济和产业发展模式。产业生态化、消费生态化、效益生态经济化、经济制度生态文明化最终表现为生态经济体系高效运转，生态系统与经济系统有机统一。

高效生态产业发展的实证分析。中国是一个发展中的人口、经济总量、化石能源等自然资源消耗总量大国，相应地，这些指标全球占比都排在世界前列；中国还是一个处于由传统工业化向新型工业化、由高度集中的计划经济体制向市场经济体制转变双重转型时期的发展中国家。研究中国高效生态经济和产业发展的现实可能性，具有全球范围的典型

---

① 包括传统工业经济和新型工业化两大阶段。
② 因为经济发展水平高，同时地球高熵化演化，这一水平将比传统农业经济时代或低效生态经济时代的高。

意义。转型期中国也具有典型的"财政联邦主义"特点,地方政府特别是省级地方政府作为具有相对独立经济利益的经济主体,在中央政府、企业等经济主体之外,对经济活动发挥着重要作用,特别是直接参与经济活动,拥有重大经济和产业发展事宜决策权,乃至成为起主导作用的投资主体,这一切已经成为研究共识。对于发达西方国家来说,主流经济学教科书所研究的经济主体主要是政府与企业这两种对象,而在转型期中国则十分有必要特别关注地方政府这一经济主体,这是一个处于政府与企业两种对象之间的特殊的研究对象。运用中国省级面板数据,分析地方政府投资行为、地区性行政垄断和经济长期增长之间的关系,得出如下结论:经济长期高效增长是可能的,市场经济体制的不断完善有助于经济高效增长。具体来说,基于中国 29 个省份 1987—2007 年面板数据所做的实证检验结果表明:地方政府投资行为对经济长期增长有着显著的促进作用;但现阶段市场分割对地区经济增长具有倒"U"形影响,短期内地方政府有激励实施一定程度的行政垄断,长期行政性垄断必然以损害经济的长期增长为代价。[1] 依据 1994—2007 年中国省级面板数据分析地方政府投资行为、地区性行政垄断及经济增长之间关系的结果表明:现阶段地方政府投资及地区性行政垄断均有效促进了地方经济增长,并且二者具有明显替代效应;但长远来看,地区性行政垄断不利于全国整体市场规模经济效应的发挥,政治租金的获得损害了经济效率。[2] 在工业经济时代,环境库兹涅茨曲线(EKC)的存在是现实可能的。[3] 运用动态面板模型,根据中国 1995—2010 年省级面板数据分析中国地方政府投资与 CO_2 排放之间关系的结果表明,中国地方政府投资偏差与 CO_2 排放偏差显著正相关。同时,地方政府投资对于中国 CO_2 排放具有倒"U"形影响,即地方政府投资初期促进了 CO_2 排放,而随着地方政府投资的逐渐增大,CO_2 排放呈现先恶化后改善的态势。[4]

---

[1] 张卫国、任燕燕、侯永建:《地方政府投资行为对经济长期增长的影响——来自中国经济转型的证据》,《中国工业经济》2010 年第 8 期。

[2] 张卫国、任燕燕、花小安:《地方政府投资行为、地区性行政垄断与经济增长——基于转型期中国省级面板数据的分析》,《经济研究》2011 年第 8 期。

[3] 原因已如前述,这正是生态经济由低效向高效演进的工业经济时代,科技不断进步、市场经济体制不断完善的双重结果。

[4] 张卫国、刘颖、韩青:《地方政府投资、二氧化碳排放与二氧化碳减排——来自中国省级面板数据的证据》,《生态经济》2015 年第 7 期。

高效生态产业概念的拓展分析。生态经济和生态产业发展自低效走向高效是一个涉及经济、政治、文化、社会、生态发展的复杂过程。不仅需要依靠科学技术的不断进步以最大限度地延缓地球高熵化的速度，而且需要不断完善市场经济体制以最大限度地优化配置自然资源和社会经济资源；必须遵循生态关系、生产力和生产关系的演化规律，更需要遵循三者内在的必然联系；必须考虑生态系统与经济系统的有机统一，还必须充分认识政治、文化、社会等各种因素对整个生态经济系统的影响。理论上，影响生态经济系统的政治、文化、社会等各种因素都可以内生化于生态经济研究模型之中。生态经济研究方法的理论范式多种多样，就说明生态经济研究的魅力正在于其学科的综合性。

政治因素的影响。国家与地区之间的不和谐尤其是冲突与战争，在消耗大量人类社会财富的同时，也常常伴随大规模自然资源、生态环境和生活条件的破坏，残酷的常规武器战争、核泄漏乃至核爆炸、生化武器使用、暴恐事件等，都会在很大程度上引致这一破坏。近年来，主流经济学家纷纷把可能引发冲突与战争的地缘政治因素置于经济分析模型中，就是对我们的很好启示。不同政治主体之间的利益纷争，国家治理体系和国家治理能力的现代化等，都会对生态治理产生重大影响。

文化因素的影响。文化的某种程度的"亨廷顿冲突"客观存在，价值观及其制度取向深深影响到人类生态文明的认知水平、目标追求和制度设计；作为知识、创意、科学技术的文化，直接影响到自然资源开发利用效果、物质生产减量化、生态足迹分布及深度、环境承载力可持续性等；作为以语言、博物、媒体、文学、表演等为载体的狭义文化深深影响到生态经济信息交流、传播和共享及生态文明成果的共享。特别是，文化对于人类的经济、政治、社会等各种行为选择具有根源决定性，文化具有极大的外部经济效果，这将简化生态足迹、生态能值分析、生态服务价值、生态经济生产函数等各种生态经济数量分析方法和绿色GDP核算体系所不能解决的大量难题，只要有真正的人类生态文明共识和行为选择，则一切数量分析方法和生态经济核算体系似乎都只有一定的参考作用了，甚至没有也可以。

社会因素的影响。生态经济系统是生态系统与经济系统的有机统一，本质上也是社会经济系统，而社会经济系统必须处理好人与自然、人与社会以及人与自我的关系。人与自然如何相处，目前已经克服了"人定胜天""征服自然"的错误观念,形成了尊重自然、与自然友好相处的理念;人与社会如何相处,目前已经形成了"小家服从大家""先天下之乐而乐"的主流社会价值观,说到底,作为地球村居民,必须对气候变化、贫困问题、跨境污染、和平与和谐秩序等各种社会问题提出统一的社会治理方案。广义上说,以上政治因素、文化因素等各种因素都将影响到生态经济发展的历史进程。特别是文化对于包括生态文明在内的人类文明的发展具有根源性决定作用,也许解决"亨廷顿冲突"是一个漫长的历史过程,甚至永远不能获得解决,但地球村、生态危机的人类共识、全球生态治理、人类命运共同体的理念日渐深入人心,高效生态经济发展既是历史必然,也是"生态共产主义"的人类共识。有理由认为,高效生态经济赢取未来。

转型发展的人口、经济总量、化石能源等自然资源消耗总量大国——中国,正在努力实现国家发展道路或发展模式由"华盛顿共识",向以人为本,全面、协调、可持续发展转变①,复又向经济建设、政治建设、文化建设、社会建设、生态文明建设"五位一体"文明发展总体布局的"北京共识"转变。进一步,中国共产党中央提出了全面建成小康社会、全面深化改革、全面依法治国、全面从严治党的"四个全面"的战略布局,这必将引导生态经济发展由低效走向高效,并开辟出一条具有转型期发展中大国经济体特色的生态经济演进之路。

基于上述分析,我们把高效生态经济和高效生态产业概念拓展为:高效生态经济和高效生态产业是指在地球上存量十分有限的化石能源消耗殆尽之前,通过卓有成效地调控低熵矿石和化石燃料向高熵废物和燃烧化石燃料产生的废能转化的流量,达到既能"细水长流"又能经济效益最大化的经济形态和产业形态。它应当是具有最典型生态经济系统特征的经济和产业发展模式。产业生态化、消费生态化、效益生态经济化、制度生态文明化最终表现为生态经济体系高效运转,生态系统与经济系统有机统一,经济文明、政治文明、社会文明、文化建设、生态文明协调发展。②

---

① 张卫国:《从"马歇尔收敛"到"转型中自生":中国经济转型的经验》,《学术月刊》2008年第12期。

② 张卫国:《高效生态经济研究的理论基础》,载张卫国、于法稳主编《全球生态治理与生态经济研究》,中国社会科学出版社2016年版,第107—122页。

第三节 高效生态产业发展的研究对象

高效生态经济和高效生态产业概念的提出，是在地球高熵化前提下，人类经济和产业发展必须遵循社会生产力、社会经济形态演进基本规律的必然结果；也是史实所证明的社会经济形态呈现低效生态经济（传统农业经济）→生态经济（工业经济）→高效生态经济（知识经济、信息经济、网络经济、数字经济或智能经济）这一发展轨迹的必然结果；还是生态系统与经济系统并行演进，生态关系、社会生产力与社会生产关系同时演进，科学技术进步与社会经济体制相伴创新的必然结果。在解决了为什么要提出高效生态经济和高效生态产业这一理论问题，解释了什么是高效生态经济和高效生态产业的基础上，接下来我们具体分析如何发展高效生态产业的问题，或者说，对高效生态产业发展的主要研究对象进行具体分析。

第一，高效生态产业发展的环境条件分析。高效生态产业发展的环境条件包括高效生态产业发展的国内外宏观环境分析，高效生态产业发展的现实基础和条件分析，高效生态产业发展的制约因素分析等。在经济全球化时代，区域经济一体化、多边主义、正和博弈、合作发展、人类命运共同体等理念越来越成为共识，趋势越来越明显，各个国家和地区的经济、政治、文化、社会、生态等联系越来越紧密，这是高效生态产业能够得以长足发展乃至成为主导产业的良好国际环境；特别是，世界范围内第四次工业革命浪潮兴起，使产业发展数字化、网络化、信息化、智能化和生物化，是驱动高效生态产业快速、大规模、向纵深发展的大好机遇。在中国国内，进入新时代，在经济新常态、经济发展新阶段，供给侧结构性改革的理论和实践将以创新、协调、绿色、开放、共享的新发展理念为指导，围绕解决人民日益增长的美好生活需求和不平衡不充分的发展之间的矛盾这一社会主要矛盾，极大地推动经济发展质量、效率、动力变革，提高全要素生产率，有效推进现代化经济体系建设，这一切为发展高效生态产业提供了最根本的制度保障。高效生态产业发展的现实基础和条件包括高效生态产业及其次生产业发展的数量规模及其增长、结构演进和空间布局、市场组织等现实基础和条件，以及呈现出的特征和态势。高效生态产业发展的制约因素包括经济、政治、社会、文化、生态等各个方面，必须系统思考和考量。

第二，高效生态产业发展的结构分析。高效生态产业结构是高效生态农业、高效生态工业和高效生态服务业之间的内在联系和数量比例关系的综合，像一般产业结构一样，又表现为高效生态产业的次生产业结构，如高效生态农业内部结构、高效生态工业内部结构、高效生态服务业内部结构等。高效生态产业发展追求的是产业间的协调发展和循环发展；既重视产业间的比例关系，又重视产业发展的内在联系；既重视产业发展的供给侧结构性改革，又密切结合需求侧管理，实现供给管理和需求管理的有机统一；借鉴已有的产业分类标准，对高效生态产业进行多标准划分，提出高效生态产业结构模式；深入挖掘三次产业间以及各产业内部的生态经济联系，合理选择高效生态主导产业和高效生态支柱产业；构建高效生态产业发展体系。

第三，高效生态产业发展的空间分析。这是高效生态产业结构分析在空间上的体现和深化。因为：①高效生态产业发展具有区域协同效应，信息化时代的区域经济（产业）发展已演变为产业互补型协同发展关系，高效生态产业发展就是基于地区协同发展的视角构筑高效生态产业体系；②高效生态产业发展具有空间集聚和溢出效应，以高效生态产业园区为载体的供应链横向纵向网状组合不但能够构筑物质的闭环流动，而且大大提升产业发展的集聚效应和溢出效应。理应基于全球价值链构建区域高效生态产业体系。

第四，高效生态产业发展的规制分析。传统主流经济学主张，企业以追求利润最大化为目标。生态经济效益具有明显的外部性特征，高效生态产业发展所带来的生态经济效益难以通过市场机制自发实现内部化，政府的单一行政干预不但增加了自身成本，而且规制效果也常常相对较差。规制安排是人类行为的指挥棒，高效生态产业需要依靠供给侧结构性改革框架下的"诱导性"规制安排来完成产业模式的自主转变。根据信息增长、大数据时代和第四次工业革命的理论主张，扁平化、分散化、对等参与、社会合作的体制机制和商业模式是高效生态产业发展规制的必然选择。理应确立高效生态产业发展规制新理念，从市场结构、主体行为、发展绩效等各个维度描述产业发展规制演进态势；提出供给侧结构性改革背景下高效生态产业发展模式要求，构建高效生态产业发展的

"诱导性"制度体系。

第五，高效生态产业发展的数量分析。更好地把握高效生态产业发展的一般规律，需要揭示影响高效生态产业发展各种影响因素之间的数量关系，建立数量经济模型并进行实证分析。特别是，尝试在已有生产函数理论和模型的基础上，建立高效生态产业发展的生产函数模型，并分别从微观、中观和宏观三个层次对高效生态产业发展的数量分析进行区分。综合考虑经济、政治、文化、社会、生态等各种因素对高效生态产业发展的影响，将制度因素内生化于生产函数模型中。选择度量高效生态产业发展的数量分析指标，利用面板数据（Panel Data）模型、受限因变量模型（Tobit Model）、随机前沿分析（Stochastic Frontier Analysis，SFA）、数据包络分析（Data Envelopment Analysis，DEA）等方法测度分析一定地域空间（地区或园区）内高效生态产业发展效率。

第六，高效生态产业发展的政策分析。尽管产业政策的有效性问题在国内外多有争议，但现实是包括美国、欧盟、日本、韩国、中国等在内的许多发达大国和正在崛起的发展中大国，都在不同程度地制定和实施产业政策，而且还有越来越多制定和实施产业政策的趋势。这可能因为：①政策是体制的延伸，体制—政策一体安排本来就是政府的应有行为，很难将制度与政策截然分开；世界上不存在新古典原教旨主义所谓的完全自由市场竞争的经济管理体制，而有政府干预的市场经济体制或混合经济管理体制是常态，这就决定了在产业发展场合政策将有效发挥的可能性。②在前述已经崛起的发达大国和正在崛起的发展中大国经济由不发达走向发达以及产业体系由幼稚到成熟的过程中，产业政策都不同程度地发挥了有效作用，这已经为许多权威研究成果所证实。③我们对高效生态经济概念的定义表明，影响产业发展的因素包括经济、政治、文化、社会、生态等各个方面，制度—政策安排对这些方面都是必需的，进而都会影响到产业发展，而且都可以设计和选择理论模型进行内生化分析。而在高效生态产业发展场合，对产业发展产生直接影响的政策，如财政税收、金融、投资、贸易政策等，势必比从前更加必须，更加有效，更加配套。高效生态产业发展政策，涉及经济、政治、社会、文化、生态多个维度，财政、金融、就业、人才、科技、开放等多个方面，而且从政策有效性的角度讲，必须在设计上使各种政策配套、协调、成体系。为此，必须处理好短期与长期、局部与整体、国内与国外等各方面的关系。

　　我们在高效生态产业发展的具体分析中，如对高效生态产业结构，高效生态农业、工业、服务业发展，高效生态产业空间布局，高效生态产业发展规制、市场结构、主体行为、发展绩效，高效生态产业发展政策的具体分析，均以中国高效生态产业发展为实践经验空间。这是因为：①中国是崛起中的人口、经济体量、资源能源开发利用、国土面积大国，发展高效生态经济的成效对世界有典型示范意义。②中国是发展中的社会主义大国，坚定不移地走中国特色社会主义道路，构建的是社会主义市场经济，制度—政策安排不同于先行崛起的发达大国，后者基本奉行资本主义市场经济制度—政策。把制度—政策安排内生化为高效生态经济发展的影响因素后，可见中国特色社会主义制度对于高效生态经济发展的巨大优越性。③高效生态经济发展的实践，在中国已经进入国家顶层设计和规划，2009年12月1日中华人民共和国国务院通过的《黄河三角洲高效生态经济区发展规划》，标志着黄河三角洲成为世界上第一个以高效生态经济发展为主题的尚未完整开发的大河三角洲。

第四章 供给侧结构性改革理论与实践

第一节 经济理论中的供给与需求

供给与需求是社会再生产、经济增长和经济发展同一过程的两个方面；供给与需求必须动态平衡，社会再生产、经济增长和经济发展才可以持续进行。自经济学出现，特别是自市场经济理论诞生以来，供给与需求就是经济学的基本研究对象。在古典经济学那里，由于社会再生产、经济增长、经济运行理论是包括在整个经济发展理论当中加以对待的，故而较少单独论及"供给"或"需求"。现代经济增长理论模型建构以后，在相当长一段时间里，西方发达市场经济体中主流经济学所研究的对象开始偏重市场比较静态均衡、短期运行或经济周期运行问题，开始比较频繁地单独使用"供给"或"需求"。从20世纪80年代以来，由于内生增长理论或新经济增长理论的不断成熟，特别是经济可持续发展问题日益提到全人类共同面临的议事日程以来，经济长期动态均衡、有效和可持续发展问题再次成为经济学家以及政府、社会各界乃至有社会责任的企业所共同关注的对象。在美国等西方发达市场经济国家，自2008年金融危机以后，系统反思以解决短期均衡、经济周期运行问题为主要方向的"需求"理论、以偏重于减税等短期措施试图增加有效供给却忽视需求的"供给"理论的失之偏颇问题，逐渐成为主流经济学家的一致选择；在中国，则创建起了比较系统的中国特色的供给侧结构性改革理论。

供给、供给侧和供给管理。在价格决定下，供给（Supply）是包括构成生产函数的要素供给、产品和服务供给、社会总供给，作为要素供给有机结合产物且决定供给的供给结构以及决定这一供给结构的制度供给。

作为生产要素的供给又包括资本、劳动力、人力资本、技术、信息、知识、管理以及其他可以进一步解析出的能够影响产出的因素；产品和服务供给是具有使用价值和能够满足市场需求的生产成果和服务成果；社会总供给是与社会总需求相对应，具有使用价值和适应或满足社会总需求的社会总产出和社会总服务成果。供给结构包括要素供给结构、产品和服务结构、产业结构、产业技术结构、产业空间结构、产业时间结构、能源结构、交通结构等。决定这一系列供给结构的制度供给则包括生产经营制度、产业或行业管理体制、政府管理体制、价格制度、贸易制度、商标制度、专利制度、金融体制、资本市场管理制度、投资体制、人力资源和社会保障制度、科技管理体制、教育制度、户籍制度，等等。供给侧（Supply Side）是指为实现社会再生产、经济增长、经济发展可持续进行所需要的供给与需求动态平衡过程中，与需求相对应的供给方面的供给要素、产品和服务供给、社会总供给以及决定这一系列不同层次供给的制度安排的集合。供给管理（Supply Management）是指调控和有效影响供给要素、产品和服务供给、社会总供给以及供给结构的制度—政策安排。例如，西方发达市场经济国家已经惯常采用的收入政策，通过调控劳动收入以降低成本推动型通货膨胀；指数化政策，通过将工资、利息等与市场需求拉动的通货膨胀指数挂钩以降低通货膨胀水平；人力资本政策，对人力资本要素和资源进行合理配置和调节以求满足生产经营、经济增长乃至整个经济发展绩效优化的需要；经济增长政策，通过有效配置和调节经济资源，正确处理生产力和生产关系的矛盾，保证经济增长乃至整个经济发展平稳、健康和可持续。

需求、需求侧和需求管理。需求（Demand）包括个人、企业、政府等各层次经济行为主体对产品和服务的局部需求，也指社会总需求；既有国内需求，也有国际需求；在支出方程式所表达的场合，需求可以解析为消费、投资和净出口三大部分，又称拉动经济增长的"三驾马车"。需求也有结构，例如消费需求结构，包括家庭、社会单位、政府消费之间，实物消费与货币消费之间，近期消费与远期消费之间，吃、住、用、穿、烧之间，国内消费与国外消费之间，代际消费之间、城乡和区域消费之间的内在联系和数量比例关系；投资结构，包括企业、民间、政府投资之间，直接投资与间接投资之间，近期、中期与长期投资之间，实物投资与货币投资之间，国内投资与国际投资之间，城乡和区域投资之间的内在联系和数量比例关系；净出口结构，净出口商品和服务结构，产业结构，地域结构，技术结构，汇率结构。决定这些不同层次的需求，也需要相应的制度—政策安排。例如，鼓励消费的消费信贷、房地产税收、商品和服务零售下乡补贴政策，鼓励民间投资、关系国计民生的基础设施投资、教育科技卫生健康制度—政策，外商投资法，自由贸易（试验）区制度—政策安排，旨在优化营商环境的制度—政策安排，一系列决定供给的制度—政策安排也会直接或间接地积极作用于需求。需求侧（Demand Side）是指为在实现社会再生产、经济增长、经济发展可持续进行所需要的供给与需求动态平衡过程中，与供给相对应的需求方面的个人消费预期、产品和服务需求、社会总需求以及决定这一系列不同层次需求的制度安排的集合。需求管理（Demand Management），自现代经济增长理论模型建构以来，加上凯恩斯经济学在理论与实践上的重要影响，需求、需求侧和需求管理的词汇就频频出现直到今天。需求管理是指调控和有效影响需求市场预期、产品和服务需求、社会总需求以及需求结构的制度—政策安排。需求管理已是西方发达市场经济国家乃至世界主要经济体常用的调控和有效影响短期经济运行、经济周期变化、经济增长速度、物价变动、就业等的主要选择。需求管理包括财政政策，通过财政预算、税收政策，调控公共支出和社会总支出，有效影响居民、企业和政府之间的利益关系；货币政策，通过利率、汇率、价格政策，调控储蓄、投资、消费、外贸，有效影响经济运行、经济周期变化、内需与外需平衡、居民和企业的资产负债表；预期管理政策，即基于信息透明和对称的制度—政策安排，及时、正确、合理地引导作为经济行为主体的消费者、企业、民间、各级政府的市场和经济预期，这在如今信息化、网络化、数字化、智能化时代，越来越成为世界各国和各个经济体的共识。

供给与需求的动态平衡。社会再生产、经济增长和经济发展中的人流、物流、能量流和信息流瞬息万变，所以，供给与需求的不平衡是常态，而平衡则是相对的、暂时的。西方主流经济学以往运用静态、比较静态分析方法所探讨的供需平衡、经济增长最优解、实现最大化经济效益的结果，在理论抽象的前提下有一定参考价值，但必须认识到这些最优化问题之解的局限性是明显的。现实中，实现短期供求平衡、基本"熨平"经济运行周期、保持经济增长在合理或适度空间是可能的。但是，由于社会再生产、经济增长和经济发展影响因素的复杂性，既包括人为因素，也包括自然因素，保持长期供求平衡是非常难得的。在长期，所能做的就是维持长期经济运行不至于因为供需严重失衡而大起大落；维持长期经济增长的基本面不至于因为供需严重失衡而彻底失却；维持经济发展的良好态势不至于因为供需严重失衡而难以持续。所以，供给与需求的动态平衡，就是通过财政、货币和预期管理政策，在物价稳定、就业充分、环境良好的同时，把经济增长速度维持在合理区间；通过产业结构、能源结构、产业布局、时序结构等的优化调整，使经济发展可持续。一句话，供给与需求的动态平衡是社会再生产、经济增长和经济发展稳定、健康、可持续的必要条件，也是满足这一要求的企业产品和服务供需、市场供需、社会总供需内在联系和数量比例关系的理论概括和现实途径。

在维护社会再生产、经济增长和经济发展稳定、健康、可持续所需要的供给与需求动态平衡中，社会总供需动态平衡是总体要求。通过社会总供需动态平衡，既要解决短期经济运行中因为物价大起大落导致通货膨胀或通货紧缩，同时保持物价稳定和就业充分，把经济增长保持在合理区间，又要为维护社会再生产、经济增长和经济发展的基本面、长期动态有效、可持续创造条件。市场供需动态平衡主要是产业、行业或部门市场供需动态平衡，这是社会总供需平衡的主导力量，包括产业结构、能源结构、产业布局等的动态平衡和合理化等。产业结构的动态平衡和合理化又包括第一、二、三次产业及其次生产业之间，如第一次产业内部农业、林业、牧业、渔业之间结构的动态平衡和合理化；第二次产业内部工业与建筑业、工业内部基础原材料工业与制造业之间结构的动态平衡和合理化；第三次产业内部生产性服务业与生活服务业之间结构的动态平衡和合理化。能源产业是产业的重要组成部分，所以，产业结构的动态平衡和合理化还包括产业与能源之间结构的合理化；交通、信息、水利等基础设施和基础产业也是产业的重要组成部分，产业结构的动态平衡和合理化也包括产业与基础设施产业之间结构的动态平衡和合理化；同时，产业结构的动态平衡和合理化还包括产业技术结构的动态平衡和合理化。能源结构的动态平衡和合理化，包括一次能源与二次能源之间、不可再生能源与可再生能源之间、高碳化石能源与低碳绿色能源之间结构的动态平衡和合理化；一次、二次能源，不可再生能源、可再生能源，高碳化石能源、低碳绿色能源等内部结构的动态平衡和合理化。产业布局就是产业空间结构，而产业空间结构的动态平衡和合理化则包括城乡之间、区域之间、沿海与内陆之间产业结构的动态均衡与合理化。企业产品和服务供需结构动态平衡和合理化是社会总平衡的基础，包括产、供、销、人、财、物之间，高端高档优质产品和服务与普通低档一般产品和服务之间结构的动态平衡和合理化。而无论社会总供需，抑或市场供需、企业产品和服务的动态平衡和合理化，都需要一定的时序安排或时序结构做保障。计划或规划期内，社会总供给与总需求的规模及其增长指标在时间和次序上如何安排才能保证经济总量增长、物价水平上涨、就业规模及其增长处于可控和合理区间内；市场中产业、行业、产品的生产规模、门类、品种供给时间和顺序如何安排才能保证市场需求、稳定市场预期；企业生产经营各种资源，产品和服务规模、品种及其增长在时间和顺序上如何安排才能适应市场需求和完成经营目标，这一切都属于时序结构动态平衡和合理化问题的范畴。

第二节 中国经济新常态与新阶段

新中国经济发展一直坚持以马克思主义政治经济学原理为指导，坚持社会再生产过程中生产资料生产与生活资料生产两大部门的动态平衡。1978 年改革开放以后，随着社会主义市场经济体制的建立，我们对西方市场经济发达国家主流经济学理论和方法的引进、介绍、学习越来越多，越来越全面，越来越系统。相应地，理论上对供给和需求一词及相关范畴的单独研究，以西方发达市场经济国家主流经济学理论方法为主导、以西方发达市场经济体为典型案例的研究也越来越频繁；实践中，越来越多的决策建议主要集中于需求管理政策范围。这使原本作为发展中的社会主义大国特别注重追赶发达国家步伐，从而格外注重数量扩张的中国在由高度集中的计划经济体制向社会主义市场经济体制转轨的任务艰巨、粗放式经济增长方式主导、产业结构动态平衡和合理化步伐滞后等为基本特征，西方发达国家同样经历过且远比我们走的时间长的传统工业化老路上，走过了相当长一段时间，至今依然还存在着经历这一过程的惯性。长期走传统工业化老路的结果是：在经济增长方式上，企业生产经营注重外延式而不是内涵式扩大再生产，盈利能力越来越弱；市场供给与需求的结构，包括产业结构、产业技术结构、产业空间结构等严重失衡，结构效益低下；社会再生产、经济增长和经济发展中出现"投资冲动症"乃至"投资饥渴症"，耗竭式利用资源能源，追逐高速度、倚重数量扩张乃至单一考核 GDP 增长速度。在产业结构上，三次产业及其内部次生产业比例关系严重失衡，以增加值和就业双重指标考量的结构偏离度或比较劳动生产率偏差越来越大；产业技术结构方面，高新技术产业比重、高加工度化制造业比重、现代服务业比重以及低碳绿色产业比重明显低下；在产业空间结构方面，东、中、西部之间，沿海与内陆之间，城乡之间产业结构在技术、附加值、结构效益等诸多考量指标方面均存在明显梯度，中、西部明显落后于东部，内地明显落后于沿海，乡村明显落后于城市——城乡二元、三元结构明显且日趋固化。2008 年国际金融危机，在打破了市场原教旨主义的主流经济学偏重需求管理以解决短期经济运行或经济周期问题，间或也偏重供给管理且又注重减税手段，实际上忽视社会再生产、经济增长和经济发展过程中供给与需求动态平衡和合理化的神话的同时，也使中国长期走传统工业化老路所导致的经济发展方式、产业机构、能源结构、产业空间结构等问题凸显出来——在累积的供给与需求结构、产业结构、产业空间结构、产业技术结构、能源结构等问题趋于恶化的同时，数量扩张以及经济高速增长的常态已经不复存在，经济下滑的势头却越来越明显。中国经济新常态出现了。

中共中央总书记习近平集中全党和全国人民的智慧，总结国内外治国理政经验教训，非常及时地做出了关于中国经济新常态的科学判断。2013 年 12 月 10 日，在中央经济工作会议上的讲话中，习近平总书记首次提出"新常态"，并指出："把握经济大势，保持调控定力。面对世界经济持续低迷的复杂局面，面对我国经济增长速度换挡期、结构调整阵痛期、前期刺激政策消化期'三期叠加'的状况，经济形势可以说是变幻莫测、瞬息万变。我们强调要冷静观察、谨慎从事、谋定而后动。"① 此后，习近平总书记在多次讲话中阐述了"新常态"的内涵。2014 年 5

---

① 中共中央文献研究室编：《习近平关于社会主义经济建设论述摘编》，中央文献出版社 2017 年版，第 73 页。

月 10 日，习近平在河南考察时的讲话中指出："我国发展仍处于重要战略机遇期，我们要增强信心，从当前我国经济发展的阶段性特征出发，适应新常态，保持战略上的平常心态。"① 2014 年 11 月 9 日，习近平出席 2014 年亚太经合组织（APEC）工商领导人峰会，在《谋求持久发展，共筑亚太梦想》的主旨演讲中指出："中国经济呈现出新常态，有几个主要特点。一是从高速增长转为中高速增长。二是经济结构不断优化升级，第三产业、消费需求逐步成为主体，城乡区域差距逐步缩小，居民收入占比上升，发展成果惠及更广大民众。三是从要素驱动、投资驱动转向创新驱动。新常态将给中国带来新的发展机遇。"② 他还就新常态给中国经济发展带来的实际经济增量在世界排名依然可观，经济增长更趋平稳、增长动力更为多元，经济结构优化升级使经济发展前景更加稳定，市场活力进一步释放等发展机遇进行了具体阐释；同时指出新常态给中国经济发展带来了新问题、新矛盾，一些潜在风险渐渐浮出水面，能否适应新常态关键在于全面深化改革的力度，改革进入攻坚期和深水区后要敢于啃硬骨头、敢于涉险滩、敢于向积存多年的顽疾开刀。2014 年中央经济工作会议期间，习近平总书记从消费需求、投资需求、出口和国际收支、生产能力和产业组织方式、生产要素相对优势、市场竞争特点、资源环境约束、经济风险积累和化解、资源配置模式和宏观调控方式九个方面具体阐释了经济发展"新常态"对中国经济发展带来的趋势性变化。③ 2016 年 1 月 18 日，习近平总书记在省部级主要领导干部学习贯彻党的十八届五中全会精神专题研讨班上的讲话中指出："'十三五'时期，我国经济社会发展的显著特征就是进入新常态。新常态下，我国经济发展的主要特点是：增长速度要从高速转向中高速，发展方式要从规模速度型转向质量效益型，经济结构调整要从增量扩能为主转向调整存量、做优增量并举，发展动力要从主要依靠资源和低成本劳动力等要素投入转向创新驱动。这些变化，是我国经济向形态更高级、分工更优化、结

---

① 中共中央文献研究室编：《习近平关于社会主义经济建设论述摘编》，中央文献出版社 2017 年版，第 73 页。

② 中共中央文献研究室编：《习近平关于社会主义经济建设论述摘编》，中央文献出版社 2017 年版，第 74 页。

③ 中共中央文献研究室编：《习近平关于社会主义经济建设论述摘编》，中央文献出版社 2017 年版，第 74—79 页。

构更合理的阶段演进的必然过程。实现这样广泛而深刻的变化并不容易，对我们是一个新的巨大挑战。""'明者因时而变，知者随世而制。'谋划和推动'十三五'时期我国经济社会发展，就要把适应新常态、把握新常态、引领新常态作为贯穿发展全局和全过程的大逻辑。"①

新常态下中国经济已经从高速增长转为中高速增长。据统计，按可比价格计算，中国 GDP 年增长速度 2008 年以前的 2003 年、2004 年、2005 年、2006 年、2007 年分别为 10.0%、10.1%、11.4%、12.7%、14.2%，均在两位百分数以上；2008 年以后的 2008 年、2009 年、2010 年、2011 年、2012 年、2013 年、2014 年、2015 年、2016 年、2017 年则分别是 9.7%、9.4%、10.6%、9.5%、7.9%、7.8%、7.3%、6.9%、6.7%、6.9%，除 2010 年是两位百分数以外，其余各年份均已降到两位百分数以下，而且一度呈现持续下滑的态势，如今基本稳定在 6% 以上的水平。这种 GDP 年增长速度由多年 10% 以上连续多年下滑，然后稳定在 6% 左右水平的历史性转变，正是中国经济已经从高速增长转为中高速增长新常态的现实表现。

新常态下中国经济结构不断优化升级态势已经形成。就产业结构而言，根据国家统计局数据，第一、二、三次产业增加值在 GDP 中的比重按大小排序，2011 年以前一直呈现"二三一"型，2012 年第二、三次产业增加值比重相等，2013 年至今一直呈现"三二一"型，2013 年、2014 年、2015 年、2016 年、2017 年中国第一、二、三次产业增加值在 GDP 中的比重分别是 9.3%、43.1%、47.9%，9.1%、43.1%、47.8%，8.8%、40.9%、50.2%，8.6%、39.9%、51.6%，7.9%、40.5%、51.6%。此外，三次产业技术结构、三次产业内部次生产业结构也朝着优化升级的方向不断演进。新技术、新产品、新业态、新商业模式不断涌现，在为投资创造了新机会、对创新投融资方式提出新要求的同时，促进了投资结构进而促进了产业结构的增量调整优化升级。高耗能、高污染、高消耗原材料的传统产业比重不断下降，产业结构的数字化、信息化、网络化、智能化、绿色化演进呈现加速趋势。产业组织结构不断创新，新兴产业、服务业、小微企业作用更加凸显，呈现出生产小型化、智能化、

---

① 习近平：《在省部级主要领导干部学习贯彻党的十八届五中全会精神专题研讨班上的讲话》，人民出版社 2016 年版，第 2—3 页。

专业化的崭新特征；市场竞争从数量扩张和价格竞争转向质量型、差异化的竞争，统一全国市场、提高资源配置效率成为经济发展的内生性要求。消费结构换代升级态势更加明显，消费需求个性化、多样化渐成主流，过去的模仿型排浪式消费阶段基本结束，保证产品质量安全、通过创新供给激活需求的重要性显著上升。

新常态下中国经济发展方式正在发生根本性的转变。据统计，按支出法计算的 GDP 年增长速度中，最终消费支出、资本形成总额、货物和服务净出口拉动的百分点 2011 年、2012 年、2013 年、2014 年、2015 年、2016 年、2017 年分别是 5.9%、4.4%、-0.8%，4.3%、3.4%、0.2%，3.6%、4.3%、-0.1%，3.6%、3.4%、0.3%，4.1%、2.9%、-0.1%，4.5%、2.9%、-0.7%，4.1%、2.2%、0.6%，除 2013 年以外，多年来最终消费支出已成为经济增长的第一拉动力量，这说明过去依赖大量投资外延拉动和依赖对低端廉价产品的外需拉动经济增长的粗放发展方式，正在向有最终需求的内涵和内需拉动增长的高效发展方式转变。此外，伴随人口老龄化、农业富余人口减少等新问题，要素规模驱动力减弱，经济增长已经越来越依靠人力资本质量和技术进步。过去能源资源和生态环境空间相对较大，现在环境承载能力已经达到或接近上限，在资源环境约束推动下正逐步形成绿色低碳循环发展新方式。据统计，万元 GDP 能源消费量（吨标准煤/万元），按 2005 年可比价格计算，已经由 2005 年的 1.40 下降到 2010 年的 1.13；按 2010 年可比价格计算，已经由 2010 年的 0.87 下降到 2015 年的 0.71；按 2015 年可比价格计算，则已经由 2015 年的 0.62 下降到 2016 年的 0.59，明显呈现出不断下降的态势。资源配置模式和宏观调控方式更加有效。其选择和运用越来越注重全面把握总供需关系新变化，越来越充分发挥市场机制在配置和利用资源中的决定性作用，越来越能科学化解以高杠杆和泡沫化为特征的风险，以及全面化解产能过剩，标本兼治，对症下药。

中国共产党第十九次全国代表大会进一步明确指出，中国经济已由高速增长阶段转向高质量发展阶段。这是对中国经济发展阶段性特征认识不断深化的必然结果。根据马克思的历史唯物主义原理，生产力和生产关系、经济基础和上层建筑的矛盾是各种社会矛盾中的基本矛盾，具有普遍性；而社会的主要矛盾是一定历史时期或某一阶段中占主要、支配地位的矛盾，带有特殊性。在中国，从 1956 年社会主义改造基本完成到21世纪中叶社会主义现代化实现的整个历史阶段,都处于社会主义初级阶段。这个初级阶段的基本国情,决定了我们的根本任务是集中力量发展社会生产力,要求我们必须牢牢把握住各项工作以经济建设为中心、发展是第一要务。因此,改革开放以后,中国共产党在对历史经验和中国国情做出科学分析基础上,把中国社会主要矛盾概括为"人民日益增长的物质文化需要同落后的社会生产之间的矛盾",根据这一论断制定和实施了正确的路线方针政策,使中国特色社会主义事业取得了巨大成就,中国经济发展也创造了"世界奇迹"。伴随改革开放和中国特色社会主义的深入发展,中国稳定解决了十几亿人的温饱问题,总体小康已经实现,即将全面建成小康社会,人民美好生活需要日益广泛,除了对物质文化生活提出更高要求以外,对民主、法治、公平、正义、安全、环境等各方面的美好要求也日益增长。但是,在中国社会生产力总体水平显著提高,在很多方面进入世界前列的同时,中国社会中也存在着发展不平衡、不充分的突出问题。前述中国新常态下存在的产业结构、产业技术结构、产业空间结构、时序结构等的动态平衡和合理化问题就是对此的具体说明。正是基于中国经济新常态是现阶段适应、把握、引领中国经济发展大逻辑这一客观依据,根据中国社会发展新阶段发展环境、条件、任务、要求等的崭新变化,习近平总书记才在中共十九大报告中对中国社会主要矛盾做出了与时俱进的重大政治论断:"中国特色社会主义进入新时代,我国社会主要矛盾已经转化为人民日益增长的美好生活需要和不平衡不充分的发展之间的矛盾。"[1] 基于中国经济新常态这一中国经济发展的大逻辑,基于中国社会主要矛盾新变化的客观要求,中共十九大也相应把中国经济发展阶段变化概括为"已由高速增长阶段转向高质量发展阶段"[2]。高质量发展是能够满足人民日益增长的美好生活需要的发展,是贯彻创新、协调、绿色、开放、共享新发展理念的发展,通俗一点讲,是经济发展从"有没有"到"好不好"的发展。高质量发展是今后较长

---

[1] 习近平:《决胜全面建成小康社会夺取新时代中国特色社会主义伟大胜利——在中国共产党第十九次全国代表大会上的报告》,载《党的十九大报告辅导本》编写组编著《党的十九大报告辅导读本》,人民出版社2017年版,第11页。

[2] 习近平:《决胜全面建成小康社会夺取新时代中国特色社会主义伟大胜利——在中国共产党第十九次全国代表大会上的报告》,载《党的十九大报告辅导本》编写组编著《党的十九大报告辅导读本》,人民出版社2017年版,第29页。

一段时期发展中确定思路、制定政策、实施调控的基本要求；必须坚持质量第一、效益优先，推动质量、效率、动力变革，提高全要素生产率，不断增强经济创新力和竞争力；要加快形成相应的指标体系、政策体系、标准体系、统计体系、绩效评价、政绩考核，创新和完善应有的制度环境。

第三节　供给侧结构性改革的概念

供给侧结构性改革概念的提出是中国经济发展进入新常态、新阶段，顺应第四次工业革命浪潮兴起大趋势，总结经济低迷或下行期间国内外供给侧和需求侧理论与实践的结果。

中国经济新常态下存在的产业结构、产业技术结构、产业空间结构、时序结构等的动态平衡和合理化问题是中国社会主义初级阶段国情下出现的生产要素、生产要素组合及其相应的制度安排所决定的社会生产力发展水平还不够高，因而社会再生产、经济增长、经济发展过程中，产品、市场、社会总供给难以适应各层级各种需求的动态非均衡问题；是长期走传统工业化道路累积的生产经营外延扩张、全要素生产率水平低、经济发展方式粗放、经济总量增长速度超出资源和环境有限承载能力的问题；是在相当长一段时间借鉴西方发达市场经济国家主流经济学理论和经济宏观调控经验，偏重短期需求管理，关注短期经济运行、经济周期、数量增长，而忽视作为经济发展实质的结构演进的问题。一句话，当前中国经济发展面临的突出问题是亟待解决的供给侧结构问题。解决人民日益增长的美好生活需要和不平衡不充分发展之间的新的社会主要矛盾、经济发展由高速增长阶段转向高质量发展阶段的新的阶段性特征都意味着现阶段中国经济发展的主要矛盾方面是供给侧结构性问题。正如我们所看到的：一方面，中国一些产业、行业、产品的产能严重过剩，产能利用率长期低于国际标准水平，另一方面，高科技含量、高附加值、高端产品和服务的供给远远不够，核心技术、关键设备、质优品高的产品和服务还大量依赖进口，大规模有购买力支撑的消费需求在国内得不到有效供给，大把钞票花在出境购物、"海淘"购物上。这些事实说明，生活、生产各种需求在经济新常态新阶段下已经发生崭新变化，人民对美好生活的需求变得丰富多样且不断升级，但应有的产品和服务供给却跟不上，有效供给满足不了有效需求。因此，当前和现阶段中国经济发展的重点就是通过制度、科技、管理等各方面的创新和改革，进一步解放和发展社会生产力，优化调整经济结构，增加有效供给和中高端供给，提高全要素生产力，增强供给结构对需求变化的适应性，进而实现供给与需求在社会再生产、经济增长和经济发展过程中的动态平衡。经济新常态是中国经济发展的大逻辑，供给侧结构性改革的主要历史背景就是中国经济新常态、新阶段。

供给侧结构性改革是顺应第四次工业革命发展趋势的必然选择。社会生产力发展的基本规律是"社会生产力以科学技术为基础、以升级换代为形式的不断智能化规律"，社会生产力形态经历手工生产力→机器生产力→信息生产力→智能生产力的演进过程，科学革命→技术革命→工业革命→社会革命的变化次序，决定了第四次工业革命正是社会生产力、科技革命、工业革命、社会革命遵循生产力基本规律发展的必然结果。第四次工业革命的基本特征包括：信息网络世界与物理世界的结合（Cyber Physical System，简称CPS）；物理、数字、生物技术的共同驱动，如无人驾驶交通工具、3D打印、高级机器人、新材料、物联网、生物基因工程等；数字化、网络化、生物化、智能化；共享经济成为可能；发展是"指数级而非线性速度展开"。顺应第四次工业革命发展趋势，才能走出一条世界经济持续稳定增长新路。习近平总书记在《共担时代责任共促全球发展——在世界经济论坛2017年年会开幕式上的主旨演讲》中指出："世界经济面临的根本问题是增长动力不足。创新是引领发展的第一动力。与以往历次工业革命相比，第四次工业革命是以指数级而非线性速度展开。我们必须在创新中寻找出路。只有敢于创新、勇于变革，才能突破世界经济增长和发展的瓶颈。"[①] 从第四次工业革命浪潮兴起的根本原因和其基本特征，以及习近平总书记的上述讲话可以看出：第四次工业革命浪潮兴起，必然要求我们提升整个社会生产力水平，特别是提高包括生产力要素、市场供给、社会总供给等各层次的生产力水平以适应新的需求；必然要求我们注重产业结构以数字化、网络化、生物化、

[①] 习近平：《习近平主席在出席世界经济论坛2017年年会和访问联合国日内瓦总部时的演讲》，人民出版社2017年版，第7—8页。

智能化等为主要特征的高级化、合理化演进；必然重视旨在通过质量变革、效益变革、动力变革进一步解放生产力的体制机制创新，包括微观领域里对激励、激发、激活劳动、人力资源、资本、科技等各种生产要素的生产经营体制机制改革，中观领域处理好国民经济各部门、各行业、各地方利益关系的体制机制改革，宏观领域旨在充分发挥市场机制对资源利用和调节的决定性作用以及更好发挥政府作用的体制机制改革；必然高度重视通过供给侧结构性改革，促进全要素生产力水平的提高，推进创新发展，在经济新常态新阶段下实现社会再生产、经济增长、经济发展过程中产品和服务供给、市场供给、社会总供给与需求的动态平衡。

供给侧结构性改革是总结经济低迷或下行期间国内外供给侧和需求侧管理理论与实践的结果。古典经济学把社会再生产、经济增长、经济周期和经济运行问题综合在经济发展理论中一起分析，较少单独论及"供给"或"需求"，也就较少单独涉及"供给侧""供给管理"与"需求侧""需求管理"问题。新古典经济学体系建立以后，特别是现代经济增长理论模型建构以后，在相当长一段时间里，西方发达市场经济体中主流经济学所研究的对象开始偏重在一定生产力发展水平和市场经济体制比较成熟前提下的短期经济增长、局部均衡或市场比较静态均衡、短期经济运行或经济周期运行问题，从而比较频繁地单独使用"供给""供给侧""供给管理"或"需求""需求侧""需求管理"等词汇或概念，而且偏重于频繁地单独使用针对短期经济增长和经济运行问题的"需求""需求侧""需求管理"等词汇和概念。19世纪初至20世纪30年代，受英国古典经济学家亚当·斯密1776年出版的《国富论》的影响，法国古典主义经济学家让·巴蒂斯特·萨伊（Jean Baptiste Say）在19世纪初出版的《政治经济学概论》中提出了萨伊定律（Say's Law）：供给创造自己的需求。供给经济学派曾主导了19世纪80年代到20世纪30年代美国共和党的政策主张。20世纪30年代至20世纪70年代，20世纪30年代小型企业旧工厂经济的衰竭引发了大萧条（1929—1933年），暴露出了深植于古典经济学的供给学派的缺陷，转型为生产规模化企业经济的美国急需一种完全不同的国家经济政策，以英国人约翰·梅纳德·凯恩斯1936年出版的巨著《就业、利息和货币通论》为标志，凯恩斯主义成为新经济政策的主导选择。凯恩斯主义的本质是，国民收入和就业由消费者、投资者和政府共同决定的总需求确定，经济放缓期间，刺激政府支出或临时减税可能会促进需求，尤其对于把税收优惠用于消费的人群。凯恩斯主义重视短期需求管理。20世纪70年代，规模化生产的大企业经济衰败，美国经济出现滞涨，凯恩斯主义同时衰败。20世纪70年代至20世纪80年代，在挑战凯恩斯主义过程中，裘德·万尼斯基（Jude Wannisj）和阿瑟·拉弗（Arthur Laffer）等为代表人物的供给学派重新肯定了"萨伊定律"的正确性，主张在政策层面上侧重供给调节。在20世纪80年代罗纳德·里根（Ronald Reagan）执政期间（1981—1989年），采用了供给学派的主张。20世纪80年代至21世纪初，里根执政期间，美国宏观经济结构在一定程度上得到优化，但经济高速增长的承诺一直没有兑现，并且出现了严重的财政赤字和外贸赤字，供给学派因而逐渐失势，这期间凯恩斯主义一直占据主流经济学主导地位。华盛顿智囊团——美国信息技术和创新基金会（ITIF）主席罗伯特·阿特金森在其出版的《美国供给侧模式启示录：经济政策的破解之道》中指出：供给学派认为减税政策能够促进工作，增加储蓄，刺激经济，还会增加税收，在几乎不会加剧收入不平等的情况下，快速拉动经济增长。然而，无论根据实际情况还是科学调查，供给学派根本行不通，不仅在财政上不负责，在经济上不公平，对于促进经济增长来说也毫无作用。20世纪80年代以后，伴随内生增长理论和新经济增长理论的不断成熟，特别是经济可持续发展问题日益成为全人类共同面临的议事日程以来，社会再生产、经济增长和经济发展中供给与需求的动态平衡和合理化，经济长期动态有效增长，经济可持续发展问题再次成为经济学家以及政府、社会各界乃至有社会责任的企业所共同关注的对象。2008年金融危机以后，在美国等西方发达市场经济国家，系统反思以解决短期均衡、经济周期运行问题为主要方向的"需求"理论、以偏重于减税等短期措施试图增加有效供给却忽视需求的"供给"理论的失之偏颇问题，逐渐成为主流经济学家的一致选择；在中国，则创建起了比较系统的中国特色的供给侧结构性改革理论。

习近平总书记最先科学阐释了供给侧结构性改革的概念。在2015年11月10日召开的中央财经领导小组第十一次会议上，习近平同志提出："在适度扩大总需求的同时，着力加强供给侧结构性改革，着力提高供给体系质量和效率，增强经济持续增长动力，推动我国社会生产力水平实现整体跃升。"① 2016 年 1 月 18 日，习近平总书记在省部级主要领导干部学习贯彻党的十八届五中全会精神专题研讨班上的讲话中指出："供给侧结构性改革，重点是解放和发展生产力，用改革的办法推进结构调整，减少无效和低端供给，扩大有效和中高端供给，增强供给结构对需求变化的适应性和灵活性，提高全要素生产率。"② 他还进一步指出了供给侧结构性改革与西方供给学派有本质上的区别："我们讲的供给侧结构性改革，既强调供给又关注需求，既突出发展社会生产力又注重完善生产关系，既发挥市场在资源配置中的决定性作用又更好发挥政府作用，既着眼当前又立足长远。从政治经济学的角度看，供给侧结构性改革的根本，是使我国供给能力更好满足广大人民日益增长、不断升级和个性化的物质文化和生态环境需要，从而实现社会主义生产目的。"③ 而西方供给学派强调的重点是减税，过分突出税率的作用；只注重供给而忽视需求；只注重市场功能而忽视政府作用。习近平总书记还指出："推进供给侧结构性改革，要从生产端入手，重点是促进产能过剩有效化解，促进产业优化重组，降低企业成本，发展战略性新兴产业和现代服务业，增加公共产品和服务供给，提高供给结构对需求变化的适应性和灵活性。简言之，就是去产能、去库存、去杠杆、降成本、补短板。"④

根据上文，可以认为供给侧结构性改革就是"供给侧 + 结构性 + 改革"，是指从供给侧入手，针对经济结构性问题所进行的改革。这一改革旨在降低制度性交易成本，提高全要素生产率（TFP，即 Total Factor Productivity），提高供给质量，扩大有效供给，增强供给结构对需求变化的适应性和灵活性，更好地满足广大人民群众的需要，促进经济社会持续健康发展。

全要素生产率是衡量单位总投入的总产量的生产率指标，即总产量与全部要素投入量之比。全要素生产率的来源包括技术进步、组织创新、

---

① 中共中央文献研究室编：《习近平关于社会主义经济建设论述摘编》，中央文献出版社 2017 年版，第 87 页。
② 中共中央文献研究室编：《习近平关于社会主义经济建设论述摘编》，中央文献出版社 2017 年版，第 98 页。
③ 中共中央文献研究室编：《习近平关于社会主义经济建设论述摘编》，中央文献出版社 2017 年版，第 98 页。
④ 中共中央文献研究室编：《习近平关于社会主义经济建设论述摘编》，中央文献出版社 2017 年版，第 101 页。

专业化和生产创新等。产出增长率超出要素投入增长率的部分为全要素生产率增长率。这里，以索罗提出的用总量生产函数和增长方程来测算全要素生产率的"余值法"，简要具体说明全要素生产率的概念。假定仅有资本和劳动力两种生产要素，经济发展处于完全竞争状态，规模报酬不变和希克斯中性技术进步等，则有：

$$G_Y = G_A + \alpha G_L + \beta G_K$$

式中，G_Y 为经济增长率，G_A 为全要素生产率，G_L 为劳动增长率，G_K 为资本增长率，α 为劳动产出弹性系数，β 为资本产出弹性系数。

索洛余值法对于全要素生产率的测算，在理论上假设过于苛刻，而且将资本、劳动要素之外的剩余贡献全部归于技术进步过于"粗糙"，技术进步被视为外生的；在实践上，索洛模型认为，经济增长会收敛，穷国会比富国获得更快的经济增长速度，现实却并非如此。20世纪80年代中期以后，保罗·罗默等建构新增长理论，使经济增长的内生变量除资本和劳动（非技术劳动）外，又加上了人力资本（以受教育的年限衡量）和新思想（用专利来衡量，强调创新）等。近年来，把制度、文化等作为经济长期增长的内生变量的研究也越来越深入。

中国在以往长期发展中累积起的结构性问题主要包括要素投入结构、产业结构、产业技术结构、产业空间结构、能源结构、经济增长动力结构、收入分配结构问题等。具体来说，要素投入结构问题，过度依赖劳动力、土地、资源等一般性生产要素投入。产业结构问题，高消耗、高污染、高排放产业比重偏高；产业技术结构水平低，高科技含量、高附加值、高端产品和服务比重低；产业空间结构或产业空间布局问题，产业的城乡二元乃至三元结构，区域产业或经济发展不平衡、不协调。能源结构问题，高碳化石能源比重偏高，低碳绿色能源比重明显偏低，导致碳排放水平居高不下，严重污染环境。经济增长动力结构问题，过多依赖投资和出口拉动经济增长，科技、体制、管理等创新驱动发展的力量不足。收入分配结构问题，城乡收入差距、行业收入差距、居民贫富差距都比较大。

第四节　供给侧结构性改革的影响

供给侧结构性改革是中国人民在中国共产党领导下，在应对国际金融危机影响，探索跳出"中等收入陷阱"，努力实现"两个一百年"奋斗目标和中华民族伟大复兴的中国梦的历史进程中所进行的创新发展实践和所形成的创新发展理论，是整个中国特色社会主义理论与实践的有机组成部分。无论从学理还是从实践看，供给侧结构性改革都将对中国经济潜在增长率的提高、长期动态有效增长和跨越"中等收入陷阱"产生重大有效影响。同时，将对世界经济克服自2008年金融危机以来的下滑、在正确路径上回归良好增长态势和实现可持续发展提供中国经验和中国智慧；在创新和完善中国特色社会主义政治经济学理论体系的同时，也将对丰富和发展马克思主义政治经济学理论宝库做出重大历史贡献。

供给侧结构性改革的理论影响。首先，该理论丰富和发展了马克思主义社会再生产、经济增长、经济发展理论。在自由资本主义时代，马克思通过对生产资料再生产和生活资料再生产两大部门简单再生产和扩大再生产的动态平衡问题的分析，深刻揭示了资本主义经济危机的根源和机理：资本家对剩余价值的贪婪追逐难以消除"资本有机构成"随时间的不断提高，"劳动后备军"将会消失，势必推动工资上升和利润下降；相应地，资本家要么压低工资，而这将导致"工人阶级贫困化"、生产过剩和社会危机；要么用资本替代劳动，这又会复而提高"资本有机构成"的历史趋势。实际上，马克思是从对劳动大众的人文关怀上和站在最广大人民根本利益的立场上，揭示了资本主义社会再生产过程中供给与需求的动态平衡问题。供给侧结构性改革理论明确指出，这一改革就是要使我国供给能力更好满足广大人民日益增长、不断升级和个性化的物质文化和生态环境需要，从而实现社会主义生产目的。作为决定这一改革背景和作为这一改革大逻辑起点的中国经济新常态新阶段的突出特征，正是要努力解决人民对美好生活的需求与发展不平衡、不协调的矛盾。在马克思看来，正是因为自由资本主义时代经济危机、资产阶级与工人阶级的这一社会主要矛盾的存在，决定了资本主义条件下经济增长、经济发展的难以持续，解决的基本路径是通过无产阶级革命来消除资本主义生产资料私有制，从根本上消除资本家为追逐剩余价值所进行的种种对工人和无产者的残酷剥削。供给侧结构性改革则是在社会主义条件下，通过改革来消除低效的制度安排以从根本上解放和发展生产力，促进社会再生产、经济增长、经济发展过程中供给与需求的动态平衡和合理化，实现经济增长长期动态有效，经济发展平稳、健康、可持续。马克思在社会再生产、经济增长、经济发展的动态平衡和合理化理论分析中，始终坚持辩证唯物主义和历史唯物主义原理，始终联系生产力研究生产关系、联系经济基础研究上层建筑，做到对社会基本矛盾生产力与生产关系、经济基础与上层建筑矛盾的对立统一分析。供给侧结构性改革要从根本上解决束缚生产力发展的生产关系以及作为其具体实现形式的体制机制问题，要直接把提高全要素生产力作为改革的综合度量指标，把提供大众的产品和服务好不好、市场要求的供给结构优不优、社会生产力水平高不高作为改革成败的根本标准。

其次，该理论是习近平新时代中国特色社会主义思想的重要组成部分，是创新和完善中国特色社会主义政治经济学理论体系的指导思想。中共十九大概括提出了习近平新时代中国特色社会主义思想，将其确立为中国共产党必须长期坚持的指导思想并写进《中国共产党章程》，习近平新时代中国特色社会主义思想也已经载入《中华人民共和国宪法》，成为国家指导思想。习近平新时代中国特色社会主义思想是马克思主义中国化的最新成果，是中国共产党和中国人民实践经验和集体智慧的结晶，是对马克思列宁主义、毛泽东思想、邓小平理论、"三个代表"重要思想、科学发展观的继承、创新和发展，是中国特色社会主义理论体系的重要组成部分。习近平新时代中国特色社会主义思想内容丰富，从理论与实践的结合上系统回答了新时代坚持和发展什么样的中国特色社会主义、怎样坚持和发展中国特色社会主义的重大时代课题，具体涉及经济、政治、文化、社会、生态文明建设等各个方面。其中，关于中国特色社会主义经济建设方面的内容又包括发展是解决中国一切问题的基础和关键；社会主要矛盾是人民对美好生活的需要与不平衡不充分的发展的矛盾；坚持以人民为中心，用创新、协调、绿色、开放、共享的新理念统领发展；使市场在资源配置中起决定性作用和更好发挥政府作用；主动适应、把握、引领经济发展新常态，着力推进供给侧结构性改革；实施创新驱动发展战略；推进新型工业化、信息化、城镇化、农业现代化同步发展；实施精准扶贫、精准脱贫，坚决打赢脱贫攻坚战；实施"一带一路"建设、京津冀协同发展、长江经济带发展、黄河流域生态保护和高质量发展、粤港澳大湾区建设、长三角一体化等重大国家战略；在更大范围、更宽领域、更深层次上提高开放型经济水平；坚持稳中求进工作总基调，全面提高党领导经济工作水平，等等。在习近平新时代中国特色社会主义经济建设思想中，关于供给侧结构性改革则从思想方法、观点立场、主要任务等各个方面体现出鲜明的马克思主义政治经济学学科特征。在思想方法上，坚持生产力与生产关系、经济基础与上层建筑对立统一的马克思主义的辩证唯物主义和历史唯物主义方法；在观点立场上，坚持把解决人民对美好生活的需要与不平衡不充分的发展这一社会主要矛盾作为主攻方向，坚持以人民为中心的根本立场；在主要任务上，突出解决社会再生产、经济增长、经济发展过程中的供给与需求结构不平衡问题，特别是注意解决经济结构、产业结构、产业技术结构、产业空间结构、能源结构等结构性问题，把落脚点放在提高全要素生产力水平上。这一切都是创新和完善中国特色社会主义政治经济学理论体系应当长期坚持的指导思想。

最后，该理论为世界经济长期动态有效增长和可持续发展提供了中国智慧和中国方案。无论是从政治经济学、发展经济学、现代经济增长理论发展历史看，还是从社会再生产、经济增长、经济发展历史经验看，社会再生产、经济增长、经济发展过程中供给与需求的动态平衡都是一条基本规律，这也是由社会生产力发展的基本规律、生产力与生产关系的对立统一矛盾规律所决定的。由于经验空间有限，尚未形成现代经济增长理论体系和分析方法，古典经济学只能比较定性地综合对待供给与需求、短期与长期、局部与全部社会再生产、经济增长、经济发展问题。随着实践经验的积累，特别是现代经济增长理论体系和方法确立以后，西方市场经济发达国家的主流经济学家们又长期专注于社会再生产、经济增长、经济发展中的需求、需求侧、需求管理问题，短期增长问题，短期经济周期问题；忽视供给、供给侧、供给管理，长期可持续发展问题，特别是偏重经济总量、比较静态、局部均衡分析，忽视经济结构性问题、长期动态有效、一般均衡分析。西方市场经济发达国家的主流经济学已有的社会再生产、经济增长、经济发展中的供给、供给侧、供给管理分析，则仅仅关注减税政策分析，不涉及制度性改革，更不关注深层次的经济结构，如产业结构、产业技术结构、产业空间结构、能源结构等问题，甚至很多主流经济学代表人物持有产业政策无效论的偏执观点。建立在中国特色社会主义经济建设和发展丰富经验空间上的供给侧结构性改革理论，继承了马克思主义政治经济学关于生产力发展、生产力与生产关系对立统一矛盾、社会再生产理论分析方法，发扬了古典经济学综合对待供给与需求、短期与长期、局部与全部社会再生产、经济增长、经济发展问题的优长，也借鉴了现代经济增长理论、西方发达市场经济国家主流经济学的供给、供给侧、供给管理理论中的正确成分，创建起能够科学分析和解决社会再生产、经济增长、经济发展过程中的动态平衡和合理化的中国特色社会主义政治经济学分析理论和方法。这一理论和方法围绕社会再生产、经济增长、经济发展过程中的动态平衡和合理化这一主线，系统分析和解决供给侧结构性问题，注重改革这一解决供给侧结构性问题的根本举措的理论框架和操作方法的系统分析。

供给侧结构性改革的实践影响。首先，对中国实现"两个一百年"奋斗目标的影响。实现"两个一百年"奋斗目标、实现中华民族伟大复兴的中国梦，必须牢牢把握发展这一中国共产党执政兴国的第一要务。根据马克思主义政治经济学关于生产力与生产关系、经济基础与上层建筑的对立统一矛盾分析原理，遵循社会生产力发展基本规律以及社会再生产、经济增长、经济发展过程中供给与需求的动态平衡和合理化规律，坚持解放和发展生产力以促进经济可持续发展，就必须坚持社会主义市场经济改革方向，现阶段就要把供给侧结构性改革作为主线。因为依然处于社会主义初级阶段的当今中国，取向于社会主义市场经济体制的全面经济体制改革，是从根本上解放和发展社会生产力的根本性制度创新举措，1978年以来的伟大改革实践已经证实了这一点。而现阶段，中国经济已经由高速增长阶段转向高质量发展阶段，正处在转变发展方式、优化经济结构、转换增长动力的攻坚期，建设中国特色现代化经济体系，包括实体经济、科技创新、现代金融、人力资源协同发展的产业体系，市场机制有效、微观主体有活力、宏观调控有度的经济体制等，具体又体现在符合国情的现代产业、市场、收入分配、城乡区域发展、绿色发展、开放型经济体系等有机联系的方面，无一不需要着力从供给侧入手、着力解决深层次的结构问题、着力能够从根本上解决这些问题的体制机制创新改革。所以，供给侧结构性改革就是建设中国特色现代化经济体系的关键和根本性制度创新举措。只有坚持质量第一、效益优先，把供给侧结构性改革作为主线，推动经济发展质量变革、效率变革、动力变革，提高全要素生产力，才能建构起中国特色有创新力和竞争力的现代化经济体系，进而才能从根本上解决新时代社会主要矛盾问题，即从根本上解决人民日益增长的美好生活需要和不平衡、不充分的发展之间的矛盾。鉴于此，有理由认为供给侧结构性改革不仅是"十三五"时期，而且也是"十三五"以后较长一段时期经济发展和经济工作的主线。伴随中国实现"两个一百年"奋斗目标的历史进程，在社会再生产、经济增长、经济发展的动态平衡和合理化进程中，运用供给侧结构性改革这一举措也应当是合理选择的常态。

其次，对促进世界经济可持续发展的影响。中国是当今世界最大的发展中社会主义人口、经济总量、资源开发利用、环境影响、开放型经济、具有古老文明的东亚大国，又是已经连续多年对世界经济增长、减排、减贫等贡献最大的崛起中大国，大国崛起的中国道路备受关注[1]，对世界经济可持续发展有着举足轻重的影响。供给侧结构性改革实践的成功将直接保证中国进入新常态、新阶段的高质量发展取得预期绩效，进而有助于进入新时代的中国从根本上解决人民日益增长的美好生活需要与不平衡不充分的发展之间的社会主要矛盾，实现"两个一百年"奋斗目标和中华民族伟大复兴的中国梦。仅就这一点来说，供给侧结构性改革就是对世界经济可持续发展的巨大贡献。不仅如此，由于供给侧结构性改革是在中国特色社会主义制度和社会主义市场经济体制下进行的，它所开辟的是一条根本不同于西方资本主义制度和西方发达市场经济体制下的诸如供给侧管理调控等的路径，所以，还将为世界各国社会再生产、经济增长、经济发展过程中的供给与需求动态均衡和合理化提供一种可资借鉴的崭新的大国模式和路径。中国供给侧结构性改革，也十分契合第四次工业革命数字化、网络化、信息化、智能化等发展趋势特征，这从供给侧结构性改革是为了建构现代化经济体系，推进经济高质量发展的直接取向，从这一改革着力质量第一、效益优先，着力创新驱动发展，着力质量变革、效益变革、动力变革，着力培植新技术、新产业、新业态、新模式，着力经济结构特别是产业结构、产业技术结构升级换

---

[1] 张卫国、王双：《大国崛起：东亚模式与中国道路》，《学术月刊》2019年第10期。

代等，一句话，着力社会再生产、经济增长、经济发展过程中的供给与需求的动态均衡和合理化这一突出特征上就可以充分看出来。而且，随着世界第四次工业革命的深化，随着供给侧结构性改革在中国实践和理论的推进，供给侧结构性改革十分契合第四次工业革命发展趋势这一点，将会越来越明晰地呈现在世界各国面前。正因如此，2016年的G20杭州峰会才将"结构性改革"写入会议成果文件，列入全球经济治理行动指南。国际社会越来越普遍地认为，中国已经成为全球结构性改革的引领者和示范者。

第五章 供给侧结构性改革与产业发展

第一节 供给侧结构性改革与产业结构演进

产业结构演进是产业发展的实质内容，也是产业发展理论分析的基本维度。供给侧结构性改革直接影响到产业结构演进的态势，这又包括直接影响到产业技术结构、基础产业结构、空间结构等多个方面。

1. 供给侧结构性改革与三次产业结构演进

第一、二、三次产业内在联系及其数量比例关系构成三次产业结构，这是有现代统计体系和国民经济核算体系可资利用的产业结构研究对象。三次产业结构演进的机理在于，一方面，在社会生产力基本规律作用下，生产要素及其组合以科学技术为基础，以升级换代为形式的不断智能化，使各次产业及其内部次生产业不断高级化；另一方面，在社会再生产、经济增长、经济发展过程中供给与需求动态平衡规律作用下，各次产业及其内部次生产业之间必须保持一定的数量比例关系，实现发展的动态协调和合理化。供给侧结构性改革首先在供给侧通过结构性改革，直接影响生产要素及其组合以科学技术为基础，以升级换代为形式的智能化水平，进而影响产业结构及其内部次生产业结构或行业结构的高级化水平。通过以降低制度性交易成本为取向、以激励创新发展为核心的改革，在要素方面，要实现由传统的以物质资本、土地等自然资源、一般劳动要素为主，向以人力资本、信息、数据、科技、知识等为主转变，提升要素供给的知识含量、科技含量、生态含量，提升可再生资本、无形资本、高附加值资本的比重；在要素组合方面，要实现大数据、互联网、人工智能、现代金融等与实体经济的有机融合，提升产业在质量、数量、时序和空间等方面的组合质量、组合效益、组合能量。其次，供给侧结构性改革还要在供给侧通过结构性改革直接影响产业结构的动态协调和合理化。通过以降低制度性交易成本为取向、以激励协调发展为核心的改革，实现生产要素供给及其组合及时根据市场需求变化而变化，提高供给产品和服务对市场需求变化的适应性；而且能够创造新的市场需求，主动引领需求的变化，达到资源配置协调和产业比例关系动态协调和合理化。需要指出的是，在具体分析供给侧结构性改革与三次产业结构演进的关系时，尤其是在具体分析前者对后者的数量比例关系影响时，必须注意产业结构是可以用三次产业增加值结构与就业结构等多种可以量化的结构形式表达的。在市场经济条件下，商品价格体现产品和服务的稀缺性和重要性，商品价格计算出的附加值或增加值度量三次产业及其内部次生产业或行业的数量规模。所以，三次产业结构的数量分析就可以采用三次产业增加值结构作为具体的结构分析形式。同时，三次产业结构的数量分析也可以把从事三次产业的就业比例关系或三次产业就业结构等作为具体的结构分析形式。而且，由于存在三次产业增加值结构和就业结构变化的非同步甚至非同向的可能性，对供给侧结构性改革与三次产业结构演进的关联分析就会更加复杂。

2. 供给侧结构性改革与产业技术结构演进

产业技术结构是不同产业间及其内部次生产业间在技术上的内在联系及其数量比例关系。同样，可以把有现代统计体系和国民经济核算体系可资利用的三次产业及其内部次生产业或行业的技术结构作为分析对象。供给侧结构性改革通过降低制度性交易成本，激励创新、绿色、可持续发展等制度安排，在三次产业及其内部次生产业发展中，首先，能够有效增加作为技术进步主体的科学家、工程师、技术工人等的数量规模、人员占比和影响力；其次，能够增加作为技术进步客体的科技进步投入、创新创造平台、技术基础设施、技术发明和专利数量与水平、科技含量高的产品和服务等。这将促进整个技术结构的换代升级和高级化。另外，供给侧结构性改革通过降低制度性交易成本，激励协调、和谐、共赢等制度安排，能够有效促进各类技术进步主体和客体资源在三次产业及其内部次生产业或行业之间的合理配置，获得优化的数量比例关系，实现产业技术结构合理化。从国际经验看，各个国家和地区在经济发展过程中产业结构呈现出劳动密集型、资本密集型、技术密集型等突出特征带有普遍性。一般来说，发展中国家和地区产业结构演进多经历劳动密集型主导到资本密集型主导，复又到技术密集型主导的过程。促进产业结构及早呈现技术密集型是产业结构升级换代的必然要求。供给侧结构性改革有助于产业技术结构的高级化和合理化，进而有助于产业结构向着及早呈现技术密集型特征演进。通观人类文明史和世界经济史，通过制度创新解放和发展科技生产力，包括激励科技人员的创新创造积极性，强化知识产权保护，促进科技资源合理流动和配置等，都是在社会再生产、经济增长、经济发展过程中应当高度重视的供给侧问题和任务。特别是，有一定条件的发展中国家和地区需要充分发挥后发优势和创造先发优势，赶超发达国家和地区的步伐乃至在某些领域引领世界产业技术进步的方向，就更加需要制度创新以更加有效地解放和发展科技生产力。从这一角度看，供给侧结构性改革对产业及其内部次生产业技术结构的影响和作用就更加直接。当然，即使对发展中国家和地区以及对产业技术结构演进而言，供给侧结构性改革的目标和任务不仅是促进产业技术结构的高级化，而且应当有助于产业技术结构动态协调和合理化演进。否则，比如脱离现实可能性，一味追求产业技术结构的高级化，而忽视了产业技术结构的动态协调和合理化，则产业结构演进的结果也不会带来产业结构演进的良好绩效。

3. 供给侧结构性改革与基础产业结构演进

基础产业是对其他产业提供物质技术和基础性服务支撑的产业，包括运输和邮电业、水利服务业、信息基础产业、电力产业、能源产业、公共设施服务产业等。在社会再生产、经济增长和经济发展过程中，基础产业与其他产业之间具有内在联系并保持一定的数量比例关系，而基础产业内部相互之间也存在着内在联系和数量比例关系。因此，基础产业与其他产业及其内部次生产业之间都会形成一定的结构，这就是基础产业结构的多层含义。供给侧结构性改革通过降低交易成本这一基本取向，加大基础产业及其内部次生产业科技、人力资本、知识等的投入，促进基础产业及其内部次生产业中高科技含量、高附加值、高端产业或行业比重的提高，进而促进基础产业及其内部次生产业结构的高级化；同样通过降低交易成本这一基本取向，优化基础产业与其他产业以及基础产业内部各次生产业之间的比价关系，优化高科技含量、高附加值、高端产业或行业资源在基础产业及其内部次生产业之间的配置，解决基础产业及其内部次生产业之间存在的比例关系不协调的问题，特别是克服个别基础产业及其内部次生产业发展的短板问题，进而实现基础产业与其他产业以及基础产业内部各次生产业之间发展的动态平衡和合理化。特别应当指出，世界上各个国家和地区在发展中都必须对基础产业结构的高级化和合理化问题给予高度重视，基础产业超前发展甚至被认为是一条普适于大多数发展中国家特别是发展中大国的产业发展规律。但无论如何，对于发展中国家和地区特别是发展中大国和地区的崛起来说，努力实现基础产业结构的高级化和合理化，保持基础产业的足够国际竞争力，已被史实证明是成功的经验和原因之一。[①] 而在这一场合，供给侧结构性改革恰恰能够大有用武之地。例如，通过供给侧结构性改革实现基础产业及其内部次生产业数字化、信息化、网络化、智能化发展，既可以促进基础产业及其内部次生产业结构的高级化和合理化，也可以促进基础产业除外的农业、制造业和服务业发展的高级化和合理化，还可以促进基础产业与基础产业除外的农业、制造业和服务业的融合发展，再而进一步同时促进基础产业及其内部次生产业结构，基础产业除外的农业、制造业和服务业及其内部次生产业结构的高级化和合理化。反过来，通过供给侧结构性改革，在实现非基础产业的第一、二、三次产业及其内部次生产业结构高级化、合理化的同时，也一定会有效促进基础产业及其内部次生产业结构的高级化和合理化。"互联网＋""工业物联网＋""区块链＋"等新技术、新产业、新业态、新模式的研发与应用就有助于充分说明这一点。这里，特别需要强调供给侧结构性改革对能源结构优化的重要作用。能源结构也属于基础产业结构，但能源结构对整个基础产业乃至整个产业结构的重要影响则体现在产业结构演进的可持续性上。能源结构不合理，例如高碳化石能源占比居高不下，则会导致产业乃至整个经济因为高耗能、高污染问题难以持续发展。反之，如果低碳绿色能源占比居高，则产业乃至整个经济的可持续发展才有相应保障。供给侧结构性改革以降低制度性交易成本为取向，着力改革不合理的生产要素、能源比价关系，激发开发利用低碳绿色可再生能源的积极性，激励绿色生产和绿色生活，适应绿色需求，保护生态环境，这一切将极其有利于以低碳绿色能源为主导的能源结构的形成。

---

① 张卫国、王双：《大国崛起：东亚模式与中国道路》，《学术月刊》2019 年第 10 期。

4. 供给侧结构性改革与产业空间结构演进

产业空间结构是指不同地域空间上产业及其内部次生产业或行业的内在联系和数量比例关系。这又包括不同地域空间产业及其内部次生产业间的内在联系和数量比例关系；以及相同产业及其内部次生产业在不同地域空间分布的产业聚集程度不同、产业发展的非匀质分布或产业集群化发展程度不同所带来的产业及其内部次生产业之间的内在联系和数量比例关系两种情形。以有现代统计体系和国民经济核算体系支撑以及能够市场定价前提下的三次产业及其内部次生产业的空间结构为例，一方面，不同地域空间第一、二、三次产业及其内部次生产业，例如第一次产业内部的农、林、牧、渔业，第二次产业内部的工业和建筑业、工业内部的基础原材料工业和制造业，第三次产业内部的生产性服务业、生活服务业，等等，在不同地域空间如按行政区划标准划分的行政区域之间或按自然地理位置标准划分的山区与内陆、沿海与沿江沿河、东部与中西部、南部与北部、甲地与乙地之间等的数量比例关系不同；另一方面，第一、二、三次产业及其内部次生产业在同一地域空间的产业聚集程度也不同，例如甲地制造业发展呈现出明显的土地集约、企业集中、产业集群的集群化发展特征，而乙地制造业发展可能呈现出空间上分散布局、企业之间没有形成生产经营上的专业化分工与协作、产业不存在集群化发展的布局特征。在第一种情形下，通过供给侧结构性改革降低制度性交易成本以获取良好空间结构效益为取向，将使人流、物流、信息流、能量流等顺畅流动，使产业发展资源得以高效配置，特别是使国内外先进科技、人力资本、知识、信息、高品质物质要素、高质量资金等顺畅流动，进而使高科技含量、高附加值、高端产业及其内部次生产业的空间占比不断提高，促进整个产业空间结构上档次、上水平、高级化；同时，也将使人流、物流、信息流、能量流等顺畅流动，使产业发展资源得以协调配置，特别是要解决欠发达地域空间缺乏国内外先进科技、人力资本、知识、信息、高品质物质要素、高质量资金等要素短缺的问题，实现产业发展的地域空间动态协调和合理化。特别应当指出的是，供给侧结构性改革十分有助于通过产生聚集经济、范围经济、溢出效应促进产业空间结构的优化。供给侧结构性改革，以降低制度性交易成本为取向，创造投资贸易便利化营商环境，扩大全方位对外开放，为生产要素自由顺畅流动、合理流动创造了优越条件，将十分有助于要素及其组合集聚、关联企业集中、产业集群,产生专业化分工与协作的企业生态群落,形成"1+1>2"的系统聚集功能和聚集经济效果。企业聚集的结果,在形成专业化分工与协作的企业生态群落的同时,也有助于土地集约利用、共享公共基础设施和服务,例如交通、水利、电力、采暖、生活服务、政务服务、商务服务等的统一规划、统筹安排、统一使用,避免了分散乃至单一企业生产经营所导致的小而全、大而全的重复建设问题,从而形成所谓范围经济,即单位面积的公用基础设施和服务因为共享所获得的经济节约。企业聚集的结果,在形成专业化分工与协作的企业生态群落的同时,形成了企业之间、企业员工之间的社会网络系统,有助于信息、知识、技能、经验等的快速传播、互相学习和共有,产生所谓的溢出效应,进而提高作为社会网络节点上的每个企业的全要素生产率。还需要特别强调指出,供给侧结构性改革,以降低制度性交易成本为取向,特别注重充分利用国内外两个市场、两种资源的全方位、高水平对外开放,注重在全球布局价值链、供应链、产业链、产业技术链,十分有助于经济全球化背景下产业空间结构的优化。

第二节 供给侧结构性改革与产业组织创新

1. 供给侧结构性改革与产业发展规制创新

产业发展规制是政府对产业发展所做出的具体法律规范,包括有关产业发展的各种法律规定、规章和规则等。产业发展规制旨在规范、约束和限制产业发展中企业等市场主体行为,以使其符合企业间公平竞争、产业发展规律和社会公共规范等的要求,有助于克服乃至彻底解决市场失效等问题。产业发展规制创新是一个永恒主题,目的在于使各种规制更加符合产业发展的时代要求,更加合理地规范市场主体行为,更加有助于市场结构的优化,更加有效地提升产业发展绩效。供给侧结构性改革,涵盖产业发展规制创新的丰富内容。从供给侧角度看,更加注重打造精简高效多能的服务型政府,提高政府治理和社会治理的现代化水平,创造良好的政府与企业、社会与企业、企业与企业的关系氛围,优化营商环境,减轻企业税收负担以降低企业生产经营成本,降低制度性交易成本以促进科技、人力资本、知识、信息、大数据等智本要素向企业的流动，变革生产力要素组合以促进生产力质量、效益、动力提升，增强制度供给对产业发展的保障能力；从结构性来看，通过供给侧生产力要素及其组合的质量、效益、动力变革，实现社会再生产、经济增长、经济发展过程中供给与需求的动态平衡和合理化，进而促进产业结构的高级化、合理化，使得产业结构、产业技术结构、产业空间结构不断演进；从改革来看，取向于降低制度性交易成本，提高全要素生产力的供给侧结构性改革，将使社会再生产、经济增长、经济发展过程中供给与需求平衡的制度安排更加科学、合理，更能保证国民经济循环畅通，这样的改革当然包括科技、教育、人力资源和社会保障、财政税收、投融资、商务、海关、市场准入和退出、反不正当竞争、知识产权保护、户籍、自然资源、环境保护、政府机构等各种与产业发展直接有关的规制改革和创新。由于产业发展是整个经济发展的本质和核心，实际上，供给侧结构性改革将涉及与产业发展有关的经济、政治、社会、文化、生态各领域的制度创新，是与产业发展有关的全面的规制创新。供给侧结构性改革，是产业发展中生产要素及其组合规制的创新；是产业结构、产业技术结构、产业空间结构演进过程中各种规制的创新；是产业发展规制的全面创新，包括产业市场结构、产业市场主体行为、产业发展绩效提升规制的创新等。就现阶段而言，针对人类自工业革命以来累计的严重的生态、环境、资源问题，产业可持续发展的绿色规制，包括生态环境保护规制、资源可持续开发与利用规制、绿色GDP核算与统计规制、绿色生产与绿色生活规制、绿色能源发展规制乃至整个生态文明制度的建立、健全、完善和创新，对经济社会可持续发展乃至整个人类文明的永续发展来说，显得特别重要和紧迫。

2. 供给侧结构性改革与产业市场结构创新

产业市场结构是不同产权属性、不同生产经营规模、不同组织形式、不同经营模式、不同市场壁垒手段的企业等产业主体之间的内在联系和数量比例关系。在市场经济条件下，产业市场结构常常表现为竞争程度的差异，如完全竞争、完全垄断、垄断竞争、寡头垄断等形式。度量产业市场结构常常用不同所有制企业的数量或资本在同一行业企业总数量或总资本中的占比，行业集中度（前几位企业增加值或总产值占同一行业增加值或总产值的比重），规模大于最小有效规模（Minimum Efficient Scale，MES）的企业，即经济规模企业的数量、累计产量、累计生产能力等占同一行业企业总数、总产量、总能力的比例，大、中、小企业分别占该行业全部企业数的比重，即企业规模比重等指标。产权结构改革是供给侧结构性改革的题中应有之义，国有、民营、内资、外资、中外合资、混合所有制等企业在改革中都会发生产权属性、比重和具体实现形式的变革，从而影响行业内不同产权属性的企业在生产经营规模、组织形式、经营模式、采用的市场壁垒手段等的内在联系和数量比例关系。供给侧减免税负、改善营商环境、促进各类智力、智本、智能要素对资本、土地、劳动等传统生产要素的替代等一系列取向降低交易成本的制度安排创新，都会直接影响企业生产经营规模、组织形式、经营模式、市场壁垒手段及其内在联系和数量比例关系。产业结构、产业技术结构和产业空间结构的演进将促使企业做出生产要素及其组合、生产经营规模、组织形式、经营模式、市场壁垒手段的一系列适应性调整，从而影响不同企业之间在这些方面的内在联系和数量比例关系。特别是，供给侧结构性改革是适应第四次工业革命数字化、信息化、网络化、智能化、生物化等趋势要求的变革，是取向于使企业生产经营组织、商业模式等扁平化、分散化、对等参与、社会合作的产业发展规制安排创新，这将促进产业市场结构呈现出垄断竞争的常态，而不是西方发达市场经济主流经济学理论曾长期探讨过的完全竞争、完全垄断的情形。供给侧结构性改革，取向于降低制度性交易成本，最终要最大限度地提高全要素生产率，这必然要求市场结构朝着保护知识产权、激励发明创造、解决信息不对称、强化学习内生性、解决环境污染等外部不经济问题、增强知识生产的外溢效果乃至经济可持续发展等一系列现代产业发展方向演进和创新。毋宁说，产业市场结构创新，也是供给侧结构性改革的题中应有之义。供给侧结构性改革取向降低制度性交易成本以提高全要素生产率，必然要求社会再生产、经济增长、经济发展过程中供给与需求动态平衡和合理化，进而产业发展中经济结构的动态平衡和合理化，再而产业市场结构的动态平衡与合理化，又而实现产业市场结构能够充分体现局部与全部、短期与长期、经济效益与社会效益等多方面的可持续发展要求，以及形成这一产业市场结构的企业产权结构、组织结构、生产经营规模结构、经营模式结构、市场壁垒结构的演进和创新。

3. 供给侧结构性改革与市场主体行为合理化

产业发展中的企业等市场主体行为，是指企业等市场主体在参与市场竞争过程中为了自身发展壮大而采取的生产经营的具体活动、博弈策略以及行动方向的集合。它包括价格行为与非价格行为,而价格行为又包括定价行为和价格歧视行为;非价格行为则包括企业间的纵向、横向、混向合并行为,以及广告行为等。供给侧结构性改革,旨在降低制度性交易成本以提高全要素生产率,必然有助于促进公平、合理、透明的市场竞争,从供给与需求的动态平衡和合理化要求上,规避势必带来市场波动及引致社会动荡的放任自流的价格竞争行为乃至不合理的价格歧视、价格垄断行为;其中,减费降税、有助于提高生产率的智本等要素投入的增加、知识和技能等溢出效应的放大等,必然有助于减少企业的生产经营成本;产业结构动态平衡和合理化、营商环境的改善、各种生产要素顺畅流动的结果使企业的各种外部不经济的影响越来越少,企业实际生产经营成本趋于下降,企业定价行为势必更加合理化。供给侧结构性改革取向降低制度性交易成本以提高全要素生产率,必然有助于各种生产要素的顺畅合理流动,打破企业间合并重组的障碍,促进生产经营同一商品和服务、生产经营具有充分替代性商品和服务的两个或两个以上企业的横向合并;促进具有前后向投入产出关系,可以降低投入成本、减少市场交易风险、增加投入供给稳定性、减少技术重复投入成本的两个或两个以上企业的纵向合并;促进产品和服务不能替代、产品和服务没有直接的前后向联系的生产经营不同产品和服务的企业的混向合并。供给侧结构性改革,旨在降低制度性交易成本以提高全要素生产力,坚持质量第一、效益优先,推动经济发展的质量、效益、动力变革,势必规避乃至破除假冒伪劣产品、性价比不实产品的广告宣介,促进广告行为内生化,把广告行为因素纳入生产函数中加以度量分析,促进诚信生产经营乃至整个诚信社会建设发展。供给侧结构性改革取向降低制度性交易成本以提高全要素生产率,兼顾局部与全局、短期与长期、经济效益与社会效益的结果,势必促进企业等市场主体更加凸显关注外部经济效果、生产经营过程和产品服务的溢出效应、社会责任、协作型竞争等新时代、新阶段、新常态背景下的行为选择特征,进而促进企业等市场主体更加自觉地合法、合规、合理生产经营,以国民经济发展大局为重进行自我约束;更加自觉地克服以自利性、盲目性、随机性为主要特征的短期生产经营竞争行为,更加注重以共赢性、战略性、可持续性为主要特征的长期发展行为选择;更加注意克服耗竭式消耗、利用和开发资源、环境和能源，更加注重保护生态环境、合理集约高效开发利用资源和能源，成为有合作精神、有社会责任的现代市场主体。

4. 供给侧结构性改革与产业发展绩效的提升

供给侧结构性改革旨在降低制度性交易成本以提高全要素生产力，结果一是可以持续增加经济总量规模，使得经济总量增长持续、稳定和长期动态有效增长；二是能够促进产业结构的不断演进，再而为经济总量长期动态有效增长提供可靠的结构基础；三是为生产要素及其组合的智能化创造物质基础，增强经济创新发展的动能和驱动力；四是使产业国际竞争力得以提升，有实力不断开拓产业发展的国际空间。所以，供给侧结构性改革能够有效促进产业发展经济绩效的动态提升。供给侧结构性改革取向降低制度性交易成本以提高全要素生产率，在取得良好产业发展绩效和经济绩效的同时，还将为上层建筑提供强大的物质技术基础，将引致政企关系、政府机构、法律、法规、政策等的创新和变革，有效促进政治建设水平，特别是加快国家治理体系和治理能力的现代化进程。所以，供给侧结构性改革能够有效促进政治建设现代化进程。供给侧结构性改革取向降低制度性交易成本以提高全要素生产率，在取得良好产业发展绩效和经济绩效的同时，为提高劳动者收入与社会保障福利水平创造了条件；还将促使社会再生产、经济增长、经济发展过程中供给与需求动态平衡和合理化，进而有助于资本与劳动等生产要素的有机结合，促进充分有效就业；也将为教育、科技、医疗卫生健康、体育等各项社会事业发展提供物质条件。所以，供给侧结构性改革能够有效促进社会进步。供给侧结构性改革，取向降低制度性交易成本以提高全要素生产力，在取得良好产业发展绩效和经济绩效的同时，直接意味着文化产业发展取得良好绩效；也为文化事业发展奠定了物质技术基础；还意味着先进社会意识形态，特别是社会核心价值观等的牢固树立有物质技术保障。供给侧结构性改革，取向降低制度性交易成本以提高全要素生产力，在取得良好产业发展绩效和经济绩效的同时，意味着把可持续发展理念贯彻到社会再生产、经济增长、经济发展全过程以取得供给与需求的动态平衡也取得了良好绩效；还为经济可持续发展创造了更坚实的物质技术基础；又为实现经济发展方式由高耗能、高污染、高消耗原材料的粗放发展方式向高效、生态、绿色的集约发展方式转变创造了基础和营造了环境。所以，供给侧结构性改革有助于促进生态文明建设。

也就是说，供给侧结构性改革对于产业发展绩效的提升，不仅仅是产业发展绩效提升本身，而且能够体现在促进经济发展、政治建设、社会进步、文化发展、生态文明建设等多方面，是一种系统性绩效提升。

第三节　供给侧结构性改革与产业政策优化

1. 产业政策有效性问题辨析与产业政策优化

有确定概念和共识基础的产业政策是现代国家和政府治理演进的结果。根据已有的产业政策理论和实践演进的国际经验看，从内涵上可以认为产业政策是促进产业发展的各种产业规制的延伸和具体化，既然现代市场经济都是有政府干预的所谓"混合经济体制"，则作为这种体制具体化和延伸的一系列有关产业发展的政府治理安排，包括表现形式为政府颁布的方针、战略、规划、指南、条例、办法、措施等策略规范，都属于产业政策的范畴；从外延上看它是为促进产业发展而采取的包括财政、金融、就业、科技、人才、投资、利用外资、贸易、消费等各方面政策的总称。自现代经济增长理论诞生以来，在西方发达市场经济国家和地区，围绕着短期经济总量增长，经济运行周期和波动，克服环境污染所造成的外部不经济、收入分配差距过大等市场失效场合所存在的问题，主流经济学恰恰更多关注的是政府的财政、金融和就业等宏观调控政策问题，而且程度不同地对克服各种经济运行问题以有效促进产业发展的政府施策产生了积极影响；而在发展中国家和地区，围绕着如何赶超发达国家和地区，一方面关注建构成熟的市场经济体制问题，另一方面也对有关弱质、幼稚及缺乏国际竞争力的产业发展的若干扶持政策，如为扶持幼稚产业发展所采取的土地、资源、税收、投资、贸易等优惠政策，给予了特别关注，这些也同样对政府有效促进产业发展的各种施策产生了重要影响。所以，时至今日，已经不存在是否需要产业政策抑或产业政策是否有效的问题，可以肯定地说，理论和实践都已经充分证明，产业政策是必须存在的，对于促进产业发展也是有效的。现在的问题，实际上是政府产业政策对产业发展的有效作用到底有多大以及如何优化产业政策以取得最大施策绩效的问题。毫无疑问，不同时期、不同国家和地区产业政策的有效作用肯定是有明显差异的。所谓"亚洲四小龙"国家和地区,即中国香港、中国台湾、新加坡和韩国,从20世纪60年代开始实行出口导向型战略和相应的一系列优惠扶持政策,利用西方发达国家向发展中国家转移劳动密集型产业的机会,吸引外国大量的资金和技术,重点发展劳动密集型加工产业,在短时间内实现了经济腾飞,一跃成为全亚洲发达富裕的地区,而且安然度过了1998年爆发的亚洲金融危机,成为发展经济学研究的成功运用产业政策的典型案例。中国作为发展中的社会主义人口大国,自1978年改革开放以来一方面取向建构社会主义市场经济体制改革,另一方面独立自主地全方位、宽领域、高水平对外开放,经受了1998年亚洲金融危机的考验,2008年国际金融危机以后一直是世界经济增长的最大贡献者,取得了经济发展的世界奇迹,同时保持了社会长期稳定,正在成为世界上又一个崛起大国,走向世界舞台中心。相应地,1978年改革开放以来中国同样实行了一系列促进幼稚、弱质和国际竞争力不强的产业发展的财政、金融、就业、投资、贸易、土地、资源、科技、人才、消费等配套扶持政策,取得了显著的施策绩效。从中国的经验可见,良好产业政策绩效的取得需要在以下方面做出努力:一是在产业发展过程中把充分发挥市场机制决定性作用与更好发挥政府作用有机结合;二是制定的各种产业政策必须配套,不能产生"对冲"作用而互相对消应有的有效作用;三是一定要从实际出发,紧密结合国情地情;四是要与时俱进,顺应时代变化、经济发展和产业发展的阶段性变化,实时进行应有的产业政策调整和创新。

2. 供给侧结构性改革背景下的产业政策取向

就供给侧而言:一是,从促进科技、知识、人力资本、信息、数字等智本要素的产生、供给和顺畅流动方面,制定并实施扶持、鼓励、引导政策,而对一般物质资本、劳动力、土地、自然资源的要素投入进行合理限制,特别是对高污染、高耗能、高消耗原材料的要素投入进行严格的限制乃至进行禁止性限制。二是,对于具有因技术、知识、信息等外溢效应所带来的外部经济效果,对提供相应产品和服务的生产经营者进行一定的扩产、价格和直接的补贴政策。三是,从税收减免、资金、人才、科技、服务平台等方面,对科技型、创新型、外部经济效果明显的生产经营者提供扶持优惠政策。四是,制定实施旨在优化营商环境,为所有生产经营者、投资者和其他促进经济发展的市场主体提供公共服务及其基础设施的政策。五是,旨在鼓励充分利用国内外两个市场、两种资源的对外开放政策。就结构性而言：加强社会再生产、经济增长、经济发展过程中供给与需求动态平衡和合理化的政策体系设计，增强兼顾和协调供给与需求、短期与长期、局部与全局效益的政策设计，实现供给与需求的动态平衡，实现经济增长稳定、健康和长期动态有效增长，实现局部增益与全局增益的双赢。优化要素供给及其组合的政策体系，促进生产要素及其组合按照不断智能化规律不断换代升级，促进生产要素及其组合按照供需动态平衡的规律不断得到协调，实现产业结构、产业技术结构和产业空间结构的高级化、合理化。就作为改革的延伸和具体化而言：产业政策的优化创新将始终围绕降低制度性交易成本以提高产业发展以及经济发展的全要素生产率进行，这就需要一整套旨在有效促进创新创业的产业发展政策。特别是，供给侧结构性改革突出的特征是要实现社会再生产、经济增长、经济发展过程中的供需动态平衡和合理化，降低制度性交易成本以提高全要素生产力，经济可持续发展是题中应有之义，这就要求设计一整套能够作为供给侧结构性改革延伸和具体化的相应产业政策体系做保障，包括高效生态产业结构政策、高效生态产业技术结构政策、高效生态产业空间结构政策、低碳绿色能源主导的能源结构政策、绿色生产和绿色生活政策等。作为供给侧结构性改革的延伸和具体化，产业政策的取向还在于促进协作性竞争，限制垄断经营，保护知识产权，鼓励企业有社会责任，等等。

3. 供给侧结构性改革背景下的产业政策体系

供给侧结构性改革背景下的产业政策体系是符合供给侧结构性改革取向、降低制度性交易成本以提高全要素生产力的产业政策体系包括符合这一取向的促进产业发展的产业结构演进政策体系、产业发展规制创新政策体系以及开放条件下的产业发展国际合作政策体系等。根据前述高效生态产业发展的含义，供给侧结构性改革背景下的产业政策体系将涉及促进产业发展的经济、政治、文化、社会、生态等各个方面的政策安排。而每一个方面的政策安排又具体涉及财政、金融、就业、人才、科技、贸易、投资、消费等一系列政策规定。

（1）供给侧结构性改革背景下产业结构演进政策体系。符合供给侧结构性改革取向降低制度性交易成本以提高全要素生产率的三次产业结构高级化和合理化政策，包括促进三次产业结构不断智能化升级换代，同时实现动态均衡演进的产业政策；三次产业内部次生产业结构演进政策,如农业内部农业、林业、牧业、渔业之间结构的演进政策,工业内部制造业与原材料工业之间结构的演进政策,服务业内部生产性服务业与生活性服务业之间结构的演进政策;农业、工业、服务业与能源、信息、交通、水利等之间结构的演进政策;能源内部可再生能源与不可再生能源、高碳化石能源与低碳绿色能源之间结构的演进政策,交通内部陆、海、空之间结构的演进政策等。符合供给侧结构性改革取向降低制度性交易成本以提高全要素生产率的三次产业技术结构演进政策,即选择何种技术结构以促进三次产业结构不断高级化、合理化演进,如劳动密集型、资本密集型、技术密集型产业之间结构的演进政策;先进实用性技术与高新技术之间结构的演进政策,不同科技含量、水平和门类的技术在产业及其次生产业间的应用及普及政策等。符合供给侧结构性改革取向降低制度性交易成本以提高全要素生产率的三次产业空间结构演进政策,如三次产业的地区结构、城乡结构演进政策;产业集聚结构、产业园区结构演进政策;产业陆、海、空间结构演进政策等。

(2) 供给侧结构性改革背景下规制创新政策体系。符合供给侧结构性改革取向降低制度性交易成本以提高全要素生产率的规制创新政策体系,包括创造良好营商环境的投资、贸易便利化政策,财政税收扶持政策,投融资政策,科技、人才支撑政策,产、学、研、政、金、服、用服务平台政策,鼓励公平竞争、协作性竞争、集群化发展、园区化发展的政策,提供政府优良服务的政策等;旨在创造良好市场竞争秩序的政策,包括反不正当竞争政策,特别是反垄断政策,中小微企业成长保护政策,知识产权保护政策,工商管理政策,海关进出口政策,鼓励诚信经营政策;旨在鼓励企业有社会责任、承担应有的社会义务的政策,包括鼓励企业积极参与社会公益活动的政策,鼓励企业做合格纳税人的政策,对企业生产经营产生的外部经济效果和技术、知识、信息、数据等外溢给予补贴或以奖代补的政策;特别是对企业保护环境,集约开发利用资源和能源,为经济可持续发展做出贡献的鼓励政策等。

(3) 供给侧结构性改革背景下产业发展国际合作政策体系。供给侧结构性改革取向降低制度性交易成本以提高全要素生产率的产业发展国际合作政策体系,包括产业结构演进、产业规制创新政策体系的国际合作各个方面,因为全球化时代实行对外开放的国家和地区产业发展政策的制定和实施都必须充分考虑国际因素的影响。就产业结构演进政策的国际合作而言，必须在充分考虑各次产业在国际上的要素禀赋优势、发展现状及其潜力、发展壮大战略、具有足够竞争力的战略选择等基础上，制定和实施不同产业之间的结构演进政策，如三次产业结构及其内部次生产业结构的演进政策，包括三次产业及其内部次生产业中主导产业、支柱产业、战略优势产业的扶持政策；促进某一产业或内部次生产业国产为主、国内外合作或进口为主的政策；能源进出口结构等。就产业技术结构演进政策的国际合作而言，自主研发技术与引进消化吸收再创新技术之间结构的演进政策，来自不同国家和地区的技术在产业之间的应用与普及政策，自主研发、合作研发、国外研发技术在产业及其内部次生产业之间的应用与普及政策，来自国外的先进适用技术与高新技术在产业及其内部次生产业间的应用与普及政策等。就产业空间结构演进政策的国际合作而言，包括来自不同国家和地区的产业及其次生产业在国内不同地区、城市与乡村的布局政策，国内发展起来的产业及其次生产业在不同国家和地区的布局政策，国际合作产业在国内外不同地区、城市和乡村的布局政策，在不同国家和地区布局的产业技术结构演进政策，能源、交通、信息、水利等基础产业在国内外不同地区、城市和乡村的布局政策等。特别是，产业结构、产业技术结构、产业空间结构在"一带一路"沿线国家和地区、国际园区、自由贸易区等的演进政策。就产业发展规制政策演进的国际合作而言，主要是借鉴发达市场经济国家实施"诱导性"规制政策以有效促进产业发展的成功经验，充分发挥市场机制在资源配置和调节中的决定性作用，完善、创新充分运用依法治理市场秩序、维护公平竞争、保护知识产权、优化营商环境、促进环境保护、减少污染排放、集约开发和利用资源能源的一系列规制政策。

(4) 供给侧结构性改革背景下产业发展的经济政策。涉及产业结构演进、产业规制创新和产业发展国际合作多个维度，具体包括产业结构演进政策，如促进产业结构按照降低制度性交易成本以提高全要素生产率的要求，遵循生产力发展以科学技术为基础、以升级换代为形式的不断智能化规律，适应第四次工业革命发展趋势，从促进要素投入及其组合的数字化、信息化、网络化、智能化等多方面，从促进产业及其内部次生产业之间内在联系和数量比例合理化方面，从加快实现劳动密集型、资本密集型和技术密集型产业之间内在联系和数量比例关系动态平衡和合理化方面，从促进不同地域、城市与乡村、海陆空、国内外产业布局高级化、动态平衡和合理化方面，从三次产业及其内部次生产业与能源、交通、信息、水利等基础产业之间结构的高级化和合理化等方面等，制定实施应有的经济政策，包括价格、税收、利率、税率、汇率、融资、投资、贸易、消费等政策。特别是，运用这些政策加快推进能源结构由高碳化石能源主导的传统能源结构向低碳绿色能源主导的现代能源结构的根本转变，鼓励太阳能、风能、水能、生物能、氢能、核能等能源的规模化利用，鼓励分布式能源生产利用，加快能源互联网建设。通过运用财政、税收、金融、资本、工商管理、贸易、投资、就业等宏观调控手段，有效维护诚信、平等、充分、富有活力的市场竞争秩序，限制和规避不正当竞争；鼓励协作性竞争，有世界眼光、大局意识、社会责任、保护环境、集约利用资源能源的生产经营者；保护知识产权；创造有国际水准的优越的营商环境。

（5）供给侧结构性改革背景下产业发展的政治政策。供给侧结构性改革是兼顾社会再生产、经济增长、经济发展过程中供给与需求动态平衡与合理化的改革过程，内在地要求充分发挥市场机制决定性作用与更好发挥政府作用的有机结合，要求政府更好地发挥有效治理作用，要求执政党更好地发挥政治领导作用。就中国特色社会主义制度下产业发展的政治政策而言，必须坚持中国共产党对包括产业发展在内的经济工作的全面领导，应该说，由于产业发展是经济发展的本质和核心，中国共产党对产业发展的领导是保证产业发展按照供给侧结构性改革要求不断提升全要素生产率，不断提高国际竞争力，不断增强可持续性的根本保证。供给侧结构性改革背景下的产业发展还必须依法治理经济事物，特别是依法进行产业发展过程中的结构演进、规制创新、政策优化等。政府对产业及其次生产业结构的优化调整，如在制定和实施对短板产业的补长、对幼稚产业的扶持、化解产能过剩、推进产业智能化换代升级时，都必须依法决策、行事；对促进产业发展规制演进的政策制定和实施，包括优化市场结构，引导市场主体行为，提高产业发展绩效的政策制定和实施也必须依法决策、依法行事；在制定和实施产业发展国际合资合作政策时，同样必须依法决策、依法行事。供给侧结构性改革背景下产业发展政治政策的良好绩效还在很大程度上取决于政府自身的建设，总体来说要打造精简、高效、多能的服务型政府，提高政府治理体系和治理能力的现代化水平，确保政府依法执政、科学执政、民主执政。为取得供给侧结构性改革背景下产业发展政治政策的良好绩效,也必须加强、完善和创新政绩考核体系,建立健全对标国际先进水平的目标体系、考核指标体系、监督检查体系、责任追究体系、激励保障体系等。

(6) 供给侧结构性改革背景下产业发展的文化政策。供给侧结构性改革兼顾社会再生产、经济增长、经济发展过程中供给与需求动态平衡与合理化的改革过程,内在要求产业发展过程中必须树立现代社会应有的核心价值观,在中国就是要树立社会主义核心价值观,一切与此冲突的产业发展选择,如产业发展的短期行为、损人利己行为、不正当竞争行为等都是不允许的,也不可能带来降低制度性交易成本以提高全要素生产率的发展绩效。所以,必须制定和实施贯彻社会主义核心价值观的政策以引导供给侧结构性改革背景下的产业发展。供给侧结构性改革背景下的产业发展必须在与这一改革相适应的现代发展理念下进行,在中国就是必须在创新、协调、绿色、开放、共享的发展理念下进行,一切与此不相符合的产业发展理念,如因循守旧、单一追逐 GDP 增长、拼资源环境能源、自我封闭、只顾自身发展的理念等也都是行不通的,同样不可能带来降低制度性交易成本以提高全要素生产率的发展绩效。为此,必须制定和实施贯彻五大发展新理念的政策以指导供给侧结构性改革背景下的产业发展。根据高效生态产业发展的内涵,包括核心价值观、主流社会意识、文化、知识、艺术、科学技术等在内的广义文化,都会影响到产业发展并且可以内生化到产业发展过程中,特别是其中的文化创意产业发展则直接构成高效生态产业的一个产业门类。所以,供给侧结构性改革背景下产业发展的文化政策的制定和实施,必须包括能够有效促进产业发展的文化艺术政策、科技教育政策的制定和实施。

(7) 供给侧结构性改革背景下产业发展的社会政策。供给侧结构性改革背景下产业发展的社会政策包括促进产业发展的社会规范政策,充分发挥非政府机构(NGO)作用的政策,健全完善创新社会网络政策,鼓励公众参与发展决策的政策等多个方面。在社会规范方面,要制定和实施尊重诚信,惩戒生产经营过程中欺诈、假冒、伪劣行为的政策;鼓励生产经营中的合作,进行协作性竞争,正和博弈共赢发展的政策;促进包容增长、和谐发展的政策。在充分发挥非政府机构作用方面,要制定和实施充分发挥公益性社会团体,如学会或研究会、民办研究机构、社会服务机构、志愿者团体等作用的政策;充分发挥不以盈利为目的的中间性经济组织，如各类行业协会、研究会、商会等作用的政策。随着社会进步，非政府机构的作用越来越大，必须在供给侧结构性改革背景下产业发展政策的制定和实施中，对充分发挥非政府组织作用的政策制定和实施给予高度关注。在充分发挥社会网络作用方面，要制定和实施能够有效传递信息、共同开发信息、实现信息共享的社会网络政策；合作开发利用资源、资本、智本、服务，实现网络和系统增值的社会网络政策；促进社会网络数字化、信息化、智能化，提高社会网络的质量、效率、增值能力的政策。在社会公众参与发展方面，要制定和实施鼓励团队精神、集体主义精神、热爱社会公益活动的政策；依法保护公众参与各项社会事务治理、经济社会发展决策的权益的政策；有效激发社会公众积极参与经济社会发展决策和事务的物质、精神激励政策。

（8）供给侧结构性改革背景下产业发展的生态政策。供给侧结构性改革取向降低制度性交易成本以提高全要素生产率，从根本上说，是一场解放生产力、发展生产力的经济制度变革，包括经济质量、效益和动力变革。这一变革实质上又是尊重自然、顺应自然、与自然和谐相处前提下的制度变革和规制创新过程，以及作为这一过程的延伸和具体化的各方面政策的创新完善过程。这涉及正确处理人与自然的关系，实现经济系统与生态系统的有机结合问题，即涉及生态经济问题，以及产业发展的生态政策制定和实施问题。必须制定作为生态文明规制的延伸和具体化的生态文明规制配套政策体系。生态文明规制涉及经济、政治、社会、文化各方面，一整套保证人与自然和谐相处、经济系统与生态系统有机结合、经济可持续发展的法律、法规、规则、条例、制度等，都属于生态文明规制的范畴，而且还包括生态文明规制的国际合作内容。作为生态文明规制延伸和具体化的是生态文明规制的配套政策体系。供给侧结构性改革背景下产业发展要更好发挥政府作用，就必须加强政府决策、顶层设计、战略规划，所以，必须制定和实施应有的生态文明规划。这一规划要对产业发展中经济系统与生态系统有机结合的指导思想、基本原则、战略选择、目标任务、保证措施、组织领导、监督考核奖惩等做出规定。供给侧结构性改革背景下产业发展的生态政策，必须包括建构高效生态产业结构的政策规定，以有效促进以智能制造为主导，高效生态第一、二、三次产业及其内部次生产业有机结合并支撑整个经济可持续发展的产业结构，以及能够实现经济系统与生态系统有机结合的整个高效生态经济体系的形成。供给侧结构性改革背景下产业发展生态政策的制定和实施,还必须包括产业发展过程中生态补偿政策的制定和实施。生态补偿政策解决的是产业发展过程中因局部生态破坏所带来的生态损益问题,也就是对产业发展过程中产生的因生态环境破坏、资源过度开发利用、产生外部经济效益却因产品或服务内定价不能获益等所带来的一系列损益,向受损益的个人或群体、企业、社会单位、区域进行经济补偿的政策;或者向破坏生态环境的活动征收生态补偿费,在其他地方再建立已经破坏的生态环境以抵消生态损失,进而实现"无净损失"的政策。

(9)供给侧结构性改革背景下产业发展的国际合作政策。供给侧结构性改革促进社会再生产、经济增长、经济发展过程中供给与需求的动态平衡和合理化,必须考虑开放条件下的影响因素。就其兼顾短期与长期、局部与全局的内在要求看,也必须把产业发展放在国内外两个大局进行考量。如此,就必须制定和实施贯彻人类命运共同体理念的一整套涉及经济、政治、文化、社会、生态的产业发展政策。实际上,全球化时代大多数发达和欠发达国家和地区的产业发展,都是要考虑充分利用国内外两种资源、两个市场的。但是,人类命运共同体理念是迄今为止最有包容、合作、普惠、共享、普适性质的人类文明演进新理念和世界发展新理念。所以,制定和实施贯彻这一新理念的产业发展政策,不仅能够充分利用国内外两种资源和两个市场,而且能够真正实现经济发展的动态均衡和合理化,产业发展的可持续。供给侧结构性改革背景下产业发展国际政策的制定和实施,必须考虑充分发挥国际非政府组织的有效作用。非政府组织在促进经济社会可持续发展中的作用越来越大,而国际非政府组织在促进全球经济社会可持续发展中的作用更加显著。在国际事务中,联合国下设的各类非政府机构、国际货币基金组织(IMF)、世界银行(WB)、世界贸易组织(WTO)、绿色和平组织(Greenpeace)等在促进世界经济社会可持续发展方面的显著成就是很好的例证。供给侧结构性改革背景下产业发展政策的制定和实施,还必须考虑促进产业发展的各种国际规范的有效作用,例如,WTO规则有效促进了全球贸易、投资和经济全球化,加入WTO并努力履行承诺将有助于产业发展在全球布局,产业链、技术链、价值链、供给链与全球有机对接;加入《联合国气候变化框架公约》(UNFCCC)《巴黎气候变化协定》《2030年可持续发展议程》等国际公约，将有效促进保护环境、消除贫困、经济和产业可持续发展。供给侧结构性改革背景下产业发展政策的制定和实施，还有赖于产业发展国际合作网络的建构，必须制定和实施旨在促进产业发展中人流、物流、信息流、能量流等畅通，贸易、投资、经济等合作，发展共赢，成果共享的数字化、信息化、智能化、便捷化国际网络体系政策。很显然，取向降低制度性交易成本以提高全要素生产率的供给侧结构性改革的内在要求，必须制定和实施能够充分利用两种资源、两个市场，进而促进产业发展的一整套国际经济、政治、文化、社会等交流政策。

第六章 高效生态产业结构

产业结构与经济发展相应变动,产业结构由低效向高效演进,由低级向高级演化是其发展的一般规律。高效生态产业结构,一方面涉及高效生态三次产业之间的关系,另一方面又涉及低生态绩效产业比例缩减,高生态绩效产业比例增加,以及低端低效产业向高端高效产业迈进等一系列过程。高效生态产业结构的构建过程也是高效生态产业体系确立和发展过程,对促进高效生态产业发展至关重要。

第一节 高效生态产业结构的理论基础

一 产业结构的相关理论

1. 产业结构的概念

理解高效生态产业结构要从产业结构的一般概念出发。经济领域的产业结构概念始于20世纪40年代,伴随研究的深化,其概念和研究领域逐渐明确。通俗地讲,产业结构是产业间的技术经济联系以及联系方式,可以从两个角度考察:其一,基于质的角度动态考察产业部门的变动替代规律及相应的结构效益,形成狭义的产业结构理论;其二,基于量的角度静态考察产业间的比例关系,形成产业关联理论,广义的产业结构理论是基于两类视角的综合考察。① 参考百度百科对产业结构的综合释义,产业结构也称国民经济的部门结构,指产业部门之间及各部门内部的构成,按照三次产业分类法指农业、工业、服务业在经济结构中的比重及其内部构成。衡量产业结构变化的指标一般包含三类:各产业的就业人数及所占比例变化;产业资本额及其比例变化;各产业创造的国民

---

① 苏东水主编:《产业经济学》,高等教育出版社2010年版,第172页。

收入及其比重。其中前两类指标反映资源分配状态，后一类反映经济活动结果，前者与后者的比值反映产业的经济效益指标。① 对产业结构现实的考察一般伴随产业的发展进行纵横比较，展示静态比例和动态发展的一般规律，由此形成产业结构演化的理论体系。

2. 产业结构演进的一般规律

产业结构演进一般称为产业演进。产业结构与经济增长存在密切关系，产业结构的演进会推动经济的增长，而经济增长也会增强产业结构演进。经济增长的结构主义认为，经济增长是生产结构转变的组成部分，生产结构适应需求结构变化，同时资本和劳动由低效率部门向高效率部门转移会加速经济增长。产业结构与经济发展相应变动，实现产业结构由低级向高级演进的高度化及横向演变的合理化。从理论发展来看，产业结构的演进已形成诸多代表性理论，包括配第—克拉克定理、罗斯托主导产业扩散效应理论、钱纳里工业化阶段理论、霍夫曼工业化经验法则、赤松要雁行形态理论等。② 从现实发展来看，发达国家和新兴工业化国家，产业结构变动均展现出一些规律和趋势。总体上产业结构演进呈现第一产业、第二产业、第三产业依次主导的转变趋向，产业内部变动也具有明显特征。第一产业内部，粗放型农业向集约型农业转变，继而向生态农业、绿色农业转变；从种植型主导向养殖型主导转变，继而向种养结合的循环型农业转变。第二产业内部，呈现轻纺工业向基础型重化工业再向加工型重化工业转变，同时在资源属性上呈现劳动密集型向资本密集型再向知识（技术）密集型产业演进趋势。③

3. 主导产业的选择

在经济发展的不同阶段，不同产业的发展地位也不一样，其中某些产业对其他产业的关联度高、影响力大，且能够引领整个产业体系的演进，这些产业就是主导产业。主导产业的更替演进是产业结构演进的核心。主导产业在产业体系中处于带头地位，它们的发展状况往往决定了产业体系未来发展方向和模式。目前，主导产业选择主要有比较优势基准、需求收入弹性基准、生产率上升基准、关联度基准、环境和劳动内

---

① 刘志彪等编：《产业经济学》，机械工业出版社2015年版，第216页。
② 参见苏东水主编《产业经济学》，高等教育出版社2010年版。
③ 苏东水主编：《产业经济学》，高等教育出版社2010年版，第162—164页。

容基准等。① 这些基准有些普适性较强，有些则要针对不同现实、不同发展阶段而区别采用。我国已进入特色社会主义新时代，社会的主要矛盾已经转化为人民日益增长的美好生活需要和不平衡、不充分发展之间的矛盾，在选择主导产业时，既要遵循比较优势基准、需求收入弹性基准、生产率上升基准、关联度基准等具备高成长力和强带动作用的基准，又要考虑环境和劳动内容基准等更能体现人民群众幸福感的基准。同时，新时代要着力建设人与自然共生的现代化，总体上高效性和生态性应成为主导产业选择的重要标准，高效生态产业整体上要成为主导产业，同时从产业内部来看，又要区分高效生态农业、高效生态工业、高效生态服务业以及各细分产业的地位。

二 高效生态产业结构的概念和体系

1. 高效生态产业结构的概念

基于高效生态产业及其分类，结合产业结构的一般概念和演进理论，高效生态产业结构是指高效生态产业之间的比例关系及其变化，具体表现为高效生态农业、高效生态工业、高效生态服务业之间及其产业内部的比例关系及其变化，同时很大程度上还体现为生态产业链的结构集成。基于对高效生态产业的广义理解，结合《黄河三角洲高效生态经济区发展规划》对高效生态产业体系的释义，高效生态产业发展要以高效生态农业为基础，高效生态工业为重点，高效生态服务业为支撑，总体上将高效生态理念贯穿于产业结构调整和优化中，形成原发与改造升级相结合的高效生态产业结构发展及优化路径。

2. 高效生态产业体系的构成

按照三次产业分类标准，高效生态产业可以分为高效生态农业、高效生态工业、高效生态服务业，这种分类方法利于结合现有产业状况研究高效生态产业结构，但其缺点是对不同产业高效生态发展属性和程度缺乏区分，我们进一步结合不同产业的生态特征考察高效生态产业的分类，从而明确高效生态产业体系的构成。

（1）基于生态发展理念的产业分类。20世纪80年代以来，随着信息技术为核心的现代高新技术的发展及可持续发展、生态发展、绿色发展理念的深入，产业发展呈现出以下特征：产业涵盖愈加丰富的社会生活

---

① 参见刘志彪等编《产业经济学》，机械工业出版社2015年版。

领域，产业内部的链接作用及对自然环境的作用也日益增强；高新技术产业对传统产业的改造升级以及制造业服务化趋势等日益模糊产业边界，如工厂化农业、智慧农业等；生态发展理念导向下以寻求可持续发展为目的的生态环保产业、资源产业、生态旅游业等成为新动能，展现新业态。诸多学者也在生态发展理念的导引下提出新的产业分类标准，如赵涛、周志刚主张基于循环经济理念将产业划分为资源产业、农业、工业、服务业、环境产业五次产业。[①] 郭凤芝、王朝科基于生态文明建设的视角，主张将产业分为传统产业和生态产业两大类，生产与自然生态系统能够实现能量平衡的产业划归为生态产业，反之则为传统产业。[②③] 学者们基于生态理念提出的产业分类观点存在不同，但总体上均离不开资源和环境两类核心要素，同时因技术是推动产业生态化发展的重要手段，高新技术产业（知识产业）也受到较高程度的重视。

（2）高效生态产业体系构成。借鉴基于生态发展理念的产业分类，结合不同产业的高效生态特征和传统产业向高效生态产业进阶路径，基于广义视角，高效生态产业可以分为四个类别（见表6-1）。

表6-1　　　　　　　　　高效生态产业体系构成

产业类别	主要产业	特征
生态循环型产业	生态循环农业、生态循环工业、生态循环服务业	遵从生态经济规律，仿照自然生态系统物质循环方式构建的具有高效生态特征的典型生态产业
生态化改进产业	传统产业生态化改进产业，如绿色包装、绿色物流等	传统产业尤其是高耗低效产业绿色化与高效化升级
生态环保产业	为其他产业提供生态性产品和服务的产业，如节能环保、污染防治产业等	提升能源效率，降低污染排放，服务生态环境

---

① 赵涛、周志刚：《基于循环经济的五次产业分类研究》，《现代经济探讨》2010年第1期。
② 郭凤芝、王朝科：《产业分类方法重构——基于生态文明建设的视角》，《人力资源管理》2016年第11期。
③ 其他基于生态理念的产业分类可参见汪涛、叶元煦《可持续发展的产业分类理论——立体产业分类理论》，《学术交流》2000年第6期；赵涛、周志刚《基于循环经济的五次产业分类研究》，《现代经济探讨》2010年第1期；梁大为《基于生态经济的五次产业划分研究》，《现代管理科学》2013年第10期；章铭、刘传江《基于低碳经济的产业分类模式研究》，《广西社会科学》2013年第1期。

续表

产业类别	主要产业	特征
高新技术及赋能产业	新材料、新技术等高新技术基础产业，互联网赋能产业等	为产业高效生态发展提供强有力的支撑

注：高效生态产业体系是依据不同特征做的大致分类，不同分类之间存在一定的交叉。

第一，生态循环型产业。生态循环型产业特指狭义高效生态产业，是依托自然生态系统物质循环方式构建起的具有高效生态特征的产业系统。它是高效生态产业体系的主体，从三次产业分类视角来看，包括生态循环农业、生态循环工业、生态循环服务业，其中生态循环农业是基础，生态循环工业是核心，生态循环服务业是关键，但必须说明的是，高效生态产业现实表现形态往往是农业、工业、服务业融合形成各产业相互连接、协同融合的闭环式产业链条。

第二，生态化改进产业。依托生态技术和现代高新技术对传统产业进行改造升级，增强环保性和高效性。如针对包装产业，一方面依托现代科技进行科学设计、开发使用环保材料、改善工艺流程等提高包装制造环节的高效生态性；另一方面依托功能经济理念采用合理的组织方式促进制造与使用环节的协同，如循环利用，实现产品全寿命周期的高效生态性。

第三，生态环保产业。这类产业涉及节能环保、污染防治等领域，从属性和作用来看，可以分为止损再生型和防治赋能型两大类，前者体现被动特征，后者体现主动思想。如土壤修复即为前一类型，对已经遭到破坏或污染的土壤通过修复使其恢复功能，再如河流污染治理使河流恢复生态功能；如清洁生产技术产业即为后一类型，这一类型产业或有效提高资源使用效率，或有效降低产业发展对环境的负面影响，或两者兼得。

第四，高新技术及赋能产业。新材料、新技术产业会带来更高性能、更低成本、更高效率等体现高效生态特性的产业发展效果，如石墨烯优异的光学、电学、力学特性，使其在诸多领域具有广阔的应用前景，相关产业发展不但能大大提升产品性能，还能实现对传统材料和工艺的替代，凸显高效生态特征；再如数字孪生技术，消除试错成本，实现物理世界与现实世界的精准对接。依托互联网的平台型赋能产业，如电子商务、共享经济等高效匹配供需，提高资源利用效率。

需要说明的是，从产业链构建角度来看，后三类产业并非体现依托自然生态系统物质循环方式构建起的产业系统，但这些产业是支撑产业高效生态发展的重要基础，明显体现出高效生态的产业发展理念，基于产业体系的整体视角宜将其纳入高效生态产业体系中，形成完整的高效生态产业发展体系。

三　高效生态产业结构演进的衡量标准

高效生态产业发展过程体现为产业结构演进过程。一般产业向高效生态产业进化过程体现为产业结构的生态化和高效化过程，同时结合传统产业结构优化理论所关注的合理化与高度化标准，形成反映高效生态产业结构特征的合理化、高度化、高效化、生态化产业结构演进的"四化"标准。

1. 产业结构的合理化和高度化

产业结构的合理化主要是依托产业关联关系，调整不协调的结构关系，促进产业间的协调发展。产业结构合理化是一个动态过程，要基于经济发展现实，根据资源条件和消费需求，对不合理的变量进行调整，使资源在产业间合理配置、高效利用。产业结构的高度化主要是遵循产业结构演化规律，推动产业结构不断实现低水平向高水平动态升级过程。结合产业结构演进的一般规律，结构高度化呈现由低附加值产业向高附加值产业演进，由劳动密集型向资本密集型再向技术（知识）密集型演进，由低加工度产业主导向高加工度产业主导演进。创新是产业结构高度化的动力，产业间优势地位的更迭是高度化的基本形式。产业结构的高度化既体现在不同产业间优势地位的更迭，也体现在单产业的延伸和升级上。产业结构合理化与高度化存在密切关系，合理化主要反映产业结构在量上的客观要求，体现为产业结构发展与区域社会经济发展水平相适应，高度化反映产业结构在质上的客观要求，体现为产业结构发展要遵循结构演进的一般规律且符合世界产业的发展潮流。合理化是高度化的前提，若高度化脱离了合理化会带来产业结构的"空洞化"，高度化推动合理化在更高层次实现合理化，不能实现高度化进阶的合理化，会造成产业结构发展的"时滞化"。

2. 产业结构的高效化和生态化

传统产业结构优化理论主要基于合理化和高级化视角优化产业结构，

虽然包含了资源的作用，但主要基于传统经济理论的稀缺性而定位和组织，一定程度上忽略了生态要素的重要作用。必须注意的是，产业结构具有"资源转换器"和"环境控制器"的重要作用，产业结构优化既要依托资源要素与之形成合理的匹配关系，又要考虑不同产业结构对环境的不同作用。产业结构的生态化已引起诸多学者的关注，不同学者从不同视角给出了定义，代表性观点包括：产业结构生态化是按照生态经济原理和规律构建高效、和谐的产业结构，通过生产体系及环节的系统耦合和物质、能量的多级利用，实现高效产出和可持续发展的目的，其核心是将生态环境资源融入产业结构配置中，解决产业活动与资源环境的矛盾与冲突①；产业结构生态化是从传统产业结构向生态型产业结构演进过程，旨在通过不同生态绩效水平产业的交替发展、生态关联和协调能力提高，促进生态要素在产业间合理配置与流动，以提高其生产率及增长率，产业结构生态化包含产业间和产业内两个层次②。尽管不同学者对产业结构生态化的释义存在差别，但基本都强调了对自然生态规律的遵循，对资源的高效利用和环境负面影响的降低等核心理念。由此，可以将产业结构生态化理解为产业发展与资源环境的合理匹配，且直接表现为生态产业的发展。

高效化是产业发展的基本目标，传统产业结构优化理论中合理化和高度化内含了高效化的一般要求，但将生态化纳入产业结构优化的衡量，可能带来忽视高效化的潜在风险，为此宜将高效化与生态化一并作为产业结构优化的衡量维度，以契合高效生态的产业发展目标。在产业结构优化研究中部分学者主张将高效化与合理化、高度化相结合，如黄继忠主张将产业经济结构（高效化）、技术结构（高度化）、产业间再生产结构（合理化）作为评价产业结构优化的指标，他认为产业结构高效化指在一定的技术经济条件下，伴随资源配置结构的优化，低效率产业比重不断降低，高效率产业比重增大的过程。③ 但必须注意的是，基于合理化、高度化、高效化三个维度的产业结构优化考察，其中高效化主要衡量的是经济效益，而基于合理化、高度化、生态化、高效化的"四化"

---

① 魏学文：《黄河三角洲产业结构生态化发展路径研究》，《生态经济》2012年第6期。
② 吕明元、陈维宣：《产业结构生态化：演进机理与路径》，《人文杂志》2015年第4期。
③ 黄继忠：《对产业结构优化理论中一个新命题的论证》，《经济管理》2002年第4期。

标准考察，其高效化应与生态化结合起来，体现为经济高效为核心的经济、生态、社会综合效益高效化标准，由此经济产出效率至关重要但不是全部内容。生态化与高效化存在密切关系，产业结构生态化是高效化的重要基础，生态化为生态效益和社会效益的高效化奠定基础，同时也为资源的高效利用创造条件；高效化是生态化的重要前提，脱离高效化的生态化会丧失发展的基础，导致产业发展的"贫困化"，从而陷入发展的停滞状态。更进一步，产业结构的合理化、高度化、生态化、高效化是密切结合的，"四化"标准既从四个独特维度衡量产业结构演进效果，又作为彼此联系的整体表征产业结构演进的一般态势。

第二节　中国产业结构演进及存在的问题

一　中国产业结构的演进

新中国成立以来，尤其是改革开放以来，伴随"制度红利"的释放，中国产业发展取得了巨大成就，总体上产业结构演进呈现产业结构转型和工业结构升级双重属性，总体上可分为四个阶段：1949—1978 年优先发展重工业战略阶段；1979—1997 年产业失衡纠偏阶段；1998—2012 年重化工业重启阶段；2013 年以来产业发展向高质量和绿色发展并进阶段。① 以下结合三次产业之间以及各产业内部关系等多个层面对产业结构演进的基本情况进行分析。

1. 三次产业结构演进态势

产业结构总体呈现不断进化趋势，反映在三次产业增加值比例变动、劳动力转移、劳动生产率提高等多个方面。

（1）三次产业结构占比演进态势。新中国成立以来，产业结构总体呈现"一三二"向"三二一"的演进态势，就国内生产总值来看，一二三产业比例由 1952 年 51∶20.9∶28.2，第一产业主导第二、三产业平分秋色，演变为 2019 年 7.1∶39∶53.9，第三产业和第二产业主导第一产业辅助的结构。根据产业结构交叉演进情况总体可以分为"一三二""一二

---

① 郭旭红、武力：《新中国产业结构演变述论（1949—2016）》，《中国经济史研究》2018 年第 1 期。

三""二一三""二三一""三二一"五个阶段，分别对应1957年之前、1958—1969年、1970—1984年、1985—2012年、2013年至今五个时间段。总体来看，第一产业占比呈现持续下降趋势；第二产业占比至1978年左右总体呈现上升趋势，继而进入相对稳定的区间；第三产业在经历相对稳定的占比阶段后，改革开放后总体呈现上升趋势，尤其是"六五"以来获得较大程度提升。2015年以来，三次产业的比例在8∶40∶52左右徘徊，处于相对稳定状态，一定程度上也意味着产业结构调整进入相对稳定阶段。

（2）三次产业就业结构和劳动生产率演进态势。新中国成立以来，劳动力就业呈现由第一产业向第二、第三产业转移趋势，占比结构由1952年83.5∶7.4∶9.1，第一产业就业比例最高，演变为2019年25.1∶27.5∶47.4，第三产业占最高份额，第一、二产业平分秋色的基本结构。总体来看，第一产业就业占比呈现持续下降趋势，第二产业和第三产业呈现相对均衡上升趋势，根据占比变化情况总体可分为1970年之前、1971—1993年、1994—2013年、2014年至今四个阶段。第一阶段，第一产业就业人员占比处于绝对领先地位，第二、三产业就业人员占比相差不大；第二阶段，第一产业就业占比呈现持续下降趋势，第二、三产业就业占比呈现上升趋势，总体上第二产业就业占比超过第三产业占比；第三阶段，第二产业就业占比相对稳定，第一产业就业人员主要向第三产业转移，出现第三产业就业占比持续上升趋势，第三产业就业占比超过第二产业就业占比；第四阶段，就业占比变化呈现稳定态势，第二产业就业占比超过第一产业就业占比，第一产业成为就业占比最低的产业。总体来看，三次产业就业人员占比变化趋势与三次产业产出结构变化趋势具有较高的契合度，从侧面反映出产业结构由劳动密集和资源密集向技术密集演进。

改革开放以来，三次产业劳动生产率总体呈现上升趋势，尤其反映在第二和第三产业。1978年三次产业劳动生产率比值为1∶2.73∶4.11，2014年变为1∶5.74∶4.15，同时2014年三次产业劳动生产率分别为1978年的4.87倍、11.32倍和4.93倍。[①] 根据劳动生产率的变化情况，总体可以分为1995年之前"三二一"和之后"二三一"两个阶段，前一阶段

---

① 劳动生产率数据来自Wind数据库。

三次产业劳动生产率相对较低,呈现出缓慢增长趋势;后一阶段劳动生产率尤其是第二产业和第三产业呈现较快的上升态势,且不断拉大与第一产业的差距,同时第二产业超过第三产业,两者的差距也呈现扩大趋势。

2. 三次产业内部结构演进态势

三次产业结构变动的同时,各产业内部也发生较大变化。

(1) 第一产业中农业占比不断下降,林牧渔业比例不断提升。就农业总产值来看农林牧渔业所占比例由1952年的85.9∶1.6∶11.2∶1.3,变为2019年的53.3∶4.66∶26.67∶10.14。农业、牧业比例变化较大,渔业次之,林业变动相对较小,传统农业总产值呈现不断下降趋势,由1952年的85.9%,下降到2019年的53.3%,其份额主要被牧业和渔业所取代。总体上看,改革开放前农业内部比例变化相对较小,之后则呈现较大幅度的变化,农业比例由改革开放初期80%左右,2010年下降到50.6%,近年来有小幅回升且趋向相对稳定。伴随人民收入水平的提升,消费需求发生变化,人民对肉蛋奶、水产品等高等级食物的需求不断增加,拉动牧业和渔业的快速发展。林业占比虽有提升但总体上在5%以内的占比空间徘徊,1990年林业占比达到5.2%,渔业占比3.5%,1995年两者占比分别为4.3%和5.4%,渔业占比实现反超。

(2) 第二次产业结构不断调整,制造业的支柱地位不断强化。工业是第二产业的主体,在第二产业中具有绝对主导地位。新中国成立以来,中国工业体系不断完善,门类不断齐全,目前钢铁、汽车、手机等220多种工业品产量位居世界第一位,2018年工业增加值规模超过30万亿元,2019年达到31.71万亿元。第一,从工业占比来看。改革开放以来工业在第二产业增加值占比保持在80%以上,但总体上呈现缓慢下降趋势,尤其反映在改革开放前十年及2008年世界金融危机后。第二,从轻重工业总产值比例来看。1949年轻重工业总产值比例为73.6∶26.4,而后轻工业比例呈现总体下降、相对稳定、相对提升、相对稳定几个阶段,至1978年轻重工业比例变为43.1∶56.9,随后处于相对稳定状态,近年来重工业比例不断提升,占比达到70%左右。第三,从制造业的情况来看。制造业在工业中的占比平稳上升,支柱地位不断巩固。改革开放以来依托劳动力资源等优势,中国制造业快速崛起,2019年中国制造业增加值达到26.9万亿元,占比全球28.1%,连续十年保持世界第一制造大国地位。近年来，随着世界制造业分工格局的演变，我国启动"中国制造2025"战略，推动制造业向中高端转型发展。

（3）第三产业结构变化幅度较大，现代服务业比例不断提高。新中国成立以来，尤其是改革开放以来，第三产业内部结构发生较大变化，主导产业逐渐呈现由传统服务业向现代服务业转变的趋势。1978年第三产业排名前三位的产业分别为批发和零售业，交通运输、仓储及邮政业，房地产业，所占国内生产总值的比例分别为6.6%、4.9%和2.2%，2019年批发和零售业占比依然保持第一位，但金融业和房地产业均超过交通运输、仓储及邮政业。总体来看，金融业和房地产业呈现较大幅度提升状态，其次为批发和零售业，而交通运输、仓储和邮政业，住宿和餐饮业比例变化相对不大。20世纪90年代以来，随着中国金融体系整顿及银行业商业化改革，金融业和房地产业快速崛起，至2019年金融业和房地产业占第三次产业增加值比例分别达到14.69%和11.17%。进入21世纪以来，信息传输、软件和信息技术服务业，租赁和商务服务业等新兴产业获得较快发展，尤其是近十年占比提高，超过传统住宿和餐饮业。进入21世纪以来，互联网经济飞速发展，尤其是大数据、云计算、人工智能等新兴科技对产业结构演变产生重要影响，新兴产业不断涌现和蓬勃发展，传统产业也不断被改造升级，传统三次产业内部结构的产业分类也不断被打破，产业结构变革加速进行。[①]

二 产业结构存在的问题

从中国产业结构演进历程可以看出，总体上中国产业呈现升级趋势，但与世界发达国家相比较仍存在一定的差距。尽管不同国家资源禀赋、产业基础、科技水平等存在差别，但产业结构演进也不失一般规律性，下面结合产业结构国际对比及中国的发展现实，总结产业结构的不足及存在的问题。

1. 三次产业结构及劳动生产率还存在较大的优化改进空间

第一，从三次产业结构比例来看。对比世界主要经济体，20世纪70年代以来，第一产业的比例总体呈现下降趋势，第三产业总体呈现上升趋势，总体上产业结构向"三二一"趋势演进。表6-2列出了以美国、

---

① 黄剑辉等：《我国改革开放40年产业结构演进历程与新时代现代化产业体系构建研究》，中国民生银行研究院，2018年。

德国、日本、英国、法国五国为基础核算的产业结构占比情况,可见,产业结构的"三二一"演变趋势是共存的。中国与发达国家农业增加值占比2%以下的水平,服务业占比70%以上的水平差距还较大。总体上中国三次产业结构还存在较大的优化调整空间,尤其是通过促进高端服务业和制造业服务化发展提升服务业增加值等方面。第二,从劳动生产率来看。改革开放以来,尤其是20世纪90年代以来,中国劳动生产率特别是服务业和工业劳动生产率获得快速增长,远远高于世界平均水平。[①] 但在绝对水平上还处于相对较低状态,据世界银行统计数据,2015年中国单位劳动产出率仅为世界平均水平的39.58%。总体上看,中国劳动者的整体素质和劳动组织效率还相对较低,高生产率行业在产业中的比重有待提高。

表6-2　　　　　　　世界五国三次产业增加值占比　　　　　　单位:%

年份	农业	工业	服务业	年份	农业	工业	服务业
1970	6.3	37.7	56.0	2000	1.4	27.1	71.5
1980	3.6	34.5	61.9	2010	1.1	23.8	75.1
1990	2.3	31.2	66.5	2015	1.0	23.4	75.3

资料来源:世界银行:《世界发展指标》,采用美国、德国、日本、英国、法国五国的算术平均值。

2. 产业结构现代化程度相对不高,还存在显著的结构性失衡问题

第一,农业基础地位仍然相对薄弱,供需结构还存在矛盾。中国农业基础设施相对落后,同时受制于生产的规模化、集约化、机械化等水平,土地产出效率相对不高;农产品品种相对单一,产业链长度和精深加工程度不足;石油农业模式下的食品安全隐患日益明显,人民对食品安全(生态食品)的诉求高涨与生态食品高价制约带来的购买力不足并存。第二,第二产业大而不强,中国制造向中国创造跨越还面临一系列难题。改革开放以来,凭借资源和劳动力成本优势,中国成为世界制造工厂,但随着国际竞争的加剧,遭受诸多挑战。在钢铁、煤炭、纺织等

---

① 巴曙松、何师元、朱伟豪:《中国三次产业劳动生产率与单位劳动成本的国际比较研究》,《当代经济管理》2019年第2期。

传统工业领域，技术水平相对较低，转型升级面临一系列难题；关键装备、核心部件、基础软件等严重依赖进口，智能制造等新型工业领域处于劣势；从全球价值链分工格局来看，中国仍处于"微笑曲线"相对低端的位置。第三，服务业优化升级步伐缓慢。批发零售、交运仓储等传统服务业占比较高，信息传输、软件和信息技术服务业等知识和技术密集型服务业发展相对缓慢，占比较低；金融业呈现"脱实向虚"趋势，增强系统性风险的同时，还制约着实体经济的发展。① 在数字经济方面与先进国家也存在较大差距。

3. 产业发展对资源环境的依赖度相对较高

总体来看，目前中国经济发展并未摆脱对资源环境的依赖，产能利用率和能耗水平存在很大的改进空间。近年来缘于中国对高能耗问题的重视带来的政策加码，高能耗问题有所缓解，经济增长对能源的依赖有所下降，但与国际社会相比较仍存在较大差距。一方面中国高耗能产业比例较大，另一方面产业能源利用效率整体水平偏低。重工业是能源消耗的主要产业，2015 年中国工业消费能源占总消耗量的 67.99%，而黑色金属冶炼及压延加工业、化学原料及化学制品制造业等七个行业占比工业能源消耗八成以上。2014 年中国单位 GDP 能耗分别为美国、英国、法国、德国、日本、印度的 1.31 倍、2.41 倍、1.8 倍、2.02 倍、1.89 倍、1.48 倍。同时，中国以火电为主导的能源结构加剧对环境的负面影响。进入 21 世纪以来，中国人均二氧化碳排放量快速增长，已远远超过全球和中等收入国家平均水平。同时，粗放发展模式导致二氧化硫、废水、废气等污染物大量排放，环境污染问题也日益严重。同时，改革开放以来中国形成要素投入驱动发展模式，资本、劳动力等要素投入对经济增长的贡献达到 70%—80%，但近年来要素投入对 GDP 的贡献率呈现下降趋势，2008—2018 年全要素生产率对 GDP 的贡献下降到 20% 以下，依靠要素投入驱动的增长路径难以持续，伴随经济高质量发展要求，需要实现从要素驱动为主转为效率驱动为主的产业结构模式。②

4. 产业发展还存在一定的区域结构失衡问题

区域产业结构失衡与区域经济发展失衡存在密切关系，中国东、中、

---

① 黄剑辉等：《我国改革开放 40 年产业结构演进历程与新时代现代化产业体系构建研究》，中国民生银行研究院，2018 年。

② 黄群慧：《中国产业结构演进的动力与要素》，《中国经济报告》2018 年第 12 期。

西部经济发展失衡也体现在产业结构方面。一方面，中国区域间产业演进模式存在差异，东部地区已建立起嵌入全球价值链的外向型产业集群，中西部地区还仍以内向型产业发展为主导，虽然"一带一路"倡议为中西部地区产业发展带来重要机遇，但对其产业结构升级作用有待增强；另一方面，区域主导产业和产业市场结构仍存在较大差别，东部地区主要以高新技术、加工工业以及服务业等为主导，具有较高的市场化水平，中西部地区则主要以农业、能源、原材料以及机械制造等为主导，市场结构具有一定的垄断性。[①] 区域产业协调发展是产业结构优化的重要组成部分，区域间产业结构既要形成协同关系，又不能因单一化和低级化而造成资源配置失衡和利用效率低下。

基于以上分析不难发现，针对产业结构存在的问题，产业发展在遵循现代化结构调整的同时，还应强化高效生态理念，一方面通过传统产业结构调整和进阶，增强生态效应和现代化程度；另一方面大力发展生态产业，使其成为主导产业，带动相关产业生态化发展。

第三节　构建中国高效生态产业结构

一　构建中国高效生态产业结构的战略背景

产业发展必须与国家战略密切结合起来，国家重要战略是高效生态产业结构构建面临的机遇和前提，同时产业结构的现代化是产业发展的必然趋势，高效生态产业的构建必须与产业结构现代化结合起来。此外，国际竞争和产业发展趋势以及区域产业发展也是高效生态产业结构构建中必须密切关注和依托的重要因素。

1. 高效生态产业结构构建的宏观战略背景

党的十八大将生态文明建设纳入"五位一体"建设布局，十八届五中全会提出"创新、协调、绿色、开放、共享"五大发展理念，党的十九大提出中国特色社会主义新时代，建设人与自然和谐共生的现代化，这些重大战略部署为构建中国高效生态产业结构指明了方向。同时近年

---

① 干春晖、王强：《改革开放以来中国产业结构变迁：回顾与展望》，《经济与管理研究》2018年第8期。

来中国推行的供给侧结构性改革、新旧动能转换工程、中国制造2025、"一带一路"倡议、京津冀一体化战略以及实施的各类产业绿色发展规划等，既对高效生态产业结构的构建提出了要求，也准备了条件。总体上形成了高效生态产业结构构建的战略背景和支撑体系（参见图6-1）。构建高效生态产业结构是推动经济高质量发展的重要途径，国家重要战略规划为高效生态产业结构构建创造条件，构建高效生态产业结构过程中要将各类战略预设的前提和准备的条件结合起来，形成高效生态产业结构构建支撑体系，进而将高效生态产业结构构建反馈到各类战略实施中，形成螺旋进化态势。

2. 高效生态产业结构构建的现代化背景

构建高效生态产业结构必须遵循产业结构调整和进化的一般规律，尤其要与产业结构现代化结合起来，将高效生态产业发展内生化到产业结构现代化调整过程中。

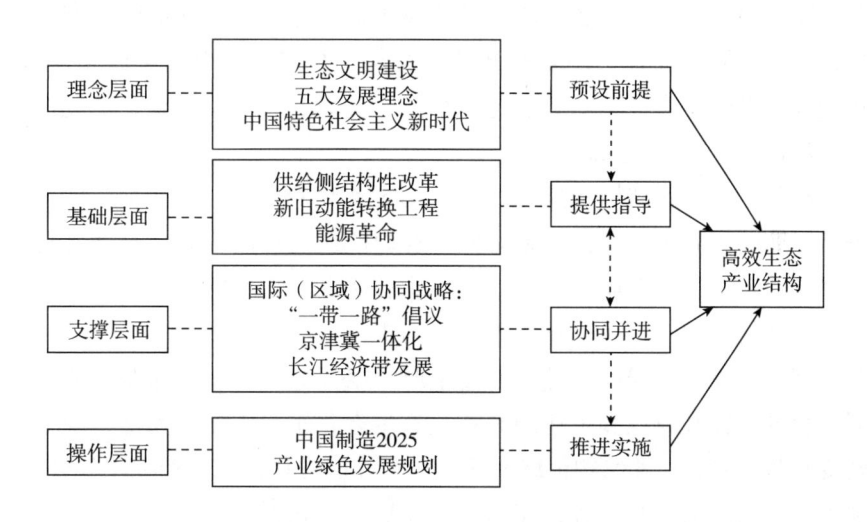

图6-1 高效生态产业结构构建的战略背景和支撑体系

18世纪以来，世界经济大致可以分为农业经济、工业经济、知识经济三个阶段。工业经济时代产业基本分类是农业、工业、服务业三次产业，知识经济时代基本分类是物质产业、服务产业、知识产业新三次产业，其中物质产业包括农业和工业。农业经济向工业经济的转变是第一次产业结构现代化，工业经济向知识经济的转变是第二次产业结构现代化，在第二次产业结构现代化过程中服务经济起过渡作用。目前发达国家正经历第二次产业结构现代化转变，而多数发展中国家则处于第一次结构转变中，但同时受到第二次产业结构转变的影响。中国已于2014年基本完成农业经济向工业经济的结构转型，开始向服务经济转变。结合中国产业结构现代化发展现实，中国现代化战略研究课题组对产业结构现代化转型提出了"三步走"构想：第一步，到2035年前后，实现向服务经济转型，成为服务经济强国；第二步，到2050年前后，实现向知识经济转型，成为知识经济强国；第三步，到2078年前后，实现产业结构现代化，成为现代化经济强国和知识经济发达国家。配合三步走战略，在宏观、中观、微观三个层面对产业结构进行优化调整：第一，宏观层面，调整三次产业和三大产业的结构。对于前者，全面发展服务业，加速调整工业内部结构，有选择地发展农业；对于后者，优先发展知识产业，选择性发展物质产业；第二，中观层面，优先发展人类服务和基本服务产业集群，加速发展流通服务产业集群，适度发展其他服务产业集群；第三，微观层面，调整经济部门结构，与宏观、中观层面相协调，优先发展健康、商业、专业服务、信息、教育、金融、运输、文化、社会、房地产10个服务部门。①

高效生态产业结构构建与产业结构现代化趋向一致。当前，中国正处于工业经济向服务经济转型阶段，这为产业结构的高效化与生态化奠定基础。与工业和农业相比较，服务业总体上对环境的负面影响相对更低，附加值也相对更高，服务业比例的提高，一方面从产业结构本身提升生态化和高效化程度，另一方面生产性服务业和生态环保服务业的发展又会助力提升农业和工业的高效化、生态化水平。从产业结构现代化转变趋势来看，产业结构最终要迎合知识经济时代向知识产业主导转变，而中国与发达国家相比较，知识产业比例相对较低，发展水平存在很大差距，因此向服务经济转型的同时，必须强化知识产业的发展，依托后发优势实现跨越发展，而知识产业是颇具高效生态特征的产业，对高效生态产业结构的构建至关重要。同时，构建高效生态产业结构总体上要与党的十九届五中全会提出的加快发展现代产业体系，推进产业基础高

---

① 何传启领衔的中国现代化战略研究课题组，自1998年对中国现代化问题做追踪研究，本部分参考了何传启主编《中国现代化报告2018：产业结构现代化研究》研究成果。

级化、产业链现代化有效结合起来。

二 产业结构高效生态化与高效生态产业结构

高效生态产业体系繁杂，其产业结构的构建可以围绕产业结构的高效生态化和高效生态三次产业结构关系进行。

1. 产业结构的高效生态化

产业结构高效生态化是促进高效生态产业发展的基础，结合发展现实分析产业结构高效生态化。

（1）产业结构高效生态化现实。产业结构演进过程体现出升级和优化趋势，一般产业向高效生态产业进化过程，体现为产业结构的高效生态化过程，而高效生态化往往与产业结构的合理化、高度化结合在一起，产业结构向合理化、高度化、生态化、高效化"四化"演进是产业结构升级的一般规律，与高效生态产业结构构建具有一致之处。改革开放以来，区域产业结构合理化、高度化、生态化总体呈现上升趋势，对1978—2016年中国区域产业结构合理化、高度化、生态化三项指标的估算结果显示，改革开放前期产业结构高度化和生态化指数获得较大幅度的提升，拉动综合指数呈现上升趋势，至1995年综合指数达到5.232，继而伴随生态化指数增幅的减弱，呈现缓慢上升趋势，至2016年综合指数达到6.265。[①] 同时，产业结构升级和优化对碳减排、生态效率提高也具有重要作用，也得到诸多学者的证实。总体来看，根据中国发展现实，总结出以下几个方面的经验：第一，产业结构变动具有明显的生态效应，通过产业结构调整促进生态效率的提高，推动高效生态产业的发展是一条重要路径；第二，中国产业结构总体上呈现优化升级趋势，在产业发展过程中，产业结构合理化、高度化、生态化、高效化均得到一定程度的提升，需要注意的是"四化"之间绝非割裂关系，促进高效生态产业的发展也要结合"四化"标准互促并进；第三，不同产业具有不同的生态效应，同一产业不同发展阶段和发展模式也具有不同生态效应，构建高效生态产业结构，既要重视不同产业的不同生态属性，也要重视同一产业的不同发展模式。

（2）产业结构高效生态化助力高效生态产业结构构建。传统产业结

---

① 杨丽君、邵军：《中国区域产业结构优化的再估算》，《数量经济技术经济研究》2018年第10期。

构理论建立在市场经济运行体制基础上，经济效益最大化是产业发展的基本目标，自然生态要素被排除在产业结构之外，由此经济效益导向导致产业发展结构失衡，可持续发展受限。构建高效生态产业结构，总体上要将自然生态要素内化到产业结构体系中，使资源节约、环境保护为表征的生态化发展成为产业结构演进的基本方向，促进经济效益单维度导向向经济、社会、生态效益相统一的多维度导向转变，实现产业割裂发展向链条协同网状发展，乃至产业结构与自然生态融合立体发展迈进。产业结构为适应生态环境而进行的调整升级，是高效生态产业发展的重要形式，一方面各类产业依托自身组织变革，不断向高生态化程度的组织模式进化，提高生态效率水平及高生态效率产业占比；另一方面通过产业结构调整，调节资源在产业内部及产业之间的配置，形成与资源环境科学耦合的配比关系。总体上形成生产和消费绿色化，高效利用一切可再生和不可再生资源，人与自然和谐共存，经济效益、生态效益、社会效益高效统一的产业结构。结合理论与现实，依托产业结构高效生态化促进高效生态产业结构的构建，要注意把握以下几个问题。

第一，提升产能利用水平，将能源结构调整与高耗能产业结构优化密切结合起来。节能减排是产业结构高效生态化的重要标志，能源结构调整和高耗能产业结构优化是节能减排的重要路径，总体上是高效生态产业结构构建的重要依托。中国能源消费量世界第一，能源利用效率相对较低，单位 GDP 能耗为世界平均水平的 1.9 倍左右，若能耗水平达到日本、英国、德国等先进国家的水平，则能支撑 4 倍左右于当前的经济总量。同时，能源结构中化石能源占比高，对环境负面影响大，若优化能源消费结构并大幅提高利用效率，能有效解决能源消费中的总量、结构以及生态环境问题，相较于世界主要经济体，能源结构和利用效率具有非常大的改进空间。能源问题与重化工业结构占比高有密切关系，高耗能行业占据了绝大部分的能源消耗，发展进程中重化工业特征对能源产生很大需求，同时水泥、钢铁、电解铝等高耗能、高排放行业往往又是产能严重过剩、利用率低的行业，同时也是供给侧结构性改革的重要领域。为此，一是要科学合理压减重化工业，尤其是高能耗行业的比例，提高产能利用效率的同时，降低能源消费总量；二是要对高能耗行业进行清洁生产和能效提升技术改造，不断提高能源利用效率，降低污染排放；三是要促进能源结构改革，构建以低碳绿色能源为主体的现代能源结构体系，同时依托能源价格体制改革等手段，使价格真正反映能源资源稀缺性及环境外部性，促进能源节约、高效利用及清洁能源对化石能源的有效替代。[①]

第二，将生态影响和生态效率作为主导产业选择的重要标准，提高高生态效率产业的比例。主导产业选择的过密环境基准，要求基于产业对资源环境的影响考量，选择能源消耗低、环境污染少、能扩充社会资本能力的产业作为主导产业。生态效率与产业结构等密切相关，不同产业对生态要素的依赖程度及生态效率存在差别，如从前者来衡量，总体上第一、二、三次产业的生态足迹依次递减，即第三产业对生态要素的依赖程度最低；从后者来衡量，不同行业生态效率也存在较大的差别。但需说明的是，不同产业生态属性存在天然的差别，如轻工业较之于重化工业对生态环境的负面影响相对较低，但生态效率又是相对的概念，绝非轻工业生态效率一定高于重化工业，在选择主导产业时既要考察产业对生态的影响，又要科学合理评估产业的生态效率，选择生态效率高的产业作为主导产业，同时要在现实产业发展基础上通过对产业的改造提高生态效率，总体上促进粗放型产业结构向生态型产业结构演进，不断增强生态效率水平相对较高的产业占比，促进生态要素在产业内部和产业之间的合理配置，实现生态低效向生态高效的迈进。

第三，将发展生态赋能类产业作为高效生态产业结构构建的重要途径。前述表6-1基于产业高效生态特征展现和作用发挥的不同，勾勒了高效生态产业体系，其中除了生态循环型产业外，还包括生态化改进产业、生态环保产业、高新技术及赋能产业。若将生态循环型产业作为高效生态产业发展的直接路径，则其他三类体现出间接路径特征，直接路径具有强生态化特征，间接路径具有弱生态化特征，但后者较于前者更具广泛性和可行性，对于全面构建高效生态产业结构具有更为重要的作用。传统产业生态化改造与升级，将助力大范围、基础性的产业发展对环境的负面影响降低，生态效率提升，同时其改造与升级也与生态环保产业的发展密切相关，后者为前者提供必要的支撑。高新技术及赋能产业，不但使自身高效生态发展特征成为高效生态产业的重要组成部

---

① 北京大学国家发展研究院：《中国能源体制改革研究报告》，北京大学国家发展研究院，2014年。

分，更为重要的是为其他产业由低效向高效的迈进提供强有力的支撑。

第四，将劳动力素质和劳动生产率提升嵌入高效生态产业结构构建中。高效生态化的产业结构对劳动生产力提出了更高的要求，从生态农业来看，其与石油农业相比较更具劳动密集性和技术密集性特征；从生态工业来看，无论是生态产业链的组建，还是高端化发展，均对劳动力素质提出了更高的要求；从生态服务业来看，现代服务业对从业者的素质提出了很高的要求，发达国家经验表明，在工业化后期，劳动力增加辅之劳动力素质和效率的提升，有助于改善地区或国家的生态环境。[①] 与发达国家相比较，中国劳动生产率还具有较大的改进空间，同时伴随老龄化社会的到来，产业发展对劳动力的素质和劳动生产率提出了更高的要求。将劳动力素质和劳动生产率提升嵌入高效生态产业结构构建中，依托劳动力资源素质提升支撑高端产业发展，促进低效产业向生态高效产业迈进，反过来依托此路径又会促进劳动生产率的提高，进而产生反哺作用。此外，还要将区域产业发展与高效生态产业结构构建密切结合起来，不同地区要基于本地的资源、环境、市场及产业基础条件，选择高效生态主导产业和优势产业，注重差异化发展。

2. 高效生态三次产业结构关系

构建高效生态产业结构，既要从整体视角重视三次产业之间及内部结构关系，又要重视高效生态三次产业之间及内部关系。

（1）高效生态视角下的三次产业结构。之于产业高效生态发展要求，从整体视角上看三次产业之间及内部结构关系，三次产业结构优化与高效生态产业结构构建具有相对一致性特征。三次产业结构优化升级，需注意两个方面的问题：第一，促进三次产业比例关系优化。从产业总体来看，要不断提升第三产业的比例。从三次产业内部结构来看，其一，对于农业，总体上按照高产、优质、高效原则，全面促进农、林、牧、副、渔业的发展，依托消费需求升级趋势，提高优质农产品和高等级农产品的比例，总体上向高附加值农业结构迈进；其二，对于工业，缩减重化工业比例，促进制造业向高端制造升级，总体上向中高端价值链迈

---

① Pardo Martínez, Clara Inés, "An Analysis of Eco‑efficiency in Energy Use and CO_2 Emissions in the Swedish Service Industries", *Socio‑Economic Planning Sciences*, Vol. 47, No. 2, 2013, pp. 120‑130.

进；其三，对于服务业，在对传统服务业进行改造升级的同时，大力发展现代服务业。第二，促进三次产业之间及各产业内部融合。三次产业之间存在密切关系，现代产业的边界日益模糊，产业之间的协同融合是确保产业高效生态发展的基础，如制造业服务化，体现产品服务本质的同时，节约社会成本，增加产业的附加值。各产业内部的协同融合是延展产业链条，促进产业发展向高端、高效迈进的基础，如种植业与畜牧业的协同融合，不但是构筑高效生态产业链的基础，也是促进农业附加值不断提升，向高端、高效发展的保障。

（2）高效生态三次产业结构。高效生态产业发展是将生态环境纳入产业体系中进行优化配置，通过高效、循环、绿色等生态技术的渗透，实现低消耗、少排放，提供生态产品和服务的过程。① 构建高效生态产业结构，在促进产业结构生态化和三次产业结构优化升级的同时，更要处理好高效生态三次产业的关系。总体上看，要以高效生态农业为基础，以高效生态工业为重点，以高效生态服务业为支撑，构建科学合理的高效生态产业结构。

第一，高效生态农业。在加强对石油农业的生态化改造的同时，大力促进生态有机农业的发展。农业是生态循环模式实施的最佳产业，也是最能体现高效生态产业特征的一类产业，但农业的自身特性决定了其在高效生态产业体系中具有基础但非核心地位。高效生态农业结构要注重促进农、林、牧、副、渔业的融合，通过产业融合和链条延伸，构筑生态循环发展模式；要注重推广北方"四位一体"、南方"猪—沼—果"等生态农业典型模式及技术，构筑高效生态农业的微观结构；要注意引导形成区域与景观布局模式、生态系统循环模式、生物多样性利用模式等多层次高效生态农业组织模式。总体上看，还要结合对石油农业生态化改进，促进农业的生态化转型，实现高效生态发展，如通过生态修复，生物肥料使用等修复地力，恢复农业生态功能；通过节水灌溉、测土配方施肥、病虫害防治技术和环保农药、农膜回收等提高资源使用效率的同时，防治污染等。

第二，高效生态工业。高效生态工业是高效生态产业发展的关键，

---

① 金乐琴：《高质量绿色发展的新理念与实现路径——兼论改革开放40年绿色发展历程》，《河北经贸大学学报》2018年第6期。

是构建高效生态产业结构的核心，与农业自身所具有的生态属性不同，工业具有较强的技术和资源依赖性，对其进行高效生态改造的空间非常广阔。总体上，要尽力压减煤炭、钢铁、石油化工等资源依赖性强、高耗能、高排放产业的比例，并依托生态技术和高新技术改造提升传统产业，拓展高效生态工业发展的空间，同时依托产业链条延伸和产品结构调整等提高产业链整体水平；大力发展技术密集型、资本密集型制造业，促进制造业向中高端价值链迈进，充分发挥其高效生态的产业属性；大力发展节能环保、污染防治等生态环保产业，增强生态环保产业对工业体系的高效生态价值提升能力。着力发展生态工厂和生态工业园区，依托循环经济理念充分发挥生态产业链的高效生态功能，同时获取生态集聚效应，使园区和工厂成为高效生态工业发展的重要载体。依托全生命周期设计和绿色供应链运营理念，以产品和服务流程为核心探索高效生态工业的组织模式等。

第三，高效生态服务业。与农业、工业不同，高效生态服务业一方面体现为自身发展的高效生态属性，另一方面体现为助力生产和生活的高效生态属性，前者如生态物流，较之于传统物流，生态物流具有环境友好和资源利用高效等特征；后者如网络购物平台，减少信息不对称，实现供需精准对接，在增强规模经济的同时提高供给和需求效率。高效生态服务业的发展要内嵌到农业、工业发展过程中，使其成为打通产业链条、促进高效生态产业发展的"血液系统"，形成完整的、不可分离的高效生态产业体系。结合现实情况，要优先发展电子信息、软件、金融保险等产业，既发挥这类产业的高附加值、高效性属性，又增强其对其他高效生态产业发展的支撑作用，如利用软件定义提高其他行业效率；积极促进电子商务、生态物流、高新技术（5G、大数据、云计算、区块链等）等发展，增强社会资源的高效配置；积极推进产品设计、管理咨询、文化传媒等创意产业发展，促进服务产业发展向高端价值链拓展。

第七章 高效生态农业发展

农业是人类的衣食之源，它通过生物转化太阳能实现生产，是区别于任何其他产业的，与自然结合最为紧密的，具有自然生产、可持续生产特征的一类产业。农业的生产系统与生态系统是一个统一体，在不破坏生态依存条件下是一类典型的生态产业。高效生态农业也是高效生态经济、高效生态产业的根基，它是高效生态产业体系中最典型的产业。

第一节 高效生态农业的理论基础

一 高效生态农业的提出

纵观历史，农业发展过程中依次形成了渔猎采集农业、原始农业、传统农业、石油农业、生态农业五种类型模式，每种农业模式都有各自特征。总体来看，农业模式的交替发展实质是在资源禀赋变化的诱导下，通过技术创新改变发展范式，提高土地承载力和生产效率的过程，尤其反映在前四种模式上。石油农业模式下土地平均承载力水平是传统农业的4倍左右，然而其"逆生态化"弊端"倒逼"第五种模式的萌生，即生态农业（Ecological Agriculture）。[①] 生态农业抛弃了单一产出目标，转向追求经济效益和生态效益的统一。

生态农业有狭义和广义之分，狭义的生态农业指依照生态循环原理而构建的农业发展模式，而广义的生态农业泛指农业的生态化发展，包含对石油农业的生态化改进。考察生态农业的历程，生态农业在20世纪20年代兴起于欧洲，随后逐渐扩展到其他国家，至20世纪90年代在世界各国均有不同程度的发展。中国传统农业蕴含诸多生态农业理念，但

---

① 参见李周《生态农业的经济学基础》，《云南大学学报》（社会科学版）2004年第2期。

现代生态农业思想则由马世骏等学者于 20 世纪 70 年代从西方国家引进，1982 年叶谦吉教授在中国正式提出"生态农业"，继而成为理论和实践关注的重要问题。改革开放政策所带来的"制度红利"使石油农业获得爆发式增长，与此同时生态农业也得到一定程度的发展，但总体上还徘徊在"小规模、低转化、微效益"阶段[①]，与规模化、产业化、现代化发展尚存在较大差距。如果说石油农业的优势在于与市场机制的契合，符合微观生产利益最大化诉求以及宏观上对土地生产率的追求，那么生态农业的优点则在于与生态机制的契合，能够缓解石油农业"逆生态化"弊端，保障农业实现可持续发展。生态农业的提出缘于石油农业"逆生态化"的倒逼，但其增长乏力又因未能体现高效特征，导致缺失市场基础，可见生态农业只有在具备高效性的前提下才能获得市场的认可。为此，20 世纪 90 年代在生态农业的基础上，中国学者提出了高效生态农业（High Effective Eco-agriculture）的概念，这一概念的提出还早于高效生态经济。高效生态农业概念在学术界得到较为广泛的认可，在区域发展中也得到重视，如浙江省、上海市、黄河三角洲高效生态经济区、三峡库区等均将其作为区域农业发展的基本战略，同时高效生态农业的基本理念也与中国现代农业所倡导的"高产、优质、高效、生态、安全"目标相吻合。受制于技术、市场等各种条件的变化，生态农业从低效走向高效是一个过程，但总体上高效生态农业是生态农业的升华，它本质上还是生态农业，是体现高效愿景的生态农业。

二 高效生态农业的概念和必要条件

1. 高效生态农业概念内涵

（1）高效生态农业代表性释义。习近平总书记在浙江工作期间前瞻性地做出了发展高效生态农业的战略决策，将高效生态农业释义为"以绿色消费需求为导向，以提高市场竞争力和可持续发展能力为核心，具有高投入、高产出、高效益与可持续发展的特性，集约化经营与生态化生产有机耦合的现代农业"[②]。其他学者和组织也结合不同视角尝试对高

---

① 朱立志：《对新时期我国生态农业建设的思考》，《中国科学院院刊》2013 年第 3 期。
② 习近平：《走高效生态新型农业现代化道路》，《人民日报》2007 年 3 月 21 日第 9 版。

效生态农业进行释义[1]，有代表性的如张国林等（1999）[2]、赖亚兰（2001）[3]、许宗泉（2005）[4]、顾益康等（2008）[5]、东营市农业局（2010）[6]、民进山东省委（2014）[7]等，其中赖亚兰认为，"高效生态农业是在生态经济学原理的指导下，合理吸收传统农业精华和充分利用现代农业科技成果，以获得经济发展与资源、环境之间的协调相处，进而取得可持续发展的现代化农业"[8]。总体来看，大部分学者和组织依托生产导向进行释义，个别学者在遵循生产导向定义的同时强调了绿色消费导向即市场的作用；个别学者从狭义视角强调生态循环模式，但更多则从广义视角强调高效性和生态性基本发展理念的遵循。从共同点来看，虽然学者给出的释义存在差别，但总体上均强调了生态系统和经济系统的调和，本质上强调对生态经济规律的遵循；强调现代科技的应用和现代农业的属性，这也是高效生态农业区别于传统农业的重要方面。高效生态农业研究源于实践，它既是对生态农业的升华，又非对石油农业优点的完全排斥。从现实发展角度来看，促进高效生态农业的发展，既要依托循环经济理念，构建生态循环型农业模式，实现生态系统与经济系统的有机统一，又要结合绿色发展理念，促进石油农业生态化改造，将生态要素内化到石油农业模式中，使农业发展兼具高效性和生态性，总体上获取生态效益、经济效益、社会效益的高效统一。

（2）高效生态农业进一步解读。为了更好地理解高效生态农业，有必要对高效生态农业的"高效"做进一步分析。高效与低效是相对的概念，同时也有不同维度的衡量。从经济视角来看，毋宁说，在短期内石

---

[1] 关于高效生态农业的代表性释义详细的梳理，参见王宝义《高效生态农业研究的计量分析与文献综述》，《湖北经济学院学报》2018年第3期。

[2] 张国林、刘旗、罗勇：《论县域高效生态农业的发展》，《西南民族学院学报》（哲学社会科学版）1999年第S4期。

[3] 赖亚兰：《重庆三峡库区高效生态农业可持续发展模式与机制研究》，博士学位论文，西南农业大学，2001年。

[4] 许宗泉：《黄河三角洲高效生态农业建设的必要性及发展思路研究》，《当代生态农业》2005年第Z1期。

[5] 顾益康、黄冲平：《浙江发展高效生态农业的战略与思路》，《浙江农业科学》2008年第2期。

[6] 东营市农业局：《黄河三角洲（东营）高效生态农业发展规划（2011—2020）》2011年。

[7] 民进山东省委：《关于加快黄河三角洲高效生态农业发展的建议》2014年。

[8] 赖亚兰：《重庆三峡库区高效生态农业可持续发展模式与机制研究》，博士学位论文，西南农业大学，2001年。

油农业是一种高效农业，它体现出短期内的高经济效益，在长期内缘于石油农业模式难以持续发展的弊端，经济效益也将衰竭；从生态视角来看，生态农业也是一种高效农业，它体现出高的生态效益，同时长期内其经济效益也趋于提升。因此，总体上石油农业短期内是高经济效益农业，长期内则是低效益甚至是无效益或负效益农业；生态农业是高生态效益农业，但短期内经济效益产出相对不足，长期内则可兼具经济效益、生态效益和社会效益的高效统一。在追求产出最大化目标下，短期内石油农业具有旺盛的生命力，这也是生态农业发展早期落败于石油农业的重要原因，但在追求经济、生态、社会多维效益最大化时，生态农业具有优势。但总体来看，缺失了短期经济高效的生态农业和缺失了长期生态高效的石油农业都寸步难行，由此必须把短期高效和长期高效结合起来，方能获得发展动力。高效生态农业，一方面遵循生态农业所倡导的生态经济规律，另一方面不排斥石油农业对现代科技的应用，但它强调的是对现代生态科技的应用，以保障经济效益与生态效益的调和，由此追求经济效益、生态效益、社会效益的高效统一。

结合对传统农业弊端的改进和高效生态农业的发展目标，解读高效生态农业发展的基础。根据热力学第二定律，世界无时无刻不在经历"高熵化"过程，在其中"物质和能量都会不可逆转地走向无序状态"，即有用的东西越来越少，无用的东西越来越多。[①] 石油农业的发展，加剧了地球"高熵化"的进程，加快了石油资源的枯竭速度，同时其"逆生态化"效应将使人类社会发展难以为继。基于宏观视角，对比石油农业模式，结合可持续发展诉求，高效生态农业可以理解为：一种遵循农业生态和市场经济双重规律，对农业污染总量具有有效控制和食品安全有效保障的，以促进农业可持续发展为核心的，更具高效生态经济特征的生态农业发展模式。

2. 生态农业由低效走向高效的必要条件

在市场经济条件下，随着时间的推移，石油农业与生态农业最终会经历"石油农业主导—石油农业与生态农业平衡—生态农业主导"的发展路径，但缘于市场调节的滞后性，当生态农业突破平衡点占据主导地

---

① Herman E. Daly, Joshua Farley, "Ecological Economics: Principles and Applications (Second Edition)", Island Press, 2010.

位时，石油农业所带来的"逆生态化"弊端可能已累积到不可调和的程度，不但需要社会为其付出巨大的成本，且可能无法从根本上修复已经产生的负面影响。所以，在依托市场机制的同时，通过系列设计促进生态农业向高效生态农业跃升，在较短时期内使其成为农业的主导模式，是关乎人民福祉和可持续发展的关键问题。生态农业由低效走向高效是涉及技术、市场、制度等综合性、系统性的问题。

（1）技术条件。农业生产是自然再生产和社会再生产过程，涉及复杂的技术问题。尤其是现代农业是依托现代科技发展的农业，无论是石油农业还是生态农业较之于传统农业均体现出技术密集性特征。高效生态农业既要促进石油农业的生态化改造，又要实现生态农业高效化发展，缺失了技术支撑，既无法追求经济高效，也难以保证生态高效。现代科技的发展，尤其是高新技术发展为生态农业向高效生态农业跃升奠定了基础。依托技术体系促进农业生产的高效性和生态性，依赖于高效生态农业技术支撑体系的构建和完善，要着重把握以下几个方面的问题：加强生物育种、生物肥料、生物农药、生态修复等方面生态技术的创新和应用；将现代农业高新技术与生态农业实践精华密切结合起来，促进单一技术向综合集成技术转变；鼓励农业科学与其他学科及技术的交叉融合，促进协同技术创新；促进互联网、物联网、共享经济等现代信息技术和创新模式与农业发展的融合，推动农业产业基础高级化、农业产业链现代化，实现农业的高效生产和附加值提升。[1][2]

（2）市场与制度条件。高效生态农业依赖于绿色消费市场和文化的形成，较之于石油农业，短期内其产出效率相对较低，但附加值相对较高，因此其发展依赖绿色消费市场的形成，本质上要依托绿色消费文化和相对富裕条件支撑下的绿色消费理念。改革开放以来，伴随经济的高速增长，人民收入水平不断提高，2013年中国已迈进中等收入国家行列，目前正向中高收入国家迈进。[3] 根据国际经验，中国已具备农业发展向生

---

[1] 翁伯琦：《发展高效生态农业：推进农业供给侧结构性改革的新举措》，《福建日报》2017年2月14日第10版。

[2] 骆世明：《论生态农业的技术体系》，《中国生态农业学报》2010年第3期。

[3] 李春玲：《中等收入标准需要精准界定》，《人民日报》2016年12月7日第5版。

态转型的经济条件①，同时国家自 2015 年连续出台了一系列促进农业生态转型的政策措施，为高效生态农业的发展创造了条件。高效生态农业发展受制度条件的影响较强，资源环境的稀缺性要求建立反映资源环境重要程度的价格机制，并形成兼容生态价值的农产品价格机制，生态效益的外部性要求构建科学合理的生态补偿制度，生态食品的信任品特性要求构建良好的生态食品认证及追溯体系等。单纯从农业发展自身来看，高效生态农业制度构建可以从指导农业生态化发展和生态食品认证两个方面推进，前者对农业生态系统结构、功能、输入和输出进行系列调控，后者对产出结果是否匹配资源、满足食品安全、反映生态友好等进行关键判别，向市场传递有效信号。② 只有在完善的制度体系保障下，才能使高效生态农业的高效性具备市场基础，由此在现实中也真正实现由生态农业向高效生态农业的跃升。

技术条件具有刚性特征，从本质上保障农业生产的高效生态性，市场和制度条件源于社会发展和宏观调控，经济发展已为农业的生态化转型奠定基础，以市场为核心，通过制度变革，构建起能够反映生态农业高效性的制度体系是促进高效生态农业现实发展的关键。

三 高效生态农业的特征

高效生态农业要求将农业生态系统与经济系统结合起来，既重视农业经济功能的发挥，又重视其生态功能；它不排斥农业化学制品的使用，但要求合理控制使用，以保障土壤长期地力的发挥、控制面源污染及保障食品安全；它主张大农业系统，一方面重视从农业生态循环视角构建微观发展模式，另一方面更重视农业发展中农、林、牧、副、渔业生态协同系统的构建；它的核心理念是农业的生态化发展，要求根据地区实际平衡农业产出、资源投入、生态影响三者的关系。结合高效生态农业的内涵和发展现实，总结高效生态农业发展的特征。③

1. 生态循环性

生态循环是高效生态农业的典型特征和发展基础。高效生态农业要求以生态学理论为指导，运用系统工程方法，构建物质循环流动的生产

---

① 骆世明：《农业生态转型态势与中国生态农业建设路径》，《中国生态农业学报》2017 年第 1 期。
② 骆世明：《中国生态农业制度的构建》，《中国生态农业学报》2018 年第 5 期。
③ 关于高效生态农业特征的总结较多借鉴了黄国勤等学者的观点。

模式，实现物质在农业生态系统内的循环利用和高效利用，以尽可能少的投入，获取尽可能大的产出。生态循环包含多个层面，其一，种植业内部循环，如作物间作混种套种、作物秸秆还田等，实现资源的循环利用和优化利用；其二，农、林、牧、渔业内部循环，如农牧结合实现生产中饲料与肥料互补等；其三，三次产业内部循环，促进农业生态经济系统与社会生态经济系统的结合，在三次产业内构建生态循环系统。① 多层面的生态循环互促并进，保障高效目标的实现。

2. 产业融合性

生态循环与产业融合有机统一，前者是后者的基础，后者是前者的保障。农业生产对象包括动植物和微生物，其产业链具有相当的广度和深度，且纵横联系紧密。根据农业物质流层级顺序和容量规模，构建农业产业链纵横联动机制，通过资源的合理匹配，实现资源节约、环境保护、生态保育的目标。② 同时，农业复合产业体系范围广，包含种植业、养殖业、畜牧业、菌菇业等利用动植物自然生长机能提供产品的种养业，以及为产前、产中、产后提供服务的种业、农产品加工业等，还包括拓展产业如生态旅游业等，高效生态农业强调第一产业内部、三次产业之间的融合与协同发展，总体实现种养加、产供销的一体化。

3. 结构优良性

高效生态农业的高效性依赖优良的生产结构，体现在多个层面：其一，物种结构优良，构建多品种、长链条的生态循环模式，对物种的丰富性提出了要求。据研究，高效生态农业较之一般生态农业的物种及数量丰富度高1—4倍；其二，时间结构优良，多物种、多模式结构，产生土地利用和农业劳动时间需求的交叉累积效应，实现"超额用季、集约用时"；其三，空间结构优良，间作、混种、套种等立体种植模式，充分利用光、热、气、肥等资源。③

4. 模式多样性

为实现农业资源的高效利用，围绕充分用地、立体用光、多层用水、

---

① 黄国勤：《循环农业的产生、含义及生态经济特征》，载陈建成、于法稳主编《生态经济与美丽中国》，社会科学文献出版社2015年版，第307—314页。
② 刘玉升：《大农业循环经济的科学基础与技术体系》，《再生资源与循环经济》2015年第9期。
③ 黄国勤、赵其国、龚绍林等：《高效生态农业概述》，《农学学报》2011年第9期。

高效用肥、超额用季、集约用工、生态减灾等不同要求构建复杂多样的模式。农业部结合生态县建设，遴选了十大生态农业模式，涉及南北区域、平原草地丘陵、农畜渔业、设施观光等不同层面、不同区域类型、不同产业的实践模式；黄国勤等总结了资源立体使用、生物共生互利、多产业有机结合、产业延伸拓展、环境整治保育、资源再生、休闲观光等高效生态农业模式。①

5. 技术综合性

高效生态农业并不排斥现代技术的使用②，恰恰强调通过生态农业与现代技术的有效结合实现高效目标。高效生态农业的技术综合性体现在以下方面：其一，高效生态农业要求实现生态农业技术与现代技术的有效结合，如传统的间混套作多熟种植技术与现代生物技术、信息技术等的有效结合；其二，高效生态农业的模式复杂性及产业融合性决定了其依赖由多项技术组成的复合性、综合性技术体系，包括测土配方施肥技术、畜禽粪污资源化技术、病虫害生物防治技术、生态保育技术、生物肥料和生物农药技术、生物育种和污染生物修复技术等。

6. 规模运营性

高效生态农业的发展要求和市场环境决定了规模运营特性。表现在：其一，生态循环链条构建、生态循环模式及技术应用依赖于一定的规模效应，生态循环链条越长、产业间的融合越紧密，越利于资源的闭环流动和农业的高效产出，规模化是构建某些生态循环模式或推广某些生态技术的必要条件；其二，高效生态农业面临更高的经营风险，小规模生产者难以承受不确定性带来的风险成本，同时生态食品的信任品特性使小规模生产者同时面临高额的交易成本，因此，无论从生产还是销售层面来看，高效生态农业的发展均对规模化组织运营提出了要求。

7. 效益综合性

农业具有经济、社会、政治、生态、文化多功能性，高效生态农业尤其能发挥农业的多功能性，追求经济效益、生态效益与社会效益的高效统一。高效生态农业的产出品是生态安全产品和服务，迎合消费者绿

---

① 黄国勤、赵其国、龚绍林等：《高效生态农业概述》，《农学学报》2011年第9期。
② 现代农业是技术武装的农业，高效生态农业绝非传统完全依赖自然而作的经验型生态农业，这也是现代生态农业与传统生态农业最基本的区别。

色消费升级趋势。高效生态农业具有明显的生态功能和生态效益,生态效益具有明显的正外部性特征,若缺失恰当的生态补偿措施,难以调动生产主体的积极性,通过市场机制调整或生态补偿措施为高效生态农业的生态服务买单,提高微观生产主体的积极性,追求社会整体视角的经济、生态和社会效益的高效统一至关重要。

此外,可持续是发展高效生态农业的本质目的,也是其较之于石油农业模式最大的优点。可持续发展特征表现在自然生产可持续性和社会生产可持续性两个方面,对于前者主要指高效生态农业能够摆脱石化资源限制、保持土壤长期地力、降低污染排放、促进生态保育,从而实现长期持续生产;对于后者主要指高效生态农业能够保障粮食安全和食品安全,从而促进人类社会的长期持续发展。虽然从中国农业资源与环境承载力状况来看,保障农产品的供给与改善生态环境在短期内存在一定冲突,但长期看高效生态农业有能力调和这一矛盾关系,确保自然再生产与社会再生产的统一。[①]

第二节　中国生态农业发展现状及存在的问题

高效生态农业是高效生态产业发展的基础,结合生态农业试点和促进农业生态化发展的系列措施,对现状和存在问题进行分析。

一　中国生态农业发展现状

20世纪80年代以来,中国一方面推行了生态农业试点工作,另一方面围绕污染防治等实施了一系列工程,促进了农业的生态化发展,为高效生态农业发展奠定基础。

1. 生态农业试点建设与发展

围绕生态农业试点建设,中国生态农业发展总体可分为三个阶段。[②]

(1) 探索实验阶段(1980—1992年)。20世纪80年代,生态农业被引入中国,部分学者开始进行理论研究和实践倡导。生态农业试点建设

[①] 王宝义:《中国农业生态化发展的评价分析与对策选择》,博士学位论文,山东农业大学,2018年。

[②] 参见孙建鸿《我国生态农业发展思想及实践研究》,《农业部管理干部学院学报》2014年第4期。

工作涉及村、农户、县域等多个层面，1982年北京市在大兴县留民营村开展生态农业试点工作，拉开生态农业试点村建设序幕，1986年留民营村被联合国环境规划署认定为中国生态农业第一村；1983年生态农业学者叶谦吉教授在重庆市进行生态农业户建设实验，与此同时重庆市科委选定114个村进行试点建设；1987年江苏大丰县开始生态县试点建设，构建生态农业、生态工业、生态环境等为核心的社会、经济、环境协调发展体系，此后部分地区陆续开展各类生态农业试点建设工作。经过系列试点建设，建起了多类型的生态农业工程，探索出多种生态农业模式，同时有7个村被联合国环境规划署授予"全球500佳"称号。

（2）扩大试点建设阶段（1993—2000年）。1993年全国已有250个县、10多个市区开展了生态农业试点建设工作，形成2000余个试点示范典型区域。在此基础上，农业部等七部委遴选了51个典型县推进生态农业县试点建设，试点期内累计投入60多亿元，打造一系列配套工程和技术，探索出诸多生态农业典型模式。[①] 2000年在总结首批生态农业试点县建设工作基础上，又部署了第二批50个生态农业县试点建设工作，并提出在全国大力推广和发展生态农业。

（3）持续稳定发展阶段（2001年至今）。2002年农业部向全国征集了370种生态农业技术体系（模式），从中遴选出十大典型模式进行全面推广。2007年农业部确定邯郸等10个市（自治州）开展循环农业示范市建设工作。[②] 2013年农业部确定在辽宁、河南、湖北、广西、甘肃五省开展现代生态农业创新示范基地建设，构建生态农业创新技术发展孵化器。同时，2010年、2012年、2015年分三批确定北京市顺义区等50个县市区、北京市房山区等101个县市区、北京市等157个地市区开展国家现代农业示范区建设工作。农业农村部已公布三批共283个国家现代农业示范区，示范区对发展现代生态农业起到重要作用，不但创新了农业生产方式，还提供了大量生态有机产品。2014年农业部批准浙江省建设现代生态循环农业试点省，拉开省级试点建设序幕。此外基于食品安全考量，我国推行了绿色食品、生态食品、无公害农产品认证体系建设工作，也

---

① 李瑞农：《我国50个生态农业试点县建设开始启动》，《中国环境报》1993年12月11日第1版。

② 李文华、刘某承、闵庆文：《中国生态农业的发展与展望》，《资源科学》2010年第6期。

促进了生态农业的发展。①

2. 农业生态化发展情况

农业污染防治是促进农业生态化发展的重要内容。近年来国家不断加强农业资源保护和环境污染防治工作，取得系列成效，一是构建起以国家级、省级、地级、县级农业环保站为支撑的四级农业环保体系，成为环境监测和管理、污染防治的坚实力量；二是加强耕地重金属污染及农田残膜污染防治工作，启动土壤重金属污染防治普查建立监测预警机制，开展污染治理修复示范区建设和禁止生产区划分试点工作，推行废旧农膜回收利用清洁生产示范工程，初步构建起地膜回收加工体系等；三是加强农业面源污染防控工作，建立较完备的农业面源污染检测网络，同时在重点流域建设面源污染综合防治示范区。② 2015年农业部启动化肥农药双零增长计划。同时2017年中共中央、国务院印发《关于创新体制机制推进农业绿色发展的意见》，2018年农业农村部印发《农业绿色发展技术导则（2018—2030年）》等着力推进农业的绿色发展。

典型区域战略与实践为生态农业发展提供样本和经验。在国家出台一系列政策措施，开展一系列生态农业建设项目的同时，部分省市和地区将高效生态农业作为区域农业发展的基本战略。从省市层次来看，较为典型的包括浙江省、上海市等；从特殊区域来看，较为典型的包括黄河三角洲高效生态经济区、鄱阳湖经济区、三峡库区等。浙江省在2003年就提出发展高效生态农业，并进行了一系列探索，目前基本形成主体小循环、园区中循环、县域大循环的高效生态农业格局，且基本建立起高效生态农业发展的长效机制。上海市也将高效生态农业作为农业发展的基本战略，尤其是崇明区在探索高效生态农业发展中取得系列成果。崇明区2003年明确生态岛建设目标，2010年对外发布《崇明生态岛建设纲要（2010—2020）》，伴随生态岛的建设，摸索出一套行之有效的以效益引导农业发展的高效生态农业之路。2009年《黄河三角洲高效生态经

---

① 王宝义：《中国现代农业生态化发展历程与政策导向》，《福建农林大学学报》（哲学社会科学版）2018年第2期。

② 农业部新闻办公室：《农业部举行新闻发布会，有关负责人解读浙江现代生态循环农业发展试点省建设等相关情况——推进现代生态循环农业加快农业发展方式转变》（2015-01-06），中华人民共和国农业农村部网站，http://www.moa.gov.cn/zwllm/zwdt/201501/t20150106_4324085.htm.

济区发展规划》上升为国家战略，规划提出构建以高效生态农业为基础、环境友好型工业为重点、现代服务业为支撑的高效生态产业体系。其核心区东营市和滨州市围绕高效生态农业发展开展系列工作，东营市印发《黄河三角洲（东营）高效生态农业发展规划（2011—2020年）》，滨州市出台发展高效生态农业的意见等，结合自然环境状况和地区发展实际，围绕构建高效生态农业产业体系，通过示范园区建设、培育发展主体等一系列措施取得良好成效。2009年《鄱阳湖生态经济区规划》获得国务院批复，上升为国家战略，规划所列的六个发展定位中包含构建世界级生态经济协调发展示范区，提出大力发展生态农业，由此，围绕高效生态农业模式构建、农业生态环境治理、产业体系耦合等诸多方面做了一系列探索。重庆三峡库区人多地少、生态环境脆弱，结合地区特点确定了发展高效生态农业的战略，通过制定高效生态农业发展规划，探索多种高效生态农业模式，努力促进高效生态农业产业化发展。①

二 生态农业发展存在的问题

纵观中国生态农业发展现实，发展过程中总体上呈现遵循"多模式、多路径"的发展和"行政主导、示范引领"为抓手的政府主导特征。② 基于生态农业发展现实，结合国际经验和对发展形势的总体预判，中国生态农业发展还面临一些问题。

1. 生态农业发展的规模和质量相对不足，实现全面转型面临很大的挑战

纵观全国，生态农业虽已倡导三四十年，依托系列试点建设工程，生态农业发展已取得部分成果，但步伐还相对较慢，尤其高效性还体现不足。同时现实中，生态农业受资本驱动特征明显，资本逐利本性短期内对促进生态农业发展具有重要作用，但长期内对行业的健康发展也可能产生负面影响。近年来，围绕农业资源保护和利用、农业面源污染防治等开展了一系列工作，促进了石油农业的生态化发展，但这些措施总体上具有补救性质，难以从根源上解决石油农业"逆生态化"的弊端。总体来看，促进农业全面生态化转型发展还面临很大挑战，需要从广度

---

① 王宝义：《中国农业生态化发展的评价分析与对策选择》，博士学位论文，山东农业大学，2018年。

② 关于生态农业发展特征的进一步论述参见王宝义《中国农业生态化发展的评价分析与对策选择》，博士学位论文，山东农业大学，2018年。

和深度上持续不断地推进。

2. 生态农业的顶层设计逐渐形成，但"多模式、多路径"之间的融合有待加强

近年来围绕生态农业发展，相关部门制定了一系列政策措施，尤其通过顶层规划对生态农业发展进行整体设计，如《全国农业可持续发展规划（2015—2030年）》《农业资源与生态环境保护工程规划（2016—2020年）》《农业环境突出问题治理总体规划（2014—2018年）》《全国绿色食品产业发展规划纲要（2016—2020年）》等。但这些规划从不同层面涉及生态农业发展问题，且出自诸多部门，总体上需要加强整体统筹和多层面的融合。

3. 生态农业发展的体制机制仍待完善，发展还较强受政策机制约束

生态农业发展的体制机制不完善表现在：其一，农业资源市场化配置机制和资产管理机制不完善，缺乏反映资源稀缺和重要程度的价格机制制约了资源的合理利用，同时山、水、林、田、湖等重要资源也缺乏完善的保护和修复制度；其二，循环农业发展机制不完善，尤其是循环农业发展的激励还相对不足；其三，外部性解决机制不完善，一方面农业污染监管机制不完善、污染责任主体不明确、奖惩机制不健全、农业污染成本过低，另一方面农业生态补偿机制也不健全，导致生产主体促进生态农业发展的动力不足。

4. 生态农业发展面临较强的资源、环境条件等约束

农业生产较强依赖太阳能、水、劳动力等资源。从劳动力资源来看，较之于石油农业的大规模机械化作业方式和"大肥大药"的化学制品投入使用，生态农业需要投入更多的劳动力资源，而中国劳动力成本总体上升及农民的兼业化趋势却与之形成矛盾；从资本投入来看，生态农业发展需要依托循环产业链条和规模化组织，对资本投入提出了更高的要求，对运营主体的实力也要求更高；从产出情况来看，生态农业在短期内存在产出劣势，加之新型城镇化建设对耕地资源数量和质量的潜在威胁以及治理土壤污染和提升土壤肥力所要求的休耕等，使生态农业面临较大的土地资源制约。[1]

---

[1] 王宝义：《中国农业生态化发展的评价分析与对策选择》，博士学位论文，山东农业大学，2018年。

此外，生态农业的特征注定发展前期需依托政府主导，但在市场经济体制下任何一类产业要获得普遍发展最终必须依靠市场主导。中国生态农业在政府主导下遵循示范发展的道路，发展相对缓慢，市场作用缺失，由此探索政府与市场的作用平衡非常重要。

第三节　中国高效生态农业发展

高效生态农业发展过程中协调产业关系、选择适当的组织形式等非常重要，结合中国生态农业发展状况以及高效生态农业发展要求，对结构匹配关系、组织模式以及省域经验等方面进行分析。

一　高效生态农业发展的结构匹配关系

1. 高效生态农业发展的结构匹配关系

高效生态农业本质上是利用物质共生、循环利用原理构建农业生态及经济生产系统，它兼具自然再生产和社会再生产两类特征，因此既是动植物与资源环境的交互影响促其成长的组合，又是经济社会主导下的生产者追求价值、消费者追逐使用价值的组合。[①] 这些特征也决定了高效生态农业结构具有多重叠加性特征，突出表现在动植物与资源环境匹配结构和农、林、牧、副、渔业内部结构两个基本关系，以及三次产业结构一个拓展关系。

（1）动植物与资源环境匹配结构关系。构建高效生态农业系统时，对于种养结构的选择必须基于当地、当时环境与资源状况，做到"因地制宜"与"因时制宜"结合，同时要结合社会经济状况评估动植物与资源环境匹配的比较优势，从而做出进一步的判断。在现实中要围绕以下几个因素进行结构选择：其一，资源和环境适宜或者能够支撑生产什么样的农业产品，这是选择匹配结构的基础；其二，即使在资源环境与种植结构自然匹配的情况下，还要考虑种植结构的动态调整以便维持可持续发展以及不对人类的生活产生较大的负面影响；其三，因经济效益的主导作用，即使在动植物与资源环境具有较好匹配的情况下，还要考虑是否具有比较优势，缺乏比较优势的产品结构也难以获得持续发展。

[①] 时正新、吴玉树：《试论生态农业结构的合理化》，《农业现代化研究》1987年第5期。

（2）农、林、牧、副、渔内部结构关系。农业内部结构关系也受到自然和社会双重因素的制约，一方面基于能量循环产业链条的扩展和构建可以最大限度地利用资源，同时有效减少污染排放，确保良好的生态环境；另一方面种养牧渔等的结合更利于社会资源的合理配置及消费者需求程度的满足。高效生态农业发展的农林牧副渔内部结构关系，与资源环境和人类需求是密切结合在一起的，割裂资源环境构筑产业比例难以持续，但撇开人类需求仅顺势而作也违背农业发展初衷，必须是将多者结合起来综合调控。

（3）三次产业之间的结构关系。农业具有经济、社会、生态、文化多功能性。① 高效生态农业本身的生态和文化休闲功能特征明显，一方面其产出品已超越了基本的食物需求而赋予了食品安全及更具营养等内涵，从而提升了消费需求层次，另一方面其生产特征决定了能提供生态和文化休闲服务，因此对于满足消费者更高层次的需求，提高农业的附加值具有重要作用。发展高效生态农业过程要围绕生态有机产品的生产和附加值的提升，调整好三次产业的关系，在提高高效生态农业产出的同时，大力发展农业生态技术产业、生态产品加工产业、生态农业服务产业、生态农业创意产业等。

2. 高效生态农业发展的结构匹配重点

经过几十年的石油农业发展历程，中国农业生产的主要矛盾已由总量不足转变为结构性矛盾，主要表现为不同种类的产品供过于求与供给不足并存、同一种类产品供给数量充足与产品质量不高矛盾并存。发展高效生态农业在重视内、外部结构关系组配的同时，还要与农业产业结构调整结合起来。高效生态农业产业结构是高效生态农业模式构建和资源配置的结果，反过来，产业结构在很大程度上又决定了资源使用效率。根据高效生态农业的发展特点和要求，结合《全国种植业结构调整规划（2016—2020年）》等规划的重要内容，分析高效生态农业产业结构构建或调整的重点。

（1）统筹粮经饲发展，促进种养结合。随着经济的发展，人民生活水平不断提高，消费形态逐渐由追求吃饱向吃好、吃得健康安全阶段跨

---

① 龚松柏、闪月：《农业的多功能性与中国新型农业经营体系的构建》，《中共浙江省委党校学报》2015年第2期。

越,这就对高能级消费品提出了更多的要求,由此对种植业结构调整也提出了要求,一方面要求提升粮经作物的品质,如对生态食品的需求更多,另一方面要求粮经作物更好地支撑养殖业的发展,提高肉蛋奶的生产比例。食物结构调整要求与高效生态农业的发展也相一致,为了更好地满足消费升级趋势,促进"粮食作物—经济作物"二元种植结构向"粮食作物—经济作物—饲料饲草作物"三元种植结构转变。在统筹粮经饲发展,促进种养结合中,要注意以下问题:其一,坚持以养带种、以种促养的原则,调整好种养之间的结构关系;其二,调整好粮经饲的结构关系,促进三者的统一;其三,区别对待粮经饲作物的生产标准,提高供人类食用的优质农产品的比例。

(2)促进种养加、贸工农的一体化发展。种养加的结合是拉长高效生态农业链条,建立更为高效的生态循环系统的基础,也是提高高效生态农业产品附加值,更好地满足消费者多层次、高品质消费需求的保障。在调整种养加结构比例时,要注意以下几个方面的问题:其一,坚持宜加则加的原则,避免过度加工;其二,坚持原产地加工的原则,降低流通损失,有利于农业生产者分享增值收益。贸工农一体化发展是促进高效生态农业健康发展的重要保障,围绕市场需求,将高效生态农业的生产、加工和流通环节密切结合。在促进贸工农一体化发展过程中,要充分利用都市型农业、社区支持农业、新零售业态等形式缩短流通链条,提高流通服务的质量、效率和水平。同时,除了流通服务外,还应加大产前、产中各项服务水平,如科技支撑服务、育种服务、金融保险服务等,为高效生态农业的发展构建完善的服务支撑体系。

(3)构建相对完善的高效生态农业产业体系。高效生态农业的全面发展依赖相对完善的产业体系,产业体系建设过程中主导产业的选择、发展主体的依托等至关重要。农业主导产业是实现农业产业化经营的基础,高效生态农业主导产业指在高效生态农业产业体系中,具有较强的关联性和较高的附加值,具有明显的比较优势,能够对整个产业起到支撑和带动作用的产业。高效生态农业主导产业的选择是构建高效生态产业体系的关键。高效生态农业主导产业的选择受到资源环境状况、农业产业基础、社会经济条件等因素的影响,在选择主导产业的过程中要选择具有资源优势明显、关联效应明显、规模相对较大、综合效益高等特征的产业作为高效生态农业的主导产业。① 同时，结合主导产业的选择，进一步确定出优势产业和一般产业，对三类产业采取不同的发展战略，主要原则为大力发展主导产业，围绕高效生态农业的主导产业构建生态循环链条，并不断延伸产业链，发挥主导产业的支撑和带动作用；积极促进高效生态农业优势产业的发展，充分发挥它的优势作用；适度发展高效生态农业一般产业，使其成为主导产业和优势产业的重要辅助力量。还必须说明的是，高效生态农业的主导产业并非一成不变，应随着社会经济条件的变化和产业发展的基本情况适当做出调整。发展高效生态农业主导产业，要大力推进标准化、规模化、产业化生产基地建设，构建专业化生态农产品精深加工体系和高效的流通体系，充分发挥农业龙头企业在高效生态农业产业体系建设中的作用。同时，深化有机食品、绿色食品、无公害农产品"三品"战略，依托认证体系加强高效生态农业的品牌建设，促进高效生态农业的产业化发展。统筹"三品"农业的发展，根据"三品"农业不同的定位②制定不同的发展战略，广泛推进无公害农产品，加快绿色食品和有机食品发展，满足更高层次的需求。

二 高效生态农业发展的组织模式

高效生态农业的产前、产中、产后众多环节都对规模化经营提出了要求，主要表现在：生态循环模式的构建，需依托多产业结合及在较大空间范围内组织；高技术特征，要求经营主体具备较强的专业化水平；资金密集性特征，要求经营主体具备较强的资金实力；高风险性特征，要求经营主体具备较强的抗风险能力；产出品信任品特征，需依托品牌传播策略降低交易成本等。国家鼓励土地流转的基本政策为高效生态农业的规模化经营提供了前提，依托新型农业经营主体的新型农业经营体系为其发展准备了条件。多层次的农业规模化经营体系为高效生态农业的规模化经营提供了基础，但不同经营主体及组织形态发展高效生态农业的意愿、优势、特征等也存在差别，这决定了在高效生态农业发展过

---

① 党耀国、赵庆业、刘思峰、李炳军：《农业主导产业评价指标体系的建立及选择》，《农业技术经济》2000年第1期。

② 农业部《关于推进"三品一标"持续健康发展的意见》："无公害农产品立足安全管控，在强化产地认定的基础上，充分发挥产地准出功能；绿色食品突出安全优质和全产业链优势，引领优质优价；有机农产品彰显生态安全特点，因地制宜，满足公众追求生态、环保的消费需求。"

程中各类主体及形态的侧重点及重要程度也不一样（见表7-1）。

表7-1　不同经营主体及组织形态发展高效生态农业的特点及作用

主体或形态	特点及作用
种养大户（家庭农场）	市场趋势及主要定位：商品粮及大宗农产品的生产者；以高效生态农业为依托开发集种养、生态采摘、休闲住宿于一体的生态农庄 发展特征：资金、技术、风险抵抗等能力相对较弱；在测土配方施肥、滴灌等精准农业，以及畜禽污染集中化处理等方面具有较大空间
合作模式	平台型合作社：成员与合作社关系相对松散，合作社主要为成员提供平台型服务，两者之间不存在实质的交易关系；这种类型的合作社搭建了生产经营主体交流和服务的平台，但对于高效生态农业发展的实质作用不大 主导型合作社：通常以种养大户或农业企业为主导，为成员提供专业化服务，合作社与成员之间可能存在交易关系，合作社通过统一生产标准、统一监管、统一技术服务、统一销售、统一品牌等形成紧密的合作关系，这种模式对于高效生态农业的特色产品生产具有重要作用 合作农场：体现了高效生态农业集体经济特征，这种模式非常适合高效生态农业的发展，但对集体经济的经营者水平提出了较高的要求，同时可能会存在委托代理问题 公司主导合作模式：公司主导合作模式除了通过主导型合作社主导外，还可以通过"公司+农户""公司+合作社+农户"等形式进行主导，主要以特色产品生产为方向，同时有助于向加工业进行延伸；公司具有资金实力强、风险把控能力强等优点，对于高效生态农业的推行具有重要作用，但现实中契约的松散性及利益分配的不均衡，也较强地制约了这一模式作用的发挥。
生态农场（生态农庄）	家庭式生态农庄：主要以家庭经营为主，规模相对较小，更利于发展种养结合、食宿、生态旅游休闲一体化的生态农庄 工商资本及以集体经济为依托的生态农场：模式构建、技术、资金、风险、生产标准、品牌传播、产业链延伸等方面都具有优势，是目前高效生态农业微观模式的主体；其中，在品牌战略的实施和销售渠道的构建上颇具优势，如直供模式，包括酒店及连锁超市直供①，消费者会员制配送等，其他销售模式，包括专卖店及"互联网+"平台销售等，对于高效生态农业的发展具有重要作用

---

① 北京留民营生态农场（青浦园有机蔬菜）直供60多家大型连锁超市及多家四、五星级酒店，每周空运至香港6吨以上。

续表

主体或形态	特点及作用
农业产业园区	政府、企业或者两者联办，规模效应相对明显；节能减排、生态技术示范作用明显，是高效生态农业发展的重要依托
高效生态农业产业集群	是高效生态农业产业发展的空间聚集，是其规模化、产业化的重要依托，具有明显的规模经济效应、空间溢出效应和产业协同效应，是高效生态农业全面发展的重要依托

资料来源：笔者整理。

结合不同经营主体及组织形态，发展高效生态农业的特征及现实发展情况，从经营主体来看，农业企业、专业合作社、集体经济、种养大户（家庭农场）是高效生态农业发展的重要依托，其中以农业企业为代表的工商资本是最重要的一类主体，而专业合作社搭建的一体化平台和紧密化合作是小生产者发展高效生态农业的重要载体，同时集体经济形式为高效生态农业的发展开辟了一条重要渠道，而种养大户（家庭农场）则之于大宗生态农产品的生产及小规模化的生态农庄发展具有重要作用；从经营的组织形态来看，自主经营和合作经营以及两者的结合是经营的基本形式，但其中合作经营的作用颇为明显，无论是依托专业合作社的平台经营，还是"公司+农户""公司+合作社+农户"的契约经营，或股份合作的集体农场均是合作经营的具体表现形式，同时直接经营发展速度也很快，最重要的表现就是经营主体直接投资建设生态农场、生态农庄；从产业化形态来看，农业产业园区和高效生态农业产业集群的规模效应、空间效应、产业协同效应，对于促进高效生态农业的产业化发展具有重要作用。

三 高效生态农业发展的区域经验

浙江省在2003年就明确提出高效生态农业发展战略，依托生态省份建设，对高效生态农业展开了一系列探索，2014年获批现代生态循环农业发展试点省份，在发展高效生态农业的过程中，浙江省以思想观念转变为前提，以示范建设为抓手，以生态循环农业为形式，以体制机制改革为支撑，以长效机制建设为保障，着力构建起"产业布局生态化、农业生产清洁化、废物利用资源化、制度体系常态化"的高效生态农业发展体系，取得良好效果。① 其可借鉴的经验包括以下几个方面。

1. 牢固树立生态发展思想，将高效生态农业贯穿于农业乃至经济发展的全过程

中国经济发展的资源约束以及环境污染防治压力，决定了高效生态农业是农业发展的基本方向。浙江省人均耕地资源匮乏，生态环境优良，具有发展高效生态农业的紧迫性和发展条件，进入21世纪，浙江省就加快了探索生态发展的历程，将绿色浙江、生态省建设定为经济社会发展的基本战略，与此同时高效生态农业战略也萌生出来，且成为生态建设的重要组成部分，农业发展战略与经济发展有效结合起来，形成协同并进的局面。

2. 围绕重点三管齐下，全面推进高效生态农业的发展

环境污染凸显了石油农业的弊端，也是"倒逼"石油农业向现代高效生态农业转型的基本力量。浙江省在推进高效生态农业发展过程中以农业污染防控治理为主线和重要突破点，将畜禽污染防控、农业废弃物集中有效处理作为治理重点，厘清发展的主体线索；同时结合资源减量化、替代化、再利用化等资源高效利用的基本思路；鼓励探索发展宏微观的生态循环农业模式，如"利用桑枝栽培食用菌、激活桑菌稻三个产业"等浙江十大生态循环农业创新模式②，"沼液异地配送+全程服务"生态消纳沼液的兰溪县域大循环模式等十大生态农业机制创新模式等。

3. 规划引导、标准指导，构建高效生态农业发展的长效机制

制度体系是保障高效生态农业发展的基本条件，浙江省在推动高效生态农业发展过程中，着重加强了规划引导和标准指导两个方面的制度建设，不断构建和完善高效生态农业发展的长效机制。在规划引导方面，不但重视总体规划的引领作用，如《浙江省现代生态循环农业发展"十三五"规划》等，还重视规划的落实及各阶段重点任务的明确，如《浙

---

① 关于浙江省高效生态农业发展典型做法的总结主要参考了《浙江省现代生态循环农业发展"十三五规划"》《关于加快发展现代生态循环农业的意见》以及相关新闻报道等。

② 2012年浙江省农业厅组织了浙江省生态循环农业创新模式大赛，评选出杭州千岛湖金溢农食用菌专业合作社"利用桑枝栽培食用菌、激活桑菌稻三个产业"等十大生态循环农业模式创新奖，及杭州余杭三水果业有限公司"果园种草养羊，羊壮地肥果香"等十大生态循环农业模式优秀奖。2015年浙江省农业厅又组织了全省农业水环境治理暨现代生态循环农业创新大赛，评选出桐乡市恒生动物生物处理厂"死亡动物无害化处理及资源化利用技术"等十大创新技术和模式，嘉善县宁远农业开发公司"双孢蘑菇秸秆资源化利用技术"等创新大赛优秀奖。

江省发展生态循环农业行动方案》等；在标准指导方面，围绕污染防控、资源节约使用、循环使用等方面出台一系列标准办法，如《农业废弃物处理与利用促进办法》《商品有机肥推广应用实施办法》等，或提供科学指导，或规定禁止动作，或提供财政援助等。

4. 示范引领、因地制宜，探索高效生态农业发展的有效模式

高效生态农业具有明显的正外部影响，其自身特征决定了不可能在短时期内全面铺开，必须借助政府的力量有序引导，因此示范建设对其发展具有重要作用。浙江省在2011年便开始组织实施"2115"示范工程，着力构建生态农业发展示范县、示范区、示范企业、示范项目等多层级的示范体系，示范范围不断扩大，起到良好的引导作用。因地制宜的原则在推进高效生态农业发展过程中非常重要，浙江省着力构建底数清晰、指标明确的评价标准体系，有的放矢精准发力，测评农业现代化发展水平，为纵深推动高效生态农业发展提供借鉴。同时，通过不断构建和完善"主体小循环、园区中循环、县域大循环"三级循环农业体系，为高效生态农业的发展提供了可操作的模式和方法。在高效生态农业发展过程中，浙江省对26个欠发达县改变考评机制，考核重点转为生态保护、农民增收等，由此激活了生态发展潜力，逐渐走出了一条"高效生态、特色精品农业"的新路子。

高效生态农业的发展离不开政府的规划引导，但仅凭政府的力量也难以长久，需要建立政府引导、市场规范、主体自觉的多元参与机制。总体而言，在高效生态农业的发展前期，政府作用尤为重要，突出表现在制度体系建设上，最基本的要为高效生态农业发展创设良好的制度环境，但要实现高效生态农业的全面发展，长期来看必须依靠市场的力量，因此政府在制定相应政策措施时，必须考虑市场因素，将高效生态农业发展的要素和标准内化到市场行为中，如加强可追溯体系建设，实现生态产品的溢价功能，通过补贴生态友好型资源和技术，使生产者主动实现对化肥、农药等的替代等。同时工商资本对高效生态农业的促进作用也是非常重要的，如浙江省在推进高效生态农业过程中，鼓励和欢迎工商业等社会资本介入，众多企业投身于以农产品质量安全为核心的生态型农产品的生产中，畜禽死亡等动物无害化处理中也引入工商资本及金融保险，同时因具有一定的公益性质，政府在土地利用上为其提供便利，从而实现多赢的效果。

第八章　高效生态工业发展

工业是国民经济的主导，一个国家的工业发展水平，直接决定其技术水平和经济水平。人类社会进步伴随工业化进程的加快，但工业也是对资源环境负面影响最大的一类产业。生态工业源自产业生态学，意在模仿自然生态系统构建工业生态系统，其核心是构建资源高效和持续利用，且对环境友好的生态工业体系。高效生态工业本质上是生态工业，它是高效生态产业的核心，在高效生态三次产业中占主导地位。

第一节　高效生态工业的理论基础

一　高效生态工业的概念内涵

1. 生态工业概念内涵

生态工业源于产业生态学，1984年罗伯特·艾瑞斯（Robert Ayres）提出了产业代谢理论，1989年罗伯特·福罗什（Robert Frosch）和尼古拉·加劳布劳斯（Nicolas Gallopoulos）提出产业生态系统理论，认为传统工业活动需向产业生态系统转变。[①] 劳伦·埃尔克曼（Suren Erkman）认为产业生态系统应根据生态系统特征，实现产业系统与自然生态系统协调运行的目的。[②] 斯蒂芬·莱文（Stephen H. Levine）认为，产业生态系统旨在构建起包含生产者、加工者、消费者、分解者的基本功能单元。[③] 结

[①] Robert A. Frosch, Nicholas E. Gallopoulos, "Strategies for Manufacturing", *Scientific American*, Vol. 261, 1989, pp. 144 – 152.

[②] Suren Erkman, "Industrial Ecology: An Historical View", *Journal of Cleaner Production*, Vol. 5, 1997, pp. 1 – 10.

[③] Stephen Levine, "Comparing Products and Production in Ecological and Industrial Systems", *Journal of Industrial Ecology*, Vol. 7, No. 2, 2003, pp. 33 – 42.

合产业生态理论,学者对生态工业的概念内涵进行释义。综合诸多学者的观点,生态工业是建立在生态规律和经济规律的基础上,充分运用现代科学技术而发展的工业模式。就宏观而言,工业发展过程中,协调生态、经济和技术关系,促进人流、物质流、能量流、信息流和价值流的合理流动,使工业经济系统与生态系统协调耦合,从而保证工业生态系统的动态平衡,实现稳定、有序、协调发展;就微观而言,构建起工业资源的多层次物质循环和综合利用模式,保证子系统能量转换和物质循环的高效率,实现经济效益、生态效益和社会效益相统一的目标。

生态工业与传统工业在发展理念上存在较大差别,这种差别甚至达到对立的程度,发展理念的不同也导致生态工业与传统工业在诸多方面展现出区别。结合两者不同的发展背景理解两者区别,主要包括以下几个方面。第一,追求目标不同。传统工业模式建立在对物质产品极度渴望的背景下,以短期内经济产出最大化为单一目标;生态工业模式建立在追求可持续发展背景和相对丰裕的经济条件支撑下,追求经济效益、生态效益和社会效益相统一的目标。第二,对资源和环境的利用和对待方式不一样。传统工业模式建立在资源相对丰裕和环境自净能力相对较强的背景下,依托传统经济理论的成本理论和"稀缺性"作为资源定价的基础,同时生态环境游离在市场决策之外,总体上是一种"高消耗、高排放、高污染"的粗放发展模式;生态工业模式建立在资源稀缺和生态环境危机双重约束基础上,同时现代科技的支撑又为其模式的构建准备了条件,依托价值理论对待资源和生态环境,总体上体现为集约发展模式。第三,对产业结构和产业布局的要求不同。传统产业是线性产业模式,其发展主要依托资源禀赋理念,产业构建过程大多基于单一产业结构,同时很少考虑产业发展与区域生态系统和自然环境的匹配关系,易导致不同区域趋同的产业结构;生态产业是网络型、进化型的产业模式,其发展依托资源(经济资源、生态资源)优化配置理论,基于生态产业链和网络协同理念构建产业体系,一方面注重产业发展与区域环境的匹配关系,追求工业结构的生态化趋势,另一方面在产业体系的构建和主导产业的选择上又注重区域协同发展和产业链协同。

2. 高效生态工业概念内涵

从现有文献来看,高效生态工业的提法较为罕见,《黄河三角洲高效生态经济区发展规划》中对高效生态产业体系采用了高效生态农业、环境友好型工业、现代服务业的称谓。农业是与自然结合最为紧密的产业，其生态属性在三类产业中最强，生态工业和生态服务业也是生态农业发展理念的延伸，但较长时期内生态农业的"低效性"备受诟病，为此学者提出了高效生态农业的概念，以体现生态农业的高效愿景。不同于农业，传统工业对生态环境的影响更多体现在高消耗、高排放负面影响上，生态工业以期依托产业生态学理论模拟生态系统构建物质能量闭环流动模式，实现生产清洁化、产出最大化、排放最小化的目标，由此可见一定程度上生态工业是自带高效特征的。源于产业生态学，在生态工业研究方面学者大多聚焦生态产业链的技术关系、生态工业园区发展等体现生态工业典型模式的中微观层次研究方面。我们将高效生态产业拓展到整体工业体系中，一方面强调产业生态体系的构建和园区载体的发展，体现典型意义的生态工业发展；另一方面强调资源的匹配关系、产业结构的优化调整、生态效率的提高等宏观视角或范围的工业发展的生态高效特征的显现。因此，从产业链来看，高效生态工业具有能量流、物质流闭环循环特征，以实现减排降耗目标；从结构来看，高附加值等高端产业比例提升，低加工度、高能耗、高污染及严重依赖资源等的产业比例降低；从效率来看，表现为工业发展的生态效率不断提高。

二 高效生态工业依托的基础理论

工业是产业体系的核心，高效生态工业是高效生态产业发展的核心和关键。循环经济是生态产业的基础，是高效生态工业发展的重要依托，中国生态工业发展现实也是围绕循环经济而推进的。生态产业链条的构建是循环经济理念的体现，是高效生态工业发展的重要依托。依托循环经济理念构建生态产业链条最终将形成产业生态系统。

1. 循环经济及增值机理

循环经济（Circular Economy）早期思想萌芽源于20世纪60年代后期，美国经济学家肯尼斯·艾瓦特·鲍尔丁（Kenneth Ewart Boulding）的"宇宙飞船经济理论"。20世纪90年代基本理念形成，90年代末被引入中国，继而在理论和实践方面都得到较大程度的发展。国家发展和改革委员会对循环经济做了明确定义，即"循环经济是一种以资源的高效利用和循环利用为核心，以'减量化、再利用、资源化'为原则，以'低消耗、低排放、高效率'为基本特征，符合可持续发展理念的经济增长模式，是对'大量生产、大量消费、大量废弃'的传统增长模式的根本变革"。循环经济是对传统"资源—产品—废弃物"的线性经济模式和污染末端治理理念的颠覆，主张构建"资源—产品—再生资源"的闭环流动模式，强调新的系统观、经济观、生产观和消费观。循环经济的核心是"减量化、再利用、再循环"的3R原则，分别对应生产和服务过程中的输入端、过程中、输出端三个阶段。减量化原则旨在从源头上控制资源消耗和废弃物产生，核心在于尽可能提高资源的使用效率；再利用原则旨在强调产品的重复使用性和尽可能长的使用周期性；再循环原则旨在最大限度将废弃物变废为宝，做到吃干榨尽，减少资源消耗的同时尽可能抑制污染物的排放，核心在于对废物资源的优化配置。循环经济本质是通过模仿自然生态系统中的物质循环和能量梯级利用规律重构经济系统，最大化利用资源和降低环境代价。[①] 循环经济3R原则较多从技术层面解析循环经济发展问题，循环经济增值机理则从价值增值视角考察循环经济模式的价值，两方面的结合形成稳定型自然平衡机制与扩张型社会增长机制。循环增值的目的是以价值链拉动剩余物质单元在生产系统中的循环，使价值增值的基本原则是，剩余物质单元尽可能少地走出生产系统，尽量减少价值流失，尽可能多地经过生产系统产生循环增值。[②]

　　循环理念是产业高效生态发展的表现和基础。中国生态产业实践，尤其是生态工业实践是依托循环经济理念而推行的，循环经济理论为微观、中观、宏观层面构筑产业循环系统提供指导。从微观层面来看，要基于企业内部或工厂内部构建从原料、中间产物、废物再到产品的资源循环系统，实现清洁生产和资源利用的最大化，典型代表如美国杜邦公司推行的化学生产工业模式。杜邦公司20世纪80年代末依托"减量化、再利用、再循环"的循环经济理念构筑企业内部循环模式，通过放弃使用环境有害化学物质、减少使用部分化学物质及回收新工艺等，至1994年使塑料废弃物减少25%，空气污染物排放减少70%，同时，通过废弃化学物质回收开发出耐用乙烯材料等新产品。从中观层面来看，发展生态产业园区、集群等，实现企业与企业之间的循环共生。生态工业园是依托循环经济和产业生态学构建的生态工业集聚场所，园区内一个企业

---

① 王国印：《论循环经济的本质与政策启示》，《中国软科学》2012年第1期。
② 朱立志：《循环经济增值机理——基于农业循环经济的探索》，《世界农业》2017年第4期。

或工厂的副产品是另一个企业的投入品，由此通过在更大范围内构筑产业生态和循环链条，实现资源多层级利用，从而达到高效生产和清洁生产的目的，典型生态工业园区如丹麦卡伦堡生态工业园、天津泰达生态工业园区等。生态工业园区是高效生态产业发展的最佳实践载体。从宏观层面来看，要基于社会或区域范围，依托生态产业链条将农业、工业与服务业，生产与消费，城市与郊区等结合起来构筑生态循环圈，如浙江省已构建起县域大循环的高效生态农业循环体系等。①

2. 高效生态产业链理论

生态产业链（Eco-industrial Chain）是产业生态学中的专有概念，是产业生态学的重要内容，是高效生态工业发展的重要依托。生态产业链理论体现出农业、工业、服务业等产业融合特征，但总体上以工业为核心，它是在生态工业园区建设实践中被强化和应用的概念和理论。一般认为，生态产业链是指依据生态学原理，通过模仿自然生态系统，以恢复和扩大自然资源存量为宗旨，以提高资源使用效率为目的，根据社会需要，对两种以上的产业链接进行设计或改造，形成新型产业系统的系统创新活动。② 也有学者认为，生态产业链是指某一区域范围内的企业，依托自然生态规律，通过模仿自然生态系统的三者（生产者、消费者、分解者），以原料、信息、资金、人才等资源为纽带形成的具有产业链接关系的企业联盟，从而实现资源在区域范围内的循环流动。③ 对比两类概念，前一类主要强调了产业间的链接关系和系统创新活动，后一类则强调了以企业联盟为载体的产业链接关系和资源的循环利用，两者侧重点虽有不同，但本质上均强调了依托生态原理构建产业链条的根本要求。总体来看，生态产业链主要是通过规划产品体系、集成相关元素，构建从原料到产品、副产品以及废弃物的生产链条，实现物质的循环利用和最优利用。④ 生态产业链的构建体现明显的系统创新特征，构建过程以生态经济规律为前提，以创新为基础，通过探索产业间的链接结构、

---

① 吴光玲：《论循环经济及其产业体系的构建》，《中共福建省委党校学报》2005 年第 4 期。
② 尹琦、肖正扬：《生态产业链的概念与应用》，《环境科学》2002 年第 6 期。
③ 王兆华、尹建华、武春友：《生态工业园中的生态产业链结构模型研究》，《中国软科学》2003 年第 10 期。
④ 韩玉堂：《生态工业园中的生态产业链系统构建研究》，博士学位论文，中国海洋大学，2009 年。

运行模式、管理控制以及制度创新等构建起生态经济的产业化机理和运行规律，形成产业链层面的生态经济系统，继而以该系统为依托，在产业内部形成产业层面的生态经济系统，进而形成两个层面上系统的交集。①

高效生态产业链与高效生态产业概念相呼应，但外延又存在不同。高效生态产业强调产业的高效生态属性，高效生态产业链旨在依托产业链条的创新设计和集聚效应挖掘产业聚集的生态性和高效性。高效生态产业链是生态产业链的高级形态。从理论依托来看，生态产业链源于产业生态学，根植于生态学理论，着重强调产业设计对自然生态系统的模仿和生态规律的遵循，是对传统线性产业链弊端的改进；高效生态产业链依托产业生态学、（高效）生态经济理论，强调产业发展生态属性的同时，重视经济、生态、社会多位一体高效性。高效生态产业链现实功能结构形态是不同空间范围内的产业链接体，从微观层面来看，依托主体构建小规模产业链接体；从中观层面来看，依托产业园区构建企业间产业链接体；从宏观层面则表现为在区域乃至全国范围构建包含高效生态农业、高效生态工业、高效生态服务业相结合的现代高效生态产业体系，形成高效生态产业泛链接体系。

高效生态产业链与传统产业链存在区别，本质上将传统产业链"资源—产品—废物"的单向线性运行模式，改进为"资源—产品—再循环"的循环模式，体现创新设计特征，目的是实现资源多级利用，减少废物排放。② 高效生态产业链体现了高效生态产业发展的特征和要求，它是产业生态学、循环经济、生态经济理论的应用和具体体现，是高效生态产业发展的重要依托。科学合理地构建高效生态产业链，既能体现产业发展的生态属性，使一般产业整体跃升为高效生态产业及其集合，又能依托集聚和循环效应确保产业集合实现高效愿景，因此本质上高效生态是高效生态产业链构建的基本目标。高效生态产业链的构建要依托一定的条件，要突出现代科技、创新设计和管理创新的作用。社会发展为生态产业链进化为高效生态产业链提供了基础，表现在以下几个方面：第一，

---

① 李树：《生态工业：我国工业发展的必然选择》，《经济问题》1998年第4期。
② 孙丽文、杜娟：《基于推拉理论的生态产业链形成机制研究》，《科技管理研究》2016年第16期。

现代生物技术、先进制造技术等为高效生态产业链条的构建提供科学的指导和高效的组合方式；第二，现代信息技术、先进的管理技术等为资源的高效使用、精准生产，促进链条的协同发展奠定基础；第三，规模经济、范围经济以及集聚经济日益受到重视，在技术升级和企业竞争战略转变下生态产业链逐渐向网状结构进化，为在更大范围和更长链条上构建高效生态产业链条奠定基础；第四，生态发展理念和生态产品溢价进一步凸显生态产业的高效性，生态产品的相对稀缺与人们对生态产品诉求的提高同时促进生态产品溢价，高效生态产业链条上的系列产出品一方面体现产出过程的生态化，另一方面产品也可能是生态产品，会产生生态溢价效应。

第二节　中国生态工业发展现状及存在的问题

工业是国民经济的主导，是国家发展的基石，是高效生态产业发展的核心。结合工业发展的总体情况和生态工业发展的一般情况，对现状和问题进行分析。

一　中国工业发展的总体情况分析

改革开放以来中国工业发展水平不断提高，工业结构不断优化，总体上展现出良好的发展态势，取得一系列发展成绩。

1. 工业发展的总体水平不断提升，总体进入工业化后期

改革开放以来，中国工业实现持续高速发展，工业化水平快速提升。1978—2019 年，工业增加值由 1621.5 亿元增加到 31.71 万亿元，实际增长超过 10%，其对经济增长的贡献率将近 20 个年份超过 50%。工业发展总体上可以分为三个阶段：1978—2000 年，劳动密集型产业主导发展阶段。主要特点是纠偏工业结构，促进轻重工业同步发展；2001—2014 年，资本密集型产业主导发展阶段。伴随入市重化工业重新加速发展，但后期随着增长速度换挡期、结构调整阵痛期、前期刺激政策消化期"三期叠加"的到来，工业增速呈现下降趋势；2015 年至今，技术密集型产业主导发展阶段。这一阶段，新旧动能接续转换，技术密集型产业、战略性新兴产业加速发展，依托《中国制造 2025》谋求由制造大国向制造强

国转变。① 据中国社会科学院工业经济研究所测算，2015 年我国工业化综合指数达到 84，进入工业化后期后半阶段。② 中国工业产品在世界具有重要地位，按照国际标准工业分类，22 个大类中 7 个大类中国名列第一。制造业是工业的核心，1978 年中国制造业规模总量不及美国的 1/6、日本 1/3、德国 1/2，2007 年跃升到世界第 2 位，2010 年后跃升世界第 1 位，成为世界第一制造大国，2019 年制造业增加值达到 26.9 万亿元，占比全球 28.1%。

2. 工业内部结构不断优化调整，转型升级趋势明显

改革开放以来，尤其是 21 世纪以来，工业内部结构不断优化调整，2000 年以来，总体上装备制造业和技术密集型产业占比呈现上升趋势，资本密集型产业相对平衡，而高耗能行业呈现明显的下降趋势。同时，从传统产业、新兴产业等情况来看，转型升级趋势明显。传统产业不断转型升级，合成材料制造、稀土金属冶炼等细分行业，与居民生活消费密切相关的医药类、消费类等符合转型升级方向的产业增速较快，大多保持两位数以上的增长速度；钢铁、煤炭、石化、建材等存在过剩产能的传统产业不断得到调整，产能平衡能力不断增强；创新驱动对传统产业发展的作用也不断增强，关键装备、核心部件严重依赖进口的状况得到一定程度的缓解。新兴产业加速发展，不断为经济和产业发展注入新的动力。新能源汽车，光电子器件、工业机器人等智能、高端、绿色产业快速发展。③

3. 工业节能减排绿色发展取得一定成效

伴随生态环境问题的恶化和可持续发展理念的推进，进入新世纪以来中国持续推进节能减排工作，促进工业绿色发展，取得一定成效。第一，从工业能源消费情况来看，2000 年以来能源消费总量虽然呈现上升趋势，但单位工业增加值能源消费量呈现持续下降，由 2000 年的 2.58 万吨/亿元，至 2016 年下降到 1.17 万吨/亿元。第二，从工业水资源消费情

---

① 郭朝先:《改革开放 40 年中国工业发展主要成就与基本经验》,《北京工业大学学报》(社会科学版) 2018 年第 6 期。

② 参见黄群慧、李芳芳等《中国工业化进程报告 (1995—2015)》, 社会科学文献出版社 2017 年版, 第 27—30 页。

③ 郭朝先:《改革开放 40 年中国工业发展主要成就与基本经验》,《北京工业大学学报》(社会科学版) 2018 年第 6 期。

况来看，2004—2017 年，自 2012 年遏制了工业用水总量持续上升趋势，2012 年之前工业消费水资源总体呈现上升趋势，之后则总体呈现下降趋势。从单位工业增加值用水量情况来看，观测期内工业用水效率不断提高，由 2004 年 186.8 立方米/万元，至 2017 年下降到 45.9 立方米/万元。第三，从主要污染物排放情况来看，近年来工业废水排放总量、二氧化硫排放量、化学需氧量排放量等总体呈现下降趋势。

二 中国生态工业发展情况

中国工业发展过程中，伴随生态环境问题的显现，不断强调绿色发展理念。新中国成立后至 1978 年前中国实行重工业优先的发展战略；改革开放后至加入 WTO 前为解决供给短缺，实行轻重工业平衡发展战略；加入 WTO 至 2012 年，生产规模扩张，工业生产体系全面形成；2012 年之后向智能、绿色、低碳工业体系建设迈进。从工业发展的生态属性上考察，总体来看，基本形成从单纯强调资源节约利用，到资源环境与经济效益协同发展的新型工业化道路，再到生态文明建设下的生态工业体系建设的发展道路。

第一，基于资源缺口强调资源的节约和挖潜利用。新中国成立后，经济面临严重的短缺问题，不但反映在消费品供给不足上，还反映在原材料和能源等供给不足方面。为此，在能源政策上国家采取开发与节约并重的方针，调整产业结构、改革设备工艺、降低单位能耗、挖潜资源潜力。此时的发展理念是为了弥补能源资源的短缺，尚未认识到工业发展对环境污染和碳排放的负面作用，如在能源保障战略思想指导下，煤炭产量迅速上升，对生态环境问题的负面影响也不断增强。

第二，信息化与工业化融合，体现科技和人才驱动的新型工业化道路。伴随经济发展，尤其是工业化道路的实施，生态环境问题日益严重。2002 年党的十六大报告提出了走新型工业化道路的任务，即"以信息化带动工业化，以工业化促进信息化，走科技含量高、经济效益好、资源消耗低、环境污染少、人力资源得到充分发挥的工业化道路"。新型工业化道路强调了科技依托和生态效益理念，体现出生态工业发展特征。2003 年党的十六届三中全会提出科学发展的指导思想，并于党的十七大写入党章，成为新型工业化道路发展生态工业的重要支撑。进入 21 世纪，尤其是 2005 年以来，循环经济得到政策层层加码，其在指导工业、农业、服务业生态化发展方面起到重要作用。中国在循环经济框架内促进生态工业的发展，获得一定的后发优势①，如在工业方面通过实施园区循环化改造示范工程，推进企业、行业及产业间共生耦合，向企业循环式生产、园区循环式发展及产业循环式组合迈进。

第三，生态文明建设下，工业发展转型升级与绿色生态发展阶段。党的十八大提出了包含生态文明建设的"五位一体"建设思路，党的十八届五中全会提出"创新、协调、绿色、开放、共享"的五大发展理念，对绿色生态发展的要求进一步增强。工业绿色发展成为绿色生态发展的重要和关键组成部分，逐渐形成工业绿色发展政策体系。2015年《中国制造2025》布局基于产品、工厂、供应链、园区的绿色制造工程；2016年《中华人民共和国国民经济和社会发展第十三个五年规划纲要》强调实施制造强国战略，明确提出实施绿色制造工程，推进产品全生命周期管理，构建绿色制造体系；2016年印发的《工业绿色发展规划（2016—2020年）》全方位布局工业绿色发展，实施绿色制造体系创建工程，提出绿色产品、工厂、园区和供应链创建和示范要求，提出到2020年绿色发展理念成为工业全领域全过程的普遍要求。同时《绿色制造工程实施指南（2016—2020年）》布置了绿色制造工程建设的一系列重点任务。②

此外，生态效率是衡量工业生态化发展水平的基本方法，也能够从宏观视角表征生态工业发展的基本情况。结合已有研究，总体来看中国工业生态效率在不同时期、不同阶段、不同地区、不同行业内部均存在一定的差距，一方面要调整工业内部结构关系，提高高生态效率工业占比，另一方面要增强科技进步、规模效率等对生态效率的拉动作用。同时生态工业园区具有明显的高效生态发展特征，其生态效率相对较高，是高效生态工业发展的重要依托。③

---

① John A. Mathews, Hao Tan, "Progress Toward a Circular Economy in China: the Drivers (and Inhibitors) of Eco-industrial Initiative", *Journal of Industrial Ecology*, Vol. 15, No. 3, 2016, pp. 435–457.

② 参见史丹《绿色发展与全球工业化的新阶段：中国的进展与比较》，《中国工业经济》2018年第10期。

③ 中国工业生态效率的状况可参见陈超凡《中国工业绿色全要素生产率及其影响因素——基于ML生产率指数及动态面板模型的实证研究》，《统计研究》2016年第3期；岳鸿飞、徐颖、周静《中国工业绿色全要素生产率及技术创新贡献测评》，《上海经济研究》2018年第4期；卢燕群、袁鹏《中国省域工业生态效率及影响因素的空间计量分析》，《资源科学》2017年第7期；田金平、刘巍、臧娜、陈吕军《中国生态工业园区发展现状与展望》，《生态学报》2016年第22期，等文献。

三 中国生态工业发展存在的问题

中国工业发展取得系列成就，生态工业也得到一定程度的发展，但总体来看在发展结构、资源要素约束、发展水平等方面还存在一些问题。

1. 工业结构高端发展不足，整体水平有待提升

从产业链环节来看，源于全球分工，中国制造业大国的地位已经确立，但主要处于价值链低端环节，高端发展不足。在经济全球化趋势下，产业分工超越国家界限，扩展到全球范围。工业发达国家利用先发优势，向发展中国家转移高能耗、高污染、低附加值的产业或生产环节，而加快促进智力劳动为主的高附加值产业，如金融、信息等服务产业，尽管发达国家工业占比下降到 20% 左右，但依托跨国公司掌控全球工业高端设计、制造及营销环节，控制全球制造体系核心技术。在全球产业分工体系中，中国尚处于中低端环节，产业集中于生产和加工初级产品，以劳动密集型和资本密集型产业较为发达。从制造业来看，虽然我国已成为工业制造第一大国，但从制造业增加值率、劳动生产率、创新能力和核心技术拥有、关键设备和部件生产、高端产业占比和高端价值链环节占有、工业产品质量和品牌建设等方面衡量，还存在诸多问题。如从制造产品来看，中国企业生产的大部分产品功能性常规参数能够满足基本需要，但在功能档次、质量可靠性和稳定性及使用效率等方面有待提高，尤其在满足消费者品质化、个性化、品牌化等方面供给不足，落后于中国消费转型升级的需求，同时制造业产业组织结构还存在失衡情况，产业组织合理化水平不充分，优质企业数量不多。① 同时，随着数字经济智能时代的到来，数字成为产业发展的重要驱动力，但总体来看中国工业发展的数字化水平还相对较低。②

2. 工业发展的要素约束严重，中国制造成本优势及低端发展空间不断被压缩

从技术等要素来看，关键技术创新能力不足，要素成本上升压力较大，行业利润空间受到挤压。近年来，中国加大技术创新投入力度，创新能力得到增强，但与工业发展的需求相比还存在较大的差距，尤其是

---

① 黄群慧：《改革开放 40 年中国的产业发展与工业化进程》，《中国工业经济》2018 年第 9 期。
② 艾瑞咨询：《企业数字化转型，你最应该知道的几件事》，https://www.94477.com/article/2718088.html。

一些关键技术、核心部件严重依赖国外，突出反映在集成电路、工业机器人、数控机床和关键零部件等方面。第一，集成电路。集成电路是专利密集性高技术产业，中国在设计、制造工艺、封装测试等方面与国际差距较大，特别是发明专利比例较低，凸显核心创新能力不足。第二，工业机器人。中国已基本掌握工业机器人设计制造、控制系统软硬件等相关技术，但与国外先进国家相比，还存在较大差距，尤其反映在人机对话等核心关键技术方面。中国工业机器人的核心部件超过70%依赖进口，其成本超过总成本的40%。第三，数控机床和关键零部件。数控机床性能与国外差距较大，中高档机床数控系统基本依赖国外进口，关键零部件性能、可靠性以及使用寿命远不及发达国家。[1] 同时，近年来国际贸易保护主义抬头，逆全球化趋势出现，中美贸易摩擦不断，为遏制中国崛起，美国实施"霸权主义"政策，屡屡在关键技术、核心部件等方面制约中国，不惜动用国力扼杀中国先进技术实体企业，如华为等。此外，从劳动力要素来看，近年来缘于劳动力等要素成本上升趋势，企业盈利能力不高，制造业劳动力低成本优势逐渐削弱，被越南、印度等新兴经济体取代；从其他方面来看，企业的融资、用地、环保等成本也不断攀升，金融资源错配加剧工业发展融资难、融资贵等问题，土地稀缺性和工业用地的刚性约束不断拉升用地价格，生态文明建设也增强了对企业的环保要求等。

3. 生态工业发展面临系列问题，工业绿色发展水平还有待提升

中国快速工业化进程某种程度上以牺牲环境为代价，虽然近年来突出了工业绿色发展的理念，但总体上绿色发展水平还相对不高。据袁富华测算，1978—2010年中国潜在经济增长率平均达到9.5%，其中环境代价贡献了1.3个百分点，2000—2010年平均经济增长的2个百分点源自环境消耗。[2] 进入21世纪，伴随科学发展观、生态文明等发展理念的推进，依托新型工业化道路、循环经济模式推进以及生态工业园区示范建设等生态工业获得很大程度的发展，总体上依然存在多个方面的问题。第一，工业结构的生态化程度还相对不高，产业融合、区域协同能力较

---

[1] 郭朝先：《当前中国工业发展问题与未来高质量发展对策》，《北京工业大学学报》（社会科学版）2019年第2期。

[2] 袁富华：《低碳经济约束下的中国潜在经济增长》，《经济研究》2010年第8期。

低。一方面重化工业比例较高,且产业链条相对较短,技术较落后,同时生态工业与其他产业的融合作用有待提升,如在制造业服务化趋势方面与发达国家存在差距;另一方面生态工业区域协同度较低,地方政府的竞争政策导致不同区域产业之间竞争强而协同弱,生态工业梯队效应不明显。第二,生态工业的高效化程度不够,整体水平有待提升。工业发展过程中环保倒逼、防控污染理念占主流,这种"被动式"的发展思想,难以满足生态工业发展要求,很难发挥生态工业的高效性。生态工业的生态性与产业的高度性结合在一起往往更易发挥高效性,本质上生态性、高度性与高效性呈现协同进化趋势,中国生态工业的生态性不足,加之高度性的严重缺失,制约了整体进化。第三,生态工业园建设存在一定的问题,最佳实践水平发挥不够。生态工业园是组建生态产业链,构建循环经济体系,发展高效生态产业的最佳实践。进入 21 世纪以来,政府相关部门启动国家级生态工业示范园区建设工作,取得系列成效,但还存在一系列问题,主要包括:园区生态产业链的构建和企业生态水平相对不高,部分园区虽以生态产业园区命名,但生态产业属性不强,产业链条和企业群落的构建并不符合产业生态系统标准;生态产业园区政府主导和管理特征明显,示范建设具有"授之以鱼而非授之以渔"的特征,市场化运营程度不足,缺失长期发展的基础等。第四,产品生态设计理念和绿色供应链水平有待提升。产品设计过程中缺乏全生命周期理念,甚至与生态理念相对立,如基于行业和企业视角来看,产品的使用期限越短,更新换代也越快,市场也越大,这种个体理性与集体理性的矛盾造成社会资源的极大浪费。从供应链环节来看,制造与需求脱节,链条衔接偏离,逆向物流缺失等均不符合生态工业发展理念要求。

第三节　中国高效生态工业发展

一　高效生态工业发展的战略背景

中国高效生态工业的发展必须基于工业发展的内外形势和未来趋势,从工业体系的转型升级视角看,依托绿色经济和绿色工业发展导向稳步推进。从发展机遇来看,第四次工业革命为绿色发展预设前提;从国际形势来看,全球产业格局调整和贸易规则重构对工业结构调整提出了要求；从国内现实来看，面临诸多约束的同时，也面临良好的发展机遇。结合《中国制造2025》，分析中国工业和高效生态工业发展的战略背景。①

1. 第四次工业革命为绿色发展预设前提

科技创新是推动工业发展最核心的力量。18世纪以来，人类已先后经历三次工业革命。② 第一次工业革命开创了蒸汽时代，实现了工业生产的机械化，促进农耕文明向工业文明过渡；第二次工业革命开创了电力时代，带来生产变革，促使电力、钢铁等重工业兴起，石油成为新能源；第三次工业革命开创了信息时代，同时促进大规模制造业的发展。前三次工业革命的典型特征是对生产力的极致追求，使人类进入空前繁荣时期，但与此同时也带来能源和资源的巨大消耗以及沉重的环境代价和生态成本，促使人与自然的矛盾凸显。新一轮工业革命，基于网络物理系统，同时以人工智能、量子信息、清洁能源、生物技术等为突破口。它的核心是智能化与信息化，最终将构筑高度灵活、数字化、人性化的产品与服务模式。③ 新工业革命将改变产业发展的要素投入结构，减少产业发展对土地、劳动力、原材料、能源等生产要素的依赖作用，而凸显数据资源的关键地位。④ 同时，纵观人类历史上数次工业革命，其发生的节点也是新通信技术和新能源系统相结合之际，新一轮工业革命中互联网技术与可再生能源的结合将为其提供基础。⑤ 可见，新工业革命不但具有一般工业革命的高效发展特征，还将凸显绿色发展理念。

从技术发展情况来看，当前以信息技术为依托的第三次工业革命方兴未艾，以智能技术为核心的第四次工业革命又飞速走来，新技术发展层出不穷，推动工业发展向绿色发展、高端发展迈进。具体而言，大数

---

① 工业和信息化部规划司：《〈中国制造2025〉解读之三：我国制造业发展面临的形势和环境》，http://www.miit.gov.cn/n1146295/n1652858/n1653018/c3780669/content.html.
② 关于工业革命的划分，不同学者也有不同看法，诸多学者认为我们正经历第四次工业革命时代，但美国未来预测大师杰里米·里夫金依托通信技术和能源系统结合视角认为目前人类正进入第三次工业革命时代。
③ ［德］克劳斯·施瓦布：《第四次工业革命：转型的力量》，李菁译，中信出版社2016年版，第1—10页。
④ 谢伏瞻：《论新工业革命加速拓展与全球治理变革方向》，《经济研究》2019年第7期。
⑤ ［美］杰里米·里夫金：《第三次工业革命：新经济模式如何改变世界》，张体伟、孙豫宁译，中信出版社2012年版，第31—33页。

据、物联网、云计算、区块链等新一代信息技术驱动工业发展向"智能+"拓展，同时新能源、新材料等重要领域和前沿方向又在不断实现革命性突破和交叉融合，引发新一轮产业变革，推动制造业向"新制造"迈进。尤其是新一代信息技术与工业发展深度融合，促进产业形态、制造模式、生产组织等实现深度变革，主要表现在：产业价值链重心由加工制造环节向研发设计、营销服务等高附加值环节拓展，促进产业形态由生产型制造向服务型制造转变；"数字孪生"技术、全生命周期管理等技术理念，驱动制造模式的数字化、精准化、高效化、绿色化；异地协同设计、网络众包、个性化定制、精准供应链管理等颠覆传统生产组织模式，达到精准对接需求和高效协同社会资源的重要目标。新技术飞速发展为实现"中国制造"向"中国创造"提供了条件，为解决低端发展有余而高端发展不足的结构失衡，驱动制造业由低端价值链向高端价值链跃升奠定基础，在新技术驱动下工业化进程将不断加快。

2. 面临全球产业格局调整和贸易规则重构的严峻形势

从全球产业格局调整来看，中国制造业面临发达国家"高端回流"和发展中国家"中低端分流"双向挤压。一方面，进入21世纪以来制造业重新成为全球经济竞争的制高点，美国、德国、英国、日本等国家纷纷实施再工业化战略。总体上看，制造业尤其是先进制造业的国际竞争会进一步增强，"中国制造"向"中国创造"步伐迈进还面临一系列难题。表8-1列出了2016年主要制造业大国关键竞争力驱动因素，与工业制造强国相比较，除了成本外中国在一些关键竞争力方面还存在较大差距，尤其是政策与环境方面的缺失还非常严重。① 另一方面，缘于中国劳动力等成本上升压力，近年来跨国企业纷纷将劳动密集型制造业向越南、印度等一些东南亚国家转移，这为中国制造业结构调整带来机遇的同时，也增强了结构调整的紧迫性。

从全球贸易规则和贸易形势来看，近年来国际贸易保护主义抬头和强化，全球贸易规则面临重构。一方面，以美国为首的西方国家尚不承认中国的市场经济地位，频频挑起贸易战，贸易摩擦呈现不断增强趋势，中国成为遭受贸易救济调查最严重的国家。同时，贸易开放对产业安全

---

① 德勤、美国竞争力委员会：《2016全球制造业竞争力指数》，德勤、美国竞争力委员会2016年。

的潜在威胁也不容忽视，如以大豆种植和食用油产业为例，国外商家先期以低价格抢占市场，打垮国内相关产业，继而进一步掌控全产业链，抬升价格获取高额利润，这种做法已不鲜见。另一方面，美国主导一系列战略，不断在服务贸易、知识产权、劳工和环境保护等方面提高门槛，同时实施"霸权主义"，对"中国制造2025"战略采取打压态度，在核心技术、关键企业、教育、技术和人才交流等诸多方面实施封锁与扼杀战略。在此情况下，中国唯有抓住第四次工业革命契机，依靠创新驱动，实现工业发展向高端高效及绿色可持续方向转变，方能在世界格局变化中占据主导地位。

表8-1　世界主要制造业大国2016年关键竞争力驱动因素

国家	成本	人才	基础设施和创新政策	物质基础设施	能源政策	法律监管环境
中国	96.3	55.5	47.1	55.7	40.3	24.7
美国	39.3	89.5	98.7	90.8	68.9	88.3
德国	37.2	97.4	93.9	100.0	66.0	89.3
日本	38.1	88.7	87.8	89.9	62.3	78.9
韩国	59.5	64.9	65.4	69.2	50.1	57.2
印度	83.5	51.5	32.8	10.0	25.7	18.8

资料来源：德勤和美国竞争力委员会《2016全球制造业竞争力指数》。

总体来看，工业绿色发展的机遇与挑战并存。第四次工业革命和全球产业格局重塑为高效生态工业发展带来机遇，但同时我们又面临一系列要素趋紧约束，为工业的绿色转型带来了挑战，提出了要求。工业发展面临的约束主要包括：资源相对不足、环境承载力较弱，传统资源型产业逐渐萎缩；重化工业结构明显，提高产业结构性节能减排水平压力很大；高科技人才和企业创新能力不足，制造业向高端提升的能力受到抑制；长期累积的环境矛盾不断显现，工业发展带来的生态环境压力大有超过生态阈值的趋势；伴随人口红利消失和要素成本全面上升，制造业的原有比较优势逐渐消失。同时，近年来中国推行的一系列政策，尤其是工业发展的主导政策，与高效生态工业发展的理念也具有一致性，为其发展创设了制度条件，打下了现实基础。如《中国制造2025》围绕制造业高端发展、绿色发展进行战略部署,《工业绿色发展规划（2016—2020年）》提出,"围绕资源能源利用效率和清洁生产水平提升,以传统工业绿色化改造为重点,以绿色科技创新为支撑,以法规标准制度建设为保障,加快构建绿色制造体系"。我们必须牢牢抓住机遇,促进工业发展不断转型升级,向高端发展、高效生态发展、高质量发展迈进。

二 高效生态工业发展的重点

考察中国工业化过程中的生态环境问题,高耗能、高污染占主导的产业结构,能源粗放利用以及生态环保技术落后和体制机制缺失是重要原因。发展高效生态工业,一方面要将工业结构调整和优化升级作为切入点,促进工业生态效率的提高和绿色 GDP 增长,由此对工业结构、能源结构及利用效率等提出了要求;另一方面要基于产业组织模式,依托循环经济理念和产业生态学,促进经济系统和生态系统的统一。同时还要着力构建高效生态工业发展的能源、技术等支撑体系,为高效生态工业发展奠定基础。

1. 基于高效生态理念优化升级工业结构

工业结构优化升级必须建立在当前中国所处工业化水平基础上。中国正处于工业化后期阶段,而按照经济发展客观规律,工业化中后期阶段,资源、劳动力等生产要素对经济的推动作用将逐步减弱,技术密集型行业的比重将不断上升。[①] 同时,纵观历史上成熟工业国家,在工业效率大幅提升的基础上推行了"去工业化"战略,而近年来伴随新一轮工业革命的到来,工业发达国家又纷纷推行"再工业化"战略。中国工业发展具有很大的空间,当前人均收入也远未达到工业化国家去工业化时的水平,不宜压减工业规模,而应该以资源配置效率和生产率提高为基础,紧紧抓住新工业革命契机,促进工业结构优化升级。[②]

从整体视角来看,要依托产业生态化发展水平,构建工业分类发展清单,结合《产业结构调整指导目录》分类施策,总体上压减石油化工、黑色冶金等高能耗、高排放以及产能利用率相对较低的产业比例,大力发展信息与通信技术产业、高端制造业等,尤其是结合新一轮工业革命

---

① 金碚、吕铁、邓洲:《中国工业结构转型升级:进展、问题与趋势》,《中国工业经济》2011 年第 2 期。

② 王文、孙早:《产业结构转型升级意味着去工业化吗》,《经济学家》2017 年第 3 期。

大力发展动力产业、先导产业、新基础设施产业、引致性产业。动力产业主要包括人工智能、大数据、云计算等信息技术和产品部门；先导产业主要包括智能制造、智慧城市、车联网、远程医疗等信息技术与传统产业交叉融合新兴领域。同时，5G信息网络是关键基础设施，新技术和商业模式不断向传统能源行业、装备行业、消费品行业渗透，成为成长空间巨大的引致性产业。① 此过程，实质也是信息产业赋能传统产业、服务业与工业融合过程。近年来，依托新一代信息技术我国已启动新型基础设施建设，其对产业和经济的高效赋能作用也将日益显现。

从结构调整的路径或重点来看，主要聚焦于四个方面：第一，对传统工业进行生态化和数字化改造升级。一是淘汰落后产能、改进工艺流程，将生态技术和循环理念注入传统工业发展中，实现传统工业向现代工业、生态工业的转变；二是对工业尤其是制造业进行数字化改造，为依托新一轮工业革命实现高效、快速发展奠定基础。第二，以高端制造业为主导，促进产业链向高端价值链环节拓展。高端价值链环节具有较强的高效生态属性，是工业发展国际竞争的焦点，高端价值链具有明显的技术密集性特征，较强依赖技术创新能力。同时，围绕价值链的攀升，将制造业与服务业有机结合起来，推动制造业服务化趋势，提高附加值。第三，大力发展绿色工业。绿色工业指采用清洁生产技术和无害或低害新工艺、新技术，大大降低原材料和能源消耗，最终实现少投入、高产出、低污染的工业，它总体上要求高效利用能源和材料，减少废物排放，对化学制品、可再生原材料进行科学管理，逐步淘汰有毒物质，同时以可再生能源替代不可再生化石能源，对产品和过程进行绿色再设计，创建能够提供环保产品和服务的新兴工业。② 第四，大力发展生态环保产业，生态环保产业具有二、三产业融合特征，之于高效生态产业发展具有非常重要的作用，一方面生态环保装备制造业等是高效生态工业的重要组成部分，是绿色GDP增长的重要基础；另一方面生态环保制造业与服务业的结合，为产业生态效率提高和生态资源可持续提供保障。

2. 依托循环经济和产业生态理念优化高效生态工业发展的组织模式

中国生态工业的发展历程实质也是循环经济的推进历程，循环经济

---

① 谢伏瞻：《论新工业革命加速拓展与全球治理变革方向》，《经济研究》2019年第7期。
② 李晓西、王佳宁：《绿色产业：怎样发展，如何界定政府角色》，《改革》2018年第2期。

和产业生态学是高效生态工业发展的基本依托。循环经济和产业生态学存在一定的关系，产业生态学是循环经济的基础，从两者的运作尺度来看，循环经济基于"3R"原则在企业、区域、社会三个层次上分别要求实现清洁生产、生态工业园建设、循环型社会构建，产业生态学的核心是依托生态产业链和产业生态系统建设生态工业园，同时在企业层次和产业发展层面也有延伸和体现。高效生态产业的发展也将两者结合起来，在微观层面上追求生态企业、生态工厂建设，中观层面上依托生态工业园区载体构建产业链条无缝对接、资源闭环流动、企业紧密协作的生态群落，宏观层面上在区域范围内构建产业循环体系，促进产业融合协同发展。

第一，促进生态企业和生态工厂的建设。其一，生态企业建设。伴随生态环境问题的出现，部分企业开始追求向生态运营模式转变，称为生态企业。生态企业在资源利用和产品运行两个方面实现生态与经济一体化，一方面从资源选择、产品设计、工艺改革、技术进步、生产管理等环境入手，寻求资源循环利用和污染有效减排，实现企业与自然和谐共生；另一方面从产品质量入手建立全过程监控体系，保证产品质量，实现企业与消费者的和谐共生。促进生态企业建设，要加强对企业研发、设计、采购、生产、营销、服务等全过程生态管理；加强企业联合改组和技术改造，优化生产流程，淘汰落后工艺，凸显经济与生态的统一；应用先进节能技术，提高能源利用效率的同时，更多选择清洁能源；加强"三废"资源化的同时，注重生态环境建设等。此外，要支持企业实施生态战略、生态标准、生态生产、生态管理、生态文化等建设，培育一批典型生态企业发挥示范带动作用。其二，生态工厂建设。工厂是制造业的生产单元，生态工厂是实施生态制造的主体，是工业过程生态化的保障。将生态发展理念融入工厂建设过程中，加快建设具有用地集约化、生产洁净化、资源利用高效化、废弃物处理资源化等特征的生态工厂。结合中国现实及《绿色制造工程实施指南（2016—2020年）》规划部署，优先选择钢铁、有色金属、化工建材、机械制造、食品纺织、电子信息等重点行业开展生态工厂新建改建工作。同时，生态企业与生态工厂既存在区别又存在联系，前者强调组织单元，后者更强调空间聚合，但总体上两者存在有机统一，宜将两者结合起来共同推进。

第二，促进生态工业园区和区域协同循环体系建设。其一，生态工业园建设。生态工业园是凸显高效生态发展理念和要求的生产企业和基础设施集聚平台。在园区规划、空间布局、产业链设计、能源资源及基础设施利用等方面融入高效生态理念，打造具有布局集聚化、结构绿色化及链接生态化等特征的生态工业园区。在现有生态工业园区建设基础上，建设更多具有行业特色的生态工业园区，园区建设过程中一方面要给予用地、财税等方面的政策倾斜；另一方面更为重要的是，要基于市场化理念，依托核心企业打造真正具有市场竞争力，而非单纯依赖政策倾斜、政府扶持的示范园区。其二，充分发挥区域比较优势，推动产业生态协调发展。基于区域资源承载力和环境容量确定产业开发方向和强度，优先发展具有高效生态特征的产业，将资源优势向经济优势和生态优势转变，同时依托区域产业发展的能量流、物质流，调整和完善产业链条，构建物质和能量的循环体系，促进区域范围内生态系统和经济系统的统一。结合重要区域战略促进协同区域生态产业链条的构建和循环体系建设。

3. 构建高效生态工业发展的支撑体系

高效生态工业的发展不但依赖能源、技术等"硬"支撑，还依赖绿色设计理念等"软"支撑，缺失关键支撑高效生态工业就无从发展或者无法获得全面发展。

第一，构建以清洁能源为核心的现代能源体系，促进能源结构调整与产业结构优化调整的生态协同效应。能源发展总体来说遵循从高碳到低碳再到无碳发展的规律，在新一轮产业革命背景下，第三次能源革命已悄然发生，中国也进入能源结构调整的关键时期。中国是世界上能源消耗最大的国家，也是碳排放的第二大国，在工业发展过程中高度依赖煤炭、石油等化石能源，能源利用效率较低，能源强度高于世界平均水平2.48倍。同时，能源面临需求过于旺盛，供给相对不足以及价格扭曲等一系列问题，解决这些问题的关键，一方面要依赖提高能源利用效率，另一方面要积极发展天然气、核电以及可再生能源等清洁能源。从可再生能源潜力来看，中国拥有世界上最丰富的风力资源以及丰富的太阳能、潮汐能、生物能、地热能等资源，每平方米可再生能源潜力高于世界上大多数国家。① 这为构建以清洁能源为核心的现代能源体系准备了条件，也为构建"能源互联网"驱动中国实现向后碳社会发展奠定了基础。为此，要紧紧抓住新一轮工业革命和能源革命契机，从供给革命、消费革命、技术革命、体制革命等方面入手构建起以清洁为核心的现代能源体系。在此过程中，尤其还要注意推动产业结构调整与能源结构优化协同并进，结合《能源生产和消费革命战略（2016—2030）》确立的目标，助力高效生态工业发展。从能源结构调整促进产业结构优化来看，一是提高市场准入标准，限制高耗能产业以及石化能源消费；二是推动工业绿色改造升级，淘汰煤炭、钢铁、石油化工等行业环保、能耗、安全生产等不达标的落后产能，促进能源消费清洁化。从以产业结构优化促进能源结构升级来看，一是大力发展战略新兴产业，加快节能与新一代信息技术，新能源、新材料等先进制造业发展，培育能耗低、效益好的产业；二是推动生活性服务业向精细化、高品质转变，推动生产性服务业向专业化、高端价值链延伸，发挥高效生态功能。总体上推动产业体系向集约化和高端化、高效化和生态化升级，实现能源消费结构的清洁化和低碳化。

第二，构建生态技术和信息技术相结合的技术支撑体系，促进生态工业高效生态特征的发挥。高效生态工业的发展依赖现代科技，尤其是新技术的作用。支撑高效生态产业发展的技术总体上包括两类：生态工业技术和信息技术等基础技术。生态工业技术广义上指工业系统中能提供资源利用效率和降低污染排放的技术，包括无废工艺、清洁生产、生态工程、绿色制造等，狭义上指根据工业生态原理及生态设计原则等构建的新工艺方法、新流程及新材料、新能源等使用方法。② 从基础性技术来看，一方面包括大数据、云计算、物联网、区块链等新一代信息技术和新一代生物技术等，这些技术应用到工业中可以大大提高工业发展的生态化和高效化水平，如数字化技术，通过数字化手段改变产品的设计、开发、制造以及服务过程，同时连通企业内外环境，实现高效生产和无缝对接；另一方面包括互联网平台、共享经济等能够促进产业高效生态

---

① ［美］杰里米·里夫金：《第三次工业革命：新经济模式如何改变世界》，张体伟、孙豫宁译，中信出版社2012年版，中文版序第xv页。

② 傅泽强、杨明、段宁等：《生态工业技术的概念、特征及比较研究》，《环境科学研究》2006年第4期。

发展的新平台、新模式等，如互联网信息平台不但能够精准对接供需，实现定制生产，促进资源高效配置，减少甚至消除无效产能，同时还能促使规模经济与范围经济的结合，更好地体现高效特征。在促进高效生态工业发展过程中，要以生态技术的创新应用为基础，以新技术、新平台的创新应用为重点，促进两者的结合，让技术渗透到高效生态工业发展的全过程、全链条。同时要将生态技术与工程科技结合起来，促进节能环保集成、绿色工业改造和产品创新等。

第三，全生命周期设计理念与推进绿色供应链发展相结合，为高效生态工业发展提供理念基础和模式依托。将工业产品设计和供应链集成相结合，从理念与实践两个层面推动高效生态工业发展。其一，全生命周期设计。全生命周期设计又名生态设计，是体现高效生态工业产出和运营的基本理念，它是从产品性能、环境保护、经济可行等多个角度考虑工业产品设计。按照全生命周期理念，产品设计开发环节系统考虑原材料选用、生产、销售、使用、回收、处理等各环节对生态环境的影响，以尽可能低的资源消耗、尽可能小的生态环境影响，获取尽可能大的产品使用效益。选择量大面广、与消费者密切相关的产品，采用模块化、集成化、智能化等绿色设计共性技术以及高性能环保新材料，推进全生命周期工业产品设计。其二，绿色供应链。供应链涵盖采购、生产、营销、回收、消费、物流等环节，绿色供应链是在供应链中综合考虑环境影响和资源配置效率的高效生态供应链模式。绿色供应链强调供应链节点企业的协作，绿色供应链要依托核心企业建立以资源节约、环境友好为导向的采购、生产、营销、回收、消费、物流体系，推动上下游协同实现高效生态的目标。[①] 在《中国制造2025》《工业绿色发展规划（2016—2020年）》等政策的引导下，工业和信息化部等制定了一系列生态（绿色）产品、绿色供应链等规范和标准，总体上要以示范建设为依托，以系列标准为基础，推动高效生态工业的发展。同时供应链与生态工业园区还具有共同特征，绿色供应链管理工具可以有效描绘生态工业园内共生协同作用[②]，可以将两者结合起来推进。

---

① 赛迪研究院：《中国制造业绿色供应链发展研究报告（2018）》，2019年。
② Mathilde Le Tellier, Lamia Berrah, Benoit Stutz, et al., "From SCM to Eco - Industrial Park Management: Modelling Eco - Industrial Park's Symbiosis with the SCOR Model", Advances in Production Management Systems, 2017.

第九章　高效生态服务业发展

服务业是生产和消费的重要支撑，在国民经济中具有"压舱石"作用。不同于农业和工业，服务业提供无形产品，总体来看具有清洁生产特征，这也决定了其在高效生态产业体系中的不同作用。高效生态服务业是高效生态产业的支撑，这不但反映在自然生态与人文生态相结合的生态服务业方面，还反映在对其他产业的高效生态赋能作用方面，总体上挖掘生态价值、降低资源消耗、赋能其他产业成为服务业高效生态发展的重要表现。

第一节　高效生态服务业的理论基础

一　高效生态服务业的内涵

1. 服务业与现代服务业

服务业源自对服务的理解，按照辞海的释义"服务是不以实物形式而以提供活动的形式满足他人某种需求的活动"，随着社会发展和科技进步，尤其是信息技术的发展和基于互联网的商业模式创新，服务包含的范围不断扩大，不断被赋予新的含义。[①] 服务业的概念在理论界尚存在争议，但一般认为它是指从事服务产品的生产部门和企业的集合，旨在利用工具设备、场所、信息、技能等为社会提供服务的业务。与其他产业相区别，服务产品具有非实物性、不可储存性以及生产与消费的同时性等特征。总体上服务业包含服务产业和服务事业两个类别，其中前者是以增值为目的提供服务产品的部门集合，后者是以满足社会公共需要为目的提供产品的集合；也有学者从服务对象视角将其分为公共服务业、

---

① 刘志彪等编：《产业经济学》，机械工业出版社2015年版，第247页。

生产性服务业和消费性服务业，通常来看服务产业对应生产性服务业和消费性服务业，服务事业对应公共服务业，但也不尽然。按照三次产业分类理论，服务业是第三产业的代名词，1985年国家统计局在《关于建立第三产业统计的报告》中将第三产业划分为四个层次：第一层次流通部门，包括交通运输业、邮电通信业、商业餐饮业、物资供销和仓储业；第二层次为生产和生活服务的部门，包括金融业、保险业、公用事业、居民服务业、旅游业、咨询信息服务业及各类技术服务业等；第三层次为提高科学文化水平和居民素质服务的部门，包括教育、文化、广播电视业，科研事业，生活福利事业等；第四层次为社会公共需要服务的部门，包括国家机关、社会团体及军队和警察等。①

随着科学技术的发展，服务业进入了现代化阶段，党的十五大报告提出了现代服务业的概念。按照《现代服务业科技发展"十二五"专项规划》的释义："现代服务业是以现代科学技术特别是信息网络技术为主要支撑，建立在新的商业模式、服务方式和管理方法基础上的服务产业。它既包括随着技术发展而产生的新兴服务业态，也包括运用现代技术对传统服务业的改造和提升。"② 现代服务业有别于以餐饮住宿、交通运输与仓储、商贸为主体的传统服务业，它以金融保险业、信息传输和计算机软件业、租赁和商务服务业等为代表。但现代服务业并非与传统服务业毫无关系，伴随信息技术的发展和知识经济的到来，众多服务业是由新技术、新业态、新服务方式改造而来，是具备高层次、高附加值，同时兼具知识经济内涵的生产和生活服务业。为此，也可看出，现代服务业是兼具高效和生态特征的服务业，《黄河三角洲高效生态经济区发展规划》将现代服务业作为高效生态产业体系的重要组成部分，成为构建高效生态产业体系的重要支点。

2. 生态服务业与高效生态服务业

服务业与农业和工业存在较大区别，一般认为服务业是无烟产业，较之于工业，它对资源环境的影响相对较低，因此其生态发展问题也未引起足够重视。但随着资源环境问题约束的增强和人民生活水平提高带来的消费升级趋势，服务业生态化发展问题也逐渐引起重视，部分学者

---

① 参见国家统计局《关于建立第三产业统计的报告》，1985年。
② 科技部：《现代服务业科技发展"十二五"专项规划》（国科发计〔2012〕70号）。

将研究视角投向生态服务业,同时一些区域提出发展生态服务业的战略,如浙江丽水市等。但较之于生态农业和生态工业,目前对于生态服务业的理解缺乏一致性,主要代表性观点包括:生态服务业是在充分合理开发与利用区域生态环境资源基础上而发展的服务业,包括生态旅游业、现代物流业、绿色商业服务业、绿色公共管理服务等①;生态服务业是以生态学理论为指导,依托技术和管理创新,按照服务主体、途径和客体的顺序,围绕节能、降耗、减污、增效等方面,通过实现物质和能量在输入、过程、输出三个环节的良性循环的新型服务业,它是循环经济的重要组成部分,主要包括绿色商业和公共服务、清洁交通运输、绿色科技教育服务等②;生态服务业是为生产和生活实现生态化发展而提供服务的经济活动和产业形态,既包括企业节能减排的第三方治理服务,生态环境治理的技术、信息、融资等服务,生态农业技术、信息、管理等服务形态,也包括传统服务业的生态化或绿色发展,如生态旅游、生态物流、生态商业等。③

与农业和工业的有形生产不同,服务业是生产无形产品的一类产业,其与生态的关系主要体现在三个方面:生产服务过程对生态产生负面影响,如物流业带来的碳排放和快递包装造成的环境污染等;通过生态增值为人类提供服务,如生态旅游等;为生态提供服务,如清洁生产服务降低工业对环境的负面影响,土壤污染治理恢复土壤生产功能等。服务业涵盖面广,不同类型产业特征又存在较大差别,生态服务业涵盖一揽子服务业,但当前学者对生态旅游、生态物流、环保产业等体现生态发展特征的具体产业研究较多,而之于生态服务业则提及较少,更罕见高效生态服务业的提法。尽管如此,为体现研究体系的完整性和一脉相承性,在遵循已有研究的基础上,我们一方面采用高效生态农业、高效生态工业、高效生态服务业的研究逻辑,另一方面又遵循生态农业、生态工业、生态服务业(生态旅游、环保产业等)研究基础,并将其融入高效生态产业体系中,拓展相关内涵,以构建统一体系。由此综合诸多学者生态服务业的观点和社会发展现实,将高效生态服务业理解为生态服

---

① 孙婷:《关于发展贵阳市南明区生态服务业的几点思路》,《特区经济》2007 年第 5 期。
② 参见赵桂慎《生态经济学》,化学工业出版社 2009 年版。
③ 罗能生:《生态服务业:洞庭湖生态经济区的"新型动力"》,《湖南日报》2016 年 9 月 20 日第 5 版。

务与现代服务相融合的,直接或间接体现高效生态发展特征的服务产业。

二 高效生态服务业体系的构成

围绕服务业与生态的关系以及服务作用的不同,总体上高效生态服务业可以分为四个类别:典型生态服务业、生态环保服务业、高效生态赋能服务业、高端高效服务业。四个类别具有独特特征,但也存在一定的交叉,在此只为表达理念,不做严格区分。

1. 典型生态服务业

典型生态服务业,包括典型融合生态属性以及具有较大的生态效率提升空间的服务产业,前者如生态旅游等,这类服务业能够发挥生态增值功能,后者如生态(绿色、低碳)物流业等,这类产业能够减少产业发展对生态环境的负面影响。第一,生态旅游业。生态旅游(Ecotourism)一词最早由世界自然保护联盟(IUCN)于1983年提出,1993年国际生态旅游协会将其定义为"具有保护自然环境和维护当地人民生活双重责任的旅游活动"。生态旅游兼具生态自然景观和生态发展理念,一方面强调回归大自然,从生态自然景观和体验活动中,享受自然馈赠;另一方面强调对自然生态系统良好运转的维护,尽最大努力规避对自然生态环境的负面影响。它是兼具景观开发生态化、生态资源增值化、旅游行为生态化等一系列特征和要求的旅游业态。近年来生态旅游的年均增长率维持在20%左右,是旅游产品中增长最快的部分。《全国生态旅游发展规划(2016—2025年)》,计划2025年构建起以生态旅游协作区、目的地、线路和风景道为主体的生态旅游总体布局,争创世界生态旅游强国。第二,生态(绿色、低碳)物流业。物流业上通生产下达消费,兼具服务生产和消费的双重功能,不但对国民经济的增长起重要支撑作用,且对人民消费的满足也起到关键作用。2019年中国社会物流总费用占GDP的比重为14.7%,较之1991年23.7%的水平缩减9个百分点,尽管如此,与美国、日本等物流业发展水平相对较高的国家比较,依然存在较大的差距,同时我国还存在快递效率相对较高与物流业整体效率相对较低的结构矛盾。物流业是一个综合性产业,牵涉运输、仓储、包装等诸多环节,绿色(低碳)发展理念在其产业发展中应用空间巨大,作用十分重要,体现在两个方面:其一,物流业本身具有高效发展和绿色发展的广阔空间,运输网络优化、联运方式合理组织、基础设施资源协同利用、运力资源有效整合等均体现出资源节约、高效发展的空间,而绿色包装、降低流通损耗①等则体现出物流业的绿色发展属性；其二，物流业的高效科学发展对生产和消费形成强有力的支撑，有效促进生产和消费的生态化，如逆向物流的发展有助于废弃物的回收和资源化，线上线下与物流的协同发展造就 C2B 模式（Customer to Business，即消费者到企业），使生产与需求科学匹配、高效生产，同时物流末端资源开发将更高效地配置和协同社会资源，如快递员可以融合金融保险服务，可以为垃圾分类提供支持等。

2. 生态环保服务业

生态环保服务业是生态环保产业的重要组成部分，生态环保产业是指以防治环境污染、改善生态环境和保护自然资源为目的，而进行技术产品开发、资源利用、商业流通、信息服务等活动的总称。它是一个跨产业、跨经济部门、跨地域的综合性新兴产业，涵盖三次产业，但以第三产业为主体。生态环保产业主要包括环保设备或产品的生产与经营、资源综合利用、环境服务三个方面。国际社会对环保产业的理解，从狭义上指终端控制，即之于末端环境治理提供产品和服务；从广义上指产品从"生"到"死"全流程的绿色服务。生态环保产业具有典型的生态服务特征，它不但涵盖污染的末端治理，还包含对生产和消费全流程绿色服务，随着科学发展观和可持续发展理念的深入，后者逐渐占据主导地位。

3. 高效生态赋能服务业

高效生态赋能服务业主要是指能够促进传统产业高效化和生态化改进的服务业，这类服务业体现出第三产业对第一和第二产业的高效生态赋能作用，以及其与一、二产业的融合拓展特征。如电子商务产业，一方面为供需的精准匹配提供支撑，提高资源配置和生产效率；另一方面为在线化利用资源以及创新产业模式实现产业增值提供支撑。前者如医疗、教育等远程服务大大提高资源利用效率，后者如依托互联网的定制菜园，将生产与生活结合起来，实现农业的增值服务等。高效生态赋能服务业作用的发挥必须建立在与其他产业融合的基础上，因此现实中这类产业往往难以独立区分。纵观产业发展，除了平台服务赋能外，高新技术服务赋能也是核心所在，通过高新技术服务赋能传统产业可以跃升

---

① 据统计，中国农产品从地头到餐桌的损耗高达30%，而美国只有5%左右。

为具有高附加值且蕴含生态属性的产业，如纺织服装业是传统产业，具有劳动密集、附加值低等特征，一方面通过技术升级和改造，可以推动其产业链条向"微笑曲线"的两端延伸，提高附加值；另一方面利用"互联网+"等技术，不但可以缩减流通链条、降低流通成本，实现生产与消费更好地匹配，从而减少浪费，同时借助平台优势可以更好地塑造品牌，提升品牌效应获取品牌溢价。农业也是传统产业，一定意义上传统农业是一种天然的生态农业，但传统农业的经济效益是相对较低的，是一种低效的生态农业，而在保持生态农业本质意义基础上，借助生物技术、信息技术等现代科技服务以及规模化、集约化、社会化等管理技术服务，可以实现低效向高效的迈进，使兼具经济效益、生态效益和社会效益的高效生态农业成为可能。

4. 高端高效服务业

高端高效服务业是指体现高端性、高效性特征的服务业，以高端服务业为主体，以现代服务业为基本组成部分。现代服务业具有高端和高效特征，高端性在一定程度上与高效性存在密切关系，高端服务业的附加值相对较高也体现出高效性特征，具有高效特性的服务业往往是与现代科学和管理技术相融合的服务业态，也体现出一定的高端特征。高端服务业的称谓已被接受，部分学者对其进行了研究。高端服务业源自国内地方政府文件，是一个具有典型中国特色的词汇[1]，目前高端服务业的概念并未形成一致意见，陈艳莹等认为高端服务业是现代服务业中，具有较强外溢效应，能够有效促进服务业和制造业升级的服务业集合体[2]；马鹏、李文秀认为高端服务业指为生产者提供服务，具有高知识、高技术、高产业融合性的服务业，主要涉及商务服务业、信息服务业、研发服务业、金融服务业四大行业类别。[3] 与世界发达国家相比较，中国高端服务业发展相对落后，扭转服务业低层次发展的任务还很艰巨。[4]

---

[1] 李海舰：《〈中国高端服务业发展研究〉评介》，《中国工业经济》2012年第4期。
[2] 陈艳莹、原毅军、袁鹏：《中国高端服务业的内涵、特征与界定》，《大连理工大学学报》（社会科学版）2011年第3期。
[3] 马鹏、李文秀：《高端服务业集聚效应研究——基于产业控制力视角的分析》，《中国软科学》2014年第4期。
[4] 王冠凤：《中国高端服务业发展的国际比较研究》，《湖北社会科学》2018年第4期。

第二节　中国服务业发展现状及存在的问题

服务业是衡量经济发展和结构优化水平的重要标志。高效生态服务业是高效生态产业发展的重要支撑，因服务业的非物质性以及广泛性特征，现实中生态服务业的提法较少，因此结合高效生态发展理念围绕服务业的一般发展，对现状和问题进行分析。

一　中国服务业发展现状

改革开放以来，中国服务业快速发展，新业态新模式不断涌现，服务产品从供给稀缺向相对丰富迈进，服务业从"无足轻重"到占据国民经济"半壁江山"，总体来看，服务业发展呈现以下特征。[①]

1. 服务业实现跨越式发展，成为经济增长的重要推动力

党的十一届三中全会后，党和国家采取了一系列措施，探索服务业市场化改革，加快服务业发展。党的十八大以来，大力推进服务领域改革，服务业迸发出强大的生机和活力，新技术、新产业、新业态、新模式层出不穷，服务业成为国民经济第一大产业，对于保障就业、财税等起到重要作用。从发展规模、速度和过程来看，中国服务业增加值1978年为905亿元，到2019年增至534233亿元，年均实际增长超过10%，占比国内生产总值从28.4%上升至53.9%，对经济增长的贡献率将近60%。从吸纳就业来看，服务业就业人员由1978年4890万人，至2019年增至36721万人，2019年服务业就业人员占全部就业人员比重达到47.4%，高于第二产业19.9个百分点。从财税贡献来看，服务业对财税的贡献也稳步提高，1978—2017年中国税收收入年均增长16.1%，服务业税收贡献比重由2002年39.8%，2017年上升至56.3%，2017年服务业新增税收占全部新增税收的比重达到54.3%。此外，服务业还成为新增市场主体最主要的组成部分。

[①] 国家统计局服务业司在《服务业在改革开放中快速发展，擎起国民经济半壁江山》一文中对服务业发展情况做了较为全面的梳理，本部分参考吸收了该文的诸多内容和观点。

2. 软硬服务基础设施建设不断完善，为产业高效生态发展提供重要支撑

服务基础设施包含硬件和软件两个方面，对于促进服务业自身和相关产业发展都具有重要作用。从交通基础设施来看，改革开放以来，交通基础设施不断完善，服务能力不断提升，交通运输业获得飞速发展，构建起规模庞大的多类型运输体系。1978年中国铁路营业里程为5.2万公里，至2019年超过13.99万公里，其中高铁营业里程超过3.5万公里，占世界三分之二；1978年至2019年公路里程从89万公里增长至501.25万公里，高速公路里程达到14.96万公里，居世界第1位。从电信基础设施来看，电信基础设施建设实现由弱到强的跨越。中国电话网络规模和光纤传输网络规模均居世界第1位，已形成全方位、多层次、多方式的网络体系。互联网资源不断丰富，用户规模不断扩大，普及率不断上升，移动用户上网规模不断扩大，截至2020年3月，网民规模达到9.04亿人，手机网民规模达到8.97亿人。强大的网络基础设施和广泛的用户，不但促进信息产业的自身发展，且为"互联网+"赋能其他产业的高效生态发展提供强有力的支撑。从科技支撑服务来看，改革开放以来科技服务支撑力量不断增强，创新驱动日益明显。1992—2018年，中国全社会研发投入年均增长超过20%，2018年创新指数排名全球第17位。①

3. 现代服务业获得快速发展，尤其反映在以信息产业为核心的诸多行业

党的十八大以来，全面推进"互联网+"战略，推动信息产业呈现爆发式增长。信息传输、软件和信息技术服务业增加值2012年为11929亿元，至2018年增长至32431亿元，占GDP比重由2.2%上升到3.6%，2018年增速达到30.7%。物联网、大数据、区块链、云计算、人工智能等现代信息技术迅猛发展，深刻驱动产业发展和生活方式变革。如在商业变革方面，电子商务、移动支付等新模式飞速发展，引领世界潮流，中国逐渐进入"虚拟支付"时代。同时，金融业规模日益壮大，现代金融业服务经济的能力不断增强。改革开放以来，银行、证券、保险等金

---

① 数据源引自世界知识产权组织和美国康奈尔大学等发布的《2018年全球创新指数报告》，2018年中国排名第17位，首次进入前20强，比2017年第22位上升5位。排名前十位的均为发达国家。

融体系日益健全，金融体制不断完善，对助力产业发展尤其是新兴产业起到关键作用。金融业增加值由1978年的76.5亿元，增至2018年的69100亿元，年均实际增长超过10%，高于服务业年均实际增速，占GDP的比重由1978年的2.1%增至2018年的7.7%。

4. 传统服务业升级步伐加快，不断焕发新商机

改革开放以来，人民收入水平不断提高，推动消费提档升级，新兴消费快速兴起，尤其是旅游、文化体育、健康养老等关系国计民生的"幸福产业"不断升级发展。从旅游业来看，旅游业快速发展，市场不断扩大，较强带动住宿、餐饮、娱乐等行业的发展。从国内旅游发展情况来看，游客数量、旅游花费均呈现较快的上升趋势，国内游客数量由1994年的524万人次，至2019年达到60.06亿人次；人均花费由195.3元，至2019年达到953.3元。同时近年来生态游、红色游等理念兴起，生态游不但拉近人与自然生态的关系，增强生态保护的理念，实现"绿水青山就是金山银山"的生态价值，且依托生态旅游促进农业、旅游及其他产业的融合发展。从文化体育业来看，经济快速发展促进了文化体育产业的繁荣兴盛，2017年文化及相关产业增加值达到35462亿元，占GDP的比例达到4.3%。同时，互联网与影视、出版等的深度融合，培育出更加繁荣和多样化的市场。

二 中国服务业发展存在的问题

1. 服务业发展总体水平还相对较低，内部结构存在失衡

改革开放以来，中国服务业获得很大程度的发展，现代服务业的比例不断提升，对国民经济增长的拉动作用也不断增强，但与国际先进水平相比其发展的总体水平还相对较低。表9-1列出了服务业增加值结构水平情况，基于栏目一和栏目二的分类模式，前者服务业位居第2组，后者服务产业位居第3组，均为经济欠发达组别水平；基于栏目三的分类模式，相关服务性产业也基本处在经济欠发达或经济初等发达组别行列；基于栏目四的细致分类模式，相关服务性产业大多处于经济初等发达组别。由此，从国际比较的视角来看，总体上中国服务业尚处于经济初等发达甚至欠发达国家水平。① 从服务业内部结构来看，还存在一定的

---

① 参见何传启主编《中国现代化报告2018：产业结构现代化研究》，北京大学出版社2018年版。

表 9-1　　　　中国服务业增加值结构水平（2015年）　　　单位：美元，%

分栏	增加值结构	中国数值	位居组别	经济欠发达			经济初等发达		经济中等发达		经济发达	
				1	2	3	4	5	6	7	8	9
				469	825	1821	4322	8008	14022	27813	47431	74765
一	农业	8.8	4	36.7	30.5	18.8	11.7	5.5	4.4	2.6	1.1	1.6
	工业	40.9	—	18.4	20.5	30.2	30.2	33.8	30.6	28.8	27.7	27.1
	服务业	50.2	2	45.6	49.8	51.6	57.5	60.8	65.1	68.7	71.2	71.3
二	物质产业	50.8	4	—	—	—	—	36.1	34.5	26.0	24.9	30.1
	服务产业	25.9	3	—	—	—	—	40.2	33.2	37.8	31.9	27.5
	知识产业	23.3	4	—	—	—	—	23.7	32.4	36.1	43.6	41.3
三	农业	9.1	3	—	—	—	—	3.3	3.1	2.5	1.3	1.2
	工业	41.6	4	—	—	—	—	32.8	31.3	23.3	22.7	28.9
	流通服务	24.3	3	—	—	—	—	38.4	31.8	35.5	30.0	24.5
	其他服务	1.6	—	—	—	—	—	1.8	1.3	2.3	1.8	1.3
	人类服务	9.1	4	—	—	—	—	9.7	15.5	17.3	21.5	19.7
	基本服务	14.2	5	—	—	—	—	14.0	16.8	18.9	21.4	21.6
四	采矿业	2.8	—	—	—	—	—	4.4	1.0	0.3	0.7	6.4
	制造业	29.4	4	—	—	—	—	18.9	19.5	16.2	15.0	13.5
	建筑业	6.8	4	—	—	—	—	7.5	6.8	4.6	5.4	5.5
	公共事业	2.2	5	—	—	—	—	1.9	3.5	2.7	1.9	1.7
	环境治理	0.6	6	—	—	—	—	0.0	0.6	0.7	0.7	0.4
	批发和零售	9.6	3	—	—	—	—	17.3	13.4	12.4	11.1	11.8
	运输和储存	4.4	3	—	—	—	—	6.6	7.4	5.6	4.9	5.8
	食宿服务	1.8	4	—	—	—	—	2.4	1.6	4.4	2.5	1.6
	房地产和租赁	8.5	3	—	—	—	—	11.7	9.3	13.0	11.6	6.1
	教育	3.5	4	—	—	—	—	4.4	4.5	5.2	5.6	4.1
	信息和交流	2.7	5	—	—	—	—	2.2	4.8	4.0	5.2	4.3
	艺术、文娱	0.7	5	—	—	—	—	0.5	1.6	1.3	1.2	1.3
	健康社会帮助	2.2	4	—	—	—	—	2.4	3.9	5.9	8.6	9.9

续表

分栏	增加值结构	中国数值	位居组别	经济欠发达			经济初等发达		经济中等发达		经济发达	
				1	2	3	4	5	6	7	8	9
				469	825	1821	4322	8008	14022	27813	47431	74765
四	金融和保险	8.4	—				3.9	4.2	4.8	5.4	6.8	
	专业技术活动	2.0	4				2.7	4.6	4.4		6.4	5.2
	公共管理	3.4	4				4.4	6.5	7.0		0.8	0.7

资料来源：根据何传启主编《中国现代化报告 2018：产业结构现代化研究》编制，原始数据出处及指标核算与说明等参见原著。

失衡情况，以行业增加值占比衡量，总体上批发和零售业、房地产业、交通运输、仓储和邮政业等传统服务业占比相对较高，而信息传输、软件和信息技术服务业，科学研究和技术服务业还相对不足，虽然金融业占比也相对较高，达到21.14%，但近年来金融业"脱实向虚"，对服务实体经济的缺位也广受质疑。

2. 劳动生产率相对不高，对就业的吸纳能力也有待提高

总体而言，服务业是劳动密集型产业，其劳动生产率不但对行业的生产效率提高具有重要影响，还对人民收入水平的提升具有重要意义。中国服务业劳动生产率逐年提高，与发达国家的差距不断缩小，但总体上差距仍然较大。从中国与G7国家服务业劳动生产率平均水平对比来看，2004年中国为G7国家平均水平的4.90%，2014年增至19.41%，仍具有较大的提升空间。[1] 同时从服务业内部劳动生产率来看，呈现较强的行业异质特征，总体上各细分行业劳动生产率呈现持续上升趋势，但行业之间存在较大的差别。[2] 以2011—2015年相关数据为基础进行分析，居民服务、修理和其他服务业，房地产业、金融业等劳动生产率较高，教育等行业较低，同时信息传输、软件和信息技术服务业，租赁和商业服务业等现代服务业劳动生产率也有待提升。服务业是吸纳剩余劳动力

---

[1] 范超、刘晓倩：《服务业发展的国际比较研究》，《调研世界》2018年第3期。

[2] 凌永辉、刘志彪：《中国服务业发展的轨迹、逻辑与战略转变——改革开放40年来的经验分析》，《经济学家》2018年第7期。

的重要行业,且吸纳潜力的发挥对促进经济结构转型具有重要意义。随着服务业在国民经济中的占比不断提高,服务业的劳动力占比也不断提高,2019年中国服务业就业人数占比总就业人数的47.4%,而同期美国超过80%,巴西、保加利亚等中等收入国家也超过60%,中国服务业吸纳就业的潜力有待进一步提升。

3. 标准化、高端化、生态化发展不足,支撑高效生态发展的能力有待提高

服务业标准化是提升资源配置效率的基础,高端化是结构优化的基础,也是高效性的保障,生态化直接关系服务业对生态环境的影响程度,三个方面是支撑服务业高效生态发展的重要保障。

服务的标准化是促进服务业尤其是现代服务业发展的重要基础,中国工业标准化建设取得良好成效,较之于工业的标准化,服务业的标准化建设尚处于探索阶段。标准化缺失,一方面导致资源配置效率低、资源浪费严重,另一方面也限制了行业的规模化和健康化发展水平。以物流业为例,物流相关标准的缺失或不统一,不但带来管理的落后、效率的低下,且对社会资源造成极大的浪费,而某一项标准的统一则可能带来革命性的变革,如依托淘宝系平台推行的电子面单,不仅大大降低面单成本且大大提高分拣效率,总体提升社会物流运行水平。近年来,中国不断加强服务业标准化建设工作,如2016年国家标准委与国家发展和改革委员会印发《生活性服务业标准化发展"十三五"规划》,对生活性服务业标准化发展做出部署。但标准化工作是一项系统工程,不但依赖于标准的制定和集成,更依赖标准体系与行业发展的实践耦合,总体上服务业的标准化工作仍要经历很长时间的建设过程。

服务业高端化发展水平可以用高端服务业发展情况进行表征。高端服务业具有科技含量高、附加值高、人力资本投入高,资源消耗低、环境污染低等特征,是中高端价值链的主体。表9-2列出了部分服务业增加值区位熵基本情况,无论与美、日等发达国家相比,还是与印度、泰国等发展中国家相比,中国服务业专业化程度都不占优势,自2010年中国服务业区位熵系数超过1,2014年达到1.135,但发达国家在20世纪90年代左右就基本超过1的水平,如美国在2014年达到1.910,印度、泰国等新兴经济体在2014年分别达到1.415、1.342等,也超过

中国。① 高端服务业发展不足影响了服务业发展的整体水平，服务业的附加值相对较低，同时核心技术"卡脖子"问题也屡屡出现。

表9-2　　　　　　　　　部分国家服务业增加值区位熵

年份	中国	美国	日本	英国	德国	印度	泰国	智利
1990年	0.677883	—	1.041985	0.992491	—	0.606336	0.851419	0.784468
1997年	0.637641	1.190785	1.111851	1.018003	0.945043	0.673160	0.805455	0.785982
2001年	0.664009	1.188163	1.133288	1.048159	0.964181	0.719949	0.799481	0.640073
2005年	0.678770	1.194002	1.140734	1.083324	0.980514	0.757937	0.789657	0.769038
2010年	1.147789	1.974822	1.836003	1.831261	1.615055	1.321250	1.283679	1.361907
2014年	1.134747	1.909912	1.797826	1.821700	1.565247	1.415191	1.342053	1.374968

资料来源：王冠凤根据世界银行相关数据核算，转引自王冠凤《中国高端服务业发展的国际比较研究》，《湖北社会科学》2018年第4期。

服务业总体分为生产性服务业和生活性服务业，较之于农业和工业，其对生态环境的直接影响相对较弱，但其服务属性会带来对生态环境影响的正面或负面的传导或放大效应。中国服务业发展的生态化水平还相对不足，生态发展的理念在服务业中的渗透度还相对不高。从部分行业自身发展来看，发展过程中资源浪费、效率损失、环境污染等情况还比较严重，如物流业的发展畅通了生产与消费服务，但与发达国家相比其效率还相对较低，碳排放强度相对较高，既缺乏高效性也缺乏生态性；从部分服务业的间接影响来看，在服务生产与生活的同时，带来较强的资源浪费和环境污染问题，如互联网外卖平台高效链接了餐饮行业的供需，但同时大量包装物的废弃带来的资源环境压力不容小觑，同时行业监管也不完善，食品安全问题堪忧，对人民健康带来威胁，继而又会带来医疗资源的浪费等。

---

① 王冠凤：《中国高端服务业发展的国际比较研究》，《湖北社会科学》2018年第4期，第89—103页。

第三节 中国高效生态服务业发展

一 高效生态服务业发展的战略背景

服务业既为生产服务又为消费服务,生产和消费分别位于产业发展的上游和下游环节,是一个问题的两个方面,消费时代背景为高效生态服务业发展预设前提。同时,近年来伴随互联网尤其是移动互联网技术的发展,数字(智能)经济、共享经济、平台经济、功能经济等新经济模式不断萌生和发展,有效助力和赋能产业的高效化和生态化发展。

1. 高效生态服务业发展的消费时代背景

改革开放以来,中国消费变迁总体可以分为温饱消费、多样化消费、品牌消费、品质消费四个阶段。按照国际经验,当人均GDP超过8000美元时将迎来服务业全面跃升阶段,自2015年中国人均GDP超过8000美元,服务业升级和品质消费趋向明显。[①]但总体来看,城市与农村之间、城市内部以及不同消费群体等还存在消费分层情况,一方面一、二线城市品质消费升级趋势明显,而低线城市和农村则呈现大量化消费扩充趋势;另一方面年轻消费者个性化消费特征明显,而中老年消费者对品质消费诉求明显。同时,近年来伴随中国经济调速换挡向高质量发展迈进,以及生态文明建设的推进,呈现生产生活方式向绿色转型趋势,生态消费价值趋向也日益明显。消费趋势和消费分层对高效生态产业(服务业)发展既带来机遇又面临挑战。从挑战来看,表现在:发展生态产业不能侵蚀大规模、多样化消费基础,由此对生态产业的高效性提出了更高的要求;生态产品的市场需求还相对不足,规模化发展还受到较强抑制;大规模消费对环境造成的压力巨大,对生态环保提出了更高的要求。从机遇来看,消费升级下品质消费诉求融合了产品和服务的生态属性,同时随着经济发展水平的提高和生态文明建设的推进,"绿水青山就是金山银山"的理念不断深入人心,人民生活方式的绿色转型趋势明显。同时,"以国内大循环为主体,国内国际双循环相互促进"的新发展格局构建要

---

① 菁财资本:《中国的"第三消费时代"与国产崛起》,https://www.pintu360.com/a59842.html。

求，关系流通体系变革、消费结构调整等一系列问题，对高效生态服务业发展产生直接或间接作用。

2. 高效生态服务业发展的新经济背景

（1）数字（智能）经济占据主导地位，智能化服务成为助力高效生态产业发展的关键。数字经济对经济的作用主要表现在三个方面：数字技术改变了经济环境和经济活动；新的网络空间成为经济活动的基地；促进经济活动优化和经济增长，数字经济时代依托精准匹配算法，实现化整为零，从而展现出"低熵经济"特征。① 总体上，数字经济与高效生态产业发展的内涵相一致。伴随信息技术的提升，数字经济总体上经历了以 IT 应用为特征的数字化时代、以"互联网+"为平台的网络化时代、以"智能+"为依托的智能化时代三个阶段。数字化时代依托 PC 赋能提高决策效率，"互联网+"时代依托互联网的平台效应实现数字信息的互联互通，"智能+"时代将实现万物互联，依托数据进行智能化治理将占据主导地位。近年来，中国数字经济持续快速发展，2019 年数字经济规模达到 35.8 万亿元，占 GDP 的比重为 36.2%，对经济增长的贡献率达到 67.7%，成为拉动经济增长的核心关键力量。随着大数据、云计算、物联网等信息技术的发展，以及产业数字化改造和供应链各环节的数字链通，数字经济还将重新定义产业发展模式。智能化时代数字经济升级为智能经济，以数据技术为核心，"数据+算力+算法"的智能经济，实现资源的高效配置。数字经济跃升到智能经济阶段，一方面将实现供需高效协同、资源精准匹配，提升产业发展效率和有效发展水平；另一方面以数据和技术为核心的智能经济将驱动产业体系、产业链全面变革，同时为产业发展的生态化和高效化奠定基础。

（2）平台经济与共享经济助力资源高效配置，凸显网络经济和规模经济优势。平台经济和共享经济与数字经济存在密切关系，总体上两者也是数字经济典型的表现方式，平台经济和共享经济的发展依托数字技术，同时共享经济往往与平台经济结合在一起，两者更多从组织模式而非技术层面体现现代服务业赋能产业的高效发展。

随着互联网的普及、新一代信息技术的应用，平台经济以崭新的业

---

① 吕本富：《数字经济平台促进高质量发展》，http://www.jjckb.cn/2019-04/17/c_137983980.htm。

态横跨诸多部门，新平台经济有效促进多业务综合集成、供应链层级变革、新业态飞速成长，加快生产要素整合、资源优化配置、产业结构优化。① 新平台经济有效降低交易成本的同时，促进了规模效应和价值增值，一定程度上也体现出高效生态的发展理念。新经济平台强力的聚众效应，有效促进规模经济的实现。在传统市场上，源于信息不对称、交易成本等限制，一方面一些长尾产品需求难以挖掘，另一方面供需匹配效率也存在缺失，而新平台经济基于广阔的范围（全国乃至全球市场）、广泛的群体，有效链接供需，提升产品价值。同时，平台海量消费数据的沉淀和消费者集聚力量的发挥，增强优胜劣汰作用，优选出高效供给者。

共享概念早已有之，但受制于空间和关系两大要素，在互联网时代之前只是流于概念形式。随着互联网，尤其是移动互联网的发展，共享经济获得飞速发展。据国家信息中心分享经济研究中心统计，2019年中国共享经济交易规模达到32828亿元，生活服务、生产能力、知识技能位居前三位，分别达到17300亿元、9205亿元、3063亿元。② 同时随着制造业数字化、网络化和智能化水平的提升，产能共享对提高行业效率、优化资源配置的作用还将进一步增强。

（3）功能经济导引产品的服务化本质，完全契合高效生态发展理念。功能经济最早由瓦尔特·施塔尔（Walter R. Stahel）于1989年提出，本意为产品是服务的物质载体，产品和技术均是用来提供功能效用的，真正对消费者有用的是产品的功能效用，而非所有权。功能经济一方面强调通过生态化设计服务，减少进入经济系统的物质流和能量流，另一方面通过服务模式延长产品生命周期，降低物质流和能量流速度，并且实现废弃物回收与资源化。③ 它融合了循环经济和服务经济理念，是一种典型体现高效生态发展理念的经济形态。传统经济理念中生产企业追求产品（服务）的高价格与多销量，价格越高、销量越多获得的收入也越多。

---

① 史健勇：《优化产业结构的新经济形态——平台经济的微观运营机制研究》，《上海经济研究》2013年第8期。
② 国家信息中心分享经济研究中心：《中国共享经济发展年度报告（2020）》，国家信息中心分享经济研究中心2020年。
③ 陈冰梦、崔铁宁：《功能经济下产品服务系统的企业竞争优势研究》，《中国市场》2009年第36期。

同时，传统消费理念，所有权与使用权往往捆绑在一起，消费者获得使用权的前提是先获得所有权，在此背景下生产（服务）提供者是基于产品销售而非功能效用提供视角来运营生产（服务），如以打印机生产为例，企业一方面希望生产销售更多的打印机，通过所有权转移获得销售收入；另一方面也不希望打印机过于耐用，若耐用性过强更新换代的速度会变慢，维修保养、折旧损耗等费用降低，也不利于行业市场的扩大。若以功能经济的视角来运营生产，所有权归属于打印机生产（服务）企业，消费者只为功能效用买单，此时企业将按照产品生命周期来进行组织，尽最大限度降低所有权成本，提高功能效用服务水平。

二 高效生态服务业发展的重点

服务业的核心是服务功能，中国高效生态服务业的发展必须结合新经济理念和新技术模式，将高效性和生态性理念融入服务业自身发展和产业赋能中。结合中国服务业发展状况和高效生态服务业发展要求，高效生态服务业的发展，总体上要依托高效生态理念促进服务业结构优化升级，要充分发挥服务业对其他产业的高效生态赋能作用，充分发挥服务业对生态消费的导引作用，要挖掘生态环保服务业的增值功能和生态资源价值等。

1. 以现代服务业和高端服务业为核心，促进服务业结构优化升级

服务业的现代化和高端化与高效生态发展理念具有一致之处，总体上高效生态服务业的发展要围绕促进服务业现代化和高端化倾向的结构优化升级而进行，因此对现代服务业和高端服务业的发展提出要求。

第一，发展现代服务业。伴随科技发展和消费升级驱动，现代服务业日新月异，呈现出以下特点：大数据、云计算、物联网等新一代信息技术的加速发展和深入应用，为其发展提供更好的技术基础和拓展空间；新材料、能源、装备、生物技术等领域的不断突破，使交叉融合不断增强，新业态不断萌生，现代服务业跨界融合的态势和特征不断呈现；现代服务业不断向全球化、专业化、网络化发展，技术原创的服务创新成为核心竞争力的重要内容；现代服务业商业模式创新成为关键要素，行业融合、垂直整合、平台经济、定制化服务、一站式集成服务等成为趋势。[①] 现代服务业具有高端、高效、生态发展特征，是高效生态服务业乃

---

① 参考科技部《"十三五"现代服务业科技创新专项规划》解读。

至高效生态产业发展的重要依托，是经济新动能的重要力量，重点要结合新技术、新模式、新消费大力促进具有高技术、高知识含量，具有高效生态赋能作用的现代服务业发展。

第二，发展高端服务业。高端服务业具有技术和知识密集、附加值高、资源消耗低、环境污染低等特征，是现代服务业中最具代表性的产业，与高效生态服务业的内涵具有一致之处。高端服务业主要包括现代金融业、现代房地产业、现代中介服务业、现代信息服务业、现代旅游业、现代文化产业等，既有伴随社会发展而萌生的服务业又有基于传统服务业升级而形成的现代新业态。高端服务业是高效生态产业的重要组成部分，其发展水平也是衡量一个国家服务业发展水平的关键，中国高端服务业比例较低，与发达国家存在较大的差距。促进高端服务业的发展，可以采取以下思路：依托创新思路，扶持和培育知识密集型高端服务业，如依托数据算法而发展的今日头条定制化新闻等；促进技术与产业的有机融合，催生新的服务业态，串联产业发展，如互联网与到家模式的结合而萌生的餐饮外卖行业等；依托高新技术和先进制造业优势向产业服务链条延伸，研发与设计服务、供应链金融服务、物流服务、营销服务、售后服务等。同时，加强服务业内部结构调整和高效生态改进方面的工作。依托产业结构生态化理念，加大生态绩效水平高的服务业比例，缩减资源环境依赖度高、生态绩效水平低的服务业比例。加强传统服务业高效生态化改造，使其跃升为高效生态服务业，如加强对物流业发展的改造，通过新能源汽车推广应用，路网和基础设施优化和共享使用，绿色包装等一系列措施促进物流业发展向生态物流迈进。

2. 挖掘服务业对其他产业的高效生态赋能作用和生态消费导向作用

充分发挥服务业服务生产和生活的作用，导引服务业向高效生态赋能和导引生态消费发展。

第一，从高效生态赋能来看，一方面要重点发展高效生态赋能服务业；另一方面要注重促进产业融合，提高服务业内外融合能力，增强其高效生态服务水平。一是大力发展高效生态赋能服务业。信息服务成为智能经济时代产业发展的关键，以信息服务为核心，有效嫁接其他产业形态，赋能产业高效生态发展。加快发展5G、互联网、大数据、云计算、物联网等新技术信息服务，促进软件定义产业、信息安全产业、信息技术咨询设计与运维服务产业等；依托信息服务，加快发展共享经济、平台经济等具有规模经济性和网络经济性的数字经济产业形态，促进供需资源的精准对接和高效配置。依托生态文明建设，加快构建具有高效生态发展理念传播的现代文化产业体系，通过文化服务不断提高全民的文化素质，同时将高效生态理念内化到文化产业体系中，使人民不断加深对生态文明建设和高效生态发展理念的认识。加快促进现代金融、现代物流等对产业发展具有关键作用的服务产业发展，整合服务资源引导此类产业向高效生态发展理念服务倾斜，如引导现代金融服务向高新技术产业、生态有机农业、绿色制造业等倾斜，发展高效物流，促进前置仓、同城配送、即时配送等物流业态发展。二是增强服务业与其他产业的融合，提高其高效生态服务水平。强化服务业对农业和工业的全产业链支撑作用，促进交叉渗透、跨界融合的产业生态系统的构建。其一，在与农业发展的融合方面。依托合作社、公司等提供高效生态农业发展的专业化、一体化服务；建设全国农产品信息服务平台，增强农产品供需对接服务，优化生产决策与技术、营销等各项服务；促进生产托管、创客空间、定制农业、休闲农业、生态旅游等特色业态服务，提升农业的附加值；畅通农产品流通渠道，健全安全追溯机制，为生态产品增值提供有效服务。其二，在与工业发展的融合方面。要将工业对服务业发展的基础作用，与服务业对工业发展的支撑作用有效结合起来，推进双向融合，重点是发挥服务业对工业高效生态发展的促进作用。促进服务型制造业的发展，推动制造业向研发设计、技术咨询、售后服务等服务端产业链延伸；依托"智能+"理念，促进信息化与工业化深度融合，将高端信息服务内化到工业制造及产品使用服务过程；推进绿色供应链整合与服务发展水平，依托功能经济理念，促进制造业功能经济服务产业发展；依托产需互动导向，推进反向制造、定制服务，实现供需的精准对接。此外，还要加强服务业内部融合，如技术创新与应用产业的融合，发挥强有力的协同效应，最大化提高服务业内外融合能力，增强其高效生态服务水平。

第二，从导引生态消费来看，一方面加强服务过程的生态化，导引生态消费理念；另一方面通过生态消费理念的构筑，牵引生产变革，导引产出向生态产品转变。一是服务过程生态化与生态消费理念导引。从服务业的服务过程来看，采取不同的服务模式和不同的服务理念，其对生态的影响也存在较大的差别，如快递业的绿色包装与可循环利用包装物的推广利用可大大降低快递包装物对环境的负面影响，而物流标准体系的建设和综合交通运输体系的完善能大大提高物流效率，在实现高效的同时降低碳排放，而且其高效服务还能进一步推升产品的生态价值，如高效物流之于生态农产品不但能降低损耗率，还能因时间价值带来的保鲜而升值，从而趋向高效生态发展模式等。因服务业的广泛性和无缝性特征，决定服务过程生态化的改进范围与空间非常巨大，同时对消费者生态消费观念的形成和习惯的养成也非常重要，如依托餐饮业推行光盘行动，减少餐桌上的浪费，可节约大量食物资源；而酒店业一次性用品免费使用政策，具有潜在鼓励浪费行为的弊端，无助于生态消费观念的养成等。为此，依托服务过程生态化和生态消费理念导引相结合的思路，选择重点行业，如餐饮业、酒店业、物流业等实施重点改造。二是通过生态消费理念的构筑，牵引生产变革，导引产出向生态产品转变。消费问题是环境问题的核心，人类对环境的影响本质上是通过使用或耗费能源和原材料生产所需物品而导致的，党的十九大明确提出要"倡导简约适度、绿色低碳的生活方式"。中国正处于第二消费时代和第三消费时代交融时期，一方面一、二线城市消费群体向品质消费升级趋势明显，同时生态消费理念也趋于增强；另一方面低线城市大量化、多样化的消费诉求还处于快速上升阶段，消费对环境的负面影响不容忽视。通过生态消费服务培养生态消费理念，引导人们向获取生态服务和生态产品转变，从而导引生态产品产出，从需求端助力高效生态产业发展，对高效生态产业的发展至关重要。总体上，依托生态文明建设，改变国民以物为中心的消费意识，而树立以人为中心的生态消费观[①]，形成人与自然和谐共生的消费伦理，构建绿色消费、科学消费、适度消费的规范体系。

3. 挖掘生态环保服务业的增值功能和生态资源价值

生态环保产业具有二、三产业融合特征，但其中生态环保服务业是关键。生态环保产业不但是高效生态产业的重要组成部分，且对生态资本价值的发挥具有重要作用。

第一，大力促进生态环保产业（服务业）的发展。生态环保产业是与其他经济部门相互交叉、相互渗透的综合性新兴产业，涵盖工业和服

---

① 何绍辉、舒隽：《构建生态消费伦理的三重理念》，《光明日报》2017年11月13日第15版。

务业。生态环保产业是高效生态产业体系的重要组成部分,是促进一般产业尤其是工业高效生态发展的重要基础,也是保持生态资源价值的重要条件。从生态环保产业规模来看,全球生态环保产业已进入较快发展阶段,2010—2016 年全球节能环保产业市场规模已由 6821.6 亿英镑增长至 8225.1 亿英镑,中国节能环保产业规模 2000 年为 0.17 万亿元,2016 年超过 5 万亿元,年均增长超过 15%。从生态环保技术来看,发达国家掌握生态环保核心技术,中国则处于相对落后和短缺状态,现有生态环保企业 90% 以上环保设备技术水平落后发达国家十年左右的水平,造成相对较低的效率和较高的生态环保服务成本。以工业土壤污染修复为例,中国工业污染场地为 30 万—50 万块,总体上修复成本约为每块 300 万元,修复成本巨大。要大力促进生态环保产业的发展,尤其是提高生态环保产业的生态服务增值功能,将预防、处理与生态修复功能有效结合,将节能减排与污染防控有效结合,提高生态环保产业对高效生态产业发展的系统支撑作用。

第二,依托产业发展,提升生态资源的价值。生态资源价值可以通过生态资本(Natural Capital)这一概念反映出来。罗伯特·康世坦(Robert Costanza)等认为生态资本是在某个时点上物质或信息的存量,不同生态资本存量结合在一起产生服务流[1],格雷琴·C. 戴利(Gretchen C. Daily)等认为生态资本指能够提供有用产品流或服务流的自然资源以及环境资本的存量[2],通俗地讲生态资本是指能够带来经济效益和社会效益的生态资源和环境。生态资本展现出生态资源的价值,生态资源是人类赖以生存的基础,在传统经济理论"物以稀为贵"的稀缺性原理导引下,人类对诸多生态资源是以免费或者低廉成本而享受的,如我们无须为空气付费等,而伴随生态资源稀缺性的出现,一些生态资源需要花费成本而获得,如伴随空气污染现实而出现的吸氧吧等。但稀缺滞后性的调节方式并不能体现生态资源实际价值,人为导致生态资源由充裕变得稀缺,甚至带来不可逆过程。随着生态环境问题的出现,生态资源稀缺性也日益凸显,加之人民生活水平提高带来的精神文化消费倾向,使人

---

[1] Robet Costanza, Ralph d'Arge, Rudolfde Groot, et al., "The Value of the World's Ecosystem Services and Natural Capital", *Nature*, Vol. 387, 1997, pp. 253 – 260.

[2] Gretchen C. Daily, Tore Söderqvist, Sara Aniyar, et al., "The Value of Nature and the Nature of Value", *Science*, Vol. 289, No. 5478, 2000, pp. 395 – 396.

们对生态资源的诉求也日益提高，生态资源价值得到提升。生态资源需要附着在产业中才能发挥效益体现价值，如生态农业具有良好的生态功能，它与生态资源融为一体，既利用生态资源又为生态资源的价值开发提供条件；典型生态资源为观光旅游提供条件，使生态资源潜在价值显现；而生态农业与旅游业的融合所形成的生态农业旅游最大化地开发了生态资源价值，凸显了产业的高效生态发展特征。高效生态产业发展必须依托生态资本运营思想，将生态资本服务纳入服务业中，拓展至农业、工业相关环节，最大限度地提高生态资源价值，为生态资源合理定价，促进可持续发展。此外，还要围绕提高服务业的劳动生产率，促进服务业的工业化、自动化、智能化改造。伴随中国逐渐进入老龄化社会的趋势，劳动力成本不断提升，服务业的竞争力遭遇挑战，服务业智能化改造不但可以提高行业效率，还可以释放简单重复工作劳动力，提高劳动生产率，展现服务业高效发展的趋势。

第十章　高效生态产业空间布局

产业空间布局是产业在空间上的分布情况，本质上反映空间视角的产业资源优化配置问题，合理的产业空间布局是产业与区域协调发展的关键。高效生态产业空间布局旨在依托高效生态发展理念布局产业，发挥产业的集聚集约效应，促进生态资源与区域产业的协调发展。

第一节　高效生态产业空间布局的理论基础

一　高效生态产业空间布局的概念内涵

1. 产业布局的概念和一般理论

产业布局一般指产业空间布局，主要指产业在国家或区域范围内的空间分布与组合情况，静态上是指形成产业的各部门、各要素以及各链环基于空间的分布态势和地域中的组合；动态上是指各资源和生产要素以及各产业和企业为选择合适的区位而形成的在空间地域上的流动、转移或重新组合过程。①

产业空间布局理论经历了几个阶段的发展过程，形成了古典区位理论、现代产业布局理论、以后起国为出发点的产业布局理论等几个理论体系。19世纪初至20世纪中叶是产业布局的形成时期，这一时期社会经济快速发展，地区间的联系空前扩大，亟须经济学与地理学相融合来解释和指导产业空间布局，由此形成了以杜能农业区位理论和韦伯工业区位理论为代表的古典区位理论，这些理论主要基于成本视角强调产业布局应遵循的原则。"二战"以后，在第三次产业革命以及世界经济格局变化影响下，产业布局理论得到较快发展，形成了以成本学派理论、市场

---

① 刘志彪等编：《产业经济学》，机械工业出版社2015年版，第345页。

学派理论、成本—市场学派理论等为代表的现代产业布局理论。成本学派理论强调以成本最低准则确定产业区位，市场学派理论主张产业布局要充分考虑市场因素，追求企业利润最大化区位，同时为应对激烈竞争，产业布局还必须充分考虑市场划分与市场网络合理结构安排。成本—市场学派理论综合了成本学派和市场学派的理论，综合研究了成本与市场对产业布局影响的同时，进一步拓展了区位理论。同时，"二战"以后随着殖民地国家走向独立自主，以后起国家为出发点的产业布局理论得到发展，形成了以增长极理论、点轴理论及地理二元经济理论等为代表的产业布局理论体系。增长极理论主张通过优势产业和企业的聚集，形成资本和技术高度集中，增长迅速且有显著经济效益的发展机制，进而辐射周边地区，形成增长带动作用。点轴理论是增长极理论的延伸，旨在促进增长极，由点带轴、由轴带面，形成全面发展态势。二元经济理论对后起国的启示是，在产业布局中可以选择非均衡发展战略。[①] 产业布局理论为产业空间布局提供一般指导，但必须注意的是，一方面必须结合国家及区域现实选择科学合理的布局理论和主导思想，另一方面在可持续发展理念引导下，产业空间布局不但要关注经济效率，还要关注生态效率，实现经济系统与生态系统的统一。因此有必要将高效生态理念融入传统产业布局理论中，拓展产业布局理论。

产业布局的影响因素是产业空间布局的关键。从西方产业布局理论发展来看，对产业布局影响因素的认识是逐步深化的，主要经历了从运输到成本到市场，进而又考虑社会环境等，总体上是基于微观经济视角进行分析。结合中国以公有制为基础的社会主义制度特征，对产业布局影响因素的考察宜将微观、中观、宏观结合起来。[②] 影响产业布局的因素总体上可以分为地理位置因素、自然因素、人口因素、社会经济因素、科技因素五个方面。[③] 第一，地理位置因素。地理位置不但关系到自然条件，还关系到交通、信息等一系列其他条件，地理位置因素对不同产业的布局影响存在差别，地理位置所提供的产业发展条件适于不同产业的发展。第二，自然因素。自然因素是产业布局的物质基础和先决条件，

---

① 苏东水主编：《产业经济学》（第三版），高等教育出版社2010年版，第227—231页。
② 臧旭恒、徐向艺、杨蕙馨主编：《产业经济学》（第四版），经济科学出版社2007年版，第336页。
③ 苏东水主编：《产业经济学》（第三版），高等教育出版社2010年版，第234—237页。

包括自然条件和自然资源两个方面。产业布局必须建立在自然因素占绝对优势或相对优势的基础上，具备自然系统对产业发展的良好支撑条件。第三，人口因素。人以生产者和消费者的双重角色影响产业空间布局，产业空间布局中一方面要考虑人力资本供给状况，另一方面要考虑因人的需求而塑造的市场。第四，社会经济因素。影响产业布局的社会经济因素颇多，主要包括产业发展的历史基础、市场需求和竞争条件、制度条件、国际条件等。产业布局过程要将社会经济因素结合起来进行考察，既要发挥相关产业布局的优势，又要尽可能规避产业发展过程的风险。第五，科技因素。科技是第一生产力，是产业发展的核心驱动力。产业布局要考虑不同区域的科技条件及科技对不同产业的驱动力量。产业布局的影响因素是一个繁杂的体系，不同地区、不同产业所受影响也存在差异，产业布局过程中要对诸多因素综合考察。一方面明晰产业发展所需条件不可能完全占优，因此要本着比较优势的原则基于多因素有取有舍获得最优解；另一方面要基于静态与动态相结合的视角，对产业发展影响因素的变化进行内外分析，长远把握，促进产业的可持续发展。

2. 高效生态产业空间布局概念内涵

高效生态产业空间布局是指高效生态产业在国家或区域范围内的空间分布和组合状况，一方面表现为组成高效生态产业链的企业及组织在一定空间范围内的聚合，另一方面表现为高效生态发展理念在区域产业发展中的渗透。与循环经济和高效生态产业链的构建相对应，高效生态产业布局总体上可以依托微观、中观、宏观三个层次进行考察。从微观层次来看，高效生态产业布局表现为高效生态企业或组织以及模式在不同空间范围内的布局，如生态农场布局、生态工厂布局等；从中观层次来看，表现为高效生态企业聚合而成的具有高效生态发展特征的产业园区的空间布局，这类布局往往与高效生态产业链的构建结合在一起，这类园区如生态工业园区、高新技术开发区等，前者具有强生态发展特征，后者以高新技术为核心，也隐含高效生态发展理念；从宏观层次来看，表现为区域产业发展与生态资源的合理匹配关系，如基于生态承载力的产业布局，基于资源协调的区域间产业协同布局等，前者基于本地生态资源约束而合理布局高效生态产业，后者则将范围拓展到区域间，依托优势互补获得协同效应。高效生态产业布局要将微观、中观、宏观三者结合起来，发挥微观主体的能动作用，挖掘园区的集聚集约和高效生态效应，增强生态资源与区域产业的协调能力以及产业发展的区域协同能力。

此外，基于产业布局规划需求视角，高效生态产业空间布局可以分为国家、区域、城市三个层次。国家层次的高效生态产业布局，要基于发展大局，统筹考虑生态资源、科技水平、发展阶段等，构建高效生态产业布局的总体框架；区域层次的高效生态产业布局分为省域、市域、县域以及不同组合等，这一层次的布局要基于区域发展战略和发展定位，结合要素、市场、枢纽网络、政策指向等，合理匹配生态资源，发挥比较优势和集聚经济；城市层次的高效生态产业布局要依托创造有序的城市生产与生活空间的本质任务，协调好集聚经济与城市功能分区，产城高效生态融合等关系。[1] 同时，基于高效生态三次产业分类视角，又可以把高效生态产业空间布局分为高效生态农业空间布局、高效生态工业空间布局、高效生态服务业空间布局。

二 高效生态产业空间布局的一般理念

产业集群化和绿色生态化[2]是产业发展的基本趋势，也是引导高效生态产业空间布局的一般理念。

1. 产业集群化发展理念

产业集群（Industrial Cluster）概念由迈克尔·波特于1990年在《国家竞争优势》中提出。产业集群是指在特定区域内特定产业，众多相互关联、分工合作的企业及与其有关联的机构、组织等通过纵横交错网络关系连接在一起的空间集聚体。从制度经济学视角来看，它是基于竞争优势而形成的介于市场和等级制度之间的空间经济组织；从组织生态学来看，它是产业种群生态系统；从创新经济学看，是具有柔性生产特征的企业网络系统和区域创新系统。[3] 产业集群具有群体竞争优势和集聚规模效益。产业集群空间集聚优势能够从三个不同角度反映出来：第一，基于经济学视角，集群企业实现了土地的集中利用、基础设施的共享及物流等成本的降低，凸显规模经济和范围经济；第二，基于社会学视角，集群企业形成紧密的网络，奠定相互信任的文化基础，大大降低交易费

---

[1] 胡安俊、孙久文：《空间层级与产业布局》，《财贸经济》2018年第10期。
[2] 绿色化与生态化概念有所区别，绿色化包含的范畴更广，而生态化要求的绿色属性更强，但鉴于绿色发展理念是我国发展的基本理念，本章对两个概念不做严格区分。
[3] 吴德进：《产业集群的组织性质：属性与内涵》，《中国工业经济》2004年第7期。

用；第三，基于技术经济视角，产业集群具有知识和技术的创新和扩散作用，带动产业整体发展。产业集群化发展已成为产业发展的重要趋势，产业集群化发展过程是区域经济系统诸多要素相互作用的自组织演化过程。①

产业集群化发展与高效生态发展理念总体上具有一致之处，产业集群的空间集聚优势带来的规模经济、范围经济的发挥展现了产业发展的高效特征，而其组织形式又具有生态群落系统特征，从组成元素到集群架构均展现出生态特征。产业集群的生态特征总体上可分为四个方面：第一，调节性特征。集群内部上下游企业相互依存、彼此联系，内外环境稳定时，集群生态系统保持相对平衡状态，内外环境变化时，集群协调各要素关系，优化内外结构，着力保持相对平衡状态；第二，开放性特征。产业集群内部与外界不断进行物质、信息和能量交换；第三，动态性特征。产业集群随环境的变化不断容纳新的成员加入生态产业链，同时淘汰产业链上的落后成员，不断经历动态演化过程；第四，网络性特征。产业集群各成员组成供应、生产、运输、销售、回收生态产业链，总体构成生态循环网络。但还需注意的是，产业集群本身体现生态属性和高效特征，但集群化发展过程中也绝非所有的产业集群都体现出生态化优点。总体上看，中国产业集群发展处于技术落后、低水平竞争明显、布局分散无序等非生态化困境，因此近年来产业集群生态化发展问题也受到重视，促进产业集群生态化一方面要促进集群内企业的清洁生产，另一方面要着力构建企业间生态链。②

2. 产业绿色化发展理念

绿色发展是新发展理念的重要内涵之一，是追求效率、质量、和谐、可持续发展为目标的发展理念，自然和谐、绿色化、生态化是绿色发展的核心价值。③ 产业绿色发展是经济绿色发展的支撑，是产业发展向高质量发展转型的必然趋势，产业绿色发展理念也为产业空间布局提供指导。

---

① 陈柳钦：《未来产业发展的新趋势：集群化、融合化和生态化》，《商业经济与管理》2006年第1期。

② 刘磊：《产业集群生态化的内涵、路径与政策——基于交易成本视角的探讨》，《宏观经济研究》2018年第6期。

③ 韩文龙：《以绿色发展助推产业转型升级》，http：//theory.gmw.cn/2018-04/28/content_28548912.htm.

发展绿色产业是促进产业绿色发展的重要依托。根据国际绿色产业联合会（International Green Industry Union）的声明：若产业在发展过程中，基于环保理念和借助科技，以绿色生产机制着力实现资源节约及污染减少（节能减排）的产业，则可称为绿色产业。绿色产业具有资源节约和环境友好特征，从世界范围来看，诸多国家已将发展绿色产业作为促进经济结构调整和产业结构转型的重要手段。围绕生态文明建设和经济高质量发展中国也实施了一系列促进绿色产业发展的政策。同时基于绿色产业概念抽象、边界不一，社会存在"泛绿化"等问题，2019 年国家发展和改革委员会等七部委联合印发《绿色产业指导目录（2019 年版）》，将绿色产业划分为节能环保产业、清洁生产产业、清洁能源产业、生态环境产业、基础设施绿色升级产业、绿色服务产业六大类别，并细分为 30 项二级分类和 211 项三级分类，厘清绿色产业界限。在产业空间布局中要以绿色化发展理念为指导，一方面优选绿色产业作为布局重点，通过依托新技术改造传统产业、大力发展节能环保产业等以绿色化作为产业发展的基本格调；另一方面又要充分发挥循环经济模式等与产业空间集聚的协同效应，促进产业发展的"深绿化"。①

三 生态工业园区发展理念

产业园区是产业集群化的重要载体，而生态产业园是产业集群化和生态化的有效结合和最佳实践。高效生态产业空间布局必须以生态产业园发展为核心和重要载体，同时兼顾绿色发展理念在不同区域产业发展中的渗透和引导作用。生态产业园起源于生态工业园，它是生态产业园的主体和核心，为此对生态工业园的基本理念进行分析。

1. 生态工业园的基本模式

生态产业园是继经济技术开发区、高新技术开发区的第三代产业园区。生态产业园包括生态工业园、生态农业园以及综合性的生态产业园区，但其中以生态工业园最为典型。生态工业园（Eco-industrial Park）是在一定的区域内建立的包含若干行业、企业，以及与当地自然和社会生态系统构成的"社会—经济—自然"复合生态系统。通过在园区内模拟自然生态系统，依托物质和能量流动实现产业的互动链接和企业的协

---

① 不同模式的绿色化和生态化程度存在差异，此处的"深绿化"指更深刻体现绿色发展特征。

同共生,达到清洁生产、资源高效和循环利用目标,从而展现高效生态的基本特征。生态工业园区在发展过程中形成了三种模式:企业主导型、产业关联型、改造重构型。企业主导型是以一个或多个企业为核心,吸引相关链条企业入园的生态工业园区;产业关联型是关联度较高的产业联合在一起,发挥互补效应的生态工业园区;改造重构型是在原有的工业园区、高新技术园区基础上,依托产业生态原理改造重构而成的生态工业园区。从更广范围来看,中国生态工业示范园区建设实践主要形成六种模式:依托企业以生态设计、绿色技术、节能降耗、环境管理为抓手推动工业的生态化发展;基于物质代谢、水资源高效利用、能量梯次利用以及基层设施共享的产业共生发展推进模式;老工业基地向高新技术产业转型,促进二、三产业协调融合发展,传统制造业向战略新兴产业转型升级发展;基于废弃物循环利用的静脉产业发展模式;以流程工业为支柱,具有典型行业特征的园区,通过集成创新实现资源高效利用;在大型城市布局的园区,通过深化科技创新驱动生态产业发展。①

2. 生态工业园区建设的基本要求

生态工业园的核心是依托循环经济理念和集聚经济优势,构建科学合理的高效生态产业链条和企业群落,形成稳定的产业生态系统。高效生态产业链条现实功能结构形态,是不同空间范围内的产业链接体。它是依托自然生态原理中生产、消费、分解及还原机制,组织和构建的具有高效生态特征的产业组织形式,是一定空间内产业组织以及与环境之间不断进行物质、能量、信息交换形成的经济系统。② 园区内高效生态产业链条和企业群落的组建除依托循环经济基本理念外,还要依托生态系统思想,密切结合关键种理论、食物链理论、生态位理论等生态学理论而进行。具体而言,要结合关键种理论确定关键种环节及核心企业;结合生态位理论确定不同环节、不同企业的生态位以及园区在区域生态产业发展和国内外竞争中的地位;结合食物链理论科学布局生产者企业、消费者企业和分解者企业,对高效集成区域内物质流、能量流、信息流、废物流等流量进行科学设计;同时参考生态系统多样性和耐受性理论,

---

① 《中国生态工业园区建设模式与创新》编委会:《中国生态工业园区建设模式与创新》,中国环境出版社2014年版。
② 程宇航:《论绿色发展的产业基础:生态产业链的构建》,《求实》2013年第5期。

增强产业链条和企业群落的全局性和系统性,最终形成产业链上下游有效链接,能量梯次流动和循环利用,废弃物最小排放的网状型产业体系和循环型能量流动体系。

总体上,融合生态技术和系统思想,紧密围绕园区所依托区域自然条件、区位优势和行业优势选择合适的主导产业及核心企业;围绕主导产业及核心企业形成紧密连接的产业上下游链条;园区内实现单元间副产品和废物的有效交换,能量和废水的梯次利用,基础设施的协同共享,从而达到资源利用最大化和废物排放最小化的目标。同时,在园区建设中,要注意体现设计和进化融合理念,实现生态系统和经济系统的统一。

第二节 中国产业空间布局现状及存在的问题

一 中国产业空间布局现状

1. 区域产业空间布局的演进阶段

中国区域经济发展和产业布局,总体上呈现东、中、西异质发展特征。基于东、中、西区域经济发展视角,改革开放以来受区域政策等一系列因素的影响,中国产业空间布局呈现四阶段特征。①

第一阶段:1978—1991 年,以东部沿海地区为中心的外向型经济(产业)率先发展阶段。中国改革开放政策释放了经济活力,一方面家庭联产承包责任制在全国范围内得以推广,大大提高农民农业生产的积极性,极大促进了农业的发展;另一方面鉴于东部沿海的区位及经济基础等优势,中国率先在东部沿海地区实施对外开放政策,极大促进了外向型产业的发展。自 20 世纪 80 年代初,中国实施了一系列对外开放政策,1980 年先后设立深圳、珠海、汕头、厦门经济特区,1985 年开放大连等 14 个沿海城市,1988 年设立海南经济特区。1988 年邓小平同志提出沿海地区加快对外开放率先发展,发展到一定程度后拿出更大力量帮助内地发展"两个大局"战略思想,东部沿海开放发展步伐进一步加快。在此过程中,国家陆续推进国家级经济技术开发区、高新技术开发区、出口

---

① 黄剑辉等:《我国改革开放 40 年产业结构演进历程与新时代现代化产业体系构建研究》,中国民生银行研究院,2018 年。

加工区、保税区等一系列园区发展战略，成为承接国际产业转移的重要平台和高新技术产业化的关键基地。由此，依托政策和资源聚集优势，东部沿海外向型经济和产业迅速发展起来。

第二阶段：1992—2002年，以区域平衡发展战略为导向的产业分工和转移阶段。随着改革开放的深化和非均衡战略的实施，东部沿海经济快速发展的同时也带来区域发展失衡加剧、市场分割严重、地方保护主义盛行等一系列问题。中央政府在"两个大局"战略指导下，转移战略重点，促进区域经济协调发展。"八五"规划开始着手区域战略调整，党的十四大报告提出，国家统一指导下，按照"因地制宜、合理分工、优势互补、共同发展"原则，促进地区经济合理布局和健康发展。1999年党中央、国务院提出实施西部大开发战略，2000年该战略又被写入"十五"计划纲要。① 在此阶段，东部地区对外开放的进程进一步加快，高附加值、高技术含量、低能耗的产业得到布局和鼓励发展。本着东部地区反哺中西部地区，促进区域经济协调发展的思想，积极发挥中西部地区的自然资源优势，充分利用沿边地区开放地理优势，一方面培育特色优势产业、加大建设资源性产业和基础设施，另一方面积极促进东部地区与西部地区展开技术合作、联合开发、对口支援以及人才交流等。在园区建设方面，1992年邓小平同志南方视察之后，国家先后开放一大批沿江、沿边及内陆省会城市，1992年国务院批复14个边境经济合作区，促进中西部地区边境经济产业合作，同时国家级经济技术开发区也扩展到中西部地区，向内陆地级市和经济发达程度较高的县域城市扩展。

第三阶段：2003—2011年，以区域协调发展战略为导向的产业比较优势集群形成阶段。党的十六届三中全会提出"统筹区域发展"的重大战略，在其导引下伴随西部大开发战略的实施，国家又不断推进中部地区、东北地区发展战略，先后实施东北地区老工业基地振兴战略、中部地区崛起战略、鼓励东北地区率先发展战略，以及主体功能区发展战略等，促进区域经济产业全面协调发展。"十一五"规划提出以四大板块为主体的区域发展总体战略，2007年党的十七大提出持续实施区域发展的总体战略。在一系列区域经济产业协调发展战略引导下，中国区域经济

---

① 于今：《全面推进区域协同发展》，中国青年网，http://news.youth.cn/gn/201702/t20170224_9169956.htm，2017年2月24日。

产业布局逐渐呈现由高度集中于东部地区向中西部地区扩散的有序均衡态势。从区域投资空间流向来看,"十一五"以来,中西部地区投资增速高于东部地区,呈现北上西进态势;从产业转移来看,东部沿海地区产业向中西部地区转移态势明显,转移规模和层次不断提高。① 从三次产业空间转移来看,第一产业呈现由东部、中部向西北及东北地区转移趋势,第二和第三产业呈现东部、东北地区向中部、西部转移趋势。产业扩散和发展逐渐呈现集群化发展特征,如据不完全统计,截至2005年年底浙江省拥有超过500个产业集群,珠江三角洲共有404个建制镇,其中以产业集群为特征的专业镇超过四分之一。

第四阶段:2012年至今,以区域协调创新发展为导向的高质量发展转型阶段。2011年之后,中国经济告别两位数增长时代,逐渐进入经济增长放缓的"新常态",中央提出更为细化的区域协调发展战略,同时将生态文明建设与经济产业发展密切结合起来,引导经济向高质量发展转型。党的十八大提出包含生态文明建设在内的"五位一体"建设思路,同时指出全面建成小康社会的重要目标之一是建成促进区域协调发展的体制机制。党的十九大提出建设人与自然和谐共生的现代化。在此期间,党中央从战略和全局高度陆续推行了"一带一路"倡议、京津冀协同发展战略、长江经济带发展战略等重要战略,统筹东中西、协调南北方,促进区域产业协同发展。"三大战略""四大板块"叠加效应激发了优势区域的增长潜力,沿江沿路形成一批新增长带,进一步促进了多元格局的形成。在促进区域经济产业协调发展的同时,依托供给侧结构性改革、新旧动能转换等系列工程,优化产业结构和空间布局,促进经济向高质量发展转型。产业空间布局的绿色理念得到一系列体现,成为经济高质量发展的重要考量,如工业和信息化部印发的《工业绿色发展规划(2016—2020年)》要求创建绿色工厂、发展绿色工业园区、建立绿色供应链,充分发挥区域比较优势,推动工业绿色协同发展。

改革开放以来,中国产业空间布局的演进与中国区域经济发展相伴而生,区域经济不断迈向协调发展的过程也是产业在不同区域的扩散过程,基于集聚理念而派生的园区发展模式是产业布局的重要特征,而伴

---

① 石碧华:《改革开放40年中国区域发展战略的演变及成效》,中国社会科学网,http://news.cssn.cn/zx/bwyc/201811/t20181121_4778923.shtml,2018年11月21日。

随经济粗放增长"诟病"而来的绿色发展理念又不断内化到产业布局中。

2. 产业园区发展的基本情况

产业园区是产业空间布局的典型实践和产业集群发展的重要载体，本部分围绕产业园区分析产业空间布局的基本情况。

（1）产业园区发展的总体情况。产业园区是为了促进产业发展而设立或自形成的产业空间集聚的特殊区域，是发挥创新驱动和集聚经济、推动产业结构调整升级、促进区域经济发展的重要空间集聚体，担负着聚集创新资源、培育新兴专业、推动城市发展的重要任务。产业园区通过政策和集聚优势能有效发挥创新和创造力、空间集聚力，通过资源共享、正外部效应园区内溢和负外部效应的园区内部化，带动一系列产业的发展，有效推动产业集群的形成和产业高效生态效应的发挥。1979年，深圳蛇口工业区的设立拉开中国产业园区建设的序幕，至今已形成数量众多和种类繁杂的产业园区。根据《中国开发区审核公告目录（2018年）》，总体上我国的产业园区分为由国务院批准设立的国家级开发区和省级人民政府批准设立的省级开发区两类。国家级开发区总体可以分为五类，包括经济技术开发区、高新技术开发区、海关特殊监管区、边境/跨境经济合作区以及其他类型产业园区；省级开发区总体分为三类，包括经济开发区、高新技术产业园区以及特色工业园区。截至2018年3月，中国共有2543家开发区，其中国家级552个，省级1991个。国家级开发区中，经济技术开发区达到219个，高新技术产业开发区为156个，两者占比达到69.9%，此外海关特殊监管区135个，边境/跨境经济合作区19个，其他园区23个。[①] 相关园区在各省分布情况参见表10-1。

表10-1　　　　中国各地区不同类型开发区分布情况　　　　单位：个

地区	国家级经济技术开发区	国家级高新技术开发区	省级开发区
北京	1	1	16
天津	6	1	21
河北	6	5	138
山西	4	2	20

---

① 前瞻产业研究院：《2018—2023年中国产业园区规划布局与运营管理分析报告》，2018年。

续表

地区	国家级经济技术开发区	国家级高新技术开发区	省级开发区
内蒙古	3	3	69
辽宁	9	8	62
吉林	5	5	48
黑龙江	8	3	74
上海	6	2	39
江苏	26	17	103
浙江	21	8	82
安徽	12	6	96
福建	10	7	67
江西	10	9	78
山东	15	13	136
河南	9	7	131
湖北	7	12	84
湖南	8	8	109
广东	6	14	102
广西	4	4	50
海南	1	1	2
重庆	3	4	41
四川	8	8	116
贵州	2	2	57
云南	5	3	63
陕西	5	7	40
甘肃	5	2	58
西藏	1	0	4
青海	2	1	12
宁夏	2	2	12
新疆	9	3	61

注：国家级经济开发区和国家级高新技术开发区为2019年数据，省级开发区为2018年数据。

资料来源：商务部、科技部、前瞻产业研究院。

（2）生态工业园发展情况。工业园是产业集聚化和生态化发展的重要载体，截至 2018 年年底中国拥有 1500 余家工业园区，但工业园不同于生态工业园，生态工业园的组建更强调生态系统和经济系统的统一，遵循生态循环理念，追求生态经济效益。西方国家在 20 世纪八九十年代，开始探索生态工业园区建设工作，中国 20 世纪 90 年代末引入生态工业园概念，2000 年左右开始实践探索，2006 年有关部门相继发布了《行业类生态工业园区标准（试行）》《静脉产业类生态工业园区标准（试行）》《综合类生态工业园区标准》等生态工业园建设标准，2007 年成立由科技部、商务部和环保总局组成的国家生态工业示范园建设领导小组负责示范园建设工作，2008 年苏州工业园区、苏州高新技术产业开发区、天津经济技术开发区通过验收，成为第一批国家生态工业示范园，截至 2017 年年底中国已有 48 个国家生态工业示范园区通过验收批准命名，有 45 家示范园区批准建设。结合中国生态工业园区建设不同时期特征，国家生态工业园区建设总体可以分为三个阶段：第一，20 世纪 90 年代末至 2006 年，系统探索阶段。该阶段系统探索生态工业园区建设的系列标准；第二，2007—2012 年，全面试点阶段。在此阶段，环境保护部、商务部、科技部建立了协同推进机制，将国家级经济开发区、高新区等建设与生态工业园区建设相结合；第三，2013 年至今，深化发展阶段。结合党的十八大提出的包含生态文明建设的五位一体建设理念和党的十九大提出的建设人与自然和谐共生的现代化要求，生态工业园区作为工业领域推进生态文明建设的主阵地，不断得到深化发展。① 同时，在生态工业园区建设过程中，除了按照生态系统原理对园区进行设计建设外，在现有工业园区基础上促进生态化改造也是重要途径，图 10 – 1 列出了多部门协同推进工业园区生态化发展措施情况。总体上国家生态工业示范园区建设是主体，而对经开区的绿色考评和综合评价是对园区生态化发展的重要促进，国家低碳工业园区、循环化改造示范园区是重要辅助，对土地资源的集约利用要求又能增强工业园区的集聚作用。② 从中国生态工业园区发展历程来看，总体上生态工业园区呈现产业发展技术性不断提高，园区企业之间的联系和互动不断增强，资源高效利用和节能减排水平不断

---

① 钟琴道等：《中国生态工业园区建设历程及区域特点》，《环境工程技术学报》2014 年第 5 期。

② 田金平等：《中国生态工业园区发展现状与展望》，《生态学报》2016 年第 22 期。

提高趋势。从政策视角来看，也经历不断变化，体现在：从关注园区定义到建设标准体系，从重视申报到重视建设监督，再到关注工业生态示范园区建设的绩效评估；从关注先进理念、理论和技术，到注重循环经济模式的推行和典型案例剖析和经验总结，实践性日益增强。①

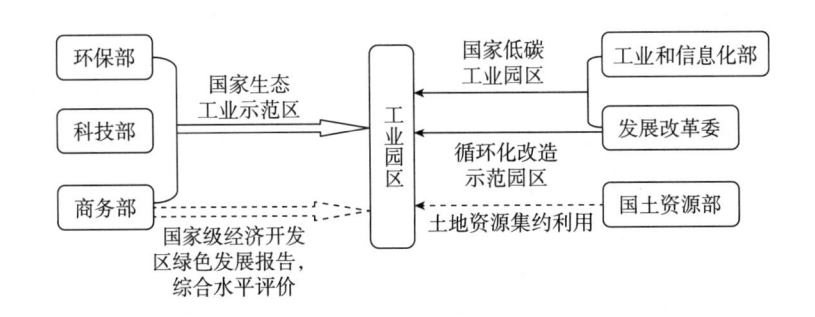

图10-1 工业园区生态化发展的推进体系

资料来源：笔者参考田金平等《中国生态工业园区发展现状与展望》一文绘制。

二 产业空间布局的特点和存在的问题

1. 产业空间布局的特点

产业空间布局既是一个宏观层次的概念，又具有中微观属性，结合中国产业空间布局的基本情况分析，中国产业空间布局呈现出三个方面的重要特点。

（1）产业空间布局与区域经济由非平衡发展向协调发展迈进特征相伴而生。产业是经济的依托，是经济发展的实质和核心。中国区域经济发展的非平衡战略，也是产业布局非平衡的重要体现。改革开放之初，优先发展东部地区战略，使东部地区产业尤其是外向型产业迅速发展起来，使我国逐渐获得"世界工厂"的地位；而伴随区域经济协调发展战略的推进，东部产业逐渐向中西部产业转移的同时，东部地区产业也逐渐出现转型升级趋势。中西部地区在发挥资源类产业优势，努力承接东部地区产业转移的同时，也努力抓住第四次工业革命契机促进高端产业形成"增长极"。进一步，总体上区域产业空间布局还呈现两个重要特点：其一，静态布局与动态布局相结合的特征，区域产业布局既依托历

---

① 于法稳：《中国生态产业发展政策回顾及展望》，《社会科学家》2015年第10期。

史基础和现实条件,充分发挥既有优势,又要结合条件的变化不断进行演化调整,而其中要特别注意抓住关键节点,力争实现"弯道超车"的效果;其二,产业空间布局演化调整过程总体上也是产业转型升级过程,产业布局基本遵循"梯次转移"与结构升级相结合的规律。

(2)政府主导的各级产业园区是产业布局的重要基点。在园区的发展和布局中呈现以下几个方面的特征:第一,产业区与产业园相结合的布局特点。产业区与产业园均是产业空间集合体,两者没有本质区别,但也存在不同。在产业空间布局中,中国形成了"多园多区"融合的布局体系。第二,行政管理体制与经济管理体制相结合的管理特点。因园区不但担负经济产业发展任务,还担负城市建设任务,园区的管理往往是行政管理体制与经济管理体制的结合,是发展经济产业的特殊"行政区域",这在高新技术产业开发区中尤为明显。第三,依托市场发展与政府主导培育相结合的发展路径。主要包括三类:依托市场自发形成的产业园区、政府主导建设的产业园区、依托市场发展到一定阶段后纳入政府园区体系中的产业园区。第四,呈现不同发展主题相结合的园区构建体系。中国存在多种类别的产业园区,发展主题存在区别,管理归口也各不相同。尽管如此,总体上集聚效应、科技与创新驱动成为产业园区建设中强调的共同基点。第五,先期规划与后期调整相结合的发展思路。诸多园区在建设之前经过调研论证规划等一系列环节,展现出科学性特征,同时建设过程中不断结合市场进行调整,但早期的园区缺乏合理的论证或者基于后天市场驱动而成,依原有市场基础而建,宏观规划缺失的劣势,在市场基础不断变化的情况下又需要不断进化和做出调整。

(3)产业空间布局呈现向协同化、集群化、生态化发展的趋势。纵观政策导向和产业空间布局现实,中国产业空间布局呈现出以下几个明显的趋势:第一,区域产业协同化趋势。产业具有协同发展的天然基因,中国推行的一系列区域协同发展战略本质上要求产业协同发展,如京津冀一体化战略,通过行政手段构建一体化发展体系的同时,关键是京津冀产业转移合作与协同发展,通过疏散非首都功能为津冀承接相关产业提供条件。第二,产业集群化趋势。产业集群是区域发展的核心推动力之一,缘于产业集群的规模经济和范围经济等优势,改革开放以来,中国产业空间布局呈现集群化发展特征,尤其是长江三角洲、珠江三角洲等地区基于产业集群的"块状经济"发展特征非常明显。① 第三,产业生态化趋势。在生态文明建设的引领下,在新时代中国特色社会主义建设人与自然和谐共生的现代化内涵下,产业生态化发展已成为基本趋势,且将逐步内化到经济体系和产业空间布局中。无论是生态文明建设考核目标体系还是国家对产业园区考评中的生态倾向,乃至以生态为主题的园区建设,均体现了产业空间布局的生态化趋势,且这种趋势将逐渐由外部因素注入转化到内生体系中。②

2. 产业空间布局存在的问题

中国产业空间布局由不平衡向协调发展迈进,展现协同化、集群化、生态化等一系列向好趋势,尽管如此,产业空间布局还存在诸多不足。

(1) 产业内在连接机制有待创新。产业科学的内在连接机制是产业空间布局的基础,内在连接机制的科学性与先进性与否表现在产业链的纵横连接、内在连接的产业链水平以及与新兴产业对接等诸多方面。从产业链的纵横连接来看,一方面长期以来缘于地方政府竞争"锦标赛"制和地区行政割据,地方政府规划产业布局时各自为战,缺乏区域间的产业链接与协同,导致"跟风式"发展,将大量资源过度投入某一产业,造成产能过剩;另一方面诸多产业园区建立在低端产业基础上,且往往仅是产业的空间聚合而缺乏产业链上下游构建机制,同时经济技术开发区等主导园区的主要着力点也放在招商引资等方面,无暇顾及产业链(企业)连接。从产业链总体水平来看,中国对接全球产业链、创新链、价值链的程度不足,位居相对低端水平。③

(2) 产业集群化水平有待提高。中国用40年左右的时间走过欧美国家200多年的工业化历程,中国工业化的重要特点是产业集群化发展,集群的分工效应大大降低创业门槛,使40年左右涌现7000多万民营企业及个体工商户。④ 集群化催生中国产业发展活力的同时形成了"锁定效应",

---

① 吴利学、魏后凯、刘长会:《中国产业集群发展现状及特征》,《经济研究参考》2009年第15期。

② 内生性产业生态化发展区别于依靠考核、评估、奖惩等外部手段约束的产业生态化发展,在产业布局规划环节就已将生态化作为核心理念,如生态农业不但在模式构建中遵循了生态规律,且将生态价值凝结在产品中。

③ 参见《落在"微笑曲线"底端,全球价值链迎来"中国智造"》,《人民日报海外版》2016年12月13日第11版。

④ 张晓波:《中国产业集群崛起背后的故事》,《南方工报》2018年10月26日第14版。

一个突出问题是中国产业集群化发展虽然非常广泛，但发展水平相对不高，还存在一系列问题，主要包括：第一，"准"集群和小规模集群颇多，体系完整的大规模产业集群较少，小规模集群虽然具有灵活性的优势，但大多属于传统产业低端环节，一方面技术含量相对较低，另一方面规模经济优势无从显现；第二，传统产业集群"低端锁定"与战略性新兴产业集群"高端不足"并存，前者制约着产业升级，后者则提出了系列挑战，实现产业集群的跨越升级迫在眉睫；第三，集群创新机制有待完善，产业集群创建多以低成本为基础，模仿和低价竞争明显，同时存在核心产业和主导产业不突出，产业链不完善，上下游企业配套不紧密，分工和专业化程度不高等问题；第四，政府在集群管理中存在越位、错位、缺位等一系列问题，如"行政撮合"式集群还普遍存在，大小企业不同待遇，公共服务缺失等问题还较为严重。① 同时，产业园区是产业集群化发展的重要载体，产业园区也存在一系列问题，制约了产业集群化发展水平，主要包括：第一，部分园区规划的前瞻性不足，规划不甚科学，规划缺乏统筹思想，同时园区的定位不清，缺乏功能分区，区域比较优势、主导产业不突出，种类太多、范围太广，不利于资源的集中配置；第二，诸多园区在吸引产业方面盲目追求数量，同质化、无序化竞争严重，产业的关联性无从保证，有效产业链无法形成，规模效应和集聚经济无从发挥；第三，产业园区的管理体制和运营机制存在缺失，发挥市场机制在土地集约、企业集中、产业集群中的决定性作用不够；第四，配套服务存在缺失，诸多园区只顾及产业发展而对研发、营销、金融等配套服务产业发展重视不够，基础设施建设也存在不足，制约了园区业态的协同发展。

（3）产业绿色发展空间存在缺失。长期以来，经济发展是产业布局的核心思想，工业化过程中基于粗放发展模式的产业布局理念根深蒂固，一方面基于这类理念的产业布局普遍存在，惯性作用明显，改造此类产业布局存在较大的阻力；另一方面在新的产业布局中虽然绿色理念被不断强化和注入，但缘于经济效益的主导作用和绿色效应的隐性和外部性特征，绿色理念往往是作为被动的、非主要的因子被注入，绿色特征并不明显。近年来，尤其是党的十九大提出生态文明建设以来，高效生态

---

① 李创：《我国产业集群发展瓶颈与破解对策》，《光明日报》2014年8月7日第16版。

产业发展步伐不断加快，但源于绿色发展理念指引、低碳绿色产业和能源主导的绿色产业发展空间起步较晚，总体上该类产业占比还相对较小。同时，中国经历快速工业化过程，工业化速度与资源环境承载力不平衡的问题日益显现，随着工业化进程的加快，资源环境承载力面临的挑战还将进一步增强，之于绿色经济，无论是技术水平还是产业规模均存在很大的提升空间。[①] 在产业空间布局中，无论从宏观还是中微观视角均存在欠协调之处，一方面区域产业布局中，产业发展与区域资源协同关注度不够，地方政府在规划产业布局时以经济发展为主导原则，对本地资源及环境承载力，尤其是长期承载力，以及与相邻区域的产业协同发展重视程度不够；另一方面园区虽为产业绿色发展的重要载体，近年来有关部门也加强对园区绿色发展绩效的考评，但总体上园区产业链的紧密度缺失、生态理念在规划中的缺失等因素导致园区的绿色发展尚存在很大的空间。

第三节 构建中国高效生态产业空间布局

高效生态产业空间布局是一个宏微观层次相结合的概念，结合高效生态产业空间布局要求和现存问题，从重要区域战略下的空间布局、集群化发展理念下的空间布局以及高效生态农业空间布局三个方面展开分析。

一 重要区域战略下的高效生态产业空间布局

近年来，中国推行了一系列重要区域发展战略，从产业空间布局视角主要分为三类："一带一路"倡议、京津冀一体化等重要区域协同战略、高效生态经济区等。三类战略既对高效生态产业布局提出了要求，又为其提供空间和舞台，高效生态产业布局必须内化到重要区域战略中。

1. "一带一路"倡议下的产业空间布局

"一带一路"倡议是沿线国家产业协同发展战略，2013年习近平总书记提出共建"一带一路"倡议，经过几年建设取得系列成果，各类合作

---

① 黄群慧：《从高速度工业化向高质量工业化转变》，《人民日报》2017年11月26日第5版。

项目扎实推进,"一带一路"成为中国参与全球开放合作、提升全球经济治理体系、促进共同发展的重要战略。2013—2019年中国与沿线国家货物贸易总额超过7.8万亿元,直接投资沿线国家超过1100亿美元。"一带一路"倡议为世界范围内构建高效生态产业发展协同体系奠定基础,为高效生态产业布局提供空间,反映在以下几个方面:第一,为中国产业布局优化调整奠定基础,本着互利互惠的原则,借助海内外市场,一方面将我国具有比较优势的产品和过剩产能输入沿线国家,另一方面将沿线国家的优势产品运往国内,凸显资源高效配置和结构优化调整的高效生态发展理念;第二,利于中国区域经济产业的协同优化调整,"丝路经济带"涉及诸多省份,尤其是中西部省份,不但为国际产业合作提供空间,还为沿线区域产业优化布局提供条件,总体上利于区域经济协调发展;第三,为中国企业海外布局奠定基础,沿线国家的巨大发展机会,为中国企业国际化发展和全球布局创造条件。总体可见,高效生态产业布局与"一带一路"倡议在诸多方面存在契合之处,围绕以上三个方面以资源优化配置和结构调整升级为突破口,构建"丝路经济带"高效生态产业空间布局,在国际空间优化资源配置,更好地调和产业发展与区域生态资源支撑关系。

2. 区域协同战略下的产业空间布局

近年来,中国在继续深入实施西部大开发、东北振兴、中部崛起、东部率先发展"四大板块"战略的基础上,又重点实施了京津冀协同发展、长江经济带发展、粤港澳大湾区、海南自由贸易区(港)等重要区域经济协同发展战略,推动区域协同发展向更大范围和更高层次迈进。区域协同发展战略为高效生态产业区域联动布局奠定基础。京津冀一体化发展旨在通过疏解北京非首都功能,调整经济和空间结构,实现京津冀三地的优势互补和产业对接,促进环渤海经济区发展,进而带动北方腹地发展。长江经济带是以长江为纽带连接构成的相对完整的经济带,是产业分布最集中、经济发展水平最高、综合竞争力最强的经济带,其引擎作用可带动中国的整体发展。长江经济带横贯东西,具有生态和环境问题类型的多样性,同时也具备流域生态系统的完整性。长江经济带旨在建设成为中国生态文明建设的先行示范带、创新驱动带以及协调发展带,促进长江上中下游协同发展及东中西部互动合作。区域协同发展战略,在产业梯度对接、优势互补、协同发展方面为产业布局提供了条件，使产业在更广范围内协同布局高效发展，更为重要的是区域战略在重视产业布局资源高效协同的同时，还强化生态发展理念，从而有助于高效与生态的结合，推动高效生态产业布局。

3. 生态经济区建设战略下的产业空间布局

近年来，（高效）生态经济区建设上升为国家战略，成为高效生态产业发展的重要载体，为高效生态产业发展提供试验功能和经验储备。2009年11月国务院批复《黄河三角洲高效生态经济区发展规划》，黄河三角洲高效生态经济区建设上升为国家战略，也成为首个以高效生态经济发展为主旨的区域经济发展战略。高效生态发展的主旨是坚持开发与保护并重，依托环境承载力，严格限制高耗能、高耗水、高排放项目，推进节约、集约、生态、高效及可持续发展，从而维护渤海湾和黄河下游的生态平衡。黄河三角洲高效生态经济区着力构建以高效生态农业为基础、环境友好型工业为重点以及现代服务业为支撑的高效生态产业体系。同年12月国务院批复《鄱阳湖生态经济区规划》，鄱阳湖生态经济区建设上升为国家战略。鄱阳湖生态经济区以保护生态、发展经济为战略构想，着力建设成世界性生态文明与经济社会发展协调统一、人与自然和谐相处的生态经济示范区以及中国低碳经济发展先行区。鄱阳湖生态经济区按照生态与经济协调发展要求，通过改造提升传统产业，大力发展生态经济，从而构建以高效生态农业、资源节约型和环境友好型工业以及现代服务业为支撑的生态产业体系。黄河三角洲高效生态经济区和鄱阳湖生态经济区上升为国家战略已十多年，在高效生态产业体系构建方面取得系列成果，成为高效生态产业发展的重要载体和高效生态产业布局的典范。

中国经济东中西发展不平衡问题的背后是东部产业过度集聚，中西部工业结构趋于瓦解的困境，这种产业空间布局困境源于市场最优集聚与社会最优集聚的偏离。[①] 集聚经济和规模经济下的市场集聚过度发展，促生产业空间布局的"马太效应"，从而偏离社会最优集聚，带来产业空间布局与区域发展的失衡。基于生态资源与区域产业发展协同视角，依托产业结构梯次转移、区域协同理念，调整东中西产业结构布局，构建

---

① 吴福象、蔡悦：《中国产业布局调整的福利经济学分析》，《中国社会科学》2014年第2期。

与生态资源承载力相依托，又不乏集聚经济和规模经济的高效生态梯次产业空间布局是需要特别关注的问题。此外，据安同良、杨晨研究，中国基础设施奇迹填平了接入鸿沟，产生互联网对经济地理格局的重塑效应，应将互联网经济作为经济发展的新动能促进区域协调发展，推动新经济地理格局下的高效生态产业布局。①

二 集群化发展理念导引下的高效生态产业空间布局

产业集群化发展是产业高效化发展的基本趋势，也是生态化发展的重要载体，是高效生态产业空间布局的重要依托。结合产业布局存在的问题，尤其是产业集群和产业园区发展存在的问题，以及高效生态产业布局要求，从以下几个方面推进产业集群导引下的高效生态产业空间布局。

1. 有效促进产业集群向中高阶段转型升级

集群化发展是产业发展的重要特征和趋势，尤其以东部沿海地区劳动密集型产业为代表。产业集群具有一定的发展规律，总体上呈现由低到高的转型升级过程，呈现数量扩展和质量提升两阶段演化规律。② 同时在两阶段基础上又可细分为三个阶段：产业集群发展早期处于数量扩张阶段，伴随数量扩张的鼎盛期，集群可能会陷入内生质量危机；若跨越质量危机，则演化到质量提升阶段；质量提升阶段末期，集群比较优势的重新塑造和成本上涨的压力，驱动集群向技术研发、品牌创新以及市场拓展等高价值环节演进。③ 但需要注意的是，集群的升级进化绝非自然而成，缺失相应的内外条件可能会被锁定在中低端阶段，甚至走向衰败。中国产业集群发展总体上处于较低阶段，大量散而乱的小集群，不但制约集群规模经济优势的凸显，还为产业发展被锁定在低端价值链环节提供条件，促进产业集群向中高阶段迈进是发挥产业集群高效性的基础，是高效生态产业空间布局的关键。围绕产业集群向中高阶段迈进要做好以下几个方面的工作：第一，正确区分不同产业集群的不同演化特征和

---

① 安同良、杨晨：《互联网重塑中国经济地理格局：微观机制与宏观效应》，《经济研究》2020年第2期。

② Keijiro Otsuka, Tetsushi Sonobe, "A Cluster–based Industrial Development Policy for Low–income Countries", *Policy Research Working Paper*, World Bank, 2011.

③ 阮建青、石琦、张晓波：《产业集群动态演化规律与地方政府政策》，《管理世界》2014年第12期。

缺失条件，采用分类施策的原则促进产业集群的转型升级，尤其是，一方面针对中小产业集群加大整合力度，采用数量扩充与质量并进相结合的原则，促其跨越"内卷化"，另一方面以产业园区为载体加强处于质量提升阶段的产业集群向高价值阶段迈进，形成高端产业集群；第二，增强政府对产业集群的服务功能，健全集群转型升级的条件。政府服务功能的发挥之于产业集群的转型升级至关重要，围绕市场失灵，加强政府公共产品的提供，增强公共服务集群化效应，为集群升级创造条件。

2. 大力发展互联网经济下的虚拟产业集群

产业集群的重要意义不仅在于规模经济的发挥，更重要的是能有效缩短分工距离，从而降低协作成本，这也是产业集群形成的根本原因。[①] 传统产业集群以地理空间为基础，受限于自然环境、政策等因素的影响，集群的边界有限，集群企业资源配置和分工协作只能在有限的范围内进行。互联网和数字经济条件下，产业分工与协作超越地理空间边界，实现无形集聚的虚拟产业集群化发展，同时迎合全球化发展趋势。围绕新一代信息技术和实体经济深度融合而成的虚拟产业集群与集聚，总体上包括三类：第一，生产环节围绕核心企业形成的供应链虚拟集群与集聚，供应链上下游企业分布在各地，围绕核心企业需求而形成虚拟产业集群，如美国苹果公司，在全球范围内有766家供应商，围绕iPhone手机生产构建的全球供应链体系，通过互联网信息系统虚拟生产集合在全球范围内高效配置资源。第二，消费环节围绕精准匹配消费需求而形成的电商平台虚拟集群与集聚，颠覆流通环节塑造大规模产业集聚，如阿里巴巴平台活跃4亿多消费者，淘宝超过900万卖家，形成强大的集聚效应。第三，围绕标准和行业联盟而形成的产业虚拟集群与集聚，如NB-LOT产业联盟，涵盖芯片、终端、模组、运营商各环节的诸多厂商和组织，共同致力于技术的推广和资源的协同与优化配置。[②] 虚拟产业集群是互联网经济时代，依托新一代信息技术虚拟产业布局，提升产业高效化、生态化发展水平的基础。围绕虚拟产业集群的发展需要做好以下几个方面的工作：第一，鼓励核心企业在全国乃至全球范围内依托互联网构建供应

---

① 陈小勇：《产业集群的虚拟转型》，《中国工业经济》2017年第12期。
② 王如玉、梁琦、李广乾：《虚拟集聚：新一代信息技术与实体经济深度融合的空间组织新形态》，《管理世界》2018年第2期。

链体系，尤其是依托绿色供应链理念组建生态体系。依托《中国制造2025》《关于开展供应链创新与应用试点的通知》《工业绿色发展规划（2016—2020年）》等文件确立的战略任务，选定骨干企业积极培育供应链融合下的虚拟产业集群。第二，鼓励平台型企业促进供需匹配和企业的无形集聚，如零售电商平台、网络货运平台、本地生活平台等。第三，虚拟产业集群与生态工业园构建理念相结合，依托生态经济原理和数字孪生技术，以物料交换和能量流动为核心，促进虚拟生态工业园的发展。

3. 加强生态产业园区建设和园区的生态化改造

产业园区是产业集群化发展的重要载体，是高效生态产业布局的关键。结合产业园区存在的问题和高效生态产业布局要求，围绕生态产业园建设和产业园区生态化改造两个方面发力。第一，加强生态产业园区建设。中国生态产业园区的比例还相对较低，园区规模、技术水平、生态发展水平等还存在差异，生态绩效与发达国家存在一定的差距。同时东中西部产业空间布局失衡问题反映在生态工业园区建设的数量和质量等方面。东部地区生态工业园区在产业结构优化、土地利用率提升、生态技术创新、园区精细化管理、绿色招商等方面取得一定成绩，中西部地区生态工业园区发展条件相对较差、发展较为落后，生态资源优势未得到充分利用。在总体上，着眼于促进生态工业园区的数量和质量建设，构建完善的高效生态产业链网，形成科学的园区产业生态系统，同时提升高效生态发展水平，要依托分类施策思路对不同区域、不同类型园区推行不同的政策。如从东中西部地区生态工业园区总体情况来看，东部地区生态工业园区着重应在优化产业空间布局，完善生态产业链和副产品交换网络，完善体制机制等方面发力；中西部生态工业园区应结合资源禀赋差异，促进资源指向性产业结构调整，因地制宜发展不同层次、不同类型的生态工业园区，提高生态工业园区的生态化发展水平和精细化管理水平。[①] 第二，加强园区生态化改造。产业园区体系庞大，是发挥产业集聚效应和规模经济的重要依托，也是落实循环经济，构建高效生态产业发展模式和组织的重要依托。但诸多园区要么是核心企业主导形成，存在规模偏小、定位模糊以及产业层次较低、链条不完整、企业关

---

① 钟琴道、姚扬、乔琦等：《中国生态工业园区建设历程及区域特点》，《环境工程技术学报》2014年第5期。

联度不强等问题；要么是依托政府推力企业集聚而成，主要目的是招商引资，存在产业链条残缺、企业关联和链接度不高以及土地集约利用率不高、生产清洁度较低等问题，这不但与高效生态发展理念相悖，且难以充分发挥规模经济和集聚经济优势。为此，结合经济系统与生态系统相统一的思想，推动工业园区、经济开发区、高新技术开发区等园区的生态化改造，依托循环经济理念，围绕供应链和生态产业链，一方面打造集研发设计、制造、销售、物流等于一体的，由核心企业带动和中小企业配套，产业链完整的闭环产业体系；另一方面相对应地构建起集生产者、消费者、分解者于一体的企业生态群落和闭环发展模式。同时针对不同园区、不同状况也要采取分类施策的原则，如对于具有较好产业生态发展基础的园区，重点完善高效生态产业链，形成稳定的高效生态产业网和企业群落，提高高效生态发展水平；对于规模庞大、门类繁多、企业数量较多的园区，采取纵横交错的思路，横向范围内确定核心产业和主导产业，纵向范围内在确定核心产业关键环节或企业的基础上，引入补链企业，构建和完善生态产业链条，在此基础上纵横结合依托循环经济、共享经济等理念，高效配置资源，发挥规模效应和循环效应。此外，针对各类园区管理不一的问题，需理顺体制机制，确定园区生态化改造的主导和牵头部门，以及各部门之间的联动和协调机制，实现产业的高效生态发展、高新技术发展、融合发展等的统一。

三 高效生态农业的空间布局

农业是与自然结合最为紧密的产业，其受限于自然条件的作用较之于其他产业更强，其空间布局具有特殊性和典型性。结合高效生态农业发展的特点及我国出台的一系列有关农业空间布局的政策，从生态资源调配、不同产业带、不同功能区三个方面分析高效生态农业的空间布局。

1. 基于生态资源调配的高效生态农业布局

正确处理农业发展与资源开发利用及生态环境保护的关系，是高效生态农业布局的基本要求。结合资源环境条件与农业发展现实，我国宜调整"北粮南运"战略，推进"禽北上、畜南下"和都市型农业战略。

（1）基于水资源合理配置，调整"北粮南运"。我国存在水资源总量不足与空间不均衡双重困境，水资源与耕地资源自然配比存在严重的扭曲。历史视角上，中国存在农业自然条件和生态环境地域特点相匹配的"南粮北运"发展现实，但改革开放以来，粮食生产逐渐实现了由"南粮北运"向"北粮南运"的逆转。为弥补北方水资源的不足,我国实施了"南水北调"工程,尽管如此,北方农业用水依然匮乏,而农民通过超采地下水弥补缺口的方式,导致北方地区地下漏斗面积不断扩大,形势十分严峻。①"水减粮增"的矛盾不断凸显,为此需要制定与资源匹配的农业布局战略,总体上,一方面对部分农产品推行进口替代战略,缓解耕地与水资源的压力,另一方面设立农业用水红线,依靠农业种植结构调整,粮食品种优化,科技开发应用等保障用水红线;同时基于各地区发展现实和资源状况优化种植,围绕缓解"北粮南运"的资源匹配矛盾,从水资源定价、种植结构、种植模式等方面推行一系列战略措施。②

(2) 基于生态环境修复,推进"禽北上、畜南下"。"禽北上、畜南下"③农业布局缘于家禽饲养生态危机、过度放牧草原生态破坏效应、秸秆处理难题三个方面的考量。推行"禽北上、畜南下",可以优化资源配置、减少生态环境污染、增强生态保育、增加农民收入。对于草原地区而言,该战略有以下几个方面的优势:缓解过度放牧对草原生态的破坏作用,促进草原的自我修复;广袤的草原为家禽提供生态养殖的空间和条件,总体上缓解牧区因草原退化而产生的长期经济损失问题。对于农业主产区而言,该战略有以下几个方面的优势:有效解决秸秆焚烧带来的环境污染问题,促进秸秆资源化利用;缓解规模化养殖的污染问题;促进牲畜粪便、秸秆等废弃物的资源化,保障食品安全。总体上"禽北上、畜南下"主要调整的空间区域为内蒙古、新疆、西藏、青海、宁夏等低光合作用的牲畜主产区与山东、河南、河北、湖南、四川等农业主产区。④

(3) 基于食品短链理念,大力发展都市型农业。食品短链在物理空间上体现为本地化生产,在供应链环节上体现链条的缩减和"供应—销

---

① 参见文佳筠《环境和资源危机时代农业向何处去?——古巴、朝鲜和美国农业的启示》,《开放时代》2010 年第 4 期。
② 具体措施参见李文华、成升魁、梅旭荣等《中国农业资源与环境可持续发展战略研究》,《中国工程科学》2016 年第 1 期。
③ "禽北上、畜南下"战略是中国科学院植物研究所蒋高明研究员在负责"京津风沙源治理工程"所开展的系列实验中总结提出的战略。
④ 参见蒋高明《畜南下,禽北上——畜禽换位新思路促农牧业双赢》,《发明与创新(综合版)》2009 年第 5 期。

售—消费"合作紧密度的增强。① 食品短链的应用场景是基于都市消费需求，发展都市型农业。典型特点：其一，都市边依托高效生态农业模式生产出来的生态食品通过直接配送、专卖店直销、社区支持农业等模式提供给城市人群消费；其二，发挥高效生态农业多功能作用，满足都市群体日益提升的生态休闲旅游需求，依托高效生态农业提供生态观光、生态采摘、生态居住、生态餐饮、生态减压等一系列增值服务。食品短链对于满足都市消费需求，降低农产品流通环节中资源消耗和碳排放、缓解生态食品信任品弊端等具有重要作用。② 依托食品短链发展都市型农业，尤其是蔬菜、水果、畜禽产品等应作为高效生态农业发展空间调整的基本战略。

2. 不同功能区的高效生态农业布局

产业布局要与区域资源承载力密切结合起来，《全国主体功能区规划》根据不同区域资源环境承载能力以及开发密度与发展潜力，将国土空间分为优化开发、重点开发、限制开发、禁止开发四个类别，指导形成经济与资源环境相协调的空间开发格局。依托区域资源承载力和环境容量，结合发展现实，《全国农业可持续发展规划（2015—2030年）》将全国分为优先发展、适度发展、保护发展三类农业发展区域（见表10-2）。

（1）优先发展区。该区农业生产条件良好，是中国大宗农产品的主产区，但因石油农业的过度发展造成了资源消耗过度、化肥农药等使用过度、环境污染较严重等问题。结合相关区域主体功能及发展现实，坚持生产优先、兼顾生态、种养结合的发展思路，在提高农业生产能力的同时，更要保护好资源环境，确保可持续发展。

（2）适度发展区和保护发展区。适度发展区农业生产特色鲜明，但资源环境承载力有限，水资源匮乏且水土配置错位，生态脆弱，要秉承保护和发展并重的原则，立足资源环境现实挖掘发展潜力，促进适度发展。保护发展区具有重要的生态保护战略地位。对这类地区要保护优先，

---

① 食品短链的详细特征参见杜志雄、檀学文《食品短链的理念与实践》，《农村经济》2009年第6期。

② 檀学文、杜志雄：《食品短链、生态农场与农业永续：京郊例证》，《改革》2015年第5期。

适度开发，依托高效生态农业，促进生态系统良性循环。① 此外，还要坚持优势和特色相结合的农产品区域布局战略，在适宜的地区发展适宜的产业、推广适宜的技术，充分挖掘不同产业类型带优势特色农产品的生产潜能。结合《特色农产品区域布局规划（2013—2020年）》等对不同区域功能的定位，结合不同产业带特点及发展现状，优化高效生态农业发展布局。

表10-2　　　　　　　　　基于可持续发展的中国农业分区

三类分区		包含范围
优先发展区	东北区	黑龙江、吉林、辽宁、内蒙古东部
	黄淮海区	北京、天津、河北中南部、河南、山东、安徽、江苏北部
	长江中下游区	江西、浙江、上海、江苏、安徽中南部、湖北、湖南大部
	华南区	福建、广东、海南
适度发展区	西北及长城沿线区	新疆、宁夏、甘肃大部、山西、陕西中北部、内蒙古中西部、河北北部
	西南区	广西、贵州、重庆、陕西南部、四川东部、云南大部、湖北、湖南西部
保护发展区	青藏区	西藏、青海、甘肃藏区、四川西部、云南西北部
	海洋渔业区	中国管辖海域

资料来源：农业部《全国农业可持续发展规划（2015—2030年）》。

---

① 具体区域发展战略参见《全国农业可持续发展规划（2015—2030年）》。

第十一章　高效生态产业发展规制

伴随前三次工业革命的大规模推进,地球资源和能源消耗、环境污染已接近地球的承载极限,人口、工业生产、资源消耗以及污染都呈现"指数型增长",世界已经处于"过冲状态"①,亟须发展高效生态经济,提高资源和能源的利用效率,减少污染排放。如今全球87%的能源来自三种化石燃料:煤炭、石油和天然气,剩余的能源使用中,则包括5%的核能和8%的可再生能源。② 第四次工业革命正在颠覆人类的生活、工作和相互联系的方式。新一轮科技革命和产业变革深入发展,技术深度融合,产业结构正在发生重大变革,新商业模式不断涌现,现有商业模式正在被颠覆。高效生态产业发展模式相比于传统产业发展模式而言就是一种巨大的商业模式的变革,亟须一套全新的高效生态产业发展的规制理论指导中国经济未来高质量发展的方向和路径。

第一节　高效生态产业发展规制的概念

中国长期的粗放式经济增长模式导致资源大量消耗和环境污染,高质量发展要求我们调整产业结构,发展高效生态产业,有效减少化石能源过度消耗和环境污染。市场和政府都是配置资源的有效手段,中国共产党第十八届三中全会已经提出"使市场在资源配置中起决定性作用和更好发挥政府作用",因此,转换经济发展方式,推动新时代高质量发展,发展高效生态产业,需要政府制定并实施合理的规制政策,形成合

---

① [美]梅多斯(Meadows, D)、[美]兰德斯(Randers, J)、[美]梅多斯(Meadows, D):《增长的极限》,李涛、王智勇译,机械工业出版社2018年版,第17页。

② [挪威]乔根·兰德斯:《2052:未来四十年的中国与世界》,秦雪征、谭静、叶硕译,译林出版社2018年版,第98页。

理的垄断竞争型市场结构，建立完善的规制框架诱导企业市场行为合理化，扁平化、分散化、协作竞争的商业模式是高效生态产业发展规制的必然选择。

一　规制的含义

规制又称为管制或监管，政府依据合理的法律法规和政策对企业的市场行为进行规范，形成合理的市场结构。存在市场失灵的情况下，政府规制对经济高质量发展和产业结构优化将产生重要作用。乔治·J. 斯蒂格勒（George J. Stigler）认为，政府为了维护公共利益和行业权益，从而产生规制。[1] 植草益（Masu Uekusa）指出，政府规制是政府公共部门按照特定规则对企业的生产经营活动进行有序规范和限制的活动。规制是政府为了保护公共权益，通过经济、行政或法律手段对企业市场活动进行的干预。

从规制的手段和方式来看，政府规制分为直接性规制和间接性规制。直接性规制是指政府直接干预企业的生产经营活动，规范企业进入和退出、定价、生产服务质量、投资、研发等活动；间接性规制是指政府为了防止不公平竞争而制定的《反垄断法》《反不正当竞争法》《价格法》等法律法规，对垄断行为和不公平竞争行为进行规制。直接性规制又分为经济性规制和社会性规制两类，经济性规制是对一些存在市场失灵的垄断行业或信息不对称行业进行生产规范，防止资源配置的低效率或社会福利净损失；社会性规制则是对环境保护、食品药品安全、教育医疗等关系民生安全的社会活动进行规范，目的是提高人们生活质量，防止环境污染和自然灾害发生，对企业商品或服务生产活动制定一定的标准，规范其特定行为的管制。[2] 需要说明的是，虽然规制是公共管理部门所实施的规范企业生产行为的各项措施，但规制理论的提出以完善的市场经济体制为前提，是针对存在市场失灵的领域进行规制，目的是矫正市场失灵。

二　传统产业发展规制

从规制的实施对象来看，政府为了规范引导企业的生产经营行为，

---

[1] George J. Stigler, "The Theory of Economic Regulation", *Bell Journal of Economics*, Vol. 2, No. 1, 1971, pp. 3–21.

[2] ［日］植草益：《微观规制经济学》，朱绍文等译，中国发展出版社1992年版，第27页。

会对微观企业的生产经营活动进行干预、规范和限制。如果政府为了实现某种特定目标而对整个产业内所有企业的生产活动进行干预，就形成了产业发展规制，产业发展规制是政府对产业层面发展所进行的各种直接或间接的干预、限制或扶持等政策措施。① 简单来说，产业规制就是政府对产业经济主体及其行为进行规范和引导。一般来说，产业发展规制的目的，一是弥补市场失灵，维护公平竞争的市场机制，限制垄断，提高资源配置效率；二是扶持或限制某些产业的发展，例如，为了优化产业结构，政府会鼓励和扶持高技术产业、绿色产业的发展，而对那些污染严重、产能过剩的产业加以限制。

伴随四次工业革命的推进，产业发展呈现明显的阶段性特征，针对产业发展的政府规制也不断调整。前三次工业革命带来机器大工业生产，企业规模和生产能力大幅提高，化石能源的使用在能源消费结构中占据主体地位，产业发展规制的目的是实现规模经济，提高技术水平。在各种新技术融合发展的推动下，产业发展模式和企业发展方式已经完全不同于传统方式，企业不再片面追求规模和利润最大化，依靠网络技术发展起来的众多新型企业，其规模更小，人员更少，但同消费者和其他企业的联系却更加密切，其生产效率更高，污染更少。产业规制发生转变，引导企业绿色发展，主动担负社会责任，扁平化、分散化发展，不同企业在合作中有序竞争，成为产业规制的新内容。

根据实施主体不同，产业发展规制政策的制定和实施包括三类：政府规制、社会规制和行业自律规制。政府规制是约束力更强的规制方式，政府主管部门对行业发展方向进行相应的规划和限制，以规范特定产业的发展，例如，政府为了保护环境，发展高效生态产业，通过环境规制和资源限制等手段规范企业的行为；社会规制是消费者或媒体等一些社会组织为了维护社会利益，自发地对某些产业发展进行的非正式干预；行业自律规制介于政府规制和社会规制之间，企业自发组织形成的行业协会为了促进某产业更好的发展而制定的标准或规范。

三　高效生态产业发展规制

高效生态产业发展规制是指政府和社会为了促使产业发展更加高效和生态，规范高效生态产业市场主体生产经营行为，而制定的各种具有

---

① 苏东水：《产业经济学》（第二版），高等教育出版社2005年版，第330页。

鼓励、限制、约束和规范性质的各种措施。目的是实现产业发展过程中经济效益与生态效益的有机结合，最大限度地提高资源的利用效率，实现最少的污染排放。目前对于中国高效生态产业发展规制的研究还处在起步阶段，学界尚未达成共识，政府层面也没有建立统一的规制体系。

高效生态产业是以最小的环境污染代价获取最大的经济收益，寻求经济效益和生态效益的有机统一，依靠新技术和新能源发展起来的高效生态产业逐渐成为经济发展的方向。部分学者对新工业革命背景下出现的新产业、新业态、新模式的规制方式进行了有意义的探讨。戴建军和田杰棠（2017）对互联网新兴业态规制进行了研究[①]；唐清利（2015）探讨了"专车"类共享经济的规制路径。陈兵（2018）研究了互联网平台经济运行的规制基调[②]；李文姝和刘道前（2019）提出了人工智能视域下的信息规制[③]。现有研究主要针对某一具体产业的规制进行了探讨，并未对高效生态产业整体的规制体制进行深入研究。本研究将高效生态产业规制界定为环境规制、高效生态产业市场结构规制和市场行为规制三类。

一是环境规制。环境规制是指政府为了保护生态环境、控制污染排放，通过法律手段甚至行政手段干预企业的生产行为和污染排放行为，激励企业采用绿色清洁生产技术，提高化石能源使用效率。环境规制是当前世界各国面临严峻环境污染而采取的主要政策，是发展高效生态产业的重要保障，对于环境规制的手段，依据其实施方式，分为正式环境规制和非正式环境规制两类，正式环境规制又包括命令控制型和市场激励型。命令控制型是指政府直接采用行政手段控制企业的生产和污染排放；市场激励型是指政府通过排污税、排污权交易等手段激励企业主动降低污染排放，实现清洁生产。近年来，随着公众环保意识逐渐增强，公众和社会组织积极参与到生态文明建设中，对企业污染排放和政府环境规制的监督作用逐渐加强，从而形成非正式环境规制。

二是市场结构规制。自工业革命以来，机器设备和化石能源的大范围使用，致使企业和行业规模不断扩大，在许多行业的市场结构呈现出

[①] 参见戴建军、田杰棠《互联网新兴业态规制研究》，中国发展出版社2017年版。
[②] 唐清利：《"专车"类共享经济的规制路径》，《中国法学》2015年第4期。
[③] 李文姝、刘道前：《人工智能视域下的信息规制——基于隐私场景理论的激励与规范》，《学术前沿》2019年第3期。

寡头和垄断状态，企业间市场竞争弱化，从而降低了生产效率和技术水平。长期粗放式发展带来了严重的环境污染和资源能源浪费，为了提高经济发展质量，必须要发展高效生态产业。高效生态经济基于完善的竞争机制，因此，形成合理的市场结构，是高效生态产业更好发展的前提。高效生态产业的市场结构规制是要形成垄断竞争型市场结构，既能够增加市场集中度，发挥规模经济，又能够促进企业竞争，提高发展效率。

三是企业行为规制。归根结底，高效生态产业的发展需要依靠企业主动提高资源利用效率，减少污染排放，主动寻求经济效益和生态效益统一。企业是市场经济的主体，企业行为规制就是建立诱导性规制框架引导企业主动进行绿色生产和可持续发展，并实施合理的奖惩机制，激励企业主动发展高效生态产业。提高企业的社会责任感，优化企业的目标，具有社会责任的企业不应该以利润最大化为终极目标，而是为了创造更加美好的世界而发展，秉承"回馈社会，生态高效"的绿色发展理念。

第二节　中国产业发展规制演进现状

一　政府规制理论的发展趋势

高效生态产业是一个复杂的有机系统，涉及绿色发展模式选择、能源结构、产业结构、技术结构等，因此，对于高效生态产业发展的规制还未形成系统的理论体系。传统规制经济学理论研究主要包含四个主题：公共利益规制理论、利益集团规制理论、激励性规制理论和规制框架下的竞争理论。[①] 大致经历了"规制—放松规制—激励性规制—规制与放松规制并存"的动态演进过程。

1. 规制放松，激励性规制兴起

自20世纪70年代以来，经济发达国家对政府规制理论的研究取得了较大进展，形成了较为完善的理论体系。20世纪80年代以来，美国、英国、日本等经济发达国家对自然垄断产业的政府规制进行了重大变革，放松规制已经成为世界各国经济发展潮流，技术进步则对放松经济性规

---

① 张红凤：《西方规制经济学的变迁》，经济科学出版社2005年版，第1页。

制产生了强有力的推动作用。自然垄断行业实行政府管制体制改革，大力推进民营化改革，积极引进并不断强化市场竞争机制，打破垄断，提高了生产效率。同时，在信息经济学、机制设计理论、激励理论、动态博弈论等新理论推动下，规制经济学理论出现了革命性发展，激励性规制理论出现。激励性规制是通过制定水平型规制政策和竞争政策，建立合理的奖惩机制激励企业主动提高效率，降低价格，这种规制方式可以给予企业更大的生产自主权，同时也实现了政府的规制目标。

2. 经济性规制弱化，社会性规制加强

经济性规制的主要针对自然垄断产业，通过准入限制、价格管制、投资规制等手段来实施，从而保护公共福利。但经济性规制由于信息不完全、利益集团左右等因素的存在，从而出现规制失灵或规制俘获的情形。政府失灵可能比市场失灵的后果更严重。以罗纳德·哈里·科斯（Ronald H. Coase）为代表的制度经济学派认为，只要产权明晰，在交易成本很小的条件下，市场机制可以解决外部性问题，政府开始逐渐放松经济性规制。为了适应经济高质量发展，维护消费者权益和保护环境，政府在公共安全、健康、环境保护、知识产权保护等方面的社会规制则不断加强。因此，对涉及食品药品安全、健康、医疗、环境保护以及其他信息不对称领域的社会性规制逐渐加强。政府规制的重点从经济性规制向社会性规制转移，20世纪80年代以后，以美国、日本和英国为代表的发达国家掀起一场放松经济性规制、加强社会性规制的浪潮，完全或部分取消了行业准入和价格管制，引入民营企业以市场化方式促进市场竞争，加强对环境污染和产品质量的社会性规制。

3. 反垄断规制标准逐渐宽松

由于技术不断变革、产业形态不断演变、经济全球化持续推进，反垄断规制理论和执法标准有所变化。第一，反垄断规制方法由结构主义向行为主义转变。20世纪70年代之前，世界各国反垄断执法机构大多采用结构主义规制方法，主要是因为20世纪30年代兴起的产业组织理论为结构主义规制方法提供了理论支持，哈佛学派提出SCP分析范式，市场结构的规制成为反垄断规制的核心内容。哈佛学派在反垄断问题上的基本观点是：市场机制存在滞后性，不能及时调节，规制政策或反垄断政策有助于维护有效的市场竞争。市场集中度和企业市场份额是判断市场竞争状况的重要依据，较高的市场集中度往往导致较差的市场绩效，高集中度和高垄断利润的形成主要是因为存在市场进入壁垒。要提高市场绩效，就要消除进入壁垒。为了矫正市场失灵、促进有效竞争、提高市场绩效，政府必须干预市场结构，通过反垄断政策来阻止垄断的形成，控制大企业间的并购，禁止人为的进入壁垒。但随着颠覆性技术进步、规模经济发展和经济全球化进程的推进，结构主义规制方法不再适应经济社会发展而被行为主义替代，行为主义规制方法主要以控制限制竞争和形成垄断的市场行为作为规制重点，对反竞争的企业进行规制。第二，对企业垄断行为的确认原则从本身违法原则向合理原则转变，这主要源于垄断的两重性，是垄断结构还是垄断行为的问题。本身违法原则是指某些协议或企业行为本身就存在垄断性质，只要出现就是违法的。合理原则是指某些协议或行为虽然表面上形成了垄断，但没有限制竞争，只有当这些协议或行为出现限制竞争、造成市场损害时才被认定是违法的。从各国反垄断实践来看，合理原则优先于本身违法原则，说明垄断的市场结构并不是反垄断的充分条件。

4. 规制手段由行政手段向市场手段转变

从政府对产业规制实施的方法来看，主要包括两种类型：一是命令控制型，二是市场激励型。命令控制型规制是政府部门为了规制市场结构和企业行为通过行政手段直接控制企业的生产经营，企业必须无条件遵守政府出台的各项规制政策，否则将被处罚；市场激励型规制是指政府通过经济或法律手段，利用市场机制引导企业的生产经营，市场激励型规制手段需要依靠健全的市场机制，通过政策引导和市场竞争发挥作用，企业具有更大的自主权。从各国政府规制的进程和改革可以发现，适应于政治民主化的进程，单纯的强制命令型政府规制有所弱化，随着规制理论的不断演进，政府规制方法体现市场原则，出现了政府规制与市场机制相融合的趋势。通过对话、谈判等柔性规制方式在法律规定框架内建立公众评议和听证等程序。高效生态产业发展应该采用市场激励型规制手段，让企业在追求利润和保护环境之间进行合理选取，同时实现环境保护与企业发展的统一。

二 传统规制的内容与方法

政府规制的内容非常广泛，主要有准入和退出限制、价格规制、投资规制、数量和质量规制、环境规制，等等。

1. 准入和退出限制

政府为了规范某一产业的发展，通常会对微观经济主体进入或退出某些部门或行业设定相应门槛。对一般性竞争行业实行注册登记制度，按照相关文件规定，只要企业符合规定就可以登记注册进入某个行业。对于一些特殊行业，如自然垄断行业存在成本弱增性的特征，为了实现规模经济，往往由少数几家企业经营更合理，政府主管部门实行申请审批制和特许经营制度，限制新企业的进入，同时为了保证产业发展的平稳性和就业稳定，还需要限制企业的任意退出。

2. 价格规制

政府对自然垄断企业提供的产品价格进行规范。如果任由垄断企业根据利润最大化来制定价格，垄断价格远高于企业的边际成本和平均成本，就可能产生较大的社会福利损失，政府要对垄断企业提供的产品和服务进行价格管制，如最高限价、边际成本定价、平均成本定价、规定利润率等方式。

3. 投资规制

政府若要加快某些产业发展，就需要制定政策鼓励企业投资，同时，为了防止过度竞争和重复投资，还要对投资规模和结构，以及投资品最优组合进行规制。[①] 投资源自企业对利润的追求，哈维·阿弗契（Harvey Averch）和利兰·约翰逊（Leland Johnson）研究发现，对投资回报率的规制会刺激企业尽可能地扩大资本基数，以期在规定的资本回报率下获得更多的绝对利润。其结果可能导致投资过度和低效率，这一研究结论被称为"A-J效应"。

4. 数量和质量规制

数量规制是指政府对某些特殊商品的生产规模进行控制，如对污染排放严重的企业进行产品数量控制，质量规制是政府为保护消费者利益对部分产品和服务提供的质量实行规制，制定严格的生产和生态标准，如对食品药品生产标准的控制。数量和质量规制的目的，一是提升商品和服务的总体质量水平，提高资源配置的效率；二是维护人们的安全和健康，提升人们的生活水平。

[①] 参见曲晓华《论政府规制与企业反应》，博士学位论文，四川大学，2003年。

5. 环境规制

工业革命带来了先进技术，也带来了工业大规模生产和污染物的大量排放造成环境恶化严重。为了保护环境、减少污染排放、实现经济可持续发展，政府部门制定了各种旨在减少化石能源使用、提高能源利用效率、减少污染物排放的各种措施。关于环境规制的效果还存在争议，短期看环境规制可能损害经济发展，从长期动态视角看，合理制定和实施环境规制可以激励企业技术进步，推动经济绿色发展。

三　高效生态产业规制理论不完善

从上述传统产业规制的方法可以发现，针对自然垄断产业的经济性规制方法已然成熟，但对于如何发展高效生态产业的规制尚不完善，仅有的环境规制也只是从控制污染排放的角度降低企业对环境的污染。本研究所界定的高效生态产业是追求经济效益与生态效益的有机统一，高效生态产业发展规制的目的不仅是减少污染排放，更重要的是提高企业生产效率、资源和能源利用效率，降低化石能源使用等，因此，高效生态产业的规制是一个系统的规制体系，环境规制只是高效生态产业发展的规制手段之一。

第四次工业革命引发的颠覆性变革正在促使公共机构和组织重新调整运行方式，找到与公众和私营部门合作的新方式，更好地利用数字技术提高治理水平，更深入、更创新地应用网络技术改善公共管理机构。[1]但是，政府规制体制并未随着产业发展模式和技术模式的改变进行变革，虽然政府部门已经意识到当前粗放式发展对环境带来的负面影响，但缺乏有效的应对措施，仅依靠从末端控制污染排放这种环境规制很难从根本上解决当前的资源、气候、污染等问题。真正实现人与自然和谐共生，经济要可持续发展，发展高效生态产业才是根本的解决方式。面对新经济发展方式和新型产业模式，政府需要积极拥抱这种变革，调整规制方式，在传统的规制框架下，整个过程都是线性的、机械的，一个严格自上而下的过程。[2]但如今，新技术引发的变革极为迅猛，过去的做法已经不再适用，这种情形下，政府规制既不能扼杀创新、阻碍技术发展，又

---

[1] ［德］克劳斯·施瓦布:《第四次工业革命: 转型的力量》，李菁译，中信出版社2016年版，第70页。

[2] ［德］克劳斯·施瓦布:《第四次工业革命: 转型的力量》，李菁译，中信出版社2016年版，第72页。

要保障消费者权益和社会环境。政府规制需要更加灵活，具有前瞻性，为创新提供更大的空间，当然这种规制变革也面临着巨大挑战，主要表现在规制框架构建、市场结构规制、市场主体行为规制和市场绩效规制四个方面。

1. 高效生态产业规制框架不健全

①传统规制经济学理论根据规制性质的不同将规制区分为经济性规制和社会性规制。长期以来，经济性规制和社会性规制缺少联系，不能有效统一，主要是因为两者的规制目标不一致。但随着人类经济社会活动对自然环境的影响和依赖越来越强，经济系统与生态系统越来越分不开，尤其是发展高效生态产业同时追求经济效益和生态效益的最优结合，这就要求政府规制必须将经济性规制和社会性规制结合起来，制定融合性规制理论，新规制理论的目标就是要实现经济系统与生态系统的融合发展。②政府规制主体单一，无论经济性规制，还是社会性规制主要依靠政府主管部门进行监管，但这种监管方式效率极低。一是政府主管部门缺少足够的人力和物力进行全面监管，即便可以进行监管，监管的成本也远远高于收益；二是政府部门存在明显的信息滞后、专业认知困难等缺陷，很难对企业的生产经营行为进行合理认定和处罚。因此，完全依靠政府来监管，效果将大打折扣。高效生态产业规制同时涉及经济系统和生态系统，其规制范围更广，规制成本更高，不能仅仅依靠政府的力量，必须发动社会力量参与监管和监督，实现规制主体的多元化。一方面，加强行业自律监管，充分发挥行业协会的作用，制定统一标准，约束本行业企业的行为；另一方面，发挥网络媒体和群众的监督作用。③规制手段单一，行政手段是政府规制的主要手段，行政规制工具往往治标不治本，不能彻底改变企业的生产行为，还可能会产生寻租和腐败行为。高效生态产业规制应该使用制度性诱导规制，而非政府强制干预。政府通过完善资本金融市场、信用市场、排污权交易市场，并借助财政、金融、就业、科技、贸易等政策激励来引导企业追求高效生态产业发展，摒弃固有的完全靠行政命令的方式强制约束企业生产和排污行为，固有方式不仅起不到保护环境的目的，还可能扼杀企业的创新积极性。

2. 高效生态产业市场结构规制不完善

根据哈佛学派的 SCP 分析框架，合理的市场结构是提升经济绩效的基础，政府规制的一个重要目标就是促进产业尽快形成合理的市场结构。

在现实经济中，完全竞争市场和完全垄断市场是不存在的，垄断竞争和寡头垄断的市场结构是普遍存在的两种市场结构，但寡头垄断容易形成串谋，弱化竞争，不利于产业更好发展。因此，垄断竞争型市场结构能够充分发挥市场竞争效应，是一种理想的市场结构。但是，垄断竞争型市场结构并没有统一的衡量标准，如果用市场集中度衡量，无法找到最优标准，而且不同产业差别较大，与之相对应的市场集中度也相距甚远。纵观我国对产业市场结构的规制，大多数为了实现规模经济，往往致力于提高产业市场集中度，打造几家大的龙头企业，充分发挥龙头企业的规模经济和行业带动作用，尤其是以传统的重化工产业为主，在后续章节中我们还会分析我国钢铁产业的市场结构规制和演变，可以看出政府主导下的市场结构调整效果并不理想。

对于高效生态产业来说，不断革新的技术是其持续发展的引擎，合理的市场结构可以推动行业技术进步。学习（创新）市场一般都存在不完全竞争，不完全竞争为政府的干预提供了依据。[①] 但政府干预应该是间接的，政府干预的是市场竞争秩序，而非企业生产行为。第四次工业革命带来的各种技术日新月异，已经彻底改变产业发展的模式和竞争方式，传统自然垄断产业存在的成本弱增性基础被颠覆，潜在竞争者的进入使很多垄断企业的垄断地位都是暂时的，市场结构处在动态变化中，垄断竞争型市场结构将成为常态，这种市场结构是在市场机制充分发挥条件下的一种动态变化的结果。从市场内部看，企业的市场份额随时都在发生变化，虽有企业被淘汰，同时又有新的企业产生；从整个市场结构来看，市场结构长期呈现竞争但又存在产品差异性的垄断竞争型特点。

高效生态产业市场结构规制不完善的另一个表现就是高效生态产业反垄断政策缺失，主要体现在两方面。一方面，技术进步使高效生态产业不可能存在自然垄断产业那样的成本次可加性特征[②]，也就是说高效生态产业本身难以形成垄断，同时，由于存在大量的潜在进入者，尤其是技术创新、互联网应用导致行业进入壁垒较低，即便存在垄断企业，也是暂时垄断，竞争（或潜在竞争）一直存在，对于这样的市场结构来说，

---

① ［美］约瑟夫·斯蒂格里茨、［美］布鲁斯·格林沃尔德：《增长的方法：学习型社会与经济增长的新引擎》，陈宇欣译，中信出版集团2017年版，第214页。

② 成本次可加性也称"成本弱增性"。

反垄断政策要包容审慎地对待,而且垄断的市场结构并不构成反垄断的充分条件。另一方面,反垄断认定已经从"结构"转向"行为",也就是说,高效生态产业垄断结构虽然是暂时的,但同样会出现垄断行为,例如,互联网平台企业的排他性交易行为,会阻止竞争者进入,不利于平台企业创新,但对于这种新型垄断行为,尚缺乏有效的反垄断措施加以制止。这其中所涉及的垄断行为的认定、相关市场界定等都还存在空白,理论的缺失很大程度会影响高效生态产业健康发展。

3. 高效生态产业主体行为规制不完善

传统的规制经济学理论起源于微观经济学,而微观经济学理论建立在严格的假设前提下,如信息完全、完全理性和自利行为。在这样的假设条件下,微观经济理论以利润最大化和效用最大化对企业和消费者的最终目标进行分析。但事实上,市场是不完全竞争的,信息是不完全的,企业和消费者都是"有限理性"和"有限自利"的,尤其是当面临严重的环境破坏,并且这种损害已经对人类生存产生威胁的时候,企业并不总是在追求利润最大化。因此,以利润最大化为目标对企业市场行为进行规制与实际不符。因此,对于市场主体行为进行有效规制的前提是确定市场主体的目标。

企业是最重要的市场主体,无论是产品和服务的生产、技术进步、能源消耗、环境保护等无不与企业息息相关。企业虽然追求利润,但并非唯一目标,如果追求利润的结果是导致地球毁灭和人类灭亡,那将得不偿失。企业也会考虑环境的恶化,关键是如何引导企业在追求利润的同时保护环境,这就需要政府进行合理规制,因为技术创新、绿色生产、排污处理都存在明显的正外部性,而且技术创新还具有高风险,如果没有合理的激励机制,会降低企业的积极性。当前环境问题已经影响到人类正常的健康生活,雾霾不断、全球变暖等恶劣天气对经济活动造成损害,发展高效生态经济是解决经济增长和生态保护两难困境的路径选择,企业是推动高效生态经济发展的最小载体。政府对高效生态产业市场主体行为的规制就是引导企业建立可持续发展和社会责任企业的经营目标,设定一种机制来引导企业主动追求高效生态产业发展,而不是追求利润最大。合理的规制政策需要适宜的体制和文化。发展高技术产业,资金固然重要,但更重要的是要有一种能充分发挥人的创造力的体制和文化,用以造就创业者的栖息地。①

消费者也是重要的市场主体，世界各国为了保护环境都提倡绿色消费，如何规制消费者的消费行为却存在理论空白，绿色消费是高效生态产业发展的重要组成部分，随着环境危机的加深，人们开始反思传统消费观念和消费行为，建立一种全新的消费观念，在提高人们生活质量的同时，也能够保护资源和环境，尽量减少环境的污染和资源浪费，绿色消费成为大势所趋。绿色消费虽然是消费者行为，但这种行为也需要政府的有效规制和引导，如对绿色消费行为进行激励，对消费者绿色消费权益进行法律保护，等等。有关绿色消费的规制制度还处在萌芽状态，没有有效的激励措施，绿色消费主要靠消费者自身观念转变和自觉性。这种制度缺失在一定程度上抑制了绿色消费的发展和高效生态经济发展。

4. 高效生态产业市场绩效规制不完善

我国特殊的经济管理体制和政治晋升体制下，地方政府对经济发展速度和发展方式有较强干预，政府对企业生产经营也存在过多干预。这就导致中央政府对经济绩效指标的设定和评判，很大程度地影响甚至决定了各地区经济增长方式，以及企业生产决策。也就是说，政府对于市场绩效的规制对经济发展模式，乃至主体行为和市场结构都有重要的影响。政府对市场绩效的界定就是企业追求的目标，地方政府官员为了晋升，热衷于GDP及其增速，企业就会大力增加投资，扩大生产规模，这无疑会造成能源资源大量消耗，只重规模不重质量。克劳斯·施瓦布（Klaus Schwab）提出一个"生产率悖论"的经济谜题，过去十年，尽管技术进步和创新投资都实现了指数级增长，但全球的生产效率（无论以劳动生产率还是全要素生产率衡量）依然止步不前，生产率悖论的一个最新表现就是技术创新未能提高生产效率。② 这一悖论至今尚无令人满意的解释，可能的原因是缺少有效的政策引导，企业所做的技术创新脱离了生产本身。例如，有的企业很多研发和创新与生产效率、污染治理无关，这种创新就不会推动高效生态产业发展。因此，发展高效生态产业

---

① 钱颖一、肖梦：《走出误区：经济学家论说硅谷模式》，中国经济出版社2000年版，第16—17页。

② ［德］克劳斯·施瓦布：《第四次工业革命：转型的力量》，李菁译，中信出版社2016年版，第34—35页。

还需要政府制定合理的市场绩效规制政策，摒弃传统追求 GDP、企业利润、规模和市场份额等指标。建立绿色 GDP 核算体系，把绿色 GDP 和环境污染作为市场绩效的关键指标，用以作为评判政府官员晋升的标准。对于企业而言，不再仅仅追求企业资产、规模和市场份额，而是更加关注其绿色生产效率、技术创新能力、环境保护贡献等，且以此作为获取政府优惠支持和银行贷款的衡量标准，引导企业在追求合理的市场绩效时推动高效生态产业发展。

第三节　中国产业发展规制存在的问题

面对日益严重的环境破坏，我们丝毫不用怀疑高效生态产业广阔的发展前景，但无论从技术层面还是制度层面来看，高效生态产业仍处于起步阶段。一方面，传统污染严重的产业规模大、投入多、污染严重，创新能力不足，导致这些产业向绿色发展转型困难；另一方面，第四次工业革命的到来，新技术带来新兴产业，这些产业依靠先进技术的深度融合，大大提高了生产效率和资源能源利用效率，如共享经济、大数据经济等，这些新经济模式还存在产权界定不统一、市场监管缺位等问题，市场结构和主体行为还不合理。传统规制理论主要是针对产业发展过程中出现的自然垄断产业和信息不对称等问题提出的。互联网新兴业态的迅速发展为我国经济增长提供了新动能，互联网新兴业态通过更高效的信息匹配机制、竞争效应、人力资本投入等方式，提高了资源利用率，提升了服务质量和水平，缓解了社会供求矛盾。新兴业态发展过程中也会出现市场失灵的现象，亟须完善和创新现有的规制方式，促使高效生态产业健康有序发展。

一　产业转型发展呈现新问题

1. 传统产业转型困难，创新不足

未来世界经济增长将逐渐走向停滞，原因在于人口增长缓慢、生产率增长更慢，同时还存在资源枯竭的困境。① 随着技术的进步，人们对化

---

① ［挪威］乔根·兰德斯：《2052：未来四十年的中国与世界》，秦雪征、谭静、叶硕译，译林出版社 2018 年版，第 218 页。

石能源的使用将逐渐减少,转而使用可再生能源,但这一转变的速度不够快,导致大范围全球变暖、水资源和大气污染,为了应对这种环境破坏,我们不得不投入大量资本进行环境治理。随着国民收入水平的提高,非经济部分的发展将受到重视,但随着时间的推移,公众对于无限制增长的批评会越来越强烈。人们更愿意看到,经济增长是可持续的,产业发展是高效生态的,企业目标是技术进步和高质量产品生产。但我国产业发展模式仍是粗放式高投入、高消耗、高污染,产业转型面临严重的技术瓶颈,追求规模仍旧是部分企业的主要目标,研发投入占营业收入的比重较低,企业创新能力不足。

2. 新经济模式不断涌现

借助第四次工业革命的崛起,数字革命和互联网技术重新塑造了世界,催生了很多让人意想不到的经济模式,这种颠覆传统商业模式的新型业态,将给我们每个人的生活方式带来革命性变化。以共享经济为例,共享经济的价值在于资源的充分使用,提高了资源使用效率,减少了污染,是一种更加高效、生态的产业模式,充分利用闲置产能。共享经济模式满足不同企业、不同消费者的各种需求,实现协同消费和减少浪费,提高效率。但共享经济模式存在明显的缺陷:其一,门槛低,监管不到位。共享经济较低的进入门槛吸引了大量的新进入者,同时该产业尚未形成完善的规范,产生大量监管模糊和规制真空地带。其二,个人隐私和信息安全可能在网络平台上受到侵害,大数据技术带来效率提升的同时,也将大量个人信息传输到网络平台上,这种信息的规范使用尚未得到有效监管,导致个人信息大量公开,个人隐私受到侵害。

3. 市场主体边界模糊,交易结构横向化

传统经济模式下市场主体分工明确,市场主体边界清晰,交易结构遵循从生产者到销售者,再到消费者的纵向结构。伴随新工业革命涌现出的高效生态经济模式,交易结构和交易主体出现重大变革。以共享经济为例,共享经济交易发生在非商主体之间,供给者和需求者可能都是现实中的消费者,交易主体呈现多元化,传统交易结构建立在双边基础上,共享经济的交易结构突破交易主体的双边性,呈现三方主体的特征,平台负责提供买卖需求的信息,并完成供需双方信息的匹配。[①] 交易结构

---

① 蒋大兴、王首杰:《共享经济的法律规制》,《中国社会科学》2017年第9期。

的变化对规制提出了新的要求，不仅要对传统交易主体进行规制，还要对第三方主体，如交易平台的行为进行合理规制。

4. 市场结构难以衡量

传统产业具有明显的垄断与竞争关系，市场结构容易度量，新技术的应用使产业边界日渐模糊，市场结构难以度量。互联网企业利用网络平台搜集到用户大量信息进行封闭处理，为自己谋取商业利益，形成众多"信息孤岛"，这些"信息孤岛"通过企业合并的形式进行强强联合，从而使数据更加完整，垄断程度更高。但反垄断机构难以对其进行有效规制，主要原因可能在于这些平台企业的市场结构难以度量。

5. 企业组织边界模糊

随着"互联网+"新业态蓬勃发展，高效生态产业呈现跨地区、跨界融合发展的特点，企业组织边界模糊，传统的属地管理方式和分行业、分部门管理模式难以适应。互联网本身就存在跨区域的特点，在网约车出现之前，传统规制体制下的出租车公司必须在业务开展地设立分支机构。我国最大的网约车平台"滴滴出行"在全国三百多个城市开展业务，其本质是互联网信息服务商，其服务不依赖物理营业网点，因此没有必要在所有城市设立分支机构，传统属地规制方式难以规制这种平台企业。互联网的虚拟性造成互联网平台企业组织边界很难界定，传统依靠地域边界进行的规制方式难以适应互联网新业态。

6. 市场分散度高，潜在风险大

高效生态产业依靠先进技术实现了大范围、跨越式发展，尤其是网络型平台企业，数字革命和互联网技术使得网络产业具有分散程度高的特点。互联网新业态发展迅速，个体形式的参与较多，就业人数呈几何式增长。高效生态产业发展是创新过程，创新也就意味着不可预知性和不确定，潜藏着较大风险。以互联网金融产业为例，近年来，各种P2P网贷平台大量出现，互联网金融迅猛发展，规模越来越大，风险也更大。网络环境和网络技术安全决定了互联网金融能否有序运行，进而影响社会稳定。互联网金融存在虚拟性和跨地域性，致使规制难度加大。政府规制部门针对互联网金融的立法滞后，给一些非法融资、诈骗、网络洗黑钱等违法行为提供了基础。

二 中国产业规制存在的问题

1. 政府主导的规制方式效率较低

中国的经济体制改革源自政府推动的整体社会变迁，是自上而下的体制变革，这决定了中国经济性规制也是由政府主导的强制性规制制度。① 不可否认，政府主导型规制能够充分发挥政府的行政力量，保证规制政策有效落实。但政府主导往往会导致制度的供需不一致，造成经济性规制缺乏效率，政府主导造成微观规制与宏观调控相互交织，限制了企业决策自由。规制过程是一个多元利益主体博弈的过程，不同利益主体对规制部门进行寻租，造成规制的非对称性，损害公平竞争。规制方式上，进入规制和价格规制的改革相对较快，而质量规制改革相对较慢，对自然垄断性行业的市场准入规制比较有效，而价格规制则表面严格，实际并未真正奏效。同时，我国长期以来注重经济性规制，社会性规制不足。随着环境污染日益严重，人们对高质量生活的追求日渐加强，社会性规制逐渐强化，但规制力度和规制效果并不理想。

2. 行政性规制手段效果不佳

规制的目的是弥补市场失灵，提高社会福利总水平。我国政府规制手段单一，为了在短期获得明显的规制效果，政府主管部门倾向于依靠行政命令手段进行规制，而法律手段和经济手段采用较少，通过设定严格的准入门槛和行政审批制度干预企业经营。对于潜在风险较大的行业，规制部门为了避免承担规制不力的责任，通常会选择过度规制，甚至扼杀一些高效生态产业的出现。行政性规制手段不仅不利于发挥企业活力，还可能产生寻租行为，造成腐败。

3. 传统规制框架难以适应新业态

高效生态产业不同于传统产业，以互联网为依托的平台产业具有企业分散、跨界融合、组织边界模糊、就业灵活非正式等特点，因此传统产业发展规制方式难以适应高效生态产业的发展。《反垄断法》对传统行业具有较强的规制效力，但对于刚刚萌芽的高效生态产业极不敏感，传统反垄断无法规制其行为。一是，网络型产业分散程度高，组织边界模糊，传统的市场集中度和准入制度难以适应，不易测定产业市场结构和

---

① 张晓莹、张红凤：《中国经济性规制改革的动态演进及现实选择》，《教学与研究》2012年第9期。

垄断势力，在共享经济中，因交易主体多元而使经营者难以锁定。二是，针对线下企业市场行为而制定的规制方法难以适应线上企业。以互联网外卖平台"饿了么"为例，该平台企业将线下大量餐馆通过网络平台在线上出售，由于网络订餐平台入驻商家众多，而且增加了网络环节，规制链条变长，规制难度增加，规制部门难以有效规制，出现大量不安全、不卫生的问题。

4. 新兴产业规制措施不健全

我国当前产业发展规制体系主要是针对传统行业发展制定的，针对新出现的高效生态产业模式，尚缺乏完善的规制理论。例如，网约车市场由于缺乏明确的准入门槛，一些低质量的群体进入该行业，导致行业发展扭曲，《国务院办公厅关于深化改革推进出租汽车行业健康发展的指导意见》和《网络预约出租汽车经营服务管理暂行办法》出台之前，各地政府执法相差甚远，有些地方政府以非法营运进行处理，有些地方政府给予其合法身份，还有些地方政府持观望态度，即便在这两个文件出台之后，各种争议仍然存在。这说明对于新出现的高效生态产业的规制尚未形成统一意见，亟须完善现有规制体制，制定针对伴随第四次工业革命出现的高效生态发展的规制体系。新业态的出现意味着新知识的产生，需要规制部门不断更新知识结构，学习新知识，应用新技术，提高规制能力和水平。工业革命推动的高效生态产业迅速发展暴露出政府规制部门规制能力和水平滞后于产业发展，形成大量新业态规制的真空地带，规制部门的人才队伍建设面临挑战。面对技术变革带来的高效生态产业，行业规制问题变得更加复杂和专业，要求规制人员必须掌握一定的技术和专业知识。传统规制手段和方法难以解决新业态规制问题，难以保障正常市场秩序，往往产生规制失效。就当前规制方式而言，行政审批方式注重事前规制，轻事中事后规制，而高效生态产业发展应更加注重过程规制。高效生态产业不仅包括提供传统商品的制造业，还包括伴随科技革命而生的提供数字产品和服务的新兴产业。以大数据市场为例，不同于传统商品，互联网市场上大数据商品，买卖双方无法对其价值做出统一的理性评估，数据的使用价值因人而异。传统商品的交易定价受《价格法》的规制，但作为新兴事物的大数据相对传统商品而言成本更低，其商业价值存在不确定性，在其交易市场初步形成阶段，其定价成为一大难题。在数据交易市场上，仍缺乏科学的数据产权评估方式和一套权威的数据产权价格的参考标准。

5. 高效生态产业反垄断规制面临挑战

创新是高效生态产业发展壮大的动力，企业通过不断创新扩大规模，获得市场支配地位。对于互联网企业和大数据市场应着重考虑其他经营者进入相关市场的难易程度及其市场份额。有学者认为只要数据没有被独占，数据收集过程中不阻碍其他人收集相同数据，那么大数据市场的准入门槛就很低，一般不会形成垄断。判断互联网企业在数据市场的支配地位，需要充分考虑数据搜集存储的复杂性、数据内容的多样性、信息更替的时效性、数据分析的价值性、数据对传统行业的影响等特殊性。传统反垄断规制所采用的"市场份额推定法"遭遇了制约瓶颈，该困境表现为互联网行业在数据市场份额容易被稀释，且变动较大。① 大数据经济体完全可以通过市场份额来掩盖自己对数据的垄断，因此，数据市场支配地位的认定变得十分困难。相关市场难以界定也是一大难题，互联网经济下市场边界在不断扩展，不同产业融合发展，产业间的边界模糊不清，打破了传统地域性特征。第四次工业革命中创造出的新产品和新服务，其功能和质量显著提高，但其市场结构与传统市场大相径庭，许多新产品和新服务都"没有竞争对手"，边际成本为零。② 新兴产业市场结构普遍呈现垄断竞争型市场结构，反垄断可能会对企业创新积极性造成损害。即使大企业暂时垄断整个市场，这种垄断力量也是暂时的，市场结构处在动态变化中，而且难以判定企业是否存在垄断行为。

6. 知识产权保护机制不完善

知识产权保护在一定程度上可以激励企业创新，保护企业的创新收益。创新分为技术创新和制度创新两类，技术创新能够提升企业生产率，制度创新使社会资源得以有效组织。从创新类型看，高效生态产业发展既包含技术创新，也存在制度创新，传统产业通过技术改进提高资源利用效率，减少污染排放，实现高效生态发展，这得益于技术创新。共享经济属于商业模式创新，不仅充分利用社会闲置资源、降低交易成本、给消费者带来福利，而且在一定程度上解决了原有商业模式中存在的市

---

① 叶明：《互联网企业独家交易行为的反垄断分析》，《现代法学》2014 年第 4 期。
② ［德］克劳斯·施瓦布：《第四次工业革命：转型的力量》，李菁译，中信出版社 2016 年版，第 35 页。

场失灵及规制失灵。因此，共享经济具备创新属性，应秉持创新友好型的规制理念，在市场准入阶段，放松市场准入限制和主体资格限制，体现为激励性规制。然而，目前的知识产权保护制度主要针对技术创新而制定，例如《专利法》等，但对于新商业模式创新的知识产权保护还存在缺失，例如，交易平台上的数据，并不具有独立价值和知识产权身份，无法进行全面保护。[①] 但这些数据的集合（大数据）却存在重要的应用价值，针对这种创新性商业模式需要建立相应的知识产权保护制度。

第四节　中国高效生态产业发展规制安排

高效生态产业是在市场经济发展中技术推动下形成的新经济模式，是中国产业未来发展方向，在环境保护和高质量发展约束下，高效生态产业发展的态势不可阻挡。同时由于受到规制不完善的制约，高效生态产业还存在一些不规范的领域，其缺陷也不可忽视，亟须选择适当的规制规模和规制方法促进高效生态产业健康有序发展。高效生态产业的规制意味着规制范围、规模和基本形式等方面都发生了根本性转变，同过去的规制理论发生了本质区别。党的十八届三中全会提出了要推进国家治理体系和治理能力现代化，产业规制是政府治理能力的重要组成部分，也需要向现代化转型。高效生态产业规制既有普遍性，也存在一些特殊性。对于高效生态产业的规制，既要从传统规制方式向现代规制方式转型，也要根据其新特点加以创新。重构规制框架的最终目标是为高效生态产业发展营造良好有序的竞争环境，保护公众利益，实现生态效益、经济效益和社会效益的融合。

一　高效生态产业的规制原则

1. 放松规制原则

自20世纪70年代以来，西方发达国家政府纷纷实行了重大的规制改革，积极引进并不断强化市场机制的力量，掀起了一场放松规制的改革浪潮。政府减少对企业进入和退出、价格、投资、并购等行政干预，通

---

① 梅夏英：《数据的法律属性及其民法定位》，《中国社会科学》2016年第9期，第164—183页。

过健全和完善法律体系,规范企业行为,激励企业在竞争中不断创新。政府规制向社会性规制倾斜,加强对环境保护、生产安全等外部性领域的监管。因为应对气候变化和解决贫困问题,不能轻易地通过市场机制得到解决,理由很显然,气候稳定和减少贫困带来的好处,对商业界而言太过遥远,商业界希望投资的是现在就能得到利润的行业。① 但是,环境问题已经足够严重,这就会形成倒逼机制,迫使社会逐渐接受"自发投资",将其作为未来减少碳排放的方法,并且还必须接受"被迫投资"②,以修复经济活动对环境已经造成的破坏。因此,解决环境问题,发展高效生态经济,既需要市场机制的激励作用,减少政府直接控制,放开市场,放松准入,引入公平的市场竞争机制,倒逼企业自发从生态角度进行生产活动;同时,也需要政府的监管和立法,政府的宏观调控和引导作用会更大。

2. 包容审慎规制原则

从发达国家的规制实践来看,放松经济性规制成为市场经济国家政府的普遍做法,但政府放松规制并不意味着放弃市场秩序维护和消费者权益保护,而是通过法律法规来规范企业行为。放松规制也不意味着不再反垄断,而是将规制的重心从"垄断结构"向"垄断行为"转变,注重对垄断结构的效率分析,放松对市场结构的苛求。新技术、新产业、新业态和新模式的迅速崛起,对原有产业结构和市场结构产生强烈冲击,市场竞争加剧,企业无序竞争和过度竞争也将出现,需要反垄断机构加强监管。互联网无处不在,数字经济迅猛发展,用户端网络效应使优势平台企业迅速占领市场,数据垄断和信息孤岛的形成阻碍了信息共享和公平有序竞争,互联网垄断成为反垄断领域所面临的新挑战,尤其是平台企业的排他性交易行为。但对于互联网经济的反垄断需要更加包容审慎,防止出现过度规制抑制竞争和创新,创新规制理念和方式,充分发挥"互联网+规制创新"的监管模式,依托互联网和新技术出现的新业态是经济发展的新动能,消耗更少的能源,经济效率更高,是现代经济体系的重要组成部分,规制方式应该更加包容审慎,致力于完善市场环

---

① [挪威]乔根·兰德斯:《2052:未来四十年的中国与世界》,秦雪征、谭静、叶硕译,译林出版社2018年版,第159页。

② 自发投资是指以更加昂贵的可再生资源代替廉价的化石能源;被迫投资是指对环境污染的治理投资。

境，激活创新活力。同时，包容审慎不等于放弃监管，对于假冒伪劣、侵害知识产权、损害消费者权益等妨碍竞争的行为要从严依法监管，所以，包容审慎和依法监管相结合，促进高效生态产业有序高质量发展。

3. 依法监管原则

市场经济既是自由经济，也是法治经济，完善的法律制度是市场经济正常运行的根本保障。传统产业分立时代，法律体系相对成熟，根据产业自身特征制定相应的法律和监管规则。伴随第四次工业革命涌现出的新产业，由于没有现成的模板，新产业出现带来了部分监管立法空白，原有法律规制框架难以适应新模式，亟须根据高效生态经济发展特征制定相应的规制框架。例如，现行《反垄断法》针对传统产业市场支配地位的认定依据需适时调整，部分条款已经不能适应新业态、新模式监管的需要，需要进行及时修订，将互联网等新业态纳入监管范围。从中国高效生态产业发展变革来看，尚缺少完善的法律制度来规范产业有序发展，政府需要通过立法对高效生态产业进行规制。

4. 融合规制原则

新工业革命带来互联网数字技术变革，在网络融合和技术融合的基础上形成了新的生产形态和商业形态，产业之间的融合发展更加密切，技术、市场、产业、企业融合逐渐消除了行业边界，新经济、新业态、新模式不断涌现，原有的产业边界越发模糊，传统的适应于纵向分离产业特征的规制模式难以适应横向融合的产业结构，因此，新商业模式对传统纵向分离的产业规制体制提出了诸多挑战。适应于新业态，需要构建横向融合规制体制，打破按照行业、地域和部门进行规制的传统，依据功能重新设定规制机构和规制标准。

5. 差异性规制原则

第四次工业革命带来了诸如人工智能、大数据、量子信息、生物工程等先进技术，新技术的应用有效提升了资源使用效率，降低污染和浪费，高效生态产业规模不断扩大，这里面既包括新兴产业的崛起，也有传统产业的升级，可以说，构成高效生态产业体系的不同行业具有较大的差异性，需要根据各行业特点采取差异性规制措施，创新规制方式和手段，使之更加适应新经济模式。这其中必然涉及对技术研发和创新的规制，技术进步是推动经济高质量发展的主要驱动力，高效生态产业借助技术进步和互联网实现了快速发展，必然对传统产业造成冲击。政府在对企业进行规制时需确立技术中性原则,实行非歧视性规则,对各种技术创新平等对待,给予技术以公平竞争的机会。

6. 激励性规制原则

激励性原则是规制高效生态产业发展的核心原则,因为高效生态产业具有增进社会福利、提高资源利用效率、增强市场竞争、降低交易成本、解决信息不对称等功能,为鼓励其发展,应该秉承创新友好型规制理念,以激励性规制作为核心策略。激励性规制借助的是市场的力量优胜劣汰,在市场准入及主体资格管制方面降低准入门槛,允许市场主体自由进入市场,给企业公平参与竞争的机会。激励性规制措施应该是水平的,避免政府过度干预和选择,通过经济和法律手段规范企业行为,而非强制性命令控制企业进入和退出。

二 高效生态产业规制框架

1. 能源结构规制

化石能源消费是造成二氧化碳大量排放的主要来源,大气中二氧化碳排放过量造成全球气候变暖,海平面上升。自工业革命以来,全球平均气温上升了 0.7℃。为了应对气候变暖,全球社会同意共同努力将升温控制在 2℃ 以下,要达成目标必须使空气中二氧化碳的浓度低于 450ppm,目前浓度正以每年 2ppm 的速度增长,只需要 30 年的时间,就能从 2010 年的 390ppm 上升至 450ppm。① 也就是说如果不对排放到大气中的二氧化碳加以控制,那么到 2040 年,全球平均气温将上升 2℃,到时候可能就会给地球带来不可挽回的灾难。如果人类继续依赖化石燃料,且能源来源维持不变,那么到 2052 年,能源消耗所排放的二氧化碳将增加 50%。② 要想避免未来灾难,首要的就是减少化石能源的过度使用,但人类社会要发展,需要进行不断生产,就离不开能源提供电力和热力,唯一的出路就是转变能源消费结构,从以煤炭、石油、天然气为主的化石能源向清洁能源和可再生能源转变,太阳能、风能、生物能、水能等可再生能源将成为主要的能源来源。预计到 2052 年,全球能源中 37% 将是可再生能源,其中很大一部分来自太阳能提供的电力和热力,届时,能源结构

---

① [挪威] 乔根·兰德斯:《2052:未来四十年的中国与世界》,秦雪征、谭静、叶硕译,译林出版社 2018 年版,第 46—47 页。

② [挪威] 乔根·兰德斯:《2052:未来四十年的中国与世界》,秦雪征、谭静、叶硕译,译林出版社 2018 年版,第 102 页。

将是可再生能源（37%）、煤炭（23%）、天然气（22%）、石油（15%）、核能（2%）。① 可见，化石能源并未完全放弃，但随着化石能源储量的减少，其使用成本也会不断提高，可以通过更高效的方式和技术提高其利用效率，减少燃烧之后的二氧化碳直接排放到空气中。

2. 知识产权规制

无论是能源结构调整，还是产业结构升级，高效生态产业发展依托技术进步，技术研发和创新内生于良好的政治、经济和社会体制，合理的知识产权保护制度是激励企业创新的制度基础。但知识产权保护制度在中国一直处于不完善状态，中国已经进入自主创新推动经济增长的新常态，要激励企业创新，必须建立完善的知识产权保护机制。一是抓紧制定知识产权保护的立法和执法，从法律层面给予知识产权合理合法的保护。二是推动知识产权交易平台建设，围绕知识产权获取之后的专利转让、版权转移、商标授权等知识产权的价值释放，依托知识产权要素市场，积极推进产权交易平台建设。引导市场主体积极参与，推进交易规则的完善，打造交易、评估、质押、投资、融资等功能于一体的知识产权交易平台。三是推动知识产权价值评价体系建设，合理确定知识产权的市场价值。

3. 市场结构规制

具备创新的市场天然不是完全竞争的。② 高效生态产业是集技术、产业、市场等多维度融合，通过数字技术和互联网信息技术实现的产业的互通。从市场结构层面来看，随着产业融合和市场融合，原本边界清晰的市场结构逐渐发展成网状结构，很难分清某项业务或产品到底属于哪个市场。如此紧密的联系必然要求降低市场准入条件，市场机制有效发挥作用真正需要的是进入市场而展开的竞争，而非市场内的竞争。让企业都能够自由地参与市场竞争，在竞争中实现优胜劣汰，保障高效生态产业的良性竞争，激发企业的创新动力，监管占有市场支配地位经营者的市场行为，确保不出现反竞争行为，维护公众利益，而不需要政府从一开始就选择出市场上的在位者。

---

① ［挪威］乔根·兰德斯：《2052：未来四十年的中国与世界》，秦雪征、谭静、叶硕译，译林出版社2018年版，第108页。
② ［美］约瑟夫·斯蒂格里茨、［美］布鲁斯·格林沃尔德：《增长的方法：学习型社会与经济增长的新引擎》，陈宇欣译，中信出版集团2017年版，第120页。

4. 市场竞争行为规制

公平竞争是市场机制发挥作用的保障，《反不正当竞争法》作为现代竞争法的重要组成部分，对于维护市场公平竞争秩序，保障经营者和消费者的合法权益具有重要作用。我国现行的《反不正当竞争法》禁止了十一种具体的不正当竞争行为，即市场混淆行为、滥用独占地位行为、政府及其所属部门限制竞争的行为、商业贿赂行为、引人误解的虚假宣传行为、侵犯商业秘密行为、以排挤竞争对手为目的的低于成本销售行为、搭售或附加不合理条件的行为、不正当的有奖销售行为、商业诋毁行为和串通招投标行为。无论共享经济商业模式如何复杂多样，市场竞争的手段必须是正当的，这是市场经济和市场竞争的商业道德底线，也是共享经济商业模式的行为边界。

5. 新兴互联网产业反垄断审慎规制

根据高效生态产业发展过程中出现的新问题完善反垄断相关法规，重点规制滥用市场支配地位行为。以平台经济为例，平台经济与传统经济最大的不同就是利用互联网信息技术，通过建立一个平台企业把那些具有暂时分散的供需信息的人员链接起来，平台经济的运营模式有一个比传统模式更复杂的法律关系结构，互联网平台企业在一定程度上加速了各方的联系，可能发展成一个垄断组织。[1] 据国家信息中心公布的《中国分享经济发展报告》推测，未来几年我国共享经济将保持年均40%左右的高速增长，预计到2020年，我国共享经济交易规模占GDP的比重将达到10%，未来10年，我国共享经济领域可能出现5—10家超大型平台企业。[2] 由于平台经济依托互联网先进技术，如移动支付、云计算、大数据、人工智能、生物工程以及社交网络，实现规模化商业行为，平台型企业有可能具有市场支配地位，资金雄厚的企业通过"烧钱"补贴方式不断扩大市场份额和排挤竞争对手，很容易具备市场支配地位。平台型企业通过正当的竞争手段扩大市场份额本身是合法的，但在市场经营和竞争中仍需遵循《反垄断法》规定的不得从事垄断行为的边界，尤其是不得滥用市场支配地位从事排除和限制竞争的行为。互联网降低了平台企业在获取用户、拓展市场份额方面的成本，用户侧的网络效应使平台

---

[1] 胡凌：《"连接一切"：论互联网帝国意识形态与实践》，《文化纵横》2016年第1期。
[2] 何涛：《共享单车现象与共享经济发展探讨》，《技术经济与管理研究》2017年第8期。

企业获得"赢者通吃"的特征。但不同于传统基础设施等进入壁垒较高的自然垄断行业，互联网平台市场呈现高度的动态竞争性，替代竞争、跨界竞争、颠覆创新、用户多归属等特征对平台企业的商业行为和治理规则有着较强的约束。只要保证充分的市场竞争，潜在竞争者在很大程度上就会遏制垄断势力，不需要政府实施反垄断政策，因为垄断本身并不违法，垄断行为才违法。反垄断的目的是维护市场公平竞争，而非惩罚赢者或保护弱者。因此，对于互联网平台企业必须包容审慎地运用反垄断规制，避免阻碍竞争、扼杀企业创新活力以及产生市场逆淘汰效应。

6. 规制手段市场化

通过市场化的规制方式，一方面有利于实现社会资源的优化配置，另一方面通过引导的方式可以激励企业创新，提高规制效果。对于借助互联网技术兴起的新业态，政府要摒弃传统的准入限制、数量控制等行政性规制方式，而是致力于制定合理的行业标准，允许规制对象在合法范围内进行生产经营，实现资源的最优配置。例如，针对共享单车和共享汽车规模化发展带来的乱停放的问题，不一定要采取控制数量的方式，可以规定停放场所和停放标准来规制其发展。由于技术总是处于不断变革中，在制定规制标准时，需要充分发挥市场的创新活力，让市场来选择规制的方法和标准，这既有利于节省政府的规制成本，又能获得更好的规制效果。政府要做的是制定规制的标准，监督企业是否达标，而不必关注达到标准的技术路线，这样才能激发企业的创新活力。

三　构建合理的规制体制

1. 准确定位政府与市场的边界，建立现代企业制度

竞争是市场经济的核心，通过市场机制的自我调节，最终能够实现理想竞争的市场经济。由于市场竞争机制可以有效发挥配置资源和引导企业行为的作用，不需要政府对企业行为进行介入。新自由主义市场规制理论以秩序多元和国家失败理论为基础，主张市场秩序扁平化、政府作用边缘化、强社会弱国家，把社会等非国家因素作为市场规制的核心因素。[①] 由于市场失灵的存在，政府的作用不可忽视，规制范围限于市场失灵的领域。一方面，政府要坚持市场配置资源的决定性作用，对高效

---

① 张佳华、鞠成伟：《新自由主义市场规制理论及其批判》，《国外理论动态》2018 年第 8 期。

生态产业正常的经营和创新给予支持和保护，积极发挥其优势。另一方面，地方政府建立合理的规制体系，规范高效生态产业健康有序发展。党的十八届三中全会公报指出，经济体制改革是全面深化改革的重点，核心是处理好政府和市场的关系，使市场在资源配置中起决定性作用和更好发挥政府作用。如何界定政府在高效生态产业发展中的角色，决定了高效生态产业发展规制的模式选择。政府必须切实转变经济职能，简政放权，充分保护市场主体的经济自由权。加强法律规制，保障市场公平竞争的秩序。规制功能上由政府管制转向治理，调控功能上由直接转向间接①，建立负面清单的管理模式。② 需要说明的是，政府和市场的边界会随着技术进步等因素发生动态变化，规制也要适时调整，以适应发展需要。

2. 着力优化营商环境，鼓励市场公平竞争和创新

发展高效生态产业的核心是要提高企业活力，诱导企业主动参与高效生态产业发展，这就需要优化营商环境。一方面，完善市场经济体制。要深化"放管服"改革，推动降低制度性交易成本，下硬功夫打造好发展软环境，营造平等的市场竞争环境，激励企业不断创新。另一方面，完善政府监管体制。以公正监管促进公平竞争，公平竞争是市场经济的核心，公正监管是公平竞争的保障。改革完善公平竞争审查制度和公正监管制度，加快清理妨碍统一市场和公平竞争环境形成的各种规定和做法。国家层面重在制定统一的监管规则和标准，地方政府则要把主要力量放在公正监管上。改善营商环境是当前深化改革与高质量发展的出发点，既能提高企业竞争力，又能有效吸引民间资源。我国社会主义市场经济体制建设不断完善，取得了阶段性进步，但由于受到长期计划经济体制的影响，还存在着制约与阻碍资源流动的诸多因素。市场环境与高质量发展的要求还存在着较大差距。③ 正如李克强总理所说，"监管不到位和监管乱作为并存，假冒伪劣、坑蒙拐骗、侵犯知识产权等问题还比较多，公平竞争、优胜劣汰的市场环境尚未完全形成。公共服务存在着

---

① 陈甦：《商法机制中政府与市场功能定位》，《中国法学》2014年第5期。
② 王利明：《负面清单管理模式与私法自治》，《中国法学》2014年第5期。
③ 蒋大兴、王首杰：《共享经济的法律规制》，《中国社会科学》2017年第9期。

不少薄弱环节，一些部门和单位办事手续繁杂，随意性大"①。

3. 放松经济性规制，加强社会性规制

随着技术进步和市场机制的不断完善，放松经济性规制，加强社会性规制成为现代规制的发展趋势。高效生态产业发展是以先进的技术为支撑，以市场竞争为创新动力，不断推动产业向着高效生态的方向演变。政府应深化经济体制改革，逐步降低准入门槛，放松价格、投资等经济性规制，促进市场主体公平有序竞争。同时，加强高效生态产业发展过程中的社会性规制，如安全、健康、环境保护、卫生、就业等。例如，在互联网产业发展过程中，出现了大量的灵活就业等新型就业关系，政府应针对灵活就业人员的劳动关系、工作时间、岗位特点等完善社会保险和社会保障制度，制定相应政策保护劳动者的合法权益。再如，平台企业的跨越式发展导致网络销售平台充斥着大量假冒伪劣商品，消费者维权困难，政府应建立完善相关法律法规，并与平台企业建立良好的沟通机制，加强对违法企业的处罚力度。

4. 强化数字经济的信息安全和反垄断行为规制

互联网技术的快速发展给公众带来便捷的同时，也使个人信息被泄露。平台企业以互联网为载体，需要保护好交易双方的个人信息和个人隐私。另外，平台企业通过互联网实现跨国经营，必然涉及国家的政治安全、经济安全和社会安全，必须建立严格的安全审查机制。② 对国外的平台企业在本国经营的也需要建立专门的安全监管审查制度，设置专门的审查制度和准入制度，对涉及的信息安全、垄断经营等事项进行全面监管。共享经济商业模式本身可能带来无序发展、资源浪费、影响公共秩序、侵害个人隐私等诸多问题。经营者的竞争自由和创新自由必须以不侵犯他人的合法权益、不损害公平竞争秩序为边界。共享经济商业模式的构建和运行是有边界的，并非不受任何限制的自由。对互联网企业的规制要从传统的准入限制、价格管制等方面，转向质量监管、安全监管、秩序监管，目的是既要促进企业的活力，又能保护消费者隐私和安全。数字经济反垄断规制关注互联网平台的排他性交易行为，排他性交

---

① 李克强：《在全国深化"放管服"改革转变政府职能电视电话会议上的讲话》，新华网，http://www.xinhuanet.com/politics/2018-07/13/c_1123118771.htm，2018年7月13日。
② 唐清利：《"专车"类共享经济的规制路径》，《中国法学》2015年第4期。

易行为阻止潜在竞争者进入，抑制了其他平台企业正常发展，这是典型的阻碍限制竞争的垄断行为。由于互联网经济市场边界不断延伸，不同产业间的边界模糊不清，很难对相关市场进行界定，互联网反垄断规制面临较大挑战。

5. 完善规制方式，提高规制的包容性

当前技术变革加速推进，特别是先进技术带来众多新兴业态跨界融合发展，按部门、属地划分，以资质准入为手段、管企业为主的传统监管方式难以为继，亟须向更具包容性的现代规制方式转型，建立既具弹性又规范的审慎监管制度。[①] 第一，规制重点从事前规制转向事中和事后规制。创新存在不确定性，传统的规制方式通过准入限制强化事前监管，虽然降低了风险，但也阻碍了创新，将创新扼杀在了摇篮中，导致很多新技术、新业态、新模式由于监管太严而萎缩。对于高效生态产业的规制，应该是鼓励创新，以促进行业发展为目标，降低准入限制，鼓励创新，通过市场竞争机制实现优胜劣汰。完善创新的风险管控体系，建立完善的沟通机制，加强事中事后风险管控。第二，根据技术进步及时调整规制标准。技术不断向前推进，各种技术相互融合，必然催生新业态、新模式，但已有的规制措施往往是对原有技术和业态的规制，不一定适应新技术、新业态的发展。在规制过程中应该给技术进步充足的空间，根据技术进步实现动态规制。

6. 设立融合性规制机构，增强规制机构独立性

在传统的产业分立时代，政府针对不同行业制定相关的规制措施，并由政府设立相应的规制机构。如，对自然垄断行业中电信、电力、航空、自来水等行业的规制。但随着新技术不断突破，融合发展已经成为高效生态产业未来发展方向。产业发展和市场边界日渐模糊，需要构建融合性、扁平化的规制体制。规制关系由自上而下发号施令的等级性支配关系向平等主体合作的扁平化关系发展。从统治向治理的转变使更多的主体参与规制中。将这些不同的参与主体整合在一起的不是法令和规章，而是非正式的相对平等的规制体系，规制关注的焦点是私人主体的合作、网络和边界模糊。我国的规制机构由于独立性不足，经常出现规制目标冲突，规制缺位错位等问题突出，导致规制效率低下。技术进步

[①] 参见戴建军、田杰棠《互联网新兴业态规制研究》，中国发展出版社 2017 年版。

促成产业间融合发展,可以整合成立新的独立性规制机构,并加强规制机构间的协调。一方面,放松对市场结构和市场准入的规制,转向对市场行为的规制;另一方面,按照功能划分规制职能,摒弃传统的根据行业划分规制职能,提高规制的专业性和效率。

7. 从政府规制向多元协同规制转变

自上而下的政府规制依然存在,但规制方式已经发生了重大转向,市场规制越来越多地通过相关主体的相互依赖、信任和共同发展的规则中开展的多中心协作来完成。新自由主义的市场规制理论是社会本位的,它反对国家发挥垄断性作用的单边规制路径,主张社会应发挥其在规制中的作用,越来越多的政策正在由自我组织性的社会网络制定。实行由"合作监管+自律监管+公众监督"构成的混合规制模式,在规制中既没有纯粹的自律机制,也没有完全政府监管的命令控制模式,实践中必须充分发挥合作监管模式应用于政府和企业的混合责任分担的谈判当中。[①] 高效生态产业的规制不仅需要政府部门的强制性监管,也需要社会公众和媒体普遍参与,毕竟政府的资源是有限的,因此,号召全社会加入高效生态产业发展的规制监管当中,能够节省资源和成本,提高规制效率。相关行业的企业也要成立自律监管机构,制定产业内企业发展的规则和标准,建立合理的奖惩机制。建立合作规制模式,鼓励标志性企业(或行业协会)建立自律监管机制,减少政府的过度监管。规制目标从消费者权益保护到促进有效竞争,合作监管将用于实现一系列规制目标。其中,监管重点逐渐从政府监管向社会和行业自律监管转移,自律监管的作用和地位在高效生态产业发展过程中越来越重要。行业协会或龙头企业制定合理的交易规则,保证交易秩序。建立标准的规范制度,规范企业行为,建立奖惩机制,对违规企业进行严格处罚;同时,借助平台交易评价机制,让用户和企业进行相互评价和投票,平台公司根据双方互评进行奖励或惩罚。

---

① 唐清利:《"专车"类共享经济的规制路径》,《中国法学》2015 年第 4 期。

第十二章 高效生态产业市场结构

人类经济社会发展史中，产业由简单到复杂，社会分工由粗到细，逐渐形成了复杂而庞大的产业体系，各产业在发展过程中形成了不同的市场结构。一般而言，企业发展遵循由小到大，由低技术水平向高技术水平发展的一般规律，企业的规模不断壮大，市场集中度不断提高。但在第四次工业革命背景下，数字经济和平台经济的突破发展改变了传统产业发展模式和企业规模，产业向着更加绿色、高效、生态方向发展。在高效生态经济发展模式下，亟须一套全新的产业组织理论指导中国高效生态产业发展。市场结构是决定产业发展绩效的关键因素，垄断与竞争的关系是市场结构的中心内容。

第一节 高效生态产业市场结构的概念

一 市场结构的含义

市场结构是指一个特定市场内的竞争结构，反映的是买方与卖方之间、买方之间和卖方之间，以及在位者与潜在进入者之间的关系。[①] 根据垄断与竞争之间的关系一般分为完全竞争市场、垄断竞争市场、寡头市场和垄断市场四种类型。市场结构差异对市场价格决定、技术创新能力、资源配置效率等会产生重要影响。美国哈佛大学的爱德华·S. 梅森（Edward S. Mason）和乔·S. 贝恩（Joe S. Bain）提出产业组织理论的SCP分析框架，市场结构决定企业行为，企业行为继而影响市场绩效。市场集中度、产品差异化程度、进入和退出壁垒这三个因素又是决定市场结构的主要变量。因此，市场结构是哈佛学派研究的重点，为了获取最

---

① 刘志彪：《现代产业经济学》，高等教育出版社2009年版，第140页。

优的市场绩效,最重要的就是通过政府规制政策形成合理的市场结构。芝加哥学派信奉自由市场经济中竞争机制的作用,他们认为,市场绩效起着决定性作用,不同的企业效率形成了不同的市场结构,正是由于企业在激烈的竞争中不断提高效率,获取超额利润,才使市场规模不断扩大,市场集中度不断提高。

二 市场结构的主要决定因素

市场结构是产业组织理论最为重要的研究主题,衡量市场结构首先需要界定相关市场,相关市场是指从需求替代的角度来看,具有相同或相似使用价值的不同产品之间存在替代性,这些具有替代性的所有商品就构成了相关产品市场,即从既定产品开始寻找其替代品,再找替代品的替代品,直到存在明显差异。传统市场结构的衡量指标包括市场集中度、产品差异化程度以及进入和退出壁垒。

1. 市场集中度

市场集中度是衡量企业市场控制力和产品集中程度的指标,一般采用前几位企业产品销量(资产总额等)在整个市场中所占的比重。由于市场由买方和卖方构成,所以市场集中度分为买方集中度和卖方集中度,由于买方集中度不太常见,因此,本研究主要指的是卖方集中度。

(1)行业集中度。用某一行业内前几家企业在产量、销售额、资产等方面的和占整个行业的比重来衡量,指标越大,说明市场集中度越高,反之,则越低。其计算公式可以表示为:

$$CR_n = \sum_{i=1}^{n} X_i \bigg/ \sum_{i=1}^{N} X_i \tag{12.1}$$

式(12.1)中,CR_n 表示产业中规模最大的前 n 家企业的行业集中度;X_i 表示第 i 位企业的产值、产量、销售额、就业人数、资产总计等指标;n 表示最大的企业数;N 表示产业内的企业总数。

(2)赫芬达尔—赫希曼指数(Herfindahl - Hirschman Index,简称HHI)。一般采用某一行业内所有企业市场份额的平方和来表示,HHI 值越大,表示市场集中度越高,当市场处于完全垄断时,$HHI = 1$,当市场上有许多企业,且规模相同时,$HHI = 1/n$,n 趋向于无穷大时,HHI 趋向于0。公式为:

$$HHI = \sum_{i=1}^{n} (X_i/X)^2 = \sum_{i=1}^{n} S_i^2 \tag{12.2}$$

式 (12.2) 中，X 表示产业市场的总规模；X_i 为产业中第 i 位企业的规模；S_i 为产业中第 i 位企业的市场占有率；n 为产业内的企业数。

(3) 熵指数 (Entropy Index, EI)。借用了信息理论中熵的概念，其公式为：

$$EI = \sum_{i=1}^{n} S_i \log(1/S_i) \tag{12.3}$$

式 (12.3) 中，S_i 表示产业中第 i 位企业的市场份额；n 表示产业内的企业数。

2. 产品差异程度

产品差异化是指产业内不同企业生产的产品之间可替代性的大小。产品差异程度越大，企业的市场控制力越强，获得竞争优势，市场占有率不断提高，从而提高市场集中度。产品差异化是一种有效的非价格竞争手段，度量方法有以下几种。

(1) 需求的交叉价格弹性。产品差异化会导致产品间替代性的改变，差异化程度越大，产品间的可替代性越弱。需求的交叉价格弹性表示一种商品的需求量对另一种商品价格的反映程度。如果交叉价格弹性系数大于零，说明两种商品之间是替代品；如果交叉价格弹性系数小于零，说明两种商品之间是互补品；如果交叉价格弹性系数等于零，说明两种商品之间没有相互关系。定义为：

$$E_{xy} = \frac{\Delta Q_x / Q_x}{\Delta P_y / P_y} \tag{12.4}$$

式 (12.4) 中，x，y 分别表示两种商品，Q 表示产量，P 表示价格。

(2) 广告密度。广告能够向顾客传递有关价格、质量、功能、服务等方面的产品特征的信息，因此，对于消费者了解产品之间的差异存在影响。广告是企业用来传递产品差异的常用手段。产业组织理论用广告费用的绝对额和广告密度来衡量产品差异程度。广告密度的计算公式为：

$$广告密度 = \frac{AD}{SL} = \frac{广告费用绝对额}{产品销售额} \tag{12.5}$$

日本著名学者植草益根据日本 1997 年 31 个行业的广告费用和广告密度进行了分析，并用广告费用的绝对额和广告密度两个指标对产品差异程度的标准做了如下分类。①$AD/SL \geq 3.5\%$ 或 $AD \geq 20$ 亿日元，为很高产品差别产业，并且产品市场中存在重要的非广告性的产品差别因素。

② $1\% \leqslant AD/SL < 3.5\%$ 或 10 亿日元 $\leqslant AD < 20$ 亿日元，为高产品差异产业，并且市场上存在较为重要的非广告性的产品差别因素。③ $AD/SL < 1\%$ 或 $AD < 10$ 亿日元，为中产品差别产业。

3. 进入和退出壁垒

考察进入和退出壁垒主要是从潜在企业进入和在位企业退出两个方面分析在位企业和潜在进入企业之间的竞争关系。进入壁垒指新企业进入某一行业的难易程度，完全竞争市场上不存在进入壁垒，对于垄断市场和寡头市场来说，在位企业为了长期获取垄断利润，通过设定进入壁垒的方法阻止其他企业进入，例如掠夺性定价。另外，还有一些行业存在规模和技术等进入壁垒，潜在企业如果无法达到要求的规模和技术水平就很难进入这个行业。退出壁垒指在位企业退出某一行业的难易程度，由于某些行业具有资产专用性的特点，沉没成本大量存在，企业退出该行业必然会受到损失，这就造成了退出壁垒。另外，政府（尤其是地方政府）为了维持经济稳定和就业稳定，尤其是大型企业，一旦破产就会造成大量失业，政府会在政策上阻止企业退出，构成了政策性退出壁垒。

三 市场结构的分类

市场集中度是衡量市场结构的常用指标，贝恩依据产业内前 4 位和前 8 位企业的行业集中度指标①，对不同的垄断与竞争结合程度的市场结构进行了分类，得到 6 种类型的市场结构（见表 12-1）。

表 12-1　　　　　　　　贝恩的市场结构分类

市场结构 集中度	C_4（％）	C_8（％）
寡占 I 型	$85 \leqslant C_4$	—
寡占 II 型	$75 \leqslant C_4 < 85$	或 $85 \leqslant C_8$
寡占 III 型	$50 \leqslant C_4 < 75$	$75 \leqslant C_8 < 85$
寡占 IV 型	$35 \leqslant C_4 < 50$	$45 \leqslant C_8 < 75$
寡占 V 型	$30 \leqslant C_4 < 35$	或 $40 \leqslant C_8 < 45$
竞争型	$C_4 < 30$	或 $C_8 < 40$

资料来源：苏东水：《产业经济学》，高等教育出版社 2005 年版，第 101 页。

---

① 行业集中度是指某行业的相关市场内前 N 家最大的企业所占市场份额的总和，可以用产值、产量、销售额、销售量、职工人数、资产总额等指标衡量。

由于各国国情不同，学者们对于垄断和竞争的划分标准也存在差异，日本著名学者植草益对不同市场结构所做的分类（见表12-2）。

表12-2　　　　　　　　　植草益的市场结构分类

市场结构		C_8（%）	产业规模状况（亿日元）	
粗分	细分		大规模	小规模
寡占型	极高寡占型	$70 < C_8$	年生产额>200	年生产额<200
	高、中寡占型	$40 < C_8 < 70$	年生产额>200	年生产额<200
竞争型	低集中竞争型	$20 < C_8 < 40$	年生产额>200	年生产额<200
	分散竞争型	$C_8 < 20$	年生产额>200	年生产额<200

资料来源：苏东水：《产业经济学》，高等教育出版社2005年版，第101页。

四　高效生态产业的市场结构

高效生态产业是指具有典型生态系统特征的高效生态企业逐步向绿色高效集约发展，数量增多，规模扩大，最终形成完整的产业链，即成为高效生态产业。在产业类型上，形成由清洁生产企业组成的循环经济产业体系；在产业布局上，形成由若干生态工业园区组成的生态产业群；在生产工艺上，做到无废或少废，实现生产过程再循环、再利用，最终表现为整个经济体系高效运转，经济、社会、生态协调发展。

从演进或出现的过程来看，高效生态产业主要包含两大类：一类是传统产业通过技术创新，不断提高资源利用率，降低污染排放，不断实现产业结构从低效向高效的转变。另一类是在新工业革命背景下，依靠数字技术、互联网技术、人工智能等而涌现出的新兴产业，如共享经济、数字经济、平台经济等，数字平台极大地减少了交易成本和摩擦成本，另外，在使用数字平台时，每件额外产品（商品或服务）的边际成本趋近于零。[1] 各类平台企业正在快速成倍地增长，它们依靠十分便捷、低成本的方式对供需双方进行匹配，向消费者提供多样化的产品，提高了大量闲置资产的利用效率，同时，大量平台企业却没有属于自己的商品和资产，例如，全球最大的网约车公司优步没有一辆自己的车，最有价值

---

[1] ［德］克劳斯·施瓦布：《第四次工业革命：转型的力量》，李菁译，中信出版社2016年版，第22页。

的零售商阿里巴巴没有任何存货。① 这就导致我们难以采用传统的衡量指标对这类新产业模式的市场结构进行度量。

高效生态产业市场结构是指产业在向更加生态和高效发展过程中形成的垄断与竞争的关系。技术和创新是推动企业高效生态发展的引擎，在高效生态产业发展模式下，企业不再追求规模化生产，而是追求效率的提高，技术是高效生态产业发展的主要驱动力。高效生态产业不再是企业规模和市场份额的竞争，而是技术水平和绿色可持续发展能力的竞争。虽然竞争能够激励创新，但具备创新的市场天然不是完全竞争的②，这就需要构建合理的市场结构来促进企业技术创新和高效生态发展，随着技术的进步和产业形态的改变，行业进入壁垒大幅度降低，垄断企业所面临的潜在进入者的竞争压力越来越大，垄断企业要维持垄断地位需要投入更多的资源，一方面，垄断竞争型市场结构能够充分发挥市场竞争的优胜劣汰作用，促进企业不断提高技术水平，提高资源利用率，减少污染排放，垄断竞争型市场结构是适应高效生态产业发展的合理市场结构；另一方面，根据"马歇尔悖论"，企业在竞争过程中，优势企业不断发展壮大，逐渐控制了整个市场，形成垄断型市场结构。这也意味着，创新需要某种程度的垄断力量，但垄断又在一定程度上阻碍创新。因此，在这些行业中既要保护企业在竞争中规模的扩大，又要保持市场竞争活力，这就需要构建竞争性垄断市场结构，既能发挥规模经济，又具有市场竞争活力。

第二节　中国产业市场结构演进现状

一　市场结构演进的理论研究

市场结构是现代产业组织理论研究的重要内容，垄断与竞争的关系及其效率问题则是市场结构理论研究的核心问题。市场结构理论发展过程大

---

① ［德］克劳斯·施瓦布：《第四次工业革命：转型的力量》，李菁译，中信出版社2016年版，第21页。
② ［美］约瑟夫·斯蒂格里茨、［美］布鲁斯·格林沃尔德：《增长的方法：学习型社会与经济增长的新引擎》，陈宇欣译，中信出版集团2017年版，120页。

体经历了三个阶段：前结构主义时期、结构主义时期和行为主义时期。①

1. 前结构主义时期的垄断竞争理论

古典和新古典经济学普遍认为竞争是市场经济的核心，企业在市场竞争中通过产品差异化和规模经济不断扩大生产规模和市场份额，形成了垄断的市场结构，但垄断又阻碍了竞争，即"马歇尔悖论"（Marshall Conflict）。② 1933年，英国经济学家乔安·罗宾逊（Joan Robinson）和美国经济学家爱德华·哈斯丁·张伯伦（Edward Hastings Chamberlin）同时提出垄断竞争理论，该理论丰富和发展了自斯密以来的市场竞争理论。20世纪40年代，美国经济学家克拉克提出"有效竞争"的概念，市场不可能是完全垄断或完全竞争的，不完全竞争的市场结构是普遍存在的。

2. 结构主义及其批判

20世纪30年代，哈佛学派建立了SCP理论分析范式，认为特定的市场结构最终决定企业行为和经济绩效，主张政府通过制定经济政策促进特定产业形成合理的市场结构。芝加哥学派则主张经济自由主义，信奉自由市场经济中竞争机制的作用和市场的自我调节能力，他们认为垄断只是暂时的，反对政府对市场结构进行干预，只要厂商没有滥用其垄断支配地位来损害消费者福利，就不需要反垄断法干预。

3. 新产业组织理论兴起

20世纪70年代中后期，信息经济学和博弈论广泛应用，给产业组织研究带来了统一的方法论，新产业组织理论应运而生。该理论将市场结构内生化，认为企业并不是接受既定的市场结构，使产业组织理论的经验研究领域从结构主义转向行为主义。新产业组织学派重点研究行为对结构的反作用，"在寡头垄断的市场结构中，企业不再被动地面对环境"③。新产业组织理论引入信息经济学和博弈论的研究方法，克服了传统结构主义提出的SCP分析框架。

二　市场结构演进模式和行业差异

一个国家产业市场结构的演进模式取决于经济体内部的制度环境、

---

① 胡志刚：《市场结构理论分析范式演进研究》，《中南财经政法大学学报》2011年第2期。
② ［英］马歇尔：《经济学原理》，朱志泰、陈良璧译，商务印书馆1964年版。
③ ［法］吉恩·泰勒尔：《产业组织理论》，马捷等译，中国人民大学出版社1997年版，第264页。

市场环境、经济发展水平、技术水平、工业化程度等多种因素。由于各个国家制度环境和市场环境存在较大区别，因此不同国家产业市场结构形成的过程也存在较大差别。从分散竞争到寡头垄断是市场经济条件下市场结构演进的基本趋势。[①] 西方国家的市场经济体制相对完善，政府对企业的直接干预较少，主要以引导为主，产业市场结构的演进主要是在长期的市场竞争中形成的，市场发挥优胜劣汰的作用，推进市场结构不断向寡头垄断型市场结构演进。政府的作用是制定相应的法律法规，如反垄断法、反不正当竞争法、价格法等，维护市场竞争秩序，保护中小企业不受大企业的不公平竞争，解决中小企业融资难问题。由市场来决定最终的市场结构，政府的作用就是保护这种竞争有效发挥作用，引导和规范企业行为。像日本和韩国等后起资本主义国家政府在推动产业市场结构向寡头垄断转变的过程中发挥了很大的引导或间接干预作用。形成特定市场结构是政府制定政策的目标，政府主导形成一批具有规模优势和竞争力的大型企业，政府制定产业政策主导市场结构形成和未来发展方向，通过研发补贴、税收减免、技术转让、专利授权等方式提高企业研发能力和规模优势，促使一些传统行业形成寡占型市场结构。

一般情况下，传统产业具有规模经济的特点，随着产业发展日渐成熟，行业集中度和企业规模会适度提高，向寡占型市场结构演变。对于这些行业来说，市场结构是提高绩效的基础，企业创新与市场集中度、企业规模的关系呈现典型的倒"U"形关系。而且随着行业集中度提高和企业规模的扩大，行业进入壁垒更高，规模效应更加明显。20世纪90年代以来，要素和投资主导的粗放式发展致使我国经济总体上从短缺经济进入供给过剩经济，大部分低端制造业领域出现相对产品过剩和产能过剩局面，同时，由于技术进步相对迟缓，产业技术结构变动不显著，加之需求结构和需求层次发生了较大转变，导致总供给过剩和有效供给不足的局面同时存在。同时，产业市场结构不合理，许多产业出现过度竞争的局面，竞争性市场结构在大多数行业形成。[②] 供求关系的变化和企业技术进步的加快，促使市场结构及其运行方式出现新的变化，在全球化

[①] 杜传忠：《从分散竞争到寡头垄断：中国工业市场结构调整的路径选择》，《人文杂志》2002年第1期。

[②] 胥和平：《中国产业组织结构变化的主要趋势》，《经济管理》1998年第10期。

竞争中规模不断壮大的企业依靠资本和技术优势，加快组织结构调整，逐渐加大对市场的控制力，中小企业则以新的方式进入产业生产体系，产业分工不断细化。随着竞争的深入，企业间规模竞争不断加剧，市场集中度越来越高，寡头垄断型市场结构开始出现，这种市场结构的变化趋势在电信业、汽车、钢铁等规模经济明显的行业表现突出，处于寡头垄断地位的企业更加注重规模经济和产品差异性来维持竞争优势。市场经济的不断完善致使政府开始放松规制，降低产业转入门槛，在一些政府垄断的行业也开始引入竞争机制，加快形成竞争性市场结构。进入21世纪之后，政府倾向于发展一批大企业、大集团，以提高我国产业的国际竞争力，政府推动大型国有企业吞并中小企业，不断提高市场集中度，部分行业形成了若干个大型企业集团，如石油和天然气开采业、石油化工、冶金、汽车、水泥、玻璃、轮胎、集成电路等。

战略性新兴产业属于技术和知识密集型产业，更加依赖技术创新和资源整合，尤其是互联网企业融合了计算机网络技术、云计算、大数据等技术，对于这类行业来说，市场结构难以衡量，即便这类企业占据了较大的市场份额，其资产规模也可能较小。市场集中度也不代表垄断势力，市场份额较大的企业也无法垄断市场，因为这类行业进入壁垒较低，随时面临潜在进入者的竞争。因此，企业规模、市场集中度与创新的关系存在不确定性。战略性新兴产业市场结构演变还受到所有制结构、政府政策等因素的影响，不同行业在技术复杂度、技术成熟度、资源投入等方面存在很大差异，国有企业、民营企业、三资企业在创新和规模效应方面各具特色。随着绿色发展理念的深入和第四次工业革命的到来，传统产业市场结构也面临前所未有的挑战，传统意义追求规模经济的市场结构已经不再适应新经济模式，第四次工业革命颠覆了现有的政治、经济和社会模式，无论是政府与企业之间，还是企业与企业之间，需要在相互交往中加强协作，方能取得成功。追求较高的市场集中度已经不是高效生态产业合理的市场结构选择。

三　中国传统产业市场结构变化趋势——以钢铁产业为例

总体来看，我国传统产业的市场结构逐渐形成了竞争性市场结构，部分产业由过度竞争走向寡头垄断。为了便于比较，本研究以我国产业市场结构演变过程中具有典型特征的钢铁产业为例，分析中国传统产业市场结构的演变趋势。

1. 中国钢铁产业的市场结构——行业集中度

行业集中度是衡量市场结构的重要指标,中国钢铁行业是典型的能耗高、污染重的资本密集型行业,由于中国钢铁企业对市场份额和规模的过度偏好,导致逆集中化趋势明显,2001—2018 年中国钢铁产业市场集中度表明(如表 12-3 所示),钢铁行业的生产集中度总体偏低,2001—2005 年持续下降,2006—2011 年上升,2012—2018 年又下降。中国钢铁企业布局分散,重复建设,产业结构趋同明显,产品供过于求,地区性行政垄断又阻碍了区域间要素和产品的自由流动,各个企业在全国的市场份额都较低,难以实现规模经济。2004 年前 4 家企业的产量之和比上年增长了 8.3%,全国总产量却增长了 23.7%。2005 年国务院出台《钢铁产业发展政策》,提高产业集中度和优化生产力布局成为产业政策调整的核心,促进了钢铁企业的合并重组[①],市场集中度有所提高,到 2011 年前 4 家和前 10 家粗钢市场集中度已经达到 29% 和 49.1%,仍然低于 30% 和 50%,且 2012 年钢铁行业的集中度出现下滑,CR_4 和 CR_{10} 分别下降为 26.8% 和 45.5%,分别比 2011 年降低了 2.2 个和 3.6 个百分点。从行业集中度发展趋势来看,"十一五"时期,钢铁行业市场集中度整体

表 12-3　　　中国 2001—2018 年粗钢产品的市场集中度　　　单位:%

年份	CR_4	CR_{10}	年份	CR_4	CR_{10}
2001	28.5	45.6	2010	27.8	48.6
2002	24.8	42.1	2011	29.0	49.1
2003	21.0	36.7	2012	26.8	45.5
2004	18.5	34.7	2013	20.2	37.8
2005	17.9	34.8	2014	19.5	36.6
2006	18.7	34.7	2015	18.5	34.2
2007	20.0	36.8	2016	18.6	34.1
2008	24.0	42.4	2017	21.9	36.9
2009	24.4	43.2	2018	20.5	35.3

资料来源:根据历年《中国钢铁工业年鉴》数据整理得到。2017 年数据来源于搜狐网,网址:https://www.sohu.com/a/220323644_366972. 2018 年数据来源于中国产业信息网,网址:https://www.chyxx.com/industry/201911/809147.html.

---

① 2005 年鞍本钢铁集团成立,2008 年河北钢铁集团成立。

呈上升趋势，"十二五"时期则呈现下降趋势，CR_{10}由2011年的最高点回落至2015年的34.2%，"十三五"期间市场集中度相对稳定，CR_4维持在20%左右，CR_{10}在35%左右。

不合理的市场结构也导致钢铁行业效率偏低，污染严重。2016年推行供给侧结构性改革以来，钢铁、煤炭、水泥、玻璃等行业成为实施"三去一降一补"的重要领域，这些重工业面临严重的产能过剩和技术落后等问题，这与其不合理的市场结构是分不开的，这些企业由于具有国有经济背景，地方政府为了地区经济发展和就业稳定，不断给僵尸企业输血，保护落后企业免于被淘汰。这些落后的庞然大物，由于技术水平不高，生产过程高能耗、高污染问题异常严重。除钢铁行业外，整体来讲，我国大部分传统制造业行业的市场集中度普遍偏低，充分说明了我国企业规模水平偏低，企业规模结构不甚合理。

2. 中国钢铁产业的市场结构——规模水平

经济规模企业是指规模大于最小有效规模（Minimum Efficient Scale，MES）的企业[1]，可以用经济规模企业的数量、产量占企业总数和总产量的比值衡量行业规模水平，一般来说，比值越大，行业规模水平越高。国际普遍认为，钢铁企业最低经济规模为300万—500万吨，最佳经济规模为800万—1000万吨。[2] 改革开放之后，中国钢铁行业生产规模提升较快，1980年只有鞍钢一家企业钢铁产量在200万吨以上，到1996年，中国钢铁产量超过1亿吨，位居全球第一。2017年，我国粗钢产量达83173万吨，生铁产量71076万吨，钢材产量104818万吨，2017年全国80家重点钢铁企业粗钢产量合计66070万吨，占全国总产量的79.4%，其中，产量超过500万吨的企业有34家，粗钢产量合计为53706.8万吨，占全国粗钢总产量的比重为64.6%。也就是说，钢铁行业经济规模企业产量占比达64.6%，相对而言，属于规模经济水平较高的行业，原因主要表现在三个方面：一是市场需求旺盛，中国长期工业化发展对钢铁产品需求旺盛，提升了各方大力发展钢铁产业的积极性，改革开放后的经济快速增长进一步扩大了市场需求。二是钢铁行业本身技术和资金进入壁垒

---

[1] 马建堂：《结构与行为：中国产业组织研究》，中国人民大学出版社1993年版，第74页。
[2] 刘秉镰、林坦、刘玉海：《规模和所有权视角下的中国钢铁企业动态效率研究——基于Malmquist指数》，《中国软科学》2010年第1期。

不高，但具有明显规模效益的大型钢铁企业的技术和资金进入壁垒较高，造成大型钢铁企业和大量中小企业并存的局面。三是体制影响，分税制改革给予地方政府较大经济自主权，国家重点钢铁企业和地方重点钢铁企业并存，尤其是地方企业发展更快，各地方钢铁企业一系列投资和兼并重组，生产规模不断扩大。

我国钢铁工业规模水平已有较大提高，但与发达国家相比，中国钢铁行业规模经济效益水平仍然偏低，进一步提高规模经济水平存在较大的体制障碍。① 2017年生产规模在2000万吨以上的企业只有8家②，从地域分布来看，这些大型企业分别位于不同省份，垄断区域产品市场，成为当地钢铁供给的主要来源。2016年粗钢产量位居前10位的依次是河北、江苏、山东、辽宁、山西、湖北、河南、安徽、广东、江西，合计占全国总产量的比重达74.87%；2017年粗钢产量位居前10位的依次是河北、江苏、山东、辽宁、山西、河南、广东、湖北、安徽、江西，合计占全国总产量的比重达73.91%。其中，河北长期占据第一的位置，2016年其产量占全国的比重高达23.83%，2017年占比为22.99%。③ 大型国有钢铁企业垄断着当地钢铁市场，造成区域分割和市场进入壁垒，无法形成全国统一的钢铁市场，缺乏充分的市场竞争，导致企业技术效率偏低。

从所有制结构来看，国有企业规模较大，产能过剩严重，2008年国有及国有控股企业粗钢产量2.93亿吨，到2014年增长至3.8亿吨；民营企业2008年粗钢产量1.02亿吨，到2014年增长至1.83亿吨，国有企业规模水平远超非国有企业。研究表明，国有企业的平均规模远高于最优规模，16.4%的企业规模过大，而且国有企业的平均生产成本是不同所有制企业中最高的。民营企业平均规模小于最优规模，58.1%的企业处

---

① 马建堂：《结构与行为：中国产业组织研究》，中国人民大学出版社1993年版，第81—82页。

② 宝武集团6539.3万吨，河钢集团有限公司4406.3万吨，江苏沙钢集团3834.7万吨，鞍钢集团3422万吨，首钢集团2762.9万吨，山东钢铁集团有限公司2167.9万吨，北京建龙重工集团有限公司2026.1万吨，湖南华菱钢铁集团有限责任公司2014.6万吨。

③ 《中国钢铁工业年鉴》编辑委员会：《中国钢铁工业年鉴2017》，中国钢铁工业协会，2017年，第3页。

于规模偏小的不经济状态。① 同时,高度的国有产权结构和垄断性市场结构相结合,则会产生国有结构的负效应,降低生产效率。② 造成钢铁行业中国有企业的人均利润大幅降低,低于非国有企业。当然,这里不排除国有企业肩负着稳定就业的社会责任,国有企业在岗职工人数是非国有企业的2—4倍。2016年宏观经济政策转向供给侧结构性改革,钢铁行业去产能成为落实"三去一降一补"五大任务的重要内容,全年粗钢、生铁、钢材产量分别为80837万吨、70074万吨、113801万吨,同比分别增长1.2%、0.74%和2.3%。其中,民营企业粗钢产量47343万吨,同比增长2.9%,占全国粗钢产量的比例由2015年的57%提高到2016年的58.53%。同时,民营企业效益大幅提升,亏损企业明显减少,在145家民营企业中,亏损的有22家,同比减少36家,企业利润由上年亏损43亿元变为盈利401亿元③,民营企业技术创新和规模经济显著提高。

3. 中国钢铁产业的市场结构——进入壁垒

行业进入壁垒是指所有妨碍自由进入的一切障碍因素,行业进入壁垒和行业集中度存在明显的正相关关系,二者都是刻画行业市场结构的重要指标。理论上来说,行业进入壁垒越高,行业集中度也就越高。根据产业组织理论的分类和我国实际情况,进入壁垒主要分为政策壁垒、资源壁垒、技术壁垒、成本壁垒和抵制壁垒。④ 相对而言,衡量行业壁垒的序数高度(比较行业壁垒的大小)较为容易,可以采用企业数目法和企业规模比重法进行衡量。我们采用重点大中型企业产量所占比重来衡量钢铁行业进入壁垒(见表12-4),可以发现,生铁和粗钢市场上,重点大中型企业的市场占有率基本在80%以上,尤其是生铁的市场占有率几乎达到90%,中小企业的市场占有率只有10%左右,说明生铁和粗钢市场上还存在较高的进入壁垒,这种进入壁垒表现在两个方面:一是,生铁和粗钢产品的生产存在明显的规模经济,中小企业面临资金的进入壁垒,难以和大型企业展开竞争;二是,地方政府倾向于扶持国有大型

---

① 张蕊、刘小玄:《转轨时期不同所有制企业的规模边界——基于钢铁行业的微观实证研究》,《财经科学》2013年第12期。

② 刘小玄:《中国转轨经济中的产权结构和市场结构——产业绩效水平的决定因素》,《经济研究》2003年第1期。

③ 数据来源:《中国钢铁工业年鉴2017》。

④ 马建堂:《结构与行为:中国产业组织研究》,中国人民大学出版社1993年版,第98—99页。

企业,给予各种财政、水平和土地等优惠政策,中小企业却较难获得。相对而言,中小企业在钢材上的市场占有率与大型企业平分秋色,而且中小企业的比重在逐年增加,究其原因,在政策挤压和市场选择约束下,中小企业在产品结构上加速转型,已有部分中小企业形成特色产品,市场占有率较高。具有较高附加值的钢材市场成为中小企业进攻的主要领域,在充分考虑自身资金、技术和资源的基础上,走特色精品发展道路,提高自身的核心竞争力。

表 12-4　　　　　　　　中国不同规模企业产量变化

项目	年份	全国总产量（万吨）	重点企业（万吨）	重点企业比重（%）	中小企业（万吨）	中小企业比重（%）
生铁	2014	71160	66804	93.9	4355	6.1
	2015	69557	61843	88.9	7714	11.1
	2016	70074	61828	88.2	8246	11.8
	2017	74860	61938	82.7	12922	17.3
	2018	77105	63765	82.7	13340	17.3
粗钢	2014	82270	67851	82.5	14418	17.5
	2015	80355	62646	78.0	17709	22.0
	2016	80837	63116	78.1	17721	21.9
	2017	87079	66486	76.4	20593	23.6
	2018	92826	70595	76.1	22231	23.9
钢材	2014	112557	64457	57.3	48101	42.7
	2015	112341	60384	53.8	51957	46.2
	2016	113801	60768	53.4	53033	46.6
	2017	101891	62518	61.4	39373	38.6
	2018	110552	66481	60.1	44071	39.9

资料来源:根据历年《中国钢铁工业年鉴》整理得到。

从全国市场来看,中国钢铁产业市场结构集中度不高,但实际上,中国钢铁企业存在极为严重的地区性垄断,也就是说,几乎每个省份都有一个大型的钢铁企业集团垄断着本地区钢铁生产和供应。形成了畸形的市场结构,全国统一市场无法形成,钢铁产业的市场结构表现为"地区性垄断、全国过度竞争"的状态。表 12-5 列出了 2018 年中国六大区域钢铁产量、固定资产总额和地区 GDP 占全国的比重。可以看出，钢铁产业布局相对比较分散。华北地区是中国钢铁生产主要基地，钢铁产量占全国的比重达到 36.4%，但其国内生产总值占全国的比重仅为 13.2%，这说明该区域钢铁需求不足，存在区域内供过于求；华东和中南地区经济水平比较发达，钢铁需求量较大，但钢铁供给相对不足，供需矛盾突出；东北、西南和西北地区的钢铁生产与经济发展水平占全国的比重大体相当，但三个区域的钢铁行业生产规模较小，发展相对缓慢。华北和华东地区仍然是中国钢铁产量最大的两个区域，2016 年两个地区的钢铁产量占全国比重达到 67.48%，其中，华北地区占比 33.16%，华东地区占比 34.32%。[①] 2018 年这两个地区的钢铁总量占全国的比重为 66.6%，其中，华北地区占 36.4%，华东地区占 30.2%。可以看出，钢铁行业区域分布没有较大差异，说明钢铁行业地区性进入壁垒长期存在。

表 12-5　　2018 年中国六大区域钢铁产量和固定资产所占比重　　单位：%

区域	钢铁产量占比	固定资产占比	国内生产总值占比
华北地区	36.4	35.9	13.2
东北地区	9.2	10.3	6.3
华东地区	30.2	26.9	38.4
中南地区	14.5	12.7	26.8
西南地区	5.9	6.4	10.4
西北地区	3.8	7.7	5.7

注：①钢铁产量包括粗钢、生铁和钢材产量的总和。②华北地区包括北京、天津、河北、山西、内蒙古；东北地区包括辽宁、吉林、黑龙江；华东地区包括上海、江苏、浙江、安徽、福建、江西、山东；中南地区包括河南、湖北、湖南、广东、广西、海南；西南地区包括重庆、四川、贵州、云南、西藏；西北地区包括陕西、甘肃、青海、宁夏、新疆，由于海南和西藏没有钢铁产业的数据，因此这两个省份没有包含在内。
资料来源：作者计算整理得到，其中，各地区钢铁产量数据来源于《中国钢铁工业年鉴 2019》，各地区国内生产总值数据来源于《中国统计年鉴 2019》，各地区钢铁行业固定资产数据来源于《中国经济普查年鉴 2018》，采用各地区"黑色金属矿采选业"和"黑色金属冶炼和压延加工业"加总得到。

---

① 中国钢铁工业年鉴编委会编：《中国钢铁工业年鉴 2017》，中国钢铁工业协会出版，第 10 页。

四 中国战略性新兴产业市场结构演变趋势

战略性新兴产业以技术先进、物质资源消耗少、综合效益高等优势引领未来经济全局和长远发展。从产业发展过程来看，传统产业创新主要以连续性产品和技术改良为主，创新类型大多属于局部性和连续性的"渐进式创新"，产业市场结构演变呈现较高的市场集中度和规模经济水平。战略性新兴产业创新往往是原始创新和颠覆性创新，创新类型属于全局性和革命性的"突破式创新"。不可否认，传统产业长期依靠规模优势发展造成较为严重的资源浪费和环境污染，随着经济迈向更高质量发展阶段和技术创新不断突破，传统产业发展步入转型期，其发展速度放缓，市场结构也随着产业发展方式转型发生变革，总体来看，适度的市场集中度和规模水平仍然是其创新的基础。相对而言，战略性新兴产业依靠更先进的技术发展起来，必将成为推动经济高速发展的新引擎，企业创新有自己的特点，创新与市场结构的关系也存在较大不同。

1. 战略性新兴产业的市场结构——行业集中度

依托第四次工业革命带来的各种技术突破，战略性新兴产业取得了高效发展。战略性新兴产业的发展过程分为早期阶段、中期阶段和后期阶段三个阶段。早期阶段，大量掌握先进技术的小企业涌入，任何一个企业都无法控制市场，行业集中度较低；中期阶段，优势企业在市场竞争中不断扩大规模，逐渐形成较为集中的市场结构；后期阶段，市场集中度进一步提高，形成寡占型市场结构，几个大企业共同控制着整个市场。由于战略性新兴产业依托先进技术，而技术革新和产品更新换代日新月异，因此，这种垄断力量不会长期存在，技术进步带来的"创造性破坏"又会使市场进入新一轮竞争中，市场集中度降低。

我国战略性新兴产业尚处在起步发展阶段，市场集中度还较低，大部分处在10%—30%，市场结构相对分散，具有较高的竞争性。从时间趋势来看，战略性新兴产业的市场集中度普遍呈下降趋势，企业数量逐年增加，市场竞争日益激烈。根据贝恩的分类标准，依靠技术支撑的战略性新兴产业属于竞争型的市场结构，随着产业发展日益成熟，市场集中度呈现稳定态势，但企业之间的竞争和市场份额却呈现动态变化。

2. 战略性新兴产业的市场结构——规模水平

战略性新兴产业成立时间短，前期面临较高的技术风险和融资约束问题，制约了其规模快速扩张，市场集中度较低，总体上仍以中小企业为主。在国家政策扶持和市场前景引导下，部分产业吸引了大量资金进入，战略性新兴产业上市公司的企业规模保持快速增长，资产总额从2010年的不到3万亿元提升到2015年的近7万亿元，年均增速达到19.6%，高于上市公司总体5.2个百分点。与此同时，2015年战略性新兴产业上市公司平均资产规模达到68亿元，为2010年平均资产规模的2.2倍。①

中国战略性新兴产业还处在初步发展阶段，结构分散，企业规模经济不明显。虽然战略性新兴产业更多依靠技术创新，但技术创新需要研发资本和研发人员的大量投入，在这方面，大企业更具优势，在技术创新方面存在规模效应和抗风险能力。但这种规模优势并不必然形成垄断结构，学界普遍认为，垄断结构下，由于缺乏竞争压力，会阻碍创新；完全竞争结构下，企业规模偏小，创新能力有限，不利于重大技术创新；在垄断竞争型市场结构下，企业创新既有创新的市场条件，又有自身的规模优势。总体来看，我国战略性新兴产业仍处在竞争激烈的发展初期，企业规模以中小企业为主，尚未形成"大企业主导、大中小企业协调发展的"垄断竞争型市场结构。当然，以互联网为代表的战略性新兴产业，企业规模的大小并不是特别重要，重要的是如何整合资源、创新商业模式，发展的结果是企业规模也会不断扩大。

3. 战略性新兴产业的市场结构——进入壁垒

我国发展战略性新兴产业组织的政策取向是，发展初期逐步实现充分竞争，降低准入门槛，鼓励民间资本进入，严格控制政府主导的市场进入，建立国有企业和非国有企业稳定有序的竞争关系。② 一般来说，战略性新兴产业发展初期企业规模都普遍较小，进入壁垒主要表现为技术壁垒，同时，由于没有龙头企业垄断技术，因此，技术性进入壁垒不高，企业很容易进入市场。自2010年国务院审议并通过《国务院关于加快培养和发展战略性新兴产业的决定》以来，战略性新兴产业发展迅速。2010年，A股上市公司中有674家企业属于战略性新兴产业，占A股上市公司总数的33.3%；截至2015年，A股上市公司中战略性新兴产业增

---

① 参见林念修主编《新引擎启动："十二五"战略性新兴产业发展回顾》，中国计划出版社2017年版。

② 肖兴志、邓菁：《战略性新兴产业组织的政策评价与取向》，《重庆社会科学》2011年第4期。

至1031家，占A股全部上市公司总数的36.6%。"十二五"期间，新上市战略性新兴产业公司357家，占全部新上市公司总数的45.5%。可见，战略性新兴产业市场竞争充分，进入壁垒较低。虽然企业数量大幅增加，从2010年到2015年，战略性新兴产业上市公司领军企业（以当年营业收入超过50亿元来衡量）的数量由86家增加到140家，占同期战略性新兴产业上市公司数量的比重由8%提升至13.6%[1]，但领军企业的资产规模仍然较小，核心关键技术的研发创新能力有待加强，难以控制市场。

从所有制结构来看，国有产权比重降低，政府鼓励民营企业公平竞争，民营企业成为中国战略性新兴产业的主力军。截至2015年，在1031家战略性新兴产业上市公司中，民营企业有680家，占上市公司的比重达66%，战略性新兴产业上市公司的利润超过四成由民营企业贡献，其贡献率超过国有企业7.4个百分点。[2]虽然从企业数量来看，战略性新兴产业中内资非国有企业的数量最多，绝大部分行业的比重都在40%以上，同时也注意到，在政策扶持和融资等方面，国有企业更具优势。因此，构建战略性新兴产业合理的市场结构，不仅在于降低行业本身的进入壁垒，还应在财政金融扶持方面获得公平机会，降低制度性进入壁垒。

第三节　中国产业市场结构存在的问题

中国产业市场结构的形成受经济发展模式的直接影响，改革开放之后，为了加快经济发展，政府采取了要素和投资主导的粗放型发展模式，资源和能源大量使用，企业规模不断壮大，市场集中度不断提高。随着环境和资源约束日益严重，我国政府提出高质量发展目标，不再单纯追求规模扩展，市场结构呈现向好态势。虽然我国产业市场结构演变呈现出良好态势，但并不等于说，我国产业的市场结构就没有问题，产业发展过程中长期存在着生产分散、规模不经济、行政垄断和专业化协作水平低等问题，由于一些领域改革推进较慢和市场机制发育迟缓等原因，一些

---

[1] 参见林念修主编《新引擎启动："十二五"战略性新兴产业发展回顾》，中国计划出版社2017年版。

[2] 参见林念修主编《新引擎启动："十二五"战略性新兴产业发展回顾》，中国计划出版社2017年版。

部门的行政性垄断与另一些部门的过度竞争并存的局面也将长期存在，至于提高产业关联度和专业化协作水平都有赖于市场机制的不断完善。

一 高效生态产业的市场结构规制缺位

合理的市场结构是产业有序发展的基础，传统观点普遍认为，为了提高国内企业的国际竞争力，需要不断扩大企业规模和市场占有率，充分发挥规模效应。适度的市场集中度和企业规模有利于企业创新。但高效生态产业市场结构与传统产业不同，随着各种先进技术的广泛应用，企业规模更小，但生产效率大幅提高，生产成本显著降低，技术创新会导致行业市场结构呈现动态变化。以互联网产业为例，由于产品多样性和信息技术的普遍应用，互联网产业进入门槛降低，市场竞争加剧。虽然优势企业在竞争中不断扩大规模，增加市场份额，对整个行业的控制力持续增强，但由于进入门槛较低，这些龙头企业仍然受到潜在进入者的竞争威胁，行业市场结构处在动态变化中。

高效生态产业规制面临的难题是市场结构难以有效衡量，例如共享经济这种全新的商业模式，其市场结构已经超越了传统关于垄断与竞争的界定，平台企业成为共享经济商业模式的关键，但平台企业并不负责生产和销售，因此，这种大型平台企业形成的垄断并非传统意义上的生产性垄断，用户规模是平台企业重要的竞争因素，但这种规模优势并不能让平台企业长期维持垄断地位。因此，市场份额不能衡量垄断力量，企业规模效应不显著，对于这种新兴产业市场结构规制的理论研究尚不完善。

也即是说，传统以市场份额衡量的行业集中度的指标不再适应新业态，企业规模不再是企业追求的最终目标，产品质量、技术创新、效率提升、绿色生产、服务优化等成为企业发展方向。尤其是在绿色经济背景下，高效生态产业发展成为现代国家产业结构调整的方向。高效生态产业发展仍处在起步阶段，适应于高效生态产业发展的市场结构尚未形成，但可以确信的是，高效生态产业兼具垄断和竞争的双重特性，垄断竞争型市场结构将会有效促进高效生态产业发展。

二 市场结构与技术创新的关系不明确

关于市场结构与技术创新的关系，熊彼特认为，大规模企业具有垄断势力的市场结构，是社会为产业技术快速发展必须支付的价格，创新导致的动态效率提高可以弥补价格高于边际成本导致的静态效率损失，所以，这种市场结构特征有利于技术创新。熊彼特主张创新集权化，创新需要某种程度的垄断力量，熊彼特用"为市场而竞争"替代了"在市场内竞争"，主张创新过程中创造性的破坏将带来收益，并认为由此带来的垄断只是暂时的。熊彼特假说提出之后，在理论层面，关于技术创新与市场结构的关系引发了极大关注。在发达国家，熊彼特假说作为质疑反垄断政策的依据；在发展中国家，其成了政府制定政策实现赶超战略和国际竞争力的理论基础。

从中国的实践来看，许多学者高度重视大规模企业和高集中度市场结构对中国产业技术创新的积极作用，强调通过非市场力量配置资源，向大规模企业倾斜，在防止重复建设和过度竞争的原则下，采取限制新企业进入等政策性手段，保护现有大规模企业在高集中度市场结构下提升技术创新能力，实现技术赶超目标。但基于中国数据的实证研究并没有证明"熊彼特假说"在中国成立。[1] 依靠非市场力量提高行业集中度的政策，往往会导致资源配置的低效率，即政府过度干预，导致技术创新与经济体制改革不协调。对大企业一味地实施政策性扶持，造成企业间不公平的竞争环境，反而与创新所需的公平竞争的市场环境相悖。[2] 大企业免于外部竞争而失去创新动力，小企业由于缺乏公平的待遇，且难以承担创新失败的风险而不敢创新。

三 传统产业市场集中度低，规模经济效益不明显

提高市场集中度，实现规模经济是政府调节产业市场结构的重要目标，鼓励企业兼并重组、促进企业联合。经过一系列结构调整，一些产业市场集中度仍然不高，规模经济效益不明显。以钢铁产业为例，我国成为世界钢铁大国，但单个企业的产量却不高，1992 年，年产量在 500 万吨以上的钢铁企业只有鞍钢、宝钢、武钢和首钢四家，年产量在 100 万吨以上的只有 16 家。1992 年中国钢铁行业的市场集中度（CR_{10}）为 40.6%，美国在 1976 年就已达到 83.7%。[3] 中国 2018 年钢铁行业集团 CR_{10} 只有 35.3%，CR_4 只有 20.5%，但日本在 2015 年其 CR_4 就高达

---

[1] 朱有为、徐康宁：《中国高技术产业研发效率的实证研究》，《中国工业经济》2006 年第 11 期。

[2] 李伟：《产业演进中的技术创新与市场结构关系——兼论熊彼特假说的中国解释》，《科研管理》2009 年第 6 期。

[3] 王庆功、赵国强：《论中国市场结构模式的选择》，《东岳论丛》2002 年第 1 期。

83.3%，美国前四大企业也达到70%。① 按照贝恩（Bain，1959）对市场结构类型的划分标准，中国粗钢的市场集中度（CR_4）还不到30%，属于竞争型市场结构，企业规模较大，但市场占有率较低，没有形成规模经济。从国际发达国家钢铁行业的市场结构演变趋势来看，市场集中度处在较高水平，"寡占型"市场结构普遍存在。2010年美国、日本、俄罗斯、韩国和德国的粗钢市场的集中度（CR_4）均在50%以上②，钢铁产业的市场结构都表现为"强寡占型"，相比较而言，中国钢铁行业的市场集中度明显偏低。由于地方政府都把钢铁产业作为发展经济和维持就业的支柱产业加以扶持，纷纷建立起一定规模的钢铁生产基地③，地区性行政垄断阻碍了钢铁行业跨区域发展和资源整合，各地区钢铁企业规模巨大，产能严重过剩。中国钢铁产业形成的市场结构并非在市场竞争中自发形成的。因此，企业不具备较强的竞争力，核心技术研发能力和创新能力薄弱，而且长期消耗大量化石能源，造成严重的资源浪费和环境污染，距离高效生态发展还存在较大距离。

四 行政垄断维系低效率的市场结构

行政垄断是指在行政管辖范围内，通过行政力量构建进入壁垒，形成一个相对封闭的市场和较高的市场占有率。中国产业市场结构不合理最突出的问题是过度竞争与竞争不足并存：一是，规模经济显著的竞争性行业中，行业集中度较低，规模经济不显著，生产分散化和过度竞争严重；二是，在一些具有自然垄断属性的行业中，行政垄断普遍存在，企业缺乏创新活力，经济效率较低。④ 政府在推动寡占型市场结构形成过程中可能会出现过度干预的现象，对大企业的过度保护会限制竞争，维系行政垄断的结果，虽然表面上形成了寡占型市场结构，但企业的生产效率和创新能力较低。

从行政垄断与产权结构（或者说所有制结构）的视角看，我国国有

---

① 资料来源：《2018年中国钢铁行业产量情况及国家政策分析：钢铁产业产能分布较分散》，中国产业信息网，https://www.chyxx.com/industry/201911/809147.html.

② 2010年，部分国家钢铁行业集中度（CR_4）：美国54.7%，日本79.4%，俄罗斯86.2%，印度73.6%，韩国82.6%，德国61.2%。

③ 中国钢铁行业形成了九大钢铁生产基地：鞍本钢铁基地、京津唐钢铁基地、上海钢铁基地、武汉钢铁基地、攀钢基地、包头钢铁基地、太原钢铁基地、马鞍山钢铁基地以及重庆钢铁基地。

④ 王庆功、赵国强：《论中国市场结构模式的选择》，《东岳论丛》2002年第1期。

企业通常与行政垄断、效率低下、缺乏竞争的市场结构联系在一起。行政性垄断导致部分行业竞争程度弱化，政府借助行政权力保护国有企业、给予政策扶持，受保护的企业免于外界竞争而缺乏技术创新的动力。一般来说，竞争市场与较低的国有产权结构的结合产生了良好的绩效，而竞争市场与较高的国有产权结构的不相容性则产生了不良的绩效结果。高度的国有产权结构和垄断性市场的结合，则会产生国有结构的负效应，并获得较高的垄断利润。[1]一定的产权结构和相应的市场结构是密切相关和相互依存的。不同的产权结构和市场结构因素的组合构成了各种不同的两维空间，产业或企业都是在这个空间内运行。

第四节　构建中国高效生态产业市场结构

市场结构的核心问题是垄断与竞争的关系，随着经济模式的转变和技术进步，开放的市场中，垄断企业必须通过不断的创新和竞争来维持垄断地位，这种垄断只是暂时的。竞争与垄断长期处在动态变化过程中，不存在确定的边界。合理的市场结构实质上是在垄断与竞争之间寻找一个最佳契合点。因为，具备创新的市场天然不是竞争的市场，同时高度创新的市场仍然存在竞争。[2]构建高效生态产业合理的市场结构，需要充分发挥市场竞争和政府监管的作用。

一　市场结构的模式选择

有效的市场结构就是形成竞争与垄断的最佳契合点，既能维持市场竞争活力，又能充分利用和获取规模经济效益。理论上说，垄断竞争型市场结构兼具垄断和竞争双重特性，对于依托技术创新发展起来的高效生态产业而言，是一种合理选择。但我国产业分布广泛而复杂，产业之间的差异性较大，各产业技术经济性质和条件各不相同，很难用垄断竞争这一种模式作为所有产业竞争的唯一模式，特别是从经济全球化背景下产业国际竞争力提高考虑，各国政府都在加紧培育具有国际竞争力和

---

[1] 刘小玄：《中国转轨经济中的产权结构和市场结构——产业绩效水平的决定因素》，《经济研究》2003年第1期。

[2] ［美］约瑟夫·斯蒂格里茨、［美］布鲁斯·格林沃尔德：《增长的方法：学习型社会与经济增长的新引擎》，陈宇欣译，中信出版集团2017年版，第120—123页。

规模经济显著的行业，垄断竞争型市场结构难以实现规模经济和具有国际竞争力的大企业。因此，要提高国际竞争力，必须同时发挥技术和规模优势。在市场竞争中发展起来的大企业逐渐控制了大部分市场，形成了寡头市场，这些寡头企业之间也展开竞争，从而形成了竞争性垄断的市场结构，大企业要想维持垄断地位，既需要通过竞争促进创新，又能发挥规模经济，提高国际竞争力。研究中国高效生态产业市场结构涉及两个方面，一是不同类型产业相对应的市场结构；二是产业发展不同阶段相适应的市场结构，把握动态市场结构特征的产业组织理论。

1. 不同类型产业的市场结构选择

构建合理的市场结构模式必须以产业特征为依据，充分考虑产业发展的行业特征和行业异质性。产业多样性和产业特征异质性决定了我国市场结构模式不可能是单一的，市场结构模式必须与产业特征相适应。因此，必须对高效生态产业进行合理分类，以技术特征、规模经济、市场集中度和进入壁垒作为产业分类的标准，我国产业可以分为四种类型：第一类是技术水平较低、规模经济不显著、市场进入壁垒低、行业集中度不高的竞争性行业；第二类是技术含量较高、规模经济显著、市场集中度和进入壁垒较高的产业；第三类是技术含量一般、规模经济效应非常显著、市场集中度和进入壁垒很高的垄断性行业；第四类是依靠先进技术形成的既可能是竞争性又可能是垄断性的网络型平台行业。发展高效生态产业就是要依靠技术进步，提高资源利用率，减少污染排放，针对不同类型产业的特点，应该形成相应的市场结构，以便更好地推动产业向高效生态发展。

对于第一类行业，由于存在技术含量低、规模经济不明显的特征，应该形成充分竞争的市场结构，通过市场选择的优胜劣汰倒逼企业不断进行创新，产业内部企业的规模相对较小，任何一个企业都不存在绝对的控制力，企业竞争主要通过技术创新、产品质量和差异性，近似于完全竞争的市场结构有效推动这类产业更好发展。对于第二类行业，由于技术含量较高，且规模经济显著，这类产业适宜通过市场竞争形成寡头垄断型市场结构，充分发挥企业的规模优势，提高生产效率。对于第三类行业，技术含量较低，其垄断结构的形成大多源自政府的政策，政府过多干预不利于行业高效生态发展，这种行业适宜放开行政性垄断，引入竞争，打破行政垄断格局。网络经济作为一种新的经济形态，具有一些背离传统经济规律的经济特性，如对传统需求定律的颠覆、网络效应、正反馈、边际报酬递增等。在网络经济条件下的市场结构呈现出区别于传统经济的新特征，并促成其市场结构双重性的形成，进而带来垄断趋势的加强和竞争属性的变迁。[①] 因此，对其市场结构的探讨，有助于更好地理解在新的经济条件下垄断与竞争之间的关系。

互联网经济条件下，技术进步所导致的"学习效应"的普遍存在，网络经济呈现出"报酬递增"的特征。例如平台型企业，具有明显的网络效应，随着用户数量的大幅增加，往往呈现需求方的规模经济。网络效应的概念说明了用户数量和产品价值之间的正相关关系。在网络经济条件下，厂商之间的竞争格局也呈现新特征，首先是不同网络平台企业的竞争，平台型企业竞争的用户数量，用户数量越多带来的收益就越大，这就决定了平台企业存在规模经济，适宜形成寡占型市场结构，但由于行业进入壁垒较低，开始规模较大的平台企业未必就长期控制着整个市场，而且用户的流动性较强，所以这类平台企业无法形成垄断结构，垄断竞争型或寡占型市场结构有利于平台企业发挥规模优势，而且能激励企业间不断竞争并创新。其次是同一网络平台上不同企业的竞争，显然，这些入驻企业和传统企业没有太大区别，只不过是在网络上进行生产经营，通过网络平台进行销售能够大大节约企业成本，而且降低了能源消耗和资源浪费，可谓是一种高效生态的经济模式。但由于网络上销售的产品大多具有明显的替代品，因此，这些企业的竞争程度较强，很难有企业在网络上控制某种产品的销售，最终将会演变成垄断竞争型市场结构。

2. 不同发展阶段的市场结构选择

产业演化过程中存在着技术创新特征的变化，市场结构与技术创新存在明显的联系，产业发展的不同阶段对应着不同的市场结构，市场结构影响着技术创新。一般来说，产业起步阶段，企业数量较少，地域分割或消费群体分割造成市场竞争不充分，企业规模快速扩张，局部性垄断结构有利于企业获得利润，扩大规模，提高技术水平；产业发展阶段，大量企业迅速涌入该行业，企业竞争激烈，垄断竞争的市场结构有利于

---

① 张丽芳、张清辨：《网络经济与市场结构变迁——新经济条件下垄断与竞争关系的检验分析》，《财经研究》2006年第5期。

激励企业创新；产业成熟阶段，经过激烈竞争，逐渐形成垄断市场或寡头垄断市场，竞争程度弱化，企业创新动力不足。因此，产业演化不同阶段的市场结构和创新特征存在差异，根据不同阶段的特点形成合理的市场结构，以有效促进技术创新。以平台经济为例[①]，在起步阶段，由于企业刚刚进入这个市场，还没有出现竞争者，市场可能暂时处于局部垄断状态，先进入某个行业的企业不断吸引用户，平台规模不断扩大，市场占有率随之提高。但由于受网络经济特点的影响，平台经济进入门槛较低，其他企业也会逐渐进入这个行业；产业发展进入发展阶段，这一阶段市场进入激烈竞争状态，平台企业采用各种方式扩大用户规模，竞争中优势企业市场份额不断扩大，控制力增强，部分企业退出市场，逐渐形成几个大型企业瓜分市场的局面，即寡占型市场结构，但寡头之间也在不断竞争，同时新企业不断进入；最后发展到成熟阶段，平台间通过并购形成竞争性垄断市场结构，市场集中度进一步提升，占有支配地位企业的垄断势力进一步增强，但竞争并未消失，成熟阶段形成了竞争性垄断的市场结构。因此，对于在位的平台企业而言，虽然在某一时点上其处于垄断地位，但无时不受到竞争对手和潜在的进入者的竞争。

二 构建垄断竞争型市场结构

熊彼特认为，市场有效真正需要的是为进入市场而展开的竞争（潜在竞争）而非市场内的竞争，但潜在竞争并不能确保有效竞争和市场效率。垄断竞争型的市场结构既可以满足市场内存在充分竞争，同时潜在企业可以自由进入，保证了内在竞争和外在竞争的同时进行，恰好激励企业技术创新。在高效生态理念发展的新时代，协作竞争成为企业间竞争关系的常态，构建垄断竞争型市场结构一是要发挥市场机制的竞争作用，二是通过合理的法律体系保障市场秩序，避免出现恶性竞争和垄断的出现。

随着信息网络技术的发展，传统经济与网络经济相互融合，网络经济最大的特点是，在信息产业中出现了竞争与垄断同时被强化的态势，

[①] 刘征驰、邹智力：《共享经济市场演进逻辑：结构、效率与驱动力——基于共享出行市场的理论与案例研究》，《华东经济管理》2019 年第 3 期。

一种新的市场结构——竞争性垄断市场结构出现了。① 一方面，信息产业的市场结构具有高度竞争性，进入和退出的壁垒较低，相对于传统产业，信息产业投资成本低，具有较高的开放性和竞争性。另一方面，反映信息技术功能价格比的莫尔定律（More's Law）又充分说明信息产业是一个技术飞速发展的产业，具有先进技术的企业可以暂时获得垄断地位，但企业要想长期获得垄断地位的技术创新压力很大。可见，竞争性垄断市场结构实质上是大企业之间展开的竞争，避免形成串谋的寡头垄断性市场结构。竞争性垄断在保证市场竞争性的同时，也为处于暂时垄断地位的企业获得利润提供了条件，同时还大大地促进了技术创新。

三 高效生态产业市场结构的实施机制

市场机制与政府调控有机结合构建合理的高效生态产业市场结构，合理界定市场和政府的行为边界。公平竞争是市场经济的核心，发展高效生态产业必须以市场机制作用的充分发挥为基础，通过企业间的竞争实现合理的市场结构，完善要素市场价格决定机制，资源和要素自由流动，向优势企业转移，逐渐提高产业集中度和规模经济水平。具体措施如下。

1. 构建规模经济和专业分工协作相结合的垄断竞争性网络型市场结构

发展高效生态产业，形成层次性企业结构，大企业引领，大小企业合作，小企业有序竞争的市场格局。在垄断竞争的网络型市场结构中，企业间存在密切联系，其网络性主要表现在两个方面：一是各种规模的企业密切合作，从分工或产业链的层面形成密切的合作网络；二是所有企业在技术研发和生产经营方面形成共享经济，合作经营。这种网络型的市场结构恰恰能够有效节约资源，提高效率，真正实现高效生态发展。例如，生态产业园区内所有企业各自分工，密切联系，按照产业链有序发展，实现循环经济；借助互联网发展起来的共享经济，实现资源的重复利用，节约大量资源，减少污染。当然，企业之间既有合作，也有竞争，网络型市场结构中，企业间的竞争呈现出明显的层次性：大企业之间为了追求更大利润，在市场规模、产品质量、产品差异性以及技术水

---

① 国内学者李怀提出"竞争性垄断"的概念，企业要想维持其垄断地位，就得不断提高自己的竞争力，而提高竞争力的最有效手段是技术创新，这种竞争性垄断是基于技术竞争。参见李怀、高良谋《新经济的冲击与竞争性垄断市场结构的出现——观察微软案例的一个理论框架》，《经济研究》2001年第10期。

平等多方面展开竞争，目的就是争夺市场，成为行业龙头；小企业之间不再是规模的竞争，主要在产品质量、产品附加值等方面。一方面，龙头企业对整个行业形成带动作用，产生规模优势；另一方面，众多中小企业围绕龙头企业形成专业化生产。在这种垄断竞争的网络型市场结构中，"小而专"与"大而强"的企业间形成相互交织的网络。

2. 引入市场竞争机制，降低进入和退出壁垒

西方发达国家的市场结构演变遵循的是市场机制下的一个自组织过程，政府没有给产业发展确定统一的市场结构，而是企业在市场竞争中不断演进形成的。政府调整市场结构的主要目的是保证市场公平竞争秩序，抑制垄断，实现规模经济与竞争活力并存。但对于发展中国家而言，企业规模较小，产业发展较慢，要想在短期内实现规模经济和国际竞争力，政府必须通过政策措施推动产业市场结构的快速形成。通过合理的标准，针对不同类型产业形成与之相适应的市场结构。考虑到我国产业多层次、多类型的特点，并结合第四次工业革命所涌现出的各种新技术，针对不同产业类型制定合理的市场结构。

3. 提高生态产业产品差异化程度

产品产异化表现在多个方面，例如，价格差异、质量差异、品牌建设、广告投入，等等。高效生态产业依靠更加先进的技术提高资源利用效率，降低生产成本，逐渐建立起价格优势和产品质量优势。同时，需要加强品牌建设和广告宣传，让消费者了解高效生态产业产品不仅具备价格和质量优势，消费者在消费的时候对于可持续发展和环境保护做出了自己的贡献，提高消费者绿色消费理念。通过差异化在消费者心中建立品牌忠诚度，不断增加大众对高效生态产业产品的需求。

4. 创造良好的制度环境和外部环境，鼓励民营经济在高效生态产业发展中发挥优势

不可否认，民营经济是中国市场经济的重要组成部分，民营经济的生命力和创造力不比国有经济弱。因此，要想更好地发展高效生态产业，离不开民营经济。上文提到，高效生态产业的市场结构应该是垄断竞争性的网络型市场结构，由于我国国有企业存在天生的"小而全""大而全"的弊端，缺乏创新活力，所以这里面的众多中小企业构成网络中的绝大部分，这些中小企业主要以民营企业为主体，没有民营企业的参与，很难构建高效生态产业合理的市场结构。然而，受到制度、环境以及文

化等方面的约束，民营经济的发展长期受到阻碍。因此，发展民营企业，需要创造更好的制度环境，给予民营企业公平参与市场竞争的机会，公平获取融资和银行贷款的机会，保障民营企业员工合理的待遇和社会保障等。同时，合作竞争成为未来企业参与市场经济的常态，民营企业与国有企业不是对立的，而是合作竞争的关系。国有企业具有规模和资源优势，民营企业具有专业化和创新优势，二者合作才能更好发展。知识经济时代，知识和技术的积累、共享、创造、整合将成为企业与企业之间市场关系的重要内容，大量的技术创新和信息整合很难由一家企业独自完成，同样需要所有企业间进行合作。

5. 构建合理的知识产权保护体系，鼓励企业技术创新

提高企业的国际竞争力，不能单纯依靠规模经济，关键在于核心关键技术水平和创新能力。当前我国在政府推动下形成的市场结构，存在较高的进入和退出壁垒，企业创新能力激励不足。造成技术创新能力不高的原因主要在于两方面：一是研发经费投入不足，利用效率不高；二是知识产权保护制度不健全。大量研究发现，政府主导的研发投入效果不佳，政府虽然投入大量研发资本，但这些研发资本并未按照市场需求进行有效研发。相对而言，企业具有更敏锐的市场发现能力，善于根据市场状况进行研发，但企业负担较重，受到研发资本投入限制，制约了企业研发能力。同时，我国当前的知识产权保护体系不健全，制约了研发主体的研发动力。虽然我国已经开始完善知识产权保护体系，鼓励企业自主研发和创新，保护创新收益，但在实践中，对经济活动中的侵权行为监管和处罚力度不足，"山寨"产品层出不穷，创新主体的合法权益受到侵害。因此，需要加快完善有利于激励企业创新的知识产权保护法律法规体系，同时要建立开放竞争的市场体制，让市场竞争在专利技术的优胜劣汰中发挥主导作用，使企业在提高专利质量方面获取更多收益，激发其研发创新的动力。①

6. 积极推进市场条件下企业间兼并重组，促进资源合理流动

市场经济条件下，资源自由流向效率更高的领域，实现高效利用，同样在绿色发展理念下，资源开始流向污染更少的领域，从而实现生态发展。所以，发展高效生态产业还需要保证资源合理自由的流动，清除

---

① 邱兆林：《高技术产业两阶段创新效率》，《财经科学》2014年第12期。

阻碍资源自由流动的体制性障碍。高效生态产业发展就是由高效、绿色、生态的企业不断扩大规模和低效污染严重企业不断退出的过程，形成高效生态企业引领产业发展。企业兼并重组是资源自由流动的重要方式，市场经济的核心就是公平竞争、优胜劣汰，在竞争中，优势企业不断扩大，劣势企业遭到淘汰兼并，这需要发挥市场对资源流动的决定性作用，充分调动企业的积极性，通过完善相关行业规划和政策措施，引导和激励企业自愿、自主参与兼并重组，防止"拉郎配"的政府行为，给企业更多的自主权。进一步破除地区性行政垄断所造成的市场分割和地区封锁，鼓励跨地区资源流动和企业兼并重组，充分发挥规模优势。放宽民营资本市场准入门槛限制，鼓励民营企业和社会资本通过投资基础设施等领域，放开长期由国有经济控制的垄断性行业，引入民营经济，提高这些行业发展效率。

第十三章　高效生态产业市场主体行为

西方经济学理论认为，在自利和完全理性的假设前提下，企业的目标是利润最大化，为了追求最大的利润，企业通过调整定价行为、投资行为、研发行为、并购行为等方式实现最终目标。然而，追求利润最大化的企业，其生产行为必然伴随着污染的外部性，面对长期工业大规模发展带来的能源过度消耗和环境污染，绿色发展和高效生态经济成为未来经济发展模式转型的方向。尤其是借助第四次工业革命所带来的新技术的推动，更加高效生态的产业正在不同领域涌现，蓬勃发展。新技术革命正在变革企业的管理、组织和资源配备方式，在数字技术催生和驱动下的新技术对企业产生巨大影响，企业变革的速度在加快，范围在拓展，企业面临"不改变就灭亡"的现实。[①] 面对这种颠覆式变革的环境，企业能否不断学习，并调整自身的认知和运营模式，决定它们能否在竞争中脱颖而出。

第一节　高效生态产业市场主体的概念

一　市场主体的含义

1. 市场主体的定义

市场主体是指在市场上从事交易活动的组织和个人，市场主体具有自主性、追利性和灵活性等基本特性。既包括自然人，也包括以一定组织形式出现的法人；既包括营利性机构，也包括非营利性机构。因此，居民、企业、行业协会和其他非营利性机构构成了市场主体的全部要素。

---

① ［德］克劳斯·施瓦布：《第四次工业革命：转型的力量》，李菁译，中信出版社2016年版，第53页。

需要说明的是，按照市场经济理论，市场主体有广义和狭义之分。广义的市场主体包括市场上的生产经营者、消费者、市场监管者以及市场活动的中介机构等；狭义的市场主体仅指市场上的生产经营者，即企业。本研究所指的市场主体是指广义的市场主体。

2. 市场主体的构成

现代市场经济中，市场主体包括企业、居民、行业协会、合作社和政府等在市场中进行各种经济活动的个人或组织。(1) 企业。企业是以盈利为目的，运用各种生产要素进行生产活动，向市场提供商品或服务，自主经营、自负盈亏、独立核算的法人或其他社会经济组织。市场经济中，企业是最重要的市场主体。激发企业的市场活力是推进中国经济发展方式改革和推进高质量发展的主要驱动力。(2) 居民。居民是指市场经济中的商品或服务消费者，同时也是要素的提供者。居民包含单个居民和家庭。居民根据效用最大化的原则在产品市场上进行消费，在要素市场上提供生产要素。(3) 行业协会和合作社。行业协会是介于政府和企业之间的中介组织，对行业成员进行监管和协调，规范企业的生产经营行为，防止恶性竞争，维护市场的竞争秩序。合作社由成员自行组织或由政府组织成立的经济实体，实现规模经济。(4) 政府。西方经济学理论认为，政府不属于市场主体的范畴。政府是市场的监管者和秩序的维护者，不直接参与市场经营，通过法律法规的制定来引导生产者。我国的市场经济体制尚不完善，尤其是我国正处在经济体制从计划经济向市场经济转变的关键时期，政府在一定程度上参与经济的运行。当前粗放型经济增长模式和环境污染无不与政府的干预和监管有关，如果要更好地发展高效生态产业，必然也离不开政府的政策支持和监管。因此，政府一直是市场监管者，也一直是市场体系的不可或缺者。

3. 市场主体的特征

不同类型市场主体的目标不同，具有不同特征，本研究将市场主体分为三类：生产经营者、消费者和监管者。

(1) 生产经营者。企业是基本的市场主体，企业为了追求利润最大化的目标，根据市场导向进行独立的生产经营活动。①经营性。企业通过购买生产要素进行商品或服务生产销售的活动。②营利性。企业生产经营的目的就是获取最大利润。③独立性。表现为企业产权独立和经营权独立。④灵活性。企业遵循市场规律对经营战略和策略进行调整。现实中，企业并非完全追求利润最大化，更要考虑可持续发展，尤其是当前全球都面临资源短缺、气候恶化等问题，解决人与自然的和谐共存，企业在发展过程中承担着不可推卸的责任。企业追求更加高效生态的发展模式，实现绿色发展应该是追求的目标。

（2）消费者。消费者按照效用最大化选择产品消费。消费者行为合理化直接影响到企业生产行为，如果消费者热衷于购买价格低、污染严重的产品，企业也就不可能主动发展高效生态产品。绿色消费观念提倡节约、低碳、健康的生活方式和消费方式，不仅产品本身绿色无污染，其生产过程也更加环保，对环境污染更小。绿色消费方式和绿色发展方式共同构成高效生态经济发展的两个维度。

（3）市场监管者。由于信息不对称、外部性、垄断等因素存在，市场会出现失灵现象，市场机制无法发挥有效配置资源的作用，需要政府干预。作为监管者的政府和行业协会应该是依法公正的，监管领域仅限于市场失灵和维护市场秩序两方面。不应该直接干预企业生产经营，行业协会通过制定标准原则规范行业内企业的行为。监管部门所制定的各项政策措施都是水平型的，不存在偏向性。

二 高效生态产业市场主体的含义

西方经济理论基于"完全理性"和"自利"的假设前提，认为企业是以追逐利润最大化为终极目标。随着工业化进程的推进，人们逐渐认识到资源的稀缺性，当人类社会发展到信息化社会的今天，资源的稀缺性表现得尤为突出，甚至出现了环境的极大破坏，严重影响到人们的健康生活。这就必然要求保护我们赖以生存的环境，并向企业提出挑战，对企业提出应当承担的社会责任。同时，人们为了健康和可持续发展，自觉形成新的共识，那就是我们要消费那些有社会责任感的绿色企业的产品，现代绿色企业应运而生。现代绿色企业是高效生态产业的市场主体，其经济活动的过程实质上是人与自然环境的生态关系和人与人经济关系的有机结合。在市场经济中，绿色企业以技术创新为依托，改进生产方式，提高资源利用效率，减少污染排放，实现高效生态发展。绿色企业作为高效生态经济运行与发展的核心市场主体，其生产活动与发展行为，既表现为现代市场经济发展的微观主体，又表现为经济社会可持续发展的微观主体。

生态环境问题已经成为现代企业生产力发展的内在因素，全球绿色发展势不可当，高效生态产业是实现绿色发展的切入点。高效生态发展是绿色企业发展的根本目标和战略重点。企业推进绿色转型，履行社会责任，必须加强生态环境保护，把创造、维持和改善良好的生态环境放在现代企业生存和发展的首要位置。高度自觉履行应尽的生态环境责任与义务，塑造现代企业的绿色形象，开展绿色教育，营造绿色文化。物理、数字和生物世界的融合是第四次工业革命的核心内容，这样的融合为节约资源、提高资源效率提供了巨大机遇，未来，我们不仅可以减少对自然环境的影响，而且利用先进技术还可能修复并重建我们的自然环境。要实现这个愿望，核心是要改变企业和消费者"攫取—制造—废弃"的线性资源使用模式，这种模式会消耗大量容易获取的资源。① 高效生态经济模式下，市场主体行为也要随之改变。第一，利用新技术消除资源浪费，提高利用效率，尽量减少污染排放。第二，借助信息日益透明化和民主化，完善对污染企业的问责，加强处罚力度，激励企业成为社会责任企业。第三，走循环经济发展模式，提高废物再利用技术。第四，创新商业模式，如共享经济，提高资产利用率。

日本学者贯隆夫在《环境问题与经营学》一书中对环境经营思想的发展过程进行了阐释，他认为环境经营思想的发展主要经历了以下阶段：（1）对环境保护与企业经营管理认识的最初阶段，靠政府部门的强制性控制来解决企业低效生产经营带来的环境污染问题，企业或消费者被动地接受政府制定的各项措施；（2）对环境认识的深化阶段，企业主动减少因环境污染导致的成本增加。企业为了降低成本而积极应对各项环境政策。（3）高效生态发展阶段。经济发展理念和企业生产经营价值理念的发展，企业考虑环境问题的水平更高，企业生产过程中主动承担社会责任，追求产品质量和企业形象提升，实行个性化、差异化发展，同时减少环境承载负荷，提高资源利用效率，发展循环经济和绿色经济，这样企业就进入了更高的发展阶段，即高效生态产业的发展。

---

① ［德］克劳斯·施瓦布：《第四次工业革命：转型的力量》，李菁译，中信出版社2016年版，第68页。

第二节　中国产业市场主体行为类型

西方经济学理论一般假设，企业是追求利润最大化的市场主体，正是在利润最大化的驱使下，企业不惜损害自然环境，通过价格竞争、投资竞争、广告宣传等行为方式获取利润。产业组织理论研究的市场主体行为主要是垄断竞争市场和寡头垄断市场中的主体行为，是指企业参与市场竞争的行为。我们将企业的市场行为界定为六种类型，分别为定价行为、投资行为、研发行为、产品差异化、广告行为和并购行为。

一　定价行为

产量和价格决策是企业参与市场竞争的重要策略，价格具有传递信号的功能。定价是一个复杂系统，跟企业的规模、技术、行业地位、研发能力、品牌形象、行业特征、需求弹性等有着密不可分的关系。在不完全竞争市场上，企业在决定其价格和产量时，不仅要考虑自己的决策对市场的影响，还要考虑自己的决策对竞争对手的影响。西方经济学理论中关于寡头市场上企业决策行为，常用的模型有古诺模型、伯川德模型、斯塔克尔伯格模型、卡特尔等。此外，企业在竞争中价格决策行为还包括掠夺性定价、限制性定价和价格歧视等。

工业革命以来，人类的经济增长，尤其是以 GDP 衡量的物质财富巨量扩张，人口数量持续增长，企业生产规模不断扩大，化石燃料大量使用。主要就是因为很长一段时期，世界产品市场供不应求，人口大量增长带来大量产品需求，企业的生产决策就是不断满足这种扩张性需求，增加投资进行生产。企业的市场竞争行为主要表现为价格竞争，通过压低成本提高市场竞争力。随着人们收入水平的提高，需求也随之大幅增加，企业又会增加产量。新时代，市场需求结构发生了很大改变，人类对产品的需求已经达到饱和，而且随着人口出生率下降，老龄化严重，产品数量的需求不增反降。人们对更高质量产品的需求、更人性化服务的需求、个性化定制的需求在提高，市场竞争格局开始发生转变，产量和价格竞争逐渐退出。产品需求和供给结构转变，高端个性产品供不应求，企业不再追求更大产量和更低价格，而是产品质量、技术含量、品牌、服务等方面的竞争。

二 投资行为

企业投资行为是其投资决策表现形式,指企业以获得投资收益为目的所进行的以实物投资为主要表现形式的资本行为。企业投资的直接目的是扩大生产规模,从而获取更多利润。这种投资决策的前提是供不应求,如果出现供过于求,可能造成严重产能过剩,带来亏损。投资是企业扩大再生产的基础,随着经济增长和收入水平的大幅提高,人们对产品需求的数量越来越大,需求结构日渐多样化。为满足不断扩大的市场需求,企业就会持续增加投资,增加产能。尤其是工业革命之后,投资规模和速度大幅提高。我国市场主体投资行为面临两个问题:一是,企业投资结构不合理,投资领域单一,地区间重复投资严重。长期以来,企业投资的目的就是扩大生产能力,越来越多的资本投向资本密集型的重化工业,这些行业恰恰是大量消耗能源和污染严重的行业,而且技术创新能力薄弱。二是,受政治体制和经济体制的影响,政府(包括中央政府和地方政府)成为重要的投资主体,政府为了稳定经济,通过自身投资或干预国有企业投资的方式来影响经济,政府投资的领域往往也是能耗高、污染重的基础设施领域。已有学者认为,教育投入也应该是投资的一部分,因为它对未来生产力有至关重要的作用,研发投入也属于投资。[①] 应该把教育、研发和国防开支列为投资。

三 研发行为

21 世纪是知识经济时代,科学技术已经改变了企业的生产行为,正在逐渐改变我们的生活方式。创新是企业在激烈的竞争中获胜的关键因素,无论是技术创新、产品创新还是生产工艺创新,都离不开企业的研发投入。技术进步是企业提高国际竞争力的关键因素,技术进步需要大量研发资本和研发人员投入,因此,研发行为构成企业生产行为的重要组成部分。企业研发行为受多种因素的影响,一直以来,研发支出与市场结构的关系是学界讨论的重点,古典经济学理论认为,创新活力来自完全竞争的市场结构,创新的低效率则与垄断相伴。熊彼特提出集中度较高市场中的规模较大企业的创新能力更强,而完全竞争结构下的技术创新则是低效率的。除市场结构之外,行业特征、制度环境等社会体制

[①] [德] 克劳斯·施瓦布:《第四次工业革命:转型的力量》,李菁译,中信出版社 2016 年版,第 81 页。

因素也会影响企业的研发行为。总体来看，影响企业研发行为的因素包含内因和外因两方面，内因包括企业盈利能力、创新能力、企业文化、风险偏好等，外因包括行业特征、市场环境、制度环境、开放程度等。

四 产品差异化行为

阿尔弗雷德·马歇尔（Alfred Marshall）在《经济学原理》中指出，竞争和垄断不存在明显界限，竞争的结果往往形成垄断的市场结构。企业在竞争的市场中通过两种方式实现集中不断提高，一是不断扩大规模，竞争形成优胜劣汰，使优势企业不断扩大规模，劣势企业不断退出市场，最终在竞争中胜出的企业不断占领市场，市场集中度越来越高；二是通过产品差异化，企业通过产品差异获得竞争优势，逐渐建立市场垄断地位，以产品差异为基础争夺市场竞争的有利地位。产品差异化分为垂直差异化和水平差异化，垂直差异化是指生产比竞争对手更好的产品，例如提供更好的售后服务。水平差异化是生产出与竞争对手具有不同特性的产品，如提高了产品质量，增加了产品的多样性功能等。企业实现产品差异化的方式很多。第一，通过技术创新和产品功能的系列化，实施产品的差异化。产品差异化是技术创新的表现形式，企业通过加大研发投入，提高技术水平，生产出新的产品。企业也可以根据消费者不同偏好，提供存在功能差异的系列化产品供给，针对不同消费群体，提供不同档次的产品。第二，优化品牌形象，提高产品质量，实施产品的差别化。品牌代表产品的知名度和消费者的忠诚度，通过创造良好的品牌形象，实现产品差异优势。品牌形象是建立在产品质量基础上的，归根结底，产品是用来使用的，因此提高产品质量是企业在竞争中立于不败之地的首要因素。

五 广告行为

广告的直接作用是信息披露，将产品的信息传递给消费者。广告行为有时是比价格行为更有效的一种竞争方式，价格竞争的结果往往是两败俱伤，使用广告竞争则是一种利多害少的行为。对企业来说，广告是企业向消费者传递产品差异信息的重要手段，企业通过广告中的有效诉求，可以让消费者深刻认识产品的与众不同。对于行业来说，广告能提高进入壁垒，产业内原有企业通过广告长期影响消费者偏好，建立品牌知名度。潜在进入者必须投入更大的投入，以克服原有企业所建立的产品知名度优势。这无疑使潜在进入企业在竞争中处于劣势，因此，原有企业的广告实际上构成了一定的进入壁垒。商品有"先验品"和"后验品"之分①，所以针对不同类型商品，厂商所采取的策略是不同的。先验品的广告应该提供有关商品性质的直接信息，并且不能包含虚假信息。对于后验品而言，广告本身就是所要传递的信息，反复强调品牌等，加深消费者印象，以提高知名度。

六　企业并购行为

企业兼并是指两个以上的企业在自愿基础上依据法律，通过订立契约结合成一个企业的组织调整行为。企业兼并是资本集中的一种基本形式，企业兼并有三种类型：一是横向兼并，二是纵向兼并，三是混合兼并。横向兼并，也称水平兼并、横向一体化，是指进行兼并的企业属于同一产业、生产同一产品，或处于相同加工工艺阶段。纵向兼并，也称垂直兼并、纵向一体化，是指进行兼并的企业之间存在产业链上的前后关联关系，分别处于不同的生产或流通环节。混合兼并是指分属不同产业、不同生产工艺，产品或生产工艺没有直接相互联系的企业之间的兼并。企业兼并会影响市场结构，研究表明，企业兼并既存在有利的一面，也存在不利的一面。从积极方面来看，企业兼并可以实现资源优化配置，有利于实现规模经济和技术创新；从消极方面来看，企业兼并会直接导致市场集中度提高，规模较大的企业形成较大的市场势力和垄断，形成较高进入壁垒，最终形成垄断的市场结构，可能带来福利的损失和市场低效率。

第三节　中国产业市场主体行为存在的问题

我国市场经济体制尚不完善，市场主体在竞争中容易出现恶意竞争行为。这种不合理的市场行为不利于产业发展。尤其是在高效生态产业发展中，如何减少污染排放？如何提高资源利用效率？归根结底，绿色生产依靠先进的技术支撑，因此市场行为不再是粗放的价格竞争、规模

---

① 先验品是指消费者能够通过检查在购买之前确定产品的质量，例如家具、服装等一些可通过感官而确定的商品；后验品是指消费者必须在消费之后才能确定它的质量，如食品、服务等。

扩张，而是技术创新，企业间寻求有效的合作竞争，合作研发，共享技术，在产品质量、售后服务、绿色生产、品牌建立等方面进行竞争。总体来看，我国市场主体行为还存在较多不合理的地方。

一 市场主体自身存在的问题

1. 市场主体结构不合理

中新网数据显示，我国市场主体数量改革开放之初只有不足 50 万户，截止到 2018 年 11 月底，全国实有市场主体达 1.09 亿户。特别是近 5 年来，我国各类市场主体总量增加 70% 以上。[①] 而且，随着市场化进程的不断推进，民营经济发展迅猛，民营企业数量大幅增加。我国市场主体总体数量增加的同时，其质量和结构却存在一些问题。国有企业仍然在规模上占据绝对的经济主体地位，资本雄厚和实力较强的市场主体主要集中在国有大型企业，大量民营企业规模较小。国有企业受到政府的格外关照，依靠规模和垄断地位暂时获取竞争优势，民营企业除了少数大型企业之外，大量市场主体成长周期较短，有国际竞争力的市场主体总量偏少。这种不合理的市场主体结构造成我国企业关键核心技术水平较低，尤其是绿色发展缓慢，国有企业主要集中在所谓关系国计民生的重化工和军工领域，对于那些高风险的高新技术行业，国有企业较少参与。大量民营企业缺少政府的特殊照顾，无法与国有企业抗衡，具有进入技术含量高、风险大的领域的动力，但由于资本实力较弱，难有大的作为，这种市场主体结构导致中国高效生态产业发展滞后，市场主体的开放度偏低。

2. 市场主体的自主权不完全

从市场经济的本质来看，市场行为表现为市场主体根据自身利益和目的需要，利用价值规律，在法律、法规和各种规范框架内，自主参与市场竞争，追求自身利润最大化，实现社会资源自由流动和有效配置。由于我国市场机制没有完全发挥配置资源的决定性作用，行政性垄断在部分行业和地区显著存在，导致资源配置效率较低。企业经营自主权或多或少会受到政府政策的影响，尤其是国有企业肩负着政策性负担，更难以根据市场信号进行合理决策。另外，虽然民营企业具有更多的生产

---

① 资料来源：《近五年中国各类市场主体总量增加七成以上》，中国新闻网，http://www.chinanews.com/gn/2019/01-09/8723683.shtml，2019 年 1 月 9 日。

自主权，但在参与市场竞争中会遇到一些制度性障碍，尤其是一些垄断性行业存在较高的进入壁垒，民营企业难以获得公平参与竞争的机会，其自主权发挥也会受到制约。

3. 市场主体的创新能力薄弱

企业技术创新的主体地位尚不明确，政府控制着大量研发资源，而企业研发投入不足，导致企业技术创新能力薄弱，众所周知，技术创新存在明显的外溢性、风险性，而且需要大量研发投入。由于很多企业负担较重，对于研发的投入很少，得益于我国的后发优势，企业更倾向于从国外引进技术，但消化吸收和自主创新能力不足。我国的技术创新体制不完善，并未形成完整的产学研一体化，导致大量的技术研发无法转化为商业成果。我国市场主体主要依靠成本优势和规模经济参与国际竞争，核心技术和研发能力与发达国家还存在较大差距。

4. 企业缺少绿色生态的核心价值理念

企业的核心价值理念是推动企业发展的不竭动力。传统经济理论假设企业就是为了追求利润最大化，通过各种方式降低成本，提高竞争力。我国经济发展处在工业化中后期，产业技术水平不高，企业还没有建立绿色高效生态发展的核心价值理念，缺少自主创新和主动保护环境的动力，造成环境污染。随着绿色发展理念和高效生态经济的兴起，人们对于绿色生产和绿色消费方式的追求越来越高，需要加快构建企业生态价值观，促进企业转型升级，提高企业的社会形象和地位。企业用高效生态观念指导生产，通过开发绿色产品和生态化的经营方式，提高产品质量，提升生态标准，冲破绿色贸易壁垒的束缚，在国际竞争中取得更大的竞争优势。

二 定价行为存在的问题

第一，垄断行业的价格不透明。一方面，定价主体不合理。垄断行业的价格由国务院价格主管部门或行业主管部门负责制定，明确了行业主管部门的定价主体地位。由行业主管部门作为定价主体，实际上是处在既当"运动员"又当"裁判员"的地位。[1] 另一方面，垄断行业价格缺乏成本约束。垄断行业缺乏自我约束的动力，使垄断行业经营成本长

---

[1] 何伟、张朝霞、贺芳：《关于加强和改进垄断行业价格监管的几点思考》，《价格理论与实践》2010年第7期。

期居高不下。监管部门倾向于建立"准许成本+合理收益"的定价制度，前提是合理确定成本构成，科学确定投资回报率。政府无法准确掌握制定价格所需要的准确信息，再加上垄断企业对保守自身秘密有着天然的原动力，垄断企业为获取更高的垄断利润定价远超过其成本。

第二，竞争性行业价格过度竞争。由于同质化竞争激烈，企业定价的主动权往往不掌握在自己手中，而是必须根据竞争的需要来制定价格，有时甚至被迫服从竞争价格。企业为了打击竞争对手会将产品的销售价格长期定在行业平均成本以下，导致企业处于低盈利或亏损的状态。由此蔓延到要素市场，企业只能以较低的价格雇佣生产要素，进而导致要素生产率下降。长期的价格过度竞争致使企业成长空间受限，创新缓慢，产业发展也会受到损害。

三 投资行为存在的问题

企业投资行为受到外部制度环境多方面的影响，尤其是在我国市场经济体制不完善的情况下，企业投资并非完全由市场主导。我国企业投资行为存在的问题主要包括以下方面。第一，企业的市场主体地位弱化，投资自主权缺失。党的十八大以来，政府持续推行经济体制改革，深化"放管服"改革，优化营商环境。简政放权，降低准入门槛，给企业创造公平竞争的环境，创新监管模式，优化服务，提高服务效率。政府对企业投资的监管也从事前审批向事后监管转移，企业投资自主权进一步落实。但也要看到，政府越位缺位时有发生，尤其在一些垄断领域，政府干预过多，政府监管仍停留在单一的行政手段，事中事后监管和过程服务仍体现出政府主导投资方向，企业投资的自主决策能力较弱，企业没有成为真正的市场投资主体，政府控制大量资源，导致投资的效率较低，在地方政府控制本地区大量资源的情况下，容易出现各地区重复投资、重复建设、产能过剩和行政壁垒等现象。因此，需要加快转变政府投资管制职能，落实简政放权，扩大企业的投资自主权，简化投资审批制。第二，投资主体结构不合理，国有企业过度投资，中小企业投资不足。国有企业是政府实施宏观调控的重要载体，实践中，其生产经营目标并非利润最大化，国有企业投资规模大，资金来源更加宽泛，面临预算软约束等问题。国有企业的投资规模和投资方向跟政府政策保持一致，容易出现重复、过度投资。研究发现，有政治关系的企业能够以更低的成本获得更多融资，更容易导致投资过度。中小企业长期面临资金不足，产品缺乏竞争力，中小企业面临严重的融资难、融资贵、融资渠道单一等问题，导致中小企业的投资主要来源于自有资金，投资规模较小，投资领域较窄，难以形成规模经济。第三，企业资本投机行为严重，实体经济投资不足。资本市场与实体经济是国民经济运行的一体两面，二者应当实现协同发展，资本市场应植根于实体经济，充分发挥经济形势"晴雨表"的作用。由于体制机制等问题，我国资本市场发展和实体经济出现脱节现象，资本市场难以给实体经济进行有效融资，证券市场和房地产市场上，资本投机造成严重泡沫。导致出现了严重的资源错配，大量实体企业融资困难，同时大量社会闲散资本找不到好的投资机会，而流向房地产市场。这也带来我国高效生态产业发展严重滞后，由于没有更好的回报率，企业不愿进行高效生态产业的研发和投资，只注重追求规模发展，还是依靠大量投资和大规模要素投入来发展高能耗、高排放、高污染行业。第四，投资结构不合理。资本市场的不健全导致企业投资结构不合理，呈现"三高三低"的态势。① 从资金来源看，国有企业投资增长比较快、民营企业和社会资本投资低迷。从投资结构看，房地产行业投资增长比较快、制造业投资增长缓慢。制造业的发展是经济增长后劲的标志，代表一个国家经济实力和技术创新能力，制造业投资低迷说明经济增长缺乏后劲。对于风险较大、技术创新性较高的高新技术产业的投资较少，导致我国产业结构长期锁定在低端制造业生产环节。

四 研发行为存在的问题

第一，从总量来看。我国全社会研发资金投入逐年大幅增加，2017年，全国研究与试验发展（R&D）经费支出19657亿元，比2016年增长11.6%，占国内生产总值的2.18%，其中基础研究经费1118亿元。全年境内外专利申请432.3万件，比2016年增长16.9%；授予专利权244.7万件，增长33.3%。虽然，全社会研发投入在大幅增加，但企业研发投入明显不足，企业研发投入不足是主体地位体现不够的重要原因。研发经费投入强度是指研发经费占GDP的比重，它反映了国家的核心竞争力。《2017年全国科技经费投入统计公报》显示，2016年全国共投入研发经费1.76万亿元，研发经费投入强度为2.13%，其中，2016年我国大中型

---

① 郑新立：《中国经济投资结构不合理呈"三高三低"》，中国新闻网，http://www.chinanews.com/cj/2016/12-03/8082774.shtml，2016年12月3日。

企业的研发投入强度仅为 1.16%。① 国家统计局数据显示，2018 年我国研发经费投入强度为 2.19%。②

第二，从结构来看。基于价值链的视角，可以把企业技术创新过程区分为研发阶段和成果转化阶段。③ 测算发现，中国高技术企业的研发效率与转化效率存在脱节，企业研发更加注重专利申请，忽略核心关键技术的研发，大量企业处在价值链低端环节，不注重核心技术研发，依靠传统的加工组装工作赚取微薄利润。一般来说，学术机构应该是探索前沿理论和先进技术的主要阵地，但受职业激励和薪资条件所限，如今的大学更偏重渐进式的保守研究，而缺乏大胆创新研究。④

第三，从效率来看。中国企业无论是研发效率和成果转化效率都较低，中国企业还没有承担起技术创新的主要载体角色，至少目前还不能胜任。研发行为和技术创新行为并没有以企业为核心，政府主导的研发行为过重，导致核心关键技术研发创新效率较低。虽然从专利授权量来看，中国技术研发已居世界前列，但高技术、关键技术、绿色生态技术等研发能力和水平跟发达国家还存在较大差距。

第四，从方式来看。中国要实现高质量发展最先需要突破技术关，突破核心关键技术的束缚，高校、科研机构、企业、中介组织、融资机构等多方通力合作，创建良好的协同创新生态体系。当前我国尚未形成有效的合作研发体系，一是，科研机构研发脱离实际，高校院所的研发与企业实际需求脱节，研发出的新技术很多难以应用于生产环节；二是，企业重生产轻研发现象较为普遍，由于研发的高风险和长期性，企业更愿意引进已有技术，将更多资本投入生产上。另外，企业间技术保密和恶意竞争严重，缺乏合作研发和技术共享，单打独斗，形式上的合作研发存在明显的"搭便车"行为。

五 并购行为存在的问题

市场经济下，企业间并购是企业为了生存而自愿采取的战略行动，

---

① 资料来源：《中国制造企业研发投入不足，缺乏关键共性技术，我国制造业高质量发展如何过技术关》搜狐网，https://www.sohu.com/a/251072127_777213，2018 年 8 月 31 日。
② 资料来源：国家统计局：《我国研发经费投入强度再创新高》，央视网，http://news.cctv.com/2019/08/31/ARTIESrX5ZCEzJO4Z21UaZHG190831.shtml，2019 年 8 月 31 日。
③ 邱兆林：《高技术产业两阶段创新效率》，《财经科学》2014 年第 12 期。
④ ［德］克劳斯·施瓦布：《第四次工业革命：转型的力量》，李菁译，中信出版社 2016 年版，第 25 页。

可以提高资源配置效率。但在我国，企业并购过程中政府干预过多，许多并购行为并非出于纯粹的市场行为。政府干预企业并购的目的，一方面是追求特定市场结构，另一方面是帮助亏损企业走出困境，缓解政府财政压力。所以，政府干预的企业并购行为大多发生在国有企业之间。地方政府为了提高钢铁行业的市场集中度，主导了区域内国有钢铁企业对民营钢铁企业的并购。我国关于规范公司并购的政策法规并不健全，企业并购审查不严格，并购后企业的经营管理模式融合问题和员工安置问题等措施不健全。

六 产品差异化行为存在的问题

我国很多行业企业缺乏核心关键技术，技术同质性、产品同质化严重，产品差异化方面不明显，模仿竞争和价格过度竞争普遍存在。企业在产品质量、技术含量、售后服务等方面竞争较弱，造成企业利润率偏低。当前我国企业的产品差异化行为主要体现在产品外形和功能上，远没有实现更加高端的差异化，如品牌差异化、质量差异化和客户体验差异化等。产品差异化是未来企业参与市场竞争的主要手段，以产品差异为基础争夺有利地位。产品差异化又分为垂直差异化和水平差异化，垂直差异化是指比竞争对手生产更好的产品，水平差异化是指生产与竞争对手不同的产品。企业应该根据自身特点合理选择产品差异化战略。

七 广告行为存在的问题

广告行为主要是小企业采用的一种市场竞争行为，由于小企业市场份额较低，品牌知名度不高，无法与大企业进行竞争，通过广告提高知名度，扩大影响力，从而占据一定市场份额。目前企业广告行为存在两个主要问题：一是，正规渠道的广告受到严格限制，因此，在大众媒体的曝光度不是很高，且广告费用极高，所以，企业的广告主要在一些专业媒体和互联网上较多。二是，由于广告竞争不断加剧，很多企业为了推广自己的产品，广告内容失真，虚假宣传，损害消费者福利，有些广告行为已经违反社会公德，开始受到社会的谴责和监管部门的查处。

八 高效生态发展存在的问题

党的十八大以来，党中央高度重视环境保护，不断加强环境保护政策，环境治理领域的市场化进程明显加快，市场主体不断扩大。但受到企业价值理念和地方政府监管不完善的约束，企业创新驱动力不足，政府主管部门执法监督不到位，市场竞争不规范等原因，影响了市场主体高效生态发展的积极性。企业过度追求规模扩张和利润，忽略社会责任，政府热衷于经济绩效，忽视生态效益，高效生态产业的巨大市场潜力未能充分释放，市场主体的绿色生产活力不足。据测算，总体上我国工业行业绿色全要素生产率水平整体不高，且不同行业存在较大差异，地区间呈现东高西低的态势。① 另外一个制约高效生态产业发展的因素就是绿色消费观念比较淡薄，绿色消费模式尚处在起步阶段，且发展缓慢。虽然公众已经意识到环境破坏的严重程度，也清醒地了解高效生态产业发展的重要性，但受到制度、技术、文化等因素约束，尚未形成绿色消费的约束和激励机制，绿色消费还没有切实付诸行动。

第四节　高效生态引领中国产业市场主体行为合理化

随着经济发展水平越来越高，技术越来越复杂，市场主体行为的内容也变得非常复杂，而且在不同的技术经济条件下有不同的评价标准，这主要看市场行为所产生的影响，应该说，积极的市场行为有利于经济发展、社会进步和人民生活水平的提高。培育环境治理和生态保护的市场主体是适应引领经济发展新常态，发展壮大绿色环保产业，培育新经济增长点的现实选择。企业是市场经济中最重要的活动主体，发展高效生态产业，实现高质量发展，依靠企业发挥市场主体的创新活力。因此，建立高效生态的理念引领，激发市场主体活力，着力优化营商环境，激励企业合理化其行为是关键。

一　市场主体行为合理化

高效生态产业集经济效益和生态效益于一体，是中国产业结构调整的方向，市场主体行为合理，企业主动推进高效生态发展，自觉减少化石能源使用，降低污染排放强度。市场主体行为合理主要体现在四个方面。第一，增加研发投入，提高技术水平，尤其是绿色生产技术研发能力。高效生态产业的经济效益和生态效益，归根结底需要依靠技术进步，

---

① 邱兆林、王业辉：《行政垄断约束下环境规制对工业生态效率的影响——基于动态空间杜宾模型与门槛效应的检验》，《产业经济研究》2018年第5期。

中国整体技术水平处在发展瓶颈期，国外贸易保护主义盛行，对我国的技术封锁决定了我们不可能依靠技术引进获取竞争力，只能依靠企业自主研发，增加研发投入是企业行为合理化的关键内容。第二，追求可持续发展，肩负社会责任，维护消费者权益和社会福利。新时代，企业的终极目标不是利润最大化，而是经济社会可持续发展，这其中包括环境保护、资源节约、产品质量等。企业充分意识到纯粹追求利润必然带来对地球资源的过度使用，人类生态足迹达到空前的广度和深度，如果人类赖以生存的地球都消失了，企业追求的利润将没有任何价值。第三，寻求合作竞争，维护公平竞争的市场秩序。随着企业边界日渐模糊，合作竞争成为常态，随着技术的进步，产品差异化越发明显，单纯一个企业已经难以实现更快、更新技术的研发和产品的更新换代，企业更倾向于在竞争中寻求合作，在合作中有序竞争。合作竞争将成为未来企业间的竞争模式。第四，贯彻落实创新、协调、绿色、开放、共享的新发展理念。高效生态产业是以改善生态环境质量为核心，以壮大绿色环保产业为目标，以激发市场主体活力为重点，以培育规范市场秩序为手段，加快推动体制机制改革创新，高效生态产业企业应当承担社会责任，积极履行法律义务；接受政府规制，建立行业自律制度。

二 高效生态企业市场行为的博弈分析

演化博弈论是研究某一群体随时间变化做出选择的动态过程，试图解释目前结果是如何形成的。有限理性假设是演化博弈的基本假设：第一，博弈方通过反复博弈，在不断学习、模仿和试错的过程中发现最优策略；第二，有限理性的博弈均衡不是一次性选择的结果，而是不断调整和改进的结果。

首先我们定义演化稳定策略，如果策略 $s \in S$ 满足：①对任何 $s \neq s'$ 且 $s' \in S$，有 $f(s, s) \geq f(s', s)$；②即使 $f(s, s) = f(s', s)$，也有 $f(s, s') \geq f(s', s')$ 成立；称策略 s 为演化稳定策略。

其中，S 为具有相同纯策略集个体的混合策略集，可以表示为：

$$S = \left\{ (s_1, s_2, \cdots, s_m) \mid \sum_{k=1}^{m} s_k = 1, s_k \geq 0 \right\} \tag{13.1}$$

式（13.1）中，s_k 表示选择第 k 个纯策略的个体占群体的概率。

该定义表明，选择突变策略 s' 的个体不能侵入选择演化稳定策略 s 的群体，策略 s 能够侵入选择突变策略 s' 的群体中。演化稳定状态是一种相对静态,却能反映系统局部演化的动态变化。演化博弈稳定策略(ESS)必定是一个纳什均衡策略(Nash Equilibrium,NE),而纳什均衡策略不一定是演化稳定策略。

演化博弈论中,博弈均衡是一个博弈主体动态选择及策略不断调整的过程,动态选择机制由动力系统来表示,即

$$F(s) = \dot{s}_k = g_k(s)s_k \tag{13.2}$$

其中,$g_k(s)$ 为第 k 个纯策略的增长率,$s = (s_1, s_2, \cdots, s_m)$,$s_k$ 表示选择第 k 个纯策略的个体占群体的概率。

为了更好地描述博弈的动态演化过程,杰克·赫舒拉发(Jack Hirshleifer)1982 年提出了演化均衡的概念(Evolutionary Equilibrium,EE)。丹尼尔·弗里德曼(Daniel Friedman)[①] 指出,每一个纳什均衡均是系统 $F(s) = 0$ 定点,演化均衡必定是纳什均衡,演化稳定策略不一定是演化均衡,一般动态方程中的演化稳定策略既不是演化均衡的充分条件,也不是其必要条件,复制动态方程可以保证演化稳定策略成为演化均衡,这就是演化博弈中最常用的动态选择机制。复制动态方程的表达式如下:

$$\frac{\mathrm{d}x_i}{\mathrm{d}t} = x_i [f(s_i, x) - f(x, x)] \tag{13.3}$$

其中,x_i 表示选择策略 i 的人数在群体中所占比例,$f(s_i, x)$ 选择策略 s_i 的期望支付或适应度,$f(x, x) = \sum_i x_i f(s_i, x)$ 表示群体平均期望支付或适应度。

弗里德曼提出了有关多群体博弈的演化分析,构建多群体演化博弈的动态系统,求解演化稳定策略和演化均衡。

1. 研究假设与模型建立

演化博弈论将演化动态与博弈理论有机结合,基于有限理性假说,认为博弈双方无法一次性抵达最优均衡,而是在博弈中不断学习、模仿、认知,不断调整策略,最终达到稳定的最优策略。本书运用演化博弈理论考察企业的市场行为,高效生态产业既追求生态效益也追求经济效益,根据高效生态产业的特征,短期来看,投资的收益回报率不稳定,但长期发展往往能够获得更高的投资回报。在高效生态经济发展中,主要涉

[①] Daniel Friedman, "Evolutionary Games in Economics", *Econometrica*, Vol. 3, 1991, pp. 637–666.

及企业与企业之间的博弈。借鉴黄婷和郭克莎(2019)[①]、张娜和李波(2019)[②] 的研究方法,构建不同企业集群之间的双方博弈,对企业之间的协同发展进行演化,分析协同效应对企业集群发展高效生态产业的重要性。

(1) 基本假设。第一,根据是否实现高效生态发展,所有企业分为相互博弈的两个不同行为群体,企业群体 A 和企业群体 B 分别为"高效生态企业"和"非高效生态企业",其中,群体 A 存在"高效生态产业"(继续发展)和"非高效生态产业"(退出)两个决策,而群体 B 有"高效生态产业"(新进入)和"非高效生态产业"(维持现状)两个决策;第二,假设双方在不发展高效生态产业时获取的利益支付分别为 π_1 和 π_2,二者合作发展高效生态经济可获得一定的协同收益为 $\Delta\pi$,并且二者按照某一比例分配这个收益,不妨假设群体 A 获得的收益比例为 θ,则群体 B 获得的收益比例为 $1-\theta$;第三,企业发展高效生态产业会产生一定成本,假设分别为 c_1 和 c_2;第四,如果一方选择发展高效生态产业,但另一方不合作,则发展高效生态产业的群体产生成本,而不发展高效生态产业的群体获得额外收益,设为 r;第五,假设群体 A 以 $p(0 \leq p \leq 1)$ 的概率选择继续发展高效生态产业策略,则不选择高效生态产业策略的概率为 $1-p$,而群体 B 以 $q(0 \leq q \leq 1)$ 的概率选择高效生态产业策略,则不选择高效生态产业策略的概率为 $1-q$。

(2) 博弈主体的收益支付矩阵。结合上述变量假设,可以得到博弈双方对应的收益支付矩阵,如表 13-1 所示。

表 13-1　　　　　　　　博弈主体收益支付矩阵

		群体 B	
		高效生态产业 (q)	非高效生态产业 ($1-q$)
群体 A	高效生态产业 (p)	$\pi_1 + \theta\Delta\pi - c_1$ $\pi_2 + (1-\theta)\Delta\pi - c_2$	$\pi_1 - c_1$ $\pi_2 + r_2$
	非高效生态产业 ($1-p$)	$\pi_1 + r_1$ $\pi_2 - c_2$	π_1 π_2

[①] 黄婷、郭克莎:《国有僵尸企业退出机制的演化博弈分析》,《经济管理》2019 年第 5 期。

[②] 张娜、李波:《基于演化博弈的战略性新兴产业集群共生技术协同创新研究》,《科技管理研究》2019 年第 10 期。

(3) 演化博弈模型。根据博弈双方的支付矩阵，群体 A 作为博弈主体，选择高效生态产业和非高效生态产业策略下的期望收益分别为：

$$R_{A1} = q(\pi_1 + \theta\Delta\pi - c_1) + (1-q)(\pi_1 - c_1) = \pi_1 - c_1 + q\theta\Delta\pi \quad (13.4)$$

$$R_{A2} = q(\pi_1 + r_1) + (1-q)\pi_1 = \pi_1 + qr_1 \quad (13.5)$$

群体 A 的混合策略，即群体 A 的平均期望收益为：

$$\overline{R}_A = pR_{A1} + (1-p)R_{A2} = p(\pi_1 - c_1 + q\theta\Delta\pi) + (1-p)(\pi_1 + qr_1) \quad (13.6)$$

综合式（13.4）和式（13.6），则群体 A 采取高效生态产业发展模式的复制动态方程可表示为：

$$\dot{F}(p) = \frac{dp}{dt} = p(R_{A1} - \overline{R}_A) = p(1-p)(q\theta\Delta\pi - qr_1 - c_1) \quad (13.7)$$

式（13.7）表明群体 A 实施高效生态产业策略下的变化率。当 $\dot{F}(p) > 0$ 时，群体 A 选择"高效生态产业"策略的比例会逐渐增加；当 $\dot{F}(p) < 0$ 时，群体 A 选择"高效生态产业"策略的比例会逐渐减少。式（13.7）进一步说明，群体 A 选择"高效生态产业"策略下的变化率不仅与其概率 p 相关，还与集群内企业得到的收益比例 θ、群体 B 实施相同策略的概率 q 以及协同收益 $\Delta\pi$ 相关。

同理，群体 B 作为博弈主体，选择高效生态产业和非高效生态产业策略下的期望收益分别为：

$$R_{B1} = p[\pi_2 + (1-\theta)\Delta\pi - c_2] + (1-p)(\pi_2 - c_2) = p(1-\theta)\Delta\pi + \pi_2 - c_2 \quad (13.8)$$

$$R_{B2} = p(\pi_2 + r_2) + (1-p)\pi_2 = pr_2 + \pi_2 \quad (13.9)$$

得到群体 B 的平均期望收益为：

$$\overline{R}_B = qR_{B1} + (1-q)R_{B2} = q[p(1-\theta)\Delta\pi + \pi_2 - c_2] + (1-q)(pr_2 + \pi_2) \quad (13.10)$$

则群体 B 采取高效生态产业发展模式的复制动态方程可表示为：

$$\dot{F}(q) = \frac{dq}{dt} = q(R_{B1} - \overline{R}_B) = q(1-q)[p(1-\theta)\Delta\pi - pr_2 - c_2] \quad (13.11)$$

同理，式（13.11）表示，群体 B 实施高效生态产业策略情形下的变化率，当 $\dot{F}(q) > 0$ 时，则群体 B 实施高效生态产业策略的比例会逐渐增加；当 $\dot{F}(q) < 0$ 时，群体 B 实施高效生态产业策略的比例会逐渐减少。

2. 演化博弈的均衡分析

为了寻求演化博弈的均衡解，令 $\dot{F}(p) = 0$，$\dot{F}(q) = 0$，可以得到：

$$p(1-p)(q\theta\Delta\pi - qr_1 - c_1) = 0 \tag{13.12}$$

$$q(1-q)[p(1-\theta)\Delta\pi - pr_2 - c_2] = 0 \tag{13.13}$$

如果满足条件 $0 < \frac{c_1}{\theta\Delta\pi - r_1} < 1$，$0 < \frac{c_2}{(1-\theta)\Delta\pi - r_2} < 1$，对群体 A 进行分析可以得到，当 $q = \frac{c_1}{\theta\Delta\pi - r_1}$ 时，$\dot{F}(p) = 0$，此时所有 p 都是均衡状态；当 $q > \frac{c_1}{\theta\Delta\pi - r_1}$ 时，$p = 1$ 是均衡状态；当 $q < \frac{c_1}{\theta\Delta\pi - r_1}$ 时，$p = 0$ 是均衡状态。同理，对群体 B 的分析可以得到，如果 $p = \frac{c_2}{(1-\theta)\Delta\pi - r_2}$，则 $\dot{F}(q) = 0$，此时所有的 q 都是均衡状态；如果 $p > \frac{c_2}{(1-\theta)\Delta\pi - r_2}$，$q = 1$ 是均衡状态；如果 $p < \frac{c_2}{(1-\theta)\Delta\pi - r_2}$，$q = 0$ 是均衡状态。

通过上述分析可知，该博弈存在五个均衡点，这些均衡点由式（13.7）和式（13.11）组成的演化博弈动态复制系统得到，即

$$\begin{cases} \dot{F}(p) = p(1-p)(q\theta\Delta\pi - qr_1 - c_1) \\ \dot{F}(q) = q(1-q)[p(1-\theta)\Delta\pi - pr_2 - c_2] \end{cases} \tag{13.14}$$

根据该演化博弈动态复制系统可以得到这些均衡点，基于此，得到以下命题：

命题 1：演化博弈动态复制系统式（13.14）的均衡点为 $(0, 0)$，$(0, 1)$，$(1, 0)$，$(1, 1)$，$\left(\frac{c_2}{(1-\theta)\Delta\pi - r_2}, \frac{c_1}{\theta\Delta\pi - r_1}\right)$。

3. 演化博弈的稳定性分析

通过复制动态方程得到了双方演化博弈的均衡解，但这些均衡点不一定是群体 A 和群体 B 所构成的演化博弈动态复制系统的演化稳定点（ESS），弗里德曼认为由微分方程组所刻画的群体动态，其局部平衡点的稳定状态需要借助雅可比矩阵的局部稳定性来判断。因此，对式（13.14）依次求关于 p 和 q 的偏导数得到雅可比矩阵为：

$$J = \begin{bmatrix} \partial F(p)/\partial p, & \partial F(p)/\partial q \\ \partial F(q)/\partial p, & \partial F(q)/\partial q \end{bmatrix}$$

$$= \begin{bmatrix} (1-2p)(q\theta\Delta\pi - qr_1 - c_1), & p(1-p)(\theta\Delta\pi - r_1) \\ q(1-q)[(1-\theta)\Delta\pi - r_2], & (1-2q)[p(1-\theta)\Delta\pi - pr_2 - c_2] \end{bmatrix}$$

(13.15)

雅可比矩阵的行列式为：

$$\det J = \partial F(p)/\partial p \times \partial F(q)/\partial q - \partial F(p)/\partial q \times \partial F(q)/\partial p \quad (13.16)$$

雅可比矩阵的迹为：

$$tr(J) = \partial F(p)/\partial p + \partial F(q)/\partial q \quad (13.17)$$

只有当某个平衡点满足 $\det(J) > 0$，且 $tr(J) < 0$ 时，才可确定动态复制方程的均衡点就是稳定状态，也就是演化稳定策略（ESS）。

显然，在局部均衡点 $\left(\dfrac{c_2}{(1-\theta)\Delta\pi - r_2}, \dfrac{c_1}{\theta\Delta\pi - r_1}\right)$ 处，雅可比矩阵的迹等于0，因此，该均衡点肯定不是稳定均衡解，所以只需要考虑其余四个均衡点的情况就可得到系统演化的稳定策略。

根据雅可比矩阵可以得到局部均衡点处的不同取值（见表13-2）。

表13-2　　　　　　　　局部均衡点处的不同取值

均衡点	$dF(p)/dp$	$dF(p)/dq$	$dF(q)/dp$	$dF(q)/dq$
(0, 0)	$-c_1$	0	0	$-c_2$
(0, 1)	$\theta\Delta\pi - r_1 - c_1$	0	0	c_2
(1, 0)	c_1	0	0	$(1-\theta)\Delta\pi - r_2 - c_2$
(1, 1)	$-(\theta\Delta\pi - r_1 - c_1)$	0	0	$-[(1-\theta)\Delta\pi - r_2 - c_2]$

根据雅可比矩阵的行列式大于零、迹小于零，可以判断各均衡点的稳定性。具体分为以下四种状态。

①状态Ⅰ。当满足 $\theta\Delta\pi - r_1 - c_1 > 0$，且 $(1-\theta)\Delta\pi - r_2 - c_2 > 0$ 时，此时系统的均衡点 (0, 0)，(1, 1) 是演化稳定点。[①] 不稳定点 (0, 1)，(1, 0) 以及鞍点 (x^*, y^*) 组成的折线是系统多种演变结果的临界线（见图13-1）。当原始概率位于 OAEC 区域内时，系统向 O (0, 0) 收敛，当原始概率位于 BAEC 区域内时，系统向 B (1, 1) 收敛。可见，该演化博弈的长期均衡可能是（非高效生态产业，非高效生态产业），也

[①] 这两个均衡点满足行列式大于零、迹小于零的条件。

可能是（高效生态产业，高效生态产业），两个区域 OAEC 和 BAEC 的面积决定了该博弈的演化路径及稳定状态。当 BAEC 区域的面积大于 OAEC 区域的面积时，系统以更大的概率向（高效生态产业，高效生态产业）演化，当 OAEC 区域的面积大于 BAEC 区域的面积时，系统以更大的概率向（非高效生态产业，非高效生态产业）演化。

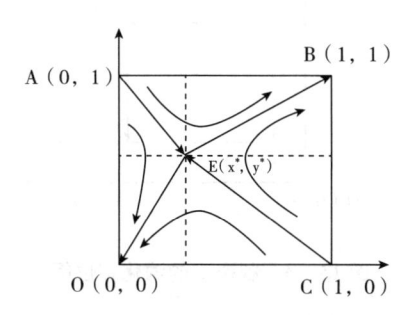

图 13-1 状态 I 的演化相位图

②状态 II。当满足 $\theta\Delta\pi - r_1 - c_1 < 0$，且 $(1-\theta)\Delta\pi - r_2 - c_2 < 0$ 时，此时演化博弈系统的均衡点 (0, 0) 是演化稳定点，均衡点 (1, 1) 是演化博弈动态复制系统的鞍点（见图 13-2）。在此情况下，博弈双方陷入"囚徒困境"，群体 A 发现无论群体 B 是否发展高效生态产业，退出的期望效用大于继续发展的期望效用，群体 B 也会维持现状，而不进入高效生态产业，说明这样依靠市场机制无法促使博弈双方协同发展高效生态产业，需要政府的干预。

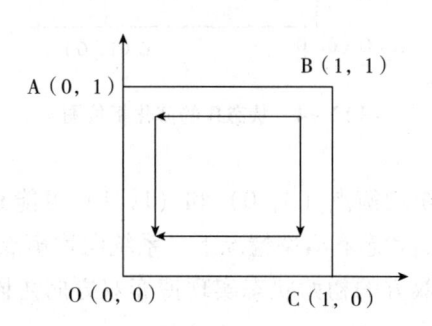

图 13-2 状态 II 的演化相位图

③状态Ⅲ。当满足 $\theta\Delta\pi - r_1 - c_1 > 0$，且 $(1-\theta)\Delta\pi - r_2 - c_2 < 0$ 时，此时博弈系统的均衡点 (0, 0) 是演化稳定点，均衡点 (0, 1) 是系统的鞍点（见图 13-3）。

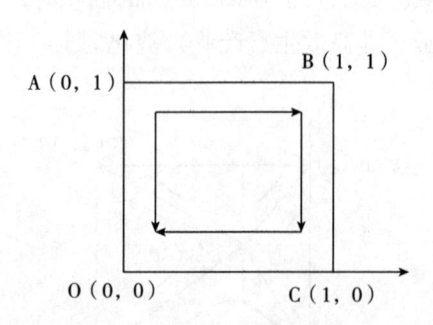

图 13-3　状态Ⅲ的演化相位图

④状态Ⅳ。当满足 $\theta\Delta\pi - r_1 - c_1 < 0$，且 $(1-\theta)\Delta\pi - r_2 - c_2 > 0$ 时，此时博弈系统的均衡点 (0, 0) 是演化稳定点，均衡点 (1, 0) 是系统的鞍点（见图 13-4）。

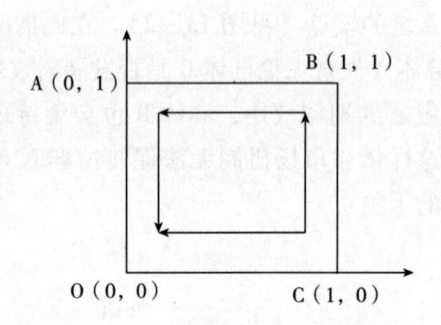

图 13-4　状态Ⅳ的演化相位图

综上分析，系统均衡点 (0, 0) 和 (1, 1) 可能是演化博弈的稳定点，但在不同的初始状态和概率情况下，系统向均衡点演化的路径不同，可以通过调整博弈双方的初始状态实现博弈双方向协同发展高效生态产业的均衡演化。

4. 演化博弈的路径分析

在群体 A 和群体 B 的双方博弈中，博弈的演化稳定策略主要受到博弈双方的初始状态和相关参数的影响。通过对不同参数进行适当的调整，可以实现博弈双方以更高的概率实施战略协作，并使这种策略保持在演化稳定状态。

我们以状态 I 为例，由博弈双方的博弈过程可以发现，均衡点 $\left(\dfrac{c_2}{(1-\theta)\Delta\pi-r_2},\ \dfrac{c_1}{\theta\Delta\pi-r_1}\right)$ 是博弈的不稳定点，该点所处的位置直接影响到博弈双方的协同战略区域和非协同战略区域。对该均衡点起关键作用的是博弈双方的初始状态和参数，因此可以通过调整初始状态和参数使不稳定点对博弈双方的演化稳定策略产生影响。

①协同收益的调整。$\Delta\pi$ 表示集群 A 和集群 B 都实施高效生态产业策略时所产生的协同收益，根据不稳定点 $E\left(\dfrac{c_2}{(1-\theta)\Delta\pi-r_2},\ \dfrac{c_1}{\theta\Delta\pi-r_1}\right)$ 的坐标表达式，可以通过调整 $\Delta\pi$ 的大小改变 E 点的位置，例如，如果增加协同收益的数值，E 点会逐渐向 O（0，0）靠近，协同发展区域 BAEC 的面积不断增大，那么，群体 A 和群体 B 的演化博弈系统向 B（1，1）演化的概率增大。也就是说，群体 A 和群体 B 更倾向于协同发展高效生态产业。该结论具有重要的现实指导意义，如果能够增加博弈双方协同收益，就能促使博弈双方趋向于协同发展高效生态产业。如果政府在制定政策措施时，通过补贴或税收优惠等方式间接增加博弈双方的协同收益，就能激励博弈双方向协同发展战略演化，协同收益越大，整个演化博弈的协同发展区域越大，更容易形成企业间高效生态产业的协同发展。

②分配比例的调整。θ 表示群体 A 和群体 B 协同收益的分配比例，不均衡点 E 的位置受 θ 的影响，如果通过调整分配比例实现图 13-1 中区域 BAEC 的面积最大，就可以实现系统均衡点向 B（1，1）演化达到稳定的概率最大。我们可以计算出区域 BAEC 的面积，其表达式为 $S=1-\dfrac{c_1 c_2}{4(\theta\Delta\pi-r_1)[(1-\theta)\Delta\pi-r_2]}$，计算得到当 $\theta=\dfrac{\Delta\pi-r_2+r_1}{2\Delta\pi}$ 时，区域 BAEC 的面积达到最大，群体 A 和群体 B 的演化博弈系统收敛于 B（1，1）的概率达到最大。

③治理成本的调整。c_1 和 c_2 表示群体 A 和群体 B 选择发展高效生态产业策略需要支付的成本，通过调整支付成本的大小也可以改变 E 点的位置。例如，不断降低博弈双方发展高效生态产业的成本，可以促使 E

点的位置向 O (0, 0) 靠近，那么群体 A 和群体 B 演化博弈系统向 B (1, 1) 收敛的概率增大。该结论也具有重要的现实指导意义，如果政府监管部门能够降低在位企业和潜在企业发展高效生态产业的支出成本，如给予研发补贴、税收减免、信息和技术共享机制等，那么，就能促进博弈双方向协同发展高效生态产业收敛。

综上分析，确定合理的利益分配机制是博弈各方保持协同合作的核心，加入合理的奖惩机制和信息分享机制对博弈主体产生激励作用，政府监管进一步优化企业间的协同合作。

三 企业市场行为合理化的构建

根据企业市场行为的动态演化博弈分析，企业是发展高效生态产业的核心要素，规范企业的市场行为能够形成企业高效生态发展的协同战略，促使企业主动研发新技术，减少化石能源使用和污染排放，通过构建企业合理的市场行为实现高效生态发展。

1. 构建具有社会责任的高效生态企业

环境恶化是伴随工业化和现代化进程而产生的，随着人类利用和改造自然能力的不断提高，对资源消耗和污染的排放也在急剧增加，由此带来严峻的环境问题。由于企业规模不断扩大，工业化对社会的负面影响日益暴露，社会对企业的关注度越来越高，人们不仅关心企业获得的经济利益，更多地关心企业的社会效益，即社会责任、环境责任和绿色责任。企业的社会责任是经济社会发展到高级阶段的必然要求和产物，企业的社会责任含有道德因素，社会整体利益作为一项衡量尺度，其重要性要远远高于企业的利润最大化。[①] 目前，企业社会责任的正式定义虽经国内外多次讨论，仍莫衷一是。社会责任型企业，其经营目标不仅是利润最大化，而且是实现高效生态生产，这需要政府制定有效的激励型措施加以引导。要成为现代绿色企业，必须要有绿色健康的企业价值理念引领。

2. 鼓励企业提高绿色生产的技术研发能力

发展高效生态产业归根结底需要先进的技术创新能力引领。第四次工业革命背景下，各种新技术层出不穷，提高了产业发展绩效。企业必须借助这次工业革命的趋势，加强研发投入和自主创新能力，将新技术

---

① 安艳玲：《绿色企业》，中国环境出版社 2015 年版，第 7 页。

应用到产业高效生态发展中。鼓励企业加快迈入共享经济，互联网技术和信息技术的应用推动共享经济模式飞速发展，共享经济这一全新模式极大地提高了资源配置效率。企业之间可以加强合作，构建共享的技术研发模式，这样可以有效提升研发效率和研发水平。

3. 企业发展不同阶段选择差异性市场竞争行为

市场结构决定市场行为，不同阶段市场结构不同，企业的行为也存在差异。以平台企业为例，在起步阶段，企业注重技术创新和品牌建立，依靠先进技术和产品质量占领市场，创新是起步阶段企业的竞争行为。在发展阶段，企业开始扩张用户规模，当企业完成起步阶段的技术突破之后，就要扩大市场规模，可以通过选择价格竞争策略，实现用户规模迅速增长。在成熟阶段，市场结构稳定，企业开始寻求合作共享、有序竞争，这就是有利于促进高效生态产业发展的企业行为，合作能够带来资源充分利用，提高利用效率，有序竞争可以激励企业时刻创新，促使技术进步。

4. 创新绿色高效运营模式

新时代，在各种新技术的推动下，企业需要重新思考其运营模式，企业运行需要更快速、更灵活的方式。例如，数字化网络效应催生了一种全新的运营模式——平台经济。许多企业已经意识到以客户为中心的经营理念，并通过数据分析改进产品，战略重点由销售产品向提供服务转变，这种转变同时带来一系列问题，如何定义所有权，如何对平台企业进行监管等。世界经济正在向数字化方向转变，这种转变大幅提高了效率，随着新兴运营模式的出现，也需要新的技能和人才与之相配合，同时企业文化也需要进步。因此，成功的企业将会逐步由结构型向更为网络化、更具协作性的模式转变。企业之间形成协作式创新，利用大数据分析技术改善客户体验，如果企业通过协作式创新的方式分享资源，合作双方和所在的经济体均可获得巨大价值。[①] 不同企业进行合作可以发挥各自所长，实现合力效果。但这种合作绝非一蹴而就，需要多个行业的企业投入大量人力和物力，彼此建立沟通和协调，开展全方位合作，共同为客户提供一体化体验。

---

① ［德］克劳斯·施瓦布：《第四次工业革命：转型的力量》，李菁译，中信出版社 2016 年版，第 60 页。

四 消费者行为合理化的构建

经济社会快速发展和人们收入大幅增加,消费者对消费品的要求也逐渐提高,短缺经济时代,生产的目的就是满足巨大的需求,企业生产不在乎是否污染,但在商品过剩时代,人们消费越来越追求高质量、低污染、多样化,企业生产开始转向产品质量。人类对绿色可持续发展的向往带来了绿色消费,绿色消费理念可以归纳为消费的产品不会造成资源浪费,是绿色无污染的,是一种环境友好型消费。绿色消费是在绿色可持续发展理念下的一种新型消费模式,反映经济增长与环境保护之间的协调关系。消费者是市场经济中重要的市场主体,同时也是绿色消费的主体,提倡绿色消费从消费者自身来说,可以减少污染,保护环境,也可以引导企业转向绿色生产,因此,绿色消费起到高效生态发展的引导作用。要想实现全民族、全社会绿色消费的理念和主动性,首先需要做好宣传引导工作,这就需要消费者深入学习绿色消费知识,积极接受绿色教育,树立绿色消费理念。消费者形成了绿色消费的需求,自然企业顺应市场需求,也应该践行绿色生产理念,了解消费者的绿色需求,满足消费者绿色需求,推进社会进入绿色消费时代。

五 行业协会行为合理化的构建

美国《经济学百科全书》对"行业和职业协会"的定义为:协会是一些为达到共同目标而自愿组织起来的同业或商人团体。行业协会是非营利性监管机构,在保证会员企业生产经营自主性的前提下开展指导工作,通过加强行业自律,维护行业长远发展,行业管理组织在欧美等国家得到较快发展。我国行业协会的地位和职能比较特殊,行业协会并非行业内企业自发成立的代表企业利益的行业组织,而是随着政府职能转变,从政府管理部门分离出部分职能和部分人员组建而成,这种行业协会具有半官方组织的色彩。这导致我国的行业协会缺少独立性,职能定位模糊,行业协会官方色彩浓厚,受政府部门管理。发展高效生态产业,既要发挥企业的主体能动性,又要发挥行业协会的协调推动作用,这就需要从根本上转变行业协会职能,行业管理的目标就是在保证市场经济正常运行的前提下,从生产力发展的客观要求出发,彻底改变部门集中制管理,扩大行业协会自主权,大力发展民营经济。从部门管理向行业管理转变就是要简政放权、搞活企业,理顺行业协会和政府管理部门之间的职能属性,各司其职。行业协会作为一个独立的行业组织,在政府与企业之间发挥桥梁和纽带作用，把政府经济调控的目标和政府政策传递给企业，把企业的意见转达给政府，维护行业利益。同时对本行业的特点进行统计分析，做好信息披露和市场拓展，开展技术联络、指导、咨询、培训等工作。

六　政府行为合理化的构建

1. *优化政府投资行为和科学引导作用*

当全球社会面临越来越多的资源枯竭、环境污染、生态系统破坏以及气候变化问题时，人们会通过两种方式增加投资，以应对各种问题。一是，主动的自发投资，以更加昂贵的可再生资源代替廉价的化石能源；二是，被动的被迫投资，对环境污染的治理投资。这两种投资将越来越多地由政府执行，不仅仅是通过市场对利润信号做出反应。[①] 加强中央和地方环境保护工作，健全环境保护工作对企业提高生产效率的激励机制。我国环境规制政策体系不健全，政策工具单一，政府主要运用行政命令手段从源头控制企业的污染排放。政府应在构建和谐社会的过程中，不断创新政府管理方式，对企业进行科学引导，积极稳妥地促进企业参与国际和本国企业绿色转型的进程。

2. *建立并完善社会公众监督体系*

自觉接受社会监督是企业履行社会责任的有效鞭策，建立信息披露机制，树立企业形象，接受舆论监督。我国企业社会责任信息体系建设还处在初级阶段，企业缺乏社会责任信息披露的意识，政府也没有建立良好的信息披露机制，所以需要加快建立完善的信息披露体系，及时披露企业在能源利用、环境保护、职工利益等方面的内容。另外，加强媒体宣传和社会监督作用，一方面，媒体要积极正面的宣传企业履行社会责任，高效生态发展的意识；另一方面，对无良企业进行曝光，起到警示作用。

3. *充分利用现代信息技术完善社会信用体系，健全信用约束机制*

市场经济是信用经济，信用是市场交易的基础，完善的社会信用体系是市场经济秩序的基本支撑。互联网技术的快速发展为社会信用体系构建提供了强大的技术支撑，网络的放大效应使违法行为的代价更大，

---

① ［德］克劳斯·施瓦布：《第四次工业革命：转型的力量》，李菁译，中信出版社 2016 年版，第 81 页。

网络信用评价体系日渐完善。信用是市场经济的基础，规范企业信用行为需要构建合理的激励约束机制，完善产权制度激励，明晰产权归属，使交易主体具有追求长远利益的动力。完善和填补我国信用管理方面的法律空白，从完善立法入手，制定完整系统的规范信用活动的专门法律。健全信息传递机制，建立有效的信用信息平台，规范信息管理。选择合理的征信模式，完善信用评级机制，统一制定标准，提高信用评级的客观性。完善信用担保体系，使信用管理成为约束企业市场行为的有力工具。

4. 完善市场机制，整合优化资源

完善有利于激励企业绿色发展的制度环境，通过市场竞争机制实现绿色资源合理配置，政府引导社会资金流向高效生态产业。加强区域协作，营造优良发展环境。整合区域文化，增强市场主体发展软实力。高效生态产业不同于传统产业，产业间联系密切，具有循环经济特征，因此，发展高效生态产业必须整合不同地区、不同行业的资源优势，协同发展，区域间、行业间、企业间形成协作竞争的良性发展态势。这种协作发展离不开资源的合理流动，完善市场机制，打破区域间、行业间、部门间阻碍资源自由流动的壁垒是发展高效生态产业的制度基础。

5. 建立合理的技术研发体制

高效生态产业发展归根结底需要依靠先进的技术，无论是提高能源利用效率，还是开发新能源、研发新材料、构建新业态、发展新模式等，无不建立在先进技术的基础上。新技术革命为高效生态产业发展带来了契机，要将这些新技术更好地应用到产业发展中，必须建立合理的研发体系，协同不同研发主体之间的合作机制，完善协同创新生态体系，统筹创新投入制度安排，以企业为技术攻关的承担主体，制定配套的金融和财税支持政策，撬动民间资本和社会资本对技术研发的投入热情。高校既是培养研发人才的摇篮，也是研发创新的主体，要着力优化高校学科设置，促进学科建设与经济发展融合创新，加快科研成果使用，构建技术研发与市场化应用的良好生态。如果想在学界和商界鼓励开拓性的基础研究和创新性的应用技术研究，政府就应该投入更多资金资助一些目标远大的研究项目。同样，公司部门在合作开展研究时，也应更关注培养能够造福整体人类的知识和研究力量。①

6. 健全知识产权保护制度，激励企业的研发行为

通过构建学习型社会，不断实现知识积累。知识产权保护能够推动和鼓励创新，但知识产权保护制度并没有最大化学习，知识产权制度导致了一个静态低效率，尤其是设计不当的知识产权制度有可能阻碍创新的发展。更强的知识产权制度并不一定导致创新增速，反而为垄断者创造了进入壁垒，从而扼杀了创新。知识具有传播性和外溢效应，而且创新需要一定的基础和积累，合理的知识产权保护制度不能阻止知识外溢和学习。对于专利的保护应该分类，专利保护的范围太大就会阻碍知识传播和外溢。设计一个知识产权制度来促进学习型社会形成，这样才有利于创新增速。

---

① ［德］克劳斯·施瓦布：《第四次工业革命：转型的力量》，李菁译，中信出版社2016年版，第25页。

第十四章 高效生态产业发展绩效

市场绩效就是在特定市场结构和市场行为条件下，企业或行业在市场经济中的运行效果。党的十九届五中全会提出，要加快推动绿色低碳发展，持续改善环境质量，提升生态系统质量和稳定性，全面提高资源利用效率。本章讨论中国高效生态产业发展绩效，探索在保护环境的基础上如何提高经济发展的生态效率，提出相应的政策措施实现高效生态发展。

第一节 高效生态产业发展绩效的概念

一 市场绩效的定义

市场绩效是指在一定市场结构下，由企业特定市场行为所形成的价格、产量、成本、利润、质量以及技术进步等方面的最终经济成果。[①] 显然，这里对市场绩效的定义并没有考虑资源和能源利用效率、污染排放等环境问题。产业组织对市场绩效的研究主要从两个方面展开：第一，设定市场绩效的衡量指标对市场绩效进行定量测度；第二，研究市场绩效的影响因素，从而通过制定相应政策提高市场绩效。

二 传统市场绩效的衡量指标

植根于传统经济学理论对市场绩效的定义，市场绩效的衡量指标也只是考虑经济发展水平方面，主要的衡量指标有三个：利润率、勒纳指数和贝恩指数。

1. 利润率

利润率衡量企业的盈利能力。利润率的一般计算公式为：

---

① 苏东水：《产业经济学》，高等教育出版社2005年版，第129页。

$$R = \frac{(\pi - T)}{E} \tag{14.1}$$

式 (14.1) 中, R 是税后资本收益率, π 是税前利润, T 是税收总额, E 是自有资本。

2. 勒纳指数 (Lerner Index)

勒纳指数衡量企业的市场势力或垄断程度。勒纳指数的数值介于 0—1 之间, 数值越接近 1, 表示垄断程度越高。其计算公式为:

$$L = \frac{(P - MC)}{P} \tag{14.2}$$

式 (14.2) 中, L 是勒纳指数, P 是价格, MC 是边际成本。

3. 贝恩指数 (Bain Index)。贝恩指数代表的是行业的超额利润率, 贝恩把利润分为经济利润和会计利润两种, 计算公式分别为:

$$\pi_a = R - C - D \tag{14.3}$$
$$\pi_e = \pi_a - iV \tag{14.4}$$

式 (14.3)、式 (14.4) 中, π_a 为会计利润, π_e 为经济利润, R 为总收益, C 为当期总成本, D 为折旧, i 为正常投资收益率, V 为投资总额。

贝恩指数定义为:

$$B = \frac{\pi_e}{V} \tag{14.5}$$

三 高效生态产业发展的市场绩效

传统产业组织理论无论是对市场绩效的界定, 还是对市场绩效的衡量, 都是局限于产业（或企业）本身的经济效益, 忽略经济活动的社会效益或环境效益。高效生态产业是寻求经济效益与生态效益的有机结合, 因此, 高效生态产业发展的市场绩效不仅是企业在价格、产量、质量和技术等方面的成果, 还包括对环境的保护和社会贡献（消费者福利和就业）等, 高效生态产业发展的市场绩效是指在一定的经济和社会条件下, 产业发展过程中产生的经济效益和生态效益的总和。

四 高效生态产业市场绩效的衡量

高效生态产业的市场绩效需要综合考虑经济效益和生态效益, 评价指标可以用资源配置效率、技术创新效率和生态效率（绿色全要素生产率）来衡量。

1. 资源配置效率

资源配置效率是指在一定的技术条件下各投入要素在不同区域、行业及市场主体间进行分配所产生的效益。根据微观经济学理论，市场竞争程度越高，社会总福利水平越高，包括生产者剩余、消费者剩余和社会总剩余，价格机制引导资源流向效益更好的部门。高效生态产业追求更高的经济效率和生态效率，资源配置效率代表经济运行效率。现代经济学理论认为，市场是实现资源有效配置最重要的方式，在收益的驱使下，资本和劳动不断流向效益更好、效率更高的企业，进而促进企业和行业更加高效生态发展。因此，资源配置效率是衡量产业是否高效生态的核心指标。

2. 技术创新效率

实现高质量发展和经济发展方式转型，发展高效生态产业，归根结底是建立在技术进步和创新效率基础上的。企业的技术进步和创新来源于企业研发投入，技术创新效率衡量企业的竞争力和可持续发展能力。企业通过投入研发资本和研发人员实现技术创新，这是企业在竞争中胜出，提高竞争力的关键因素。同时，企业要想获得更高的生态效益，就要提高资源利用率，降低污染排放强度，这也需要先进技术的支撑。因此，无论从高效还是生态的角度看，产业发展最关键的要素就是技术。

3. 绿色全要素生产率

全要素生产率（TFP）是指全部生产要素（资本和劳动）的投入量都不变时，生产量仍能增加的部分。全要素生产率并非所有要素的生产率，而是用来衡量除去有形生产要素以外的纯技术进步的生产率的增长，除去劳动和资本等要素投入之后的"余值"。这里的产出仅仅是有效产出，不包含污染物排放等非期望产出。考虑到污染排放也是生产过程的产出，在测算全要素生产率时，需要考虑非期望产出，这样测算出来的全要素生产率才能更加合理反映环境友好型技术水平，称为绿色全要素生产率（GTFP），在资源环境日益成为经济增长硬性约束的背景下，采用绿色全要素生产率指标来测度评价一个经济体的增长质量更为科学。

第二节　中国产业发展绩效现状

中国市场经济体制的日益完善和政府有效调控，我国产业结构不断优化调整，产业发展绩效不断提高。但粗放式经济发展方式并未从根本上改变，能源浪费和环境污染问题日益严重，技术创新能力不强。由于经济体制改革尚未完成，一些制度性因素制约了产业发展效率。本章采用三个指标来探讨中国产业发展过程中的绩效，分别是资源配置效率、技术创新效率和生态效率。

一　产业资源配置效率

1. 我国产业资源配置效率的历史变迁

资源是否得到有效配置是衡量经济发展绩效的重要标准。根据我国资源配置效率的历史变迁分为三个阶段：第一阶段是20世纪50年代至20世纪80年代前的计划经济时期（1950—1980年）；第二阶段是20世纪80年代至21世纪前10年（1980—2010年）；第三阶段是2010年以来。①

第一阶段，工业和农业存在明显二元性。无论是在产品价格，还是城乡收入方面都存在明显差距，造成这种差距的原因包含两方面：一是中国二元经济结构下形成的工业和农业在技术水平上的差距，带来生产效率和城乡收入差距的扩大；二是国家为了快速进入工业化社会，提出了工业优先发展战略，特别是重化工业部门率先发展。最终导致工业价格、农产品价格和中间产品价格存在显著差距。同时，受到地区性和行业性行政垄断的限制，价格机制不能发挥引导作用，资源无法进行自由流动，从而也就无法实现市场这只"看不见的手"在配置资源中发挥决定性作用，资源配置效率的改善比较缓慢。

第二阶段，改革开放，尤其是1992年社会主义市场经济体制的确立，开启了我国市场经济发展的新阶段。随着市场经济不断推进，经济体制改革不断深入，放开大部分竞争性领域的准入制度，鼓励民营经济发展，扩大对外开放。市场经济体制的日益完善，极大地促进了资源的市场化

---

① 王珺：《我国资源配置效率的改善：条件、变迁与建议》，《南方经济》2018年第9期。

流动。不可否认，这一时期社会主义市场经济体制还不完善，资源流动还存在部分制度性障碍，一些垄断性行业还没有完全放开，市场准入的门槛还比较高，要素市场发育不完整，尤其是资本市场和土地市场，阻碍了要素自由流动，降低了资源配置效率。企业投资经营自主权受到制度性进入和退出壁垒的约束，政府行政审批广泛存在，这些制度性壁垒都会导致资源配置效率降低。

第三阶段，2010年以后，面对资源短缺和环境污染的日益严重，人们对美好生活的向往和高质量产品和服务的需求日益增长。同时，国内企业面临要素成本上升和环境规制加强的双重约束，伴随着资源大量消耗和污染排放，环境治理也增大了企业治理成本。中国经济发展模式亟须转型，建设高质量供给体系。随着我国长期处于中高速经济增长，技术水平不断提高，我们与发达国家之间的差距在逐渐缩小，传统依靠技术和设备引进促进经济增长的方式无法为继，需要加强高端核心技术研发，提供高质量的科技供给，是我国产业迈向全球价值链中高端的必由之路。虽然政府不断加大科技研发投入力度，但民间资源还没有更广泛地被引导到创新活动中去，企业的研发效率还不高，一些具有高科技含量的高收益部门还没有成为支柱性产业。

2. 我国产业资源配置效率评价

由于市场经济体制不完善，导致资源配置效率不高，在一些部门和地区还存在资源错配。已有学者对中国资源配置效率进行了测算，谢长泰（Chang–Tai Hsieh）和皮特·J.克莱诺（Peter J. Klenow）研究发现，如果中国制造业部门资源配置效率达到美国水平，其全要素生产率（TFP）至少可以提高30%—50%。[1] 中国工业化推进过程中，由于行政垄断、地区分割、市场势力等因素存在，资源错配长期存在。中国工业行业的资源错配存在明显的阶段性特征。[2] 随着工业化的推进，中国工业部门呈现"高错配、高增长"并存的经济发展态势，造成这种结果的原因主要是依靠要素和投资驱动经济增长的粗放式经济发展模式。1978年改革开放到20世纪末期，中国工业化快速推进，依靠大量低成本劳动

---

[1] Chang–Tai Hsieh, Peter J. Klenow, "Misallocation and Manufacturing TFP in China and India", *The Quarterly Journal of Economics*, Vol. 124, No. 4, 2009, pp. 1403–1448.

[2] 李欣泽、黄凯南：《中国工业部门要素错配变迁：理论与实证》，《经济学家》2016年第9期。

力、资源、能源投入以及低成本出口导向拉动经济增长,这种粗放型经济增长模式推动经济高速增长,但造成严重的资源错配;进入21世纪,伴随人口红利逐渐消失,资本要素投入拉动经济的增长模式继续维持中国经济"高速"增长,技术引进、模仿和创新提高了全要素生产率,资源配置效率逐渐得到优化,但资源错配仍然导致了技术进步偏向资本型,2008年国际金融危机加剧了资源配置的扭曲程度①;在工业化后期,单纯依靠要素投入拉动的粗放型经济发展模式已经不能维持中国经济的高增长,中国经济步入"新常态",资源错配扭曲程度有所下降,但资源错配阻碍经济增长的程度增强。

二 产业发展的技术创新效率

1. 专利申请数大幅提升,核心技术创新不足

改革开放之后,我国经济实现了跨越式发展,技术进步成为推动经济可持续增长的重要因素,对经济增长的贡献度越来越大。以专利申请量为表征的技术水平获得较大提高,2014年我国专利申请总量为236.1万件,是1990年专利申请量的64倍,其中,发明专利数为92.82万件,是1990年发明专利数的137倍。根据世界知识产权组织发布的2015年度《世界知识产权指标》,2014年全球发明专利申请量总计提交了约270万件,其中,中国提交的发明专利申请量为92.82万件,连续四年位居全球第一,是全球排名第二的美国(57.88万件)和排名第三的日本(32.59万件)的总和。② 2018年中国专利申请总量达432.3万件,其中发明专利154.2万件。③

从创新链的视角看,创新过程分为专利产出和新产品产出,专利申请数只是技术创新链条的中间环节,专利能否转化为真正的生产技术才是衡量技术进步的主要标准。表14-1列出了中国高技术产业2001—2018年的研发活动指标,从表中数据不难发现:一方面,我国高技术产业每万人申请专利数快速提升,从2001年的8.3个增长到2018年的136.3个,说明我国的高技术产业具有较高的科技研发能力;另一方面,

---

① 陈诗一、陈登科:《中国资源配置效率动态演化——纳入能源要素的新视角》,《中国社会科学》2017年第4期。

② 阳立高、龚世豪、王铂、晁自胜:《人力资本、技术进步与制造业升级》,《中国软科学》2018年第1期。

③ 资料来源:《中华人民共和国2018年国民经济和社会发展统计公报》。

新产品销售收入占主营业收入的比重不高，说明我国的高技术产业专利申请数量的高速增长并未带来企业新产品销售收入以及利润的大幅增加。由此，我们可以认为我国高技术产业创新过程存在两阶段创新的脱节，也就是说，具有较高的研发效率，但转化效率不足。① 这在很大程度上与研发投入不足和研发资金配置效率和使用效率较低有关，按照经济合作与发展组织（OECD）的定义，高技术产业是指研发经费投入占总产值的比例远高于所有产业平均水平的行业，因此，其研发强度更高。相对于发达国家在企业研发方面的投入，中国高技术产业的研发强度长期以来都处在不足2%的较低水平上，反观发达国家的研发强度，通常都在5%—15%。②

表 14-1　　　　2001—2018 年中国高技术产业发展状况

年份	每万人申请专利数（个）	新产品销售收入/主营业务收入（%）	利润总额/主营业务收入（%）	研发强度（%）
2001	8.30	23.99	5.74	1.23
2002	13.18	24.05	5.07	1.24
2003	17.34	22.99	4.76	1.08
2004	18.78	21.88	4.47	1.05
2005	25.37	20.74	4.19	1.05
2006	32.66	20.42	4.27	1.09
2007	40.86	21.46	4.82	1.08
2008	41.96	23.11	4.89	1.15
2009	53.77	24.55	5.50	1.28
2010	54.65	21.97	6.55	1.30
2011	67.76	23.29	5.99	1.40
2012	76.60	23.23	6.05	1.46
2013	79.24	25.01	6.23	1.49
2014	90.62	25.79	6.36	1.51

---

① 邱兆林：《高技术产业两阶段创新效率》，《财经科学》2014 年第 12 期。
② 美国 2009 年的研发强度达到 19.7%，日本 2008 年的研发强度为 10.5%，德国 2007 年为 6.9%，英国 2006 年为 11.1%，法国 2006 年为 7.7%，韩国 2006 年为 5.86%，数据来源于《中国高技术产业统计年鉴》（2013）。

续表

年份	每万人申请专利数（个）	新产品销售收入/主营业务收入（%）	利润总额/主营业务收入（%）	研发强度（%）
2015	84.61	27.23	6.42	1.59
2016	98.12	28.32	6.70	1.58
2017	117.04	30.24	6.63	1.72
2018	136.30	32.11	6.56	1.86

注：①研发强度等于研发经费内部支出与高技术产业总产值的比值。②由于从2012年开始《中国高技术产业统计年鉴》不再公布高技术产业总产值，2012年之后的研发强度数据等于研发经费内部支出与主营业务收入的比值。③2018年《中国高技术产业统计年鉴》未出版，因此2017年的数据由2016年和2018年数据的平均值得到。

资料来源：根据历年《中国高技术产业统计年鉴》数据计算得到。

表14-2　中国高技术产业各行业2018年研发指标比较

行业	万人专利申请数（个）	新产品销售收入/主营业务收入（%）	利润总额/主营业务收入（%）	研发强度（%）
医药制造业	107.47	26.62	13.32	2.43
航空航天器及设备制造业	175.12	39.14	5.90	4.51
电子及通信设备制造业	213.55	40.90	5.22	2.30
计算机及办公设备制造业	164.68	28.62	3.08	1.10
医疗仪器设备及仪器仪表制造业	323.83	28.36	10.99	3.24
信息化学品制造业	265.79	39.81	8.43	2.06

注：①研发强度等于研发经费内部支出与主营业务收入的比值。②2018年"航空航天器及设备制造业"不再公布统计数据，该行业数据为2016年统计数据，其他行业为2018年统计数据。③"信息化学品制造业"为《中国高技术产业统计年鉴》2016年之后新增行业。

资料来源：根据《中国高技术产业统计年鉴》（2019）数据计算得到。

分行业来看，中国高技术产业的不同行业之间研发创新活动存在较大差距，航空航天器及设备制造、电子及通信设备制造和医疗仪器设备及仪器仪表制造业专利申请较多，新产品销售收入占主营业务收入的比重也较高，转化效率较高；计算机及办公设备制造业虽然每万人专利申请数较低，但新产品销售收入占主营业务收入的比重以及利润占主营业务收入的比重也不高；医药制造业属于绝对的高技术产业，不仅风险大投入高，而且周期长，国外专利保护严格，较难仿制，因此该行业专利申请量和新产品销售收入占主营业务收入比重都比较低。另外，各行业研发强度差距明显，航空航天器及设备制造业研发强度最高，达到了4.51%，而计算机及办公设备制造业研发强度仅为1.1%。

2. 高技术产业两阶段创新绩效

借鉴已有研究，基于价值链视角的研究方法，高技术产业的创新过程可以分为技术研发和成果转化两个阶段。① 采用 SFA 方法测算中国2001—2017 年中国高技术产业 16 个行业的两阶段创新效率，具体测算结果如表 14-3 和表 14-4 所示。从表中数据不难发现：首先，从时间趋势看，我国高技术产业各行业研发效率和创新效率都存在提升趋势，尤其是 2016 年提出了供给侧结构性改革以来，研发投入和技术水平提升较快；其次，从创新效率水平看，各行业的整体创新效率较低，除了计算机整机制造和计算机外部设备制造两个行业的转化效率较高之外，其他高技术产业的两阶段创新效率都不高；最后，相对而言，研发效率整体高于转化效率，这说明我国技术研发与成果转化两阶段创新出现明显脱节。虽然 2011 年中国专利部门受理的专利数量已经超过日本和美国，成为世界最大专利申请国②，专利数量的飞速增长是我国产业技术水平不断提高的表现，但不可否认的是，中国专利申请量迅速膨胀的背后也存在专利质量不高、专利转化效率低等问题。

表 14-3　　中国 2001—2017 年高技术产业的研发效率

行业	年份								
	2001	2003	2005	2007	2009	2011	2013	2015	2017
化学药品制造	0.084	0.122	0.167	0.218	0.274	0.333	0.393	0.452	0.509
中成药生产	0.296	0.354	0.414	0.472	0.528	0.581	0.630	0.676	0.717
生物药品制造	0.073	0.107	0.150	0.200	0.254	0.312	0.372	0.431	0.490
飞机制造	0.021	0.038	0.062	0.094	0.134	0.181	0.234	0.291	0.350
航天器制造	0.006	0.013	0.024	0.042	0.068	0.102	0.144	0.192	0.247
通信设备制造	0.185	0.238	0.295	0.354	0.414	0.472	0.529	0.582	0.631
雷达及配套设备制造	0.025	0.044	0.070	0.105	0.147	0.196	0.251	0.309	0.368

---

① 邱兆林：《高技术产业两阶段创新效率》，《财经科学》2014 年第 12 期。
② 资料来源：环球网，http：//opinion.huanqiu.com/ecomomy/2012-12/3374206.html。

续表

行业	年份								
	2001	2003	2005	2007	2009	2011	2013	2015	2017
广播电视设备制造	0.249	0.306	0.365	0.425	0.483	0.538	0.591	0.639	0.684
电子器件制造	0.135	0.182	0.235	0.292	0.351	0.411	0.469	0.526	0.579
电子元件制造	0.084	0.122	0.167	0.218	0.274	0.333	0.393	0.452	0.509
视听设备制造	0.188	0.242	0.299	0.358	0.418	0.476	0.532	0.585	0.634
计算机整机制造	0.178	0.230	0.287	0.345	0.405	0.464	0.521	0.574	0.624
计算机外设制造	0.180	0.232	0.289	0.348	0.408	0.466	0.523	0.576	0.626
办公设备制造	0.067	0.101	0.142	0.191	0.244	0.302	0.362	0.421	0.480
医疗设备及器械制造	0.320	0.380	0.439	0.496	0.551	0.602	0.650	0.693	0.732
仪器仪表制造	0.220	0.276	0.335	0.394	0.453	0.510	0.564	0.615	0.662

注：①由于2019年的《中国高技术产业统计年鉴》中细分行业出现了较大变动，前后年份无法保持一致，因此本书测算的创新效率截止到2017年。②由于2018年《中国高技术产业统计年鉴》没有出版，因此2017年相关数据缺失，采用插值法完成。

资料来源：作者计算整理得到，具体测算方法参见邱兆林《高技术产业两阶段创新效率》，《财经科学》2014年第12期。

表14-4　　中国2001—2017年高技术产业的转化效率

行业	年份								
	2001	2003	2005	2007	2009	2011	2013	2015	2017
化学药品制造	0.230	0.248	0.266	0.285	0.304	0.324	0.343	0.363	0.383
中成药生产	0.168	0.185	0.202	0.219	0.237	0.256	0.274	0.293	0.313
生物药品制造	0.105	0.118	0.132	0.146	0.162	0.178	0.194	0.212	0.229
飞机制造	0.108	0.122	0.136	0.150	0.166	0.182	0.199	0.216	0.234
航天器制造	0.016	0.020	0.024	0.029	0.035	0.042	0.050	0.058	0.067
通信设备制造	0.448	0.467	0.485	0.504	0.522	0.540	0.557	0.574	0.591
雷达及配套设备制造	0.091	0.103	0.116	0.130	0.144	0.159	0.175	0.192	0.209
广播电视设备制造	0.102	0.115	0.129	0.143	0.158	0.174	0.191	0.208	0.226
电子器件制造	0.380	0.400	0.419	0.438	0.458	0.476	0.495	0.513	0.532
电子元件制造	0.307	0.327	0.346	0.366	0.385	0.405	0.424	0.444	0.463
视听设备制造	0.705	0.718	0.730	0.742	0.754	0.765	0.775	0.786	0.795
计算机整机制造	0.817	0.825	0.834	0.841	0.849	0.856	0.863	0.869	0.876

续表

行业	年份								
	2001	2003	2005	2007	2009	2011	2013	2015	2017
计算机外设制造	0.904	0.908	0.913	0.917	0.921	0.925	0.929	0.932	0.935
办公设备制造	0.291	0.310	0.329	0.349	0.368	0.388	0.407	0.427	0.446
医疗设备及器械制造	0.109	0.123	0.137	0.152	0.167	0.184	0.201	0.218	0.236
仪器仪表制造	0.188	0.205	0.223	0.241	0.260	0.278	0.297	0.317	0.336

注：①由于2019年的《中国高技术产业统计年鉴》中细分行业出现了较大变动，前后年份无法保持一致，因此本书测算的创新效率截止到2017年。②由于2018年《中国高技术产业统计年鉴》没有出版，因此2017年相关数据缺失，采用插值法完成。

资料来源：作者计算整理得到，具体测算方法参见邱兆林《高技术产业两阶段创新效率》，《财经科学》2014年第12期，第107—116页。

为了能够更加直观地比较不同行业两阶段创新效率，我们采用2017年的数据绘制了各行业研发效率和转化效率的二维分布图，结果如图14-1所示。如果我们以0.6作为效率高低的划分边界，从图中可以看出：第一，大部分行业处在低研发效率、低转化效率区域内，说明总体上我国高技术产业两阶段的创新效率都不高；第二，计算机外设制造业、计

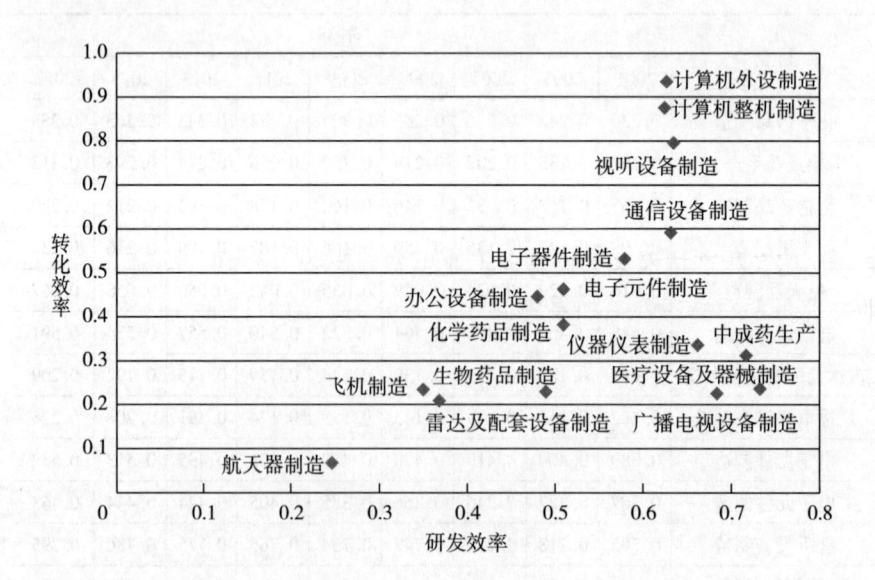

图14-1 中国高技术产业研发效率和转化效率矩阵

算机整机制造业、视听设备制造业三个行业处在低研发效率、高转化效率区域内，主要是因为这些行业的核心关键技术都被国外大型高新技术企业垄断，国内企业很难在关键技术有所突破，仅仅在外观等方面进行改造创新，主要从事产品组装工作，依靠低要素成本获取较高利润，因此呈现出低研发效率和高转化效率的状态；第三，仪器仪表制造业、医药制造业、医疗设备制造业和广播电视设备制造业处在高研发效率、低转化效率区域内，这些行业的技术含量高，难以依靠低成本获取高利润，而研发效率高和转化效率低说明这些行业并非真正具备研发效率，专利数量虚高但没有应用到生产中形成价值，缺乏核心技术将制约高技术产业向更高水平、更深层次发展。

三 中国产业发展的生态效率

1. 工业分行业生态效率分析

中国的经济增长产业结构转型升级是伴随着工业化不断推进进行的，能源消耗和环境污染以工业为主，工业生态效率发展水平代表全国高效生态产业发展水平。国内学者对中国工业不同行业的生态效率进行了测算，结果发现，2001—2010 年，中国工业分行业的绿色技术效率较低，主要是由于中国以高投资、高消耗和高污染为特征的粗放型工业发展模式造成的，严重的环境污染和剧增的二氧化碳排放势必会降低工业发展的绿色技术效率。[①] 长期以来，中国经济快速增长离不开工业粗放式发展对能源、资本和资源的过度依赖性，尤其是重化工业依靠低廉的能源和资本投入不断扩大规模，但能源资源利用效率偏低，污染严重。从时间趋势来看，工业生态效率呈现增长趋势，尤其是 2013 年以来全国大力提倡绿色发展保护环境，2016 年又提出供给侧结构性改革，工业环境规制趋紧，绿色生产技术水平提高，工业生态效率提升较快。同时，各类行业呈现明显的异质性，如果把工业行业分为资源型行业、低技术行业、中技术行业和高技术行业四种类型，研究发现：资源型行业和低技术行业的生态效率水平较低，低于所有行业的平均值；而中技术行业和高技术行业的生态效率高于平均值，而且增长趋势明显快于资源型和低技术

---

① 李斌、彭星、欧阳铭珂：《环境规制、绿色全要素生产率与中国工业发展方式转变——基于 36 个工业行业数据的实证研究》，《中国工业经济》2013 年第 4 期。

行业①，说明技术进步是推进绿色发展、提高生态效率的关键因素。

2. 分区域生态效率比较分析

考虑非期望产出的生态效率是衡量高效生态产业发展水平的测量指标，同时考虑到不同地区高效生态产业发展存在异质性，一些文献采用基于非期望产出的 Super‐SBM 模型，利用 MaxDEA 软件测算得到中国工业分区域生态效率。②③

第一，从时间趋势来看，中国各地区工业生态效率整体呈现上升趋势。改革开放之后，中国经济逐步实现向市场化和工业化发展的双重转型过程中，粗放式发展虽然带来了经济红利，也带来了环境损害。进入21世纪，中国逐步建立起完善的环境保护体制，经济增长方式发生根本性转变，政府部门出台大量政策促进经济增长方式向创新驱动转变，发展绿色经济和循环经济，加大环保力度，全力推进生态文明建设。2007年资源节约型和环境友好型社会的建设提升了全国经济绿色发展绩效。2008年金融危机后我国推出的扩大内需、促进经济平稳较快增长的举措提升了全社会固定资产投资增长，绿色发展绩效呈现小幅下降趋势。2012年提出生态文明建设，从2013年开始，各地区工业生态效率普遍出现显著性提升，党的十八大明确提出"着力推进绿色发展、循环发展、低碳发展，形成节约资源和保护环境的空间格局、产业结构、生产方式、生活方式，从源头上扭转生态环境恶化趋势，为人民创造良好生产生活环境，为全球生态安全做出贡献"。2016年提出供给侧结构性改革着力提高供给质量和效率，从根本上改变粗放式经济发展模式，把鼓励技术进步、提高能源效率和生态效率作为供给侧结构性改革的切入点，环境保护和技术创新出现重大突破，不断推进实现高质量绿色发展。

第二，分省份来看，中国各省份绿色发展存在较大差异，样本期间内，北京、上海、广东、浙江等地绿色发展绩效表现较好，山西、内蒙古、青海、宁夏、新疆等地绿色发展绩效相对较低。这与不同省份在技

---

① 刘淑茹、贾箫扬、党继强：《中国工业绿色全要素生产率测度及影响因素研究》，《生态经济》2020年第11期。

② 邱兆林、王业辉：《行政垄断约束下环境规制对工业生态效率的影响——基于动态空间杜宾模型与门槛效应的检验》，《产业经济研究》2018年第5期。

③ 孙振清、鲁思思、刘保留：《省级区域生态效率评价及提升路径研究——基于超效率SBM模型和Tobit回归》，《生态经济》2021年第1期。

术水平、产业结构、人力资本等方面存在的差异有很大关系，近年来，随着"中国制造"向"中国智造"转变，经济和技术较为发达省份的主导产业逐渐向高新技术产业和战略性新兴产业转变，数字化、网络化、生态化趋势明显，传统的高耗能、高污染企业逐渐向中西部省份迁移，以致资源依赖型省份的绿色发展绩效较低。经济发展水平越高的省份技术基础更加雄厚，汇聚了更多的研发资源和高质量人力资本，技术研发创新能力更强。同时，人力资本水平越高的省份，公众对环境保护的参与越强，形成了非正式环境规制，更容易践行绿色发展和绿色消费理念。

第三，分地区来看，东、中、西三大区域工业生态效率差距明显。[①]东部地区远高于中西部地区，中西部地区工业生态效率低于全国平均水平。邱兆林和王业辉（2018）测算发现，2015年，东部地区工业生态效率达到1，中西部地区只有0.613和0.625。孙振清等（2021）测算发现，2006—2017年东、中、西三大区域的平均生态效率分别为1.07、0.41、0.39，生态效率水平差距明显。东部地区的北京[②]、天津、上海、江苏、浙江、福建、广东、海南等省份工业生态效率提升较快，实现经济增长和环境保护的"双赢"；中西部地区工业生态效率普遍较低，如山西、黑龙江、贵州、甘肃、新疆等资源型省份的效率值都较低。究其原因，东部地区受经济水平、政策偏向、区位优势等因素的有利影响，中西部地区市场化改革进程相对缓慢，阻碍了产业结构转型升级，不仅经济发展水平相对落后，环境污染相对严重，而且，东部地区由于受到严格的环境规制，部分传统产业向中西部转移，造成资源型和低技术产业比重较高，污染伴随产业从东向西转移。

第三节　中国产业发展绩效的主要影响因素

中国经济绿色、高效、生态发展还有很长的路要走，目前我国的制

[①] 中国三大经济区域划分：东部地区包括北京、天津、河北、辽宁、上海、江苏、浙江、福建、山东、广东、海南11个省份；中部地区包括山西、吉林、黑龙江、安徽、江西、河南、湖北、湖南8个省份；西部地区包括内蒙古、广西、重庆、四川、贵州、云南、陕西、甘肃、青海、宁夏、新疆11个省份。

[②] 北京2015年效率值大幅提升，可能的原因在于中央政府于2015年2月提出要疏解北京"非首都功能"，很多污染严重的产业转移到了临近的河北，致使河北的工业生态效率有所下降。

度环境、市场结构、企业行为和技术水平等多个方面还明显存在着不利于推动绿色经济快速发展的问题。党的十八届三中全会已经明确，社会主义市场经济体制下，市场起着配置资源的决定性作用，高效生态经济存在明显的外部性特征，需要政府发挥有效的监管和制度引导作用。由于受到我国特殊的政治和经济体制的约束，影响中国产业发展绩效的既有制度性因素，也有市场性因素。

一 行政垄断

行政垄断是指行政机关或其授权的组织滥用行政权力，限制排斥市场竞争的行为。市场经济体制是否健全是影响中国产业发展绩效的根本因素，长期来看，行政垄断阻碍了市场正常的竞争秩序，阻碍要素资源自由流动，不利于资源配置效率的提升。不可否认，行政垄断造成特定的市场分割，激励了地方政府和企业的积极性，短期内有利于实现较快发展。政府通过主动投资和引导企业投资方向，产业结构和投资结构，短时间内也可能实现某种程度的产业结构优化升级。但长期来看，行政垄断对经济增长和产业发展绩效的弊端是明显的，行政垄断阻碍了市场竞争机制发挥优胜劣汰的作用，阻碍企业的技术进步和创新动力，不利于产业可持续发展。

行政垄断代表政府对经济活动的干预程度，尤其是地方政府的干预在一定程度上会促进环境规制政策有效落实，有利于提高我国产业发展的生态效率。在中国特色的政治经济体制下，地方政府具有发展本地经济和环境保护的较大自主权，那么，地方政府在经济和环境之间如何决策，取决于地方政府的目标选择。环境保护政策从短期来看，无疑会阻碍经济增长，因此地方政府倾向于利用行政垄断权力设置各种进入壁垒，限制市场竞争，选择性落实中央政府的环境政策，以实现短期的经济效益。但从长期来看，行政垄断限制竞争的行为不利于技术创新，更不利于绿色发展，如果地方政府追求长期绿色高质量发展，那么行政垄断有利于地方政府加强干预力度，推进环境保护政策的有效落实。因此，这取决于地方政府的目标函数，或者说取决于中央政府的激励机制设计。

二 产业政策

产业政策是市场经济国家在工业化进程中普遍采用的干预经济运行的手段，在各国经济发展初期，政府通过产业政策保护和扶植特定产业，对推动国民经济快速发展发挥了重要作用。① 我国的经济体制源自计划经济向市场经济演化过程中形成的具有中国特色的社会主义市场经济体制，政府对产业发展进行必要干预，通过制定产业政策和发展战略实现产业结构的调整和经济赶超。不可否认，长期以来，我国经济粗放式发展带来的资源问题、能源问题、环境问题、安全问题等制约了可持续发展的障碍，部分原因就是产业政策长期支持工业规模扩张导致的。一般而言，经济发展初期，政府通过产业政策保护和扶植幼稚产业免受国际竞争，有利于提高产业发展绩效。经济发展初期产业政策对产业发展绩效的正向作用较为明显，当经济步入成熟阶段以后，产业政策的作用日渐减弱。也就是说，随着发展中国家产业结构和技术水平与发达国家之间的差距逐渐减小，后发优势越弱，同时受制于西方国家对我国的先进技术封锁，产业政策发挥作用的余地就越小。

从世界范围看，竞争中性原则逐渐成为广泛适应的国际新规则。②《2019年国务院政府工作报告》提出"按照竞争中性原则，在要素获取、准入许可、经营运行、政府采购和招标等方面，对各类所有制企业平等对待"。未来中国经济发展的方向是不断推进高效生态产业发展，高效生态产业建立在先进的技术基础上，没有现成的模式可借鉴，发达国家对我国进行严格的技术封锁。在这种情况下，产业政策将致力于鼓励和支持绿色技术研发和创新，而非让企业纯粹扩大规模，产业政策的实施将有利于企业以绿色竞争和创新为出发点，以市场机制的优先发挥作用为基础，落实竞争中性原则，打破行政垄断，取消市场准入限制，减少政府对企业的直接补贴和隐性补贴。构建国有企业和民营企业、内外资企业一视同仁的营商环境。建立市场准入负面清单，打破在准入、审批等方面各种不合理限制和壁垒，这样的产业政策才有利于增强市场竞争力，提高企业的国际竞争力。

三 环境规制

环境规制是指政府通过有形制度或无形意识对个体和组织进行污染

---

① 邱兆林：《中国制造业转型升级中产业政策的绩效研究》，经济科学出版社2019年版，第1页。

② 数据来源：《贯彻竞争中性原则：从源头上打破行政垄断》，中华人民共和国国务院新闻办公室网站，http://www.scio.gov.cn/video/qwjd/34146/Document/1651564/1651564.htm，2019年4月9日。

排放约束，以达到保护环境目的的政策措施，包括以强制命令型、基于市场型和公众参与型为主的显性规制和以无形的环保思想意识为特征的隐性规制。环境规制的直接效应表现在规制政策能够激励企业进行技术创新，进而促进绿色发展。现有研究发现，环境规制对创新的直接影响主要是通过改变企业的成本分配来实现的。传统观点认为，环境规制加强会增加企业的治污成本，从而减少生产成本和研发成本，因此，环境规制的加强不利于企业的生产扩大和技术进步。自从"波特假说"提出之后，对于环境规制的研究开始从静态分析转向动态分析，大量研究发现，环境规制的加强非但不会阻碍企业发展，而且从长期来看，企业会主动进行清洁技术研发，从而补偿了治污成本。一般认为，发展初期，企业的规模效应和技术水平都较低，企业污染排放较少，环境规制的直接效应主要表现为"遵循成本"效应；当企业的生产规模达到一定程度之后，污染排放随着产出的增加而大量增加，治污成本就会大幅提升，这时企业通过技术创新减少污染排放是有利的。因此，环境规制的直接效应主要表现为"创新补偿"效应。环境规制的直接效应随着经济发展的推进对技术进步和生态效率的影响越来越明显。由于环境规制的实施手段各异，因此，环境规制对经济发展不仅会产生直接影响，还会通过一些中介效应产生间接影响。已有部分文献研究环境规制通过产业结构调整、外商直接投资、劳动力素质等中介效应对经济增长和技术进步产生影响。本研究认为，无论环境规制通过哪种方式对经济产生影响，主要的三个中介变量就是技术进步、产业结构调整和人力资本水平提升，技术进步是经济增长的源泉，产业结构伴随技术进步不断演化，人力资本积累则是技术进步的重要支撑。

四 技术研发和创新能力

新古典增长理论表明，技术进步是经济持续增长的主要源泉。技术创新需要一定的积累，在此基础上通过研发投入，突破原来的技术水平，也就是熊彼特所说的"创造性毁灭"。例如，每一项新技术的出现和每一次工业革命的产生都是在原来技术的基础上进行突破。因此，环境规制要想促进技术创新需要一定的技术基础。改革开放之后，我国经济快速增长的背后离不开技术水平的不断提高。对于发展中国家来说，技术创新可以通过两条路径实现：一是自主研发支出，目前中国核心技术研发水平不高，企业研发更倾向于规模扩张的生产性技术研发，忽视核心关键生产技术研发。二是技术引进，发展中国家具有后发优势，可以根据发达国家的经验和产业发展规律调整产业结构，同时引进国外先进技术，中国的科技水平和发达国家还存在一定差距，跨国企业到发展中国家投资，不仅带来了资本投资，还带来了国外的先进技术和管理经验，有利于促进工业技术进步，利用外资在一定程度上有利于中国产业发展绩效的提高。

五 产业结构优化

产业结构合理化和高级化推进产业发展绩效的提升，第四次工业革命带来了移动互联网、大数据、云计算等新兴技术的发展，产业结构调整更加迅速，各种新经济、新业态不断涌现，大幅提升了产业发展绩效。借助移动互联网技术发展起来的共享经济，大幅提高了资源利用效率，以及产业发展绩效。高效生态产业就是提高资源利用率，减少浪费，减少污染的产业结构，其发展绩效远高于传统产业。共享经济是基于技术手段提升闲置资源利用效率的新范式，利用"不使用即浪费"的闲置资源具有零边际成本的特性，平台上的每一次交易都是市场效率的提升。[①]产业结构变迁是不断向高效生态产业演化的过程，这种结构的变化依靠先进技术推动完成，低效且污染严重的产业在市场竞争中逐渐萎缩淘汰，高效生态产业不断发展壮大，产业绩效相应提升。

六 人力资本水平

20世纪60年代，美国经济学家舒尔茨和贝克尔创立了人力资本理论，人力资本水平被作为一种崭新的生产要素纳入生产函数，研究人力资本对经济增长的影响，健康的人力资本与物质资本一样对经济增长有显著的影响，还可能产生边际收益递增的现象。卢卡斯提出的人力资本模型考察了人力资本对生产的内部效应和外部效应，提出人力资本积累是知识经济时代经济得以持续增长的真正源泉。技术进步是经济增长的主要驱动力，技术进步源于创新，而创新又依赖于高质量的人力资本，因此，高效生态产业发展离不开高质量人力资本积累。政府通过制定环境规制政策来推进技术进步和高质量发展，需要以人力资本为支撑，没有高质量的人力资本，即便再强硬的环境规制政策也无法激励企业进行

---

① 刘征驰、邹智力：《共享经济市场演进逻辑：结构、效率与驱动力——基于共享出行市场的理论与案例研究》，《华东经济管理》2019年第2期。

创新。同时，人力资本不仅是技术创新的基础，还会形成非正式环境规制，一般认为，人力资本水平较高的地区，人们对生活环境的要求更高，更希望获得绿色生态的生活环境，对环境污染事件的关注和参与较多，更热衷于参与到环境保护当中。

第四节　提高中国高效生态产业发展绩效

中国经济在改革开放之后取得的成绩有目共睹，长期规模化发展带来了严重的能源浪费、资源短缺、污染严重等问题，人类社会的可持续发展受到严峻挑战。随着我国经济逐渐步入新常态，我国经济已由高速增长阶段转向高质量发展阶段。面对资源短缺和环境污染的双重约束，应致力于发展高效生态产业，把生态文明建设摆在经济社会发展的重要位置。

一　中国环境保护体制的变迁

中国的环境保护经历了环境规制政策从无到有、规制力度从弱到强、规制手段从行政命令型到市场引导型的转变。中国的环境规制体制也经历了相应的调整和发展阶段。改革开放之后，中央政府对环境保护力度加强，中国的环境保护结构设置及规制体制大体经历了五个阶段。[①]

1. 环境规制体制的初创阶段：1978—1982年

1978年，《中华人民共和国宪法》修订，第十一条增加了"国家保护环境和自然资源，防治污染和其他公害"。1979年9月，《中华人民共和国环境保护法（试行）》公布实施，标志着我国环境规制体制开始形成，并以法律的形式公布了环境规制体制的基本框架，环境保护迈入法制化轨道，规定各级政府设立相应的环境保护机构。另外，一些污染比较严重的行业，如石油、冶金、化工、纺织等，相应建立了环保机构负责本部门的环境保护工作。

2. 环境规制体制的确立阶段：1982—1992年

这一时期是中国经济的转型期，1984年5月，国务院环境保护委员会成立，负责组织协调全国的环境保护工作。同年，城乡建设环境保护

---

① 张瑞：《环境规制、能源生产力与中国经济增长》，博士学位论文，重庆大学，2013年。

部下属的环保局更名为国家环境保护总局,该局也是国务院环境保护委员会的办事机构,对全国环保工作实施统一的监督和管理。1988年,国务院将城乡建设环境保护部下属的国家环保总局独立出来成为国务院直属机构,称国家环境保护局,这标志着我国环境规制工作进入新的阶段。这段时期陆续颁布了许多重要的环境保护单行法规,《中华人民共和国海洋环境保护法》《中华人民共和国水污染防治法》陆续颁布。1989年修订后的《环境保护法》以综合性环境保护基本法的形式明确规定了中国环境保护的监督管理体制。

3. 环境规制体制的发展阶段:1992—2000年

1992年社会主义市场经济体制确立,1993年国务院进行机构改革中环境保护局被保留了下来,彰显了党中央和国务院对环境保护工作的重视。同年召开的全国人民代表大会设立了环境保护委员会,各省、自治区、直辖市也相应设立了环保厅、局等机构,负责本地区环境保护监督管理工作。为了确保环境保护工作能够真正取得实效,亟须对环保体制进行改革,1998年国务院成立了国家环境保护总局(正部级),同时撤销了国务院环境保护委员会,明确了环境保护总局以环境执法监督为其基本职能,加强了环境污染防治和自然生态保护两大管理领域的职能。

4. 环境规制体制的法律完善阶段:2001—2012年

进入21世纪,我国环境立法进入一个崭新阶段,2005年党的十六届五中全会确立了"节约资源、保护环境"的基本国策。把建设资源节约型和环境友好型社会确立为国民经济和社会发展的长期战略任务。2008年第十一届全国人民代表大会第一次会议通过了国务院机构改革方案,国家环境保护总局升格为环境保护部。这一时期环境保护法律体系日益完善,执法部门不断加强。

5. 环境规制体制的强化阶段:2012年至今

党的十八大明确提出"要把资源消耗、环境损害、生态效益纳入经济社会发展评价体系,建立体现生态文明要求的目标体系、考核办法、奖惩机制"。十八届三中全会重点阐述了加快生态文明制度建设,指出"建设生态文明,必须建立系统完整的生态文明制度体系,实行最严格的源头保护制度、损害赔偿制度、责任追究制度,完善环境治理和生态修复制度,用制度保护生态环境"。党的十九大报告提出"坚持人与自然和谐共生"。坚持节约资源和保护环境的基本国策,构建绿色发展方式、绿色生产方式和绿色消费方式，坚定走生产发展、生活富裕、生态良好的文明发展道路。党的十九届五中全会提出，完善生态文明领域统筹协调机制，构建生态文明体系，促进经济社会发展全面绿色转型，建设人与自然和谐共生的现代化。

二　中国环境保护政策的实施方式

党的十八大以来，中国政府对环境保护的力度显著增强，从实施手段来看，主要包括三种类型：一是命令控制型，二是市场激励型，三是公众参与型。命令控制型环境规制是指政府强制性末端控制企业污染排放。市场激励型环境规制是通过市场机制引导企业自觉减少污染排放，一是通过税收方式，如排污税、碳税、能源税等来约束生产者，倒逼企业减少能源需求，促进引导企业绿色发展；二是通过排污权交易制度、绿色信贷等方式，刺激企业通过减少污染来节约成本，获得银行信贷。实际上是改末端控制为源头控制，通过完善的市场机制引导企业绿色行为，政府主要是制定完善的规制措施、政策及法律，在保护环境的法律框架内给企业更大的自主权。公众参与型环境规制通过公众举报和媒体曝光，充分发挥群众和媒体的监督作用，这种规制方式可以实现更大范围的监督，利用社会资源参与环境保护，具有更大的引导和舆论宣传作用。随着公众生活水平和教育程度的普遍提高，人们对绿色生产生活更加向往，公众环境保护意识与维权意识逐渐增强。公众参与型环境规制充分发挥人民群众参与环境保护的主动性和积极性，日渐成为环境保护工作的重要方式。

总体来看，命令控制型环境规制和市场引导型环境规制是目前国际上常用的两种环境规制工具，可以认为是正式的环境规制。除此之外，还存在一些非正式的环境规制方式，如环境自愿协议、生态标签、公众监督、媒体报道等。从环境规制方式的效果来看，命令控制型环境规制是指主管部门利用行政权力从源头控制企业污染排放，这种规制政策虽然短期内能够产生明显效果，但其弊端是减少污染的同时也限制了企业生产经营。党的十八大报告提出"加强生态文明制度建设。保护生态环境必须依靠完善的制度安排。积极开展节能量、碳排放权、排污权、水权交易试点"。随着法律体系的健全和市场机制的不断完善，政策制定部门试图寻找更加有效的环境规制政策，激励企业进行主动的技术创新。

三 提升高效生态产业发展绩效的体制建设

要从根本上提高中国高效生态产业的发展绩效，必须结合政府与市场两方面的合力，政府做好市场维护者和监管者角色，市场有效激励企业在竞争中的创新活力，提高技术水平。

1. 建立绿色发展理念，转变经济发展方式

世界发达国家在经济发展初期都经历了先污染后治理的路径，随着人类生态足迹的不断扩大，环境恶化日益严重，人们开始意识到"指数式增长"将给地球带来灾难，亟须降低因过度增长带来的污染排放和环境损害。因此，要从根本上保护环境，需要建立绿色经济发展理念、转变经济增长方式，抑制过冲现象发生。源于独特的经济体制和政治体制，中国的经济发展方式很大程度上受中央政府的发展战略和地方政府的执行行为影响。当前，中央政府已经强化环境保护和高质量发展定位，但地方政府对经济增长和就业的追求仍然比较强烈，地方政府要从过度追求经济增长转移到绿色发展上来，需要建立合理的激励机制，优化地方政府绩效考核机制，促使地方政府注重经济与环境协调发展。一是加强对政府环境保护工作成效的考核，避免以牺牲环境为代价来换取 GDP 的快速增长；二是建立有效的激励机制和考核晋升机制，科学制定考核指标体系，要实现经济和生态双赢，考核体制既包括绿色发展结果指标，又包括污染控制的过程性结果类指标；三是鼓励全社会参与环境保护，更加注重发挥公众监督和第三方组织在绩效考核中的作用，设置奖励基金，鼓励群众对污染现象进行举报，将群众满意度和环境污染破坏事件等指标纳入地方政府的绩效考核指标体系。

转变经济发展方式，从粗放式高速增长向高质量发展转变，兼具经济效益和生态效益的高效生态经济是推进高质量发展的切入点。高效生态产业是实现经济可持续发展的基本元素和载体，推进高效生态产业发展中合理界定市场和政府的功能定位，完善制度供给，在以经济绩效为主要考核指标的晋升激励下，地方政府倾向于弱化环境规制强度，不惜破坏环境来发展经济。环境规制政策的制定和落实过程中不可避免地涉及中央政府、地方政府和企业三者之间的博弈，因此，制度供给至少包含两个方面，一是，建立能够激励地方政府进行环境保护的激励机制，也就是给地方政府的目标函数施加约束条件，这就需要在考核机制中适当增加环境保护的比重，否则的话，可能会导致地方政府为了获得更快

的经济增长而出现"逐底竞争"的现象。二是，地方政府与企业之间的博弈问题，地方政府的激励落实了之后，还要让企业自觉进行绿色生产，减少污染排放，这就要减少地方政府对企业生产经营的干预，放松行政垄断，引入竞争，并对绿色生产和绿色消费设立奖惩机制，激励企业在市场竞争的优胜劣汰中自觉选择绿色生产。

2. 制定和实施合理的环境规制政策

环境污染的外部性对政府的有效干预提出了要求，波特假说也表明，制定并实施合理的环境规制政策有利于激励企业主动进行技术创新，创新带来的补偿效应将抵消遵循成本效应。发展高效生态产业需要坚持环境保护与绿色发展导向。我们应该清醒地认识到中国生态环境的脆弱，环境污染和资源消耗已经接近环境的承载极限，我们还是发展中国家，经济发展和生态环境都是人们生存不可或缺的，那么发展高效生态经济就成为必然选择，制定激励型环境规制政策，提高经济发展的环境效率。由于我国地域广大、产业结构复杂多样，因此还要实施差异化环境规制政策，针对不同产业和不同地区的发展特点，分别制定环境规制政策，形成行政垄断与环境规制提升工业生态效率的合力。① 重度污染性产业适宜实施严格环境规制政策或者通过行政命令方式控制污染排放，对于低污染行业适宜采用市场激励型环境规制政策。东部地区市场化程度较高，竞争充分，适宜采用市场型环境规制，中西部地区技术薄弱，竞争不充分，适合采用命令控制型环境规制。

已有大量研究以工业行业为研究对象，把行业分为重度污染产业、中度污染产业、轻度污染产业三类，分别研究环境规制对不同行业的影响。考虑到不同行业的技术存在较大差异，环境规制的效果在不同行业中存在较大差异，所以，环境规制绩效存在明显的行业异质性。根据各行业技术创新能力和生态效率将工业行业分为三个层次：第一层次是具备先进技术的高效生态产业，第二层次是具备创新动力的传统产业，第三层次是亟须改进的污染密集型行业。三类行业技术水平的差异决定了环境规制强度存在差异。一般来说，已经具备了较高技术水平的行业其后续创新能力也较强，因此可以采取市场激励型的环境规制政策；而技

---

① 邱兆林、王业辉：《行政垄断约束下环境规制对工业生态效率的影响——基于动态空间杜宾模型与门槛效应的检验》，《产业经济研究》2018年第5期。

术水平较低的行业其创新能力不足，环境规制很难促进企业创新，针对这些行业可以实施命令型环境规制政策，就是控制污染排放，从终端治理这些企业的污染排放。由于行业特点和制度环境等因素的影响，不同行业的人力资本水平存在较大差异，因此，环境规制对不同人力资本水平行业的影响也存在较大差异。人力资本水平较高的行业，其创新能力较强，在人们对绿色生态环境向往和政府环境规制的约束下，企业有动力也有能力进行技术创新，如果政府可以实施有效的激励措施就可以刺激企业进行绿色生产技术的创新。对那些人力资本水平较低的行业，其本身就缺乏创新动力和创新能力，所以市场型环境规制很难激励其进行创新，对于这样的行业，实施命令控制型环境规制政策，依靠行政和法律手段从末端控制企业污染排放，可能治污效果会更好。创新环境治理理念和方式，探索高效生态产业发展方式，完善碳排放交易权市场，采用多样化财政金融工具激励企业减排行为。形成政府、企业和公众共治的环境治理体系，强调政府、企业和公众共同参与、协调合作监督，形成"自上而下"和"自下而上"相结合的双向、动态监管模式。①

3. 鼓励技术进步，优化高效生态产业结构

技术是推进高效生态化发展的动力源泉，无论是生产技术进步还是治污技术进步都能在一定程度上提高生态效率，而清洁生产技术则是合二为一，既能够提高资源利用效率，又能减少污染排放。由于发达国家对我国进行绿色先进技术的封锁，发展绿色经济不能指望引进国外的技术，何况关键核心技术是无法引进的，更需要企业进行投入和自主创新。环境规制的最终目的是鼓励支持国内企业进行清洁型生产技术的自主创新，无论是清洁生产，还是污染治理都离不开技术的支持。政府制定严格的补贴程序和补贴标准给企业技术创新以税收优惠或补贴支持。优化产业结构，鼓励战略性新兴产业发展，税收和财政支出应发挥调整产业结构的导向作用，尤其是第二产业能源消耗大、污染排放多，亟须调整产业发展模式。一方面，大力扶持战略性新兴产业，如人工智能、新能源、新材料、生物技术、信息技术等产业；另一方面，增加技术研发和教育等公共服务领域的财政支出，发挥联动效应，通过公共服务支出促

---

① 张腾飞、杨俊：《绿色发展绩效的环境保护　财政支出效应评价及政策匹配》，《改革》2019年第5期。

进企业研发投入和人力资本发展，促进节能环保技术和生产效率改进技术发展。

4. 着力提升高层次人力资本水平

产业发展绩效需要技术支撑，技术创新归根结底要靠人才和高质量人力资本积累。提高人力资本水平，充分发挥高质量人力资本的资源优势和环保监督作用。首先，人力资本是知识经济社会最重要的战略资源，人力资本积累是生产的投入要素，更是创新的关键资源，相对于物质资本而言，人力资本作为生产要素和研发要素，更能产生规模报酬递增和溢出效应。人力资本流动能够实现要素优化配置，提高配置效率，可以释放人力资本的溢出效应，促使地区间和行业间协调发展。其次，随着人们生活水平和受教育程度的提高，人民对美好生活环境的要求更迫切。高质量人力资本对环境的更高追求逐渐形成非正式环境规制，因此，可以发现人力资本水平较高的地区，人们对生态文明的诉求更加迫切，公众和媒体监督有助于环境规制政策有效落实，形成地方政府非完全执行的约束因素。高质量人力资本主动宣传绿色消费理念，参与绿色消费实践，产生明显的带动效应。最后，加大人力资本投入，提高教育质量。推动高效生态产业发展要依靠"人才红利"，培养人才的关键是教育改革，亟须改变高等学校教育的内容和方式，优化学科建设，加强职业教育，制定更为科学有效的人才评价标准。

第十五章　高效生态产业发展的数量分析

第一节　生态经济数量分析的简要回顾

18世纪重农主义者代表人物弗朗斯瓦·魁奈（Francois Quesnay），最早尝试在自然力和一个国家的"居民"管理之间建立系统的定量关系。[①] 1966年鲍尔丁的地球宇宙飞船假说提出后，1971年美国研究者在该假说的基础上，利用计算机模拟技术，将43个变量通过22个线性与非线性关系连接在一起，构造了一个世界动力学模型。1972年罗马俱乐部的学者基于此世界动力学模型，构建了更为精致的世界模型。他们考察了五种限制经济增长的基本因素：人口增长、农业活动、自然资源可得性、工业活动和污染，于1972年发表了关于人类困境研究的报告《增长的极限》，此书对人类未来发展将面临的严重困境提出了警告。《增长的极限》是一项具有雄心的尝试，现代计算机方法被引入，用以构建复杂的模型，负责处理变量之间的相互作用，包括反馈回路的数学方程式，构建而成的14个模型试图将古典的李嘉图—马尔萨斯稀缺观与诸如全球污染、非再生资源耗竭和技术导向的资本积累等当代生态环境问题结合起来，是生态经济学数量分析的一次特别尝试。[②] 但是，生态经济学数量分析方法并不关注环境服务的边际成本和定价，而是将经济体系当作只能根据其物理极限和承载能力开发的自然世界的一部分，承载能力是生态系统的一种特殊财富，区域生态系统、国家或者地球的承载能力是生态经济学

[①] ［德］彼得·巴特姆斯：《数量生态经济学》，齐建国、张友国、王红等译，社会科学文献出版社2010年版，第22—24页。

[②] ［英］E. 库拉：《环境经济学思想简史》，谢扬举译，上海人民出版社2007年版，第155—164页。

数量分析界定生态可持续性的操作核心原则。①尽管生态经济学数量分析认为经济学研究资源的有效配置这一目的很重要,但是有效配置本身绝对不是生态经济学数量分析的目标,生态经济学数量分析力图通过大量的数量分析和实证研究,确定经济增长侵占支持它的生态系统的机会成本何时超过增长的收益,确定经济增长何时变得不经济,并提供必要的政策保证经济处于其最佳规模的范围内,最终目标是实现最佳规模下的稳态经济。而环境经济学数量分析则不处理利用自然的问题,而只处理在提供和利用环境服务的过程中矫正市场失灵的问题。它试图把环境纳入市场中的商品、服务和货币交换体系。环境经济学数量分析期望通过市场能给曾经是免费供应的环境服务的稀缺性一个货币化的价值,根据被广泛采用的污染者付费原则,居民、企业、政府和非政府机构等经济实体必须为其产生的环境影响和社会成本负责,力图在生产函数、经济增长、经济发展模型分析中使环境影响变量内生化。

进入20世纪后的几十年中,各种数量分析方法相继被引入生态经济分析之中。对生态经济学产生了最大影响的分析方法是20世纪90年代霍华德·T.奥德姆(Howard T. Odum)的能值价值论以及能值定量分析方法、瓦克纳格尔(M. Wackernagel)等的生态足迹分析以及康世坦的生态系统服务价值分析。②此外,还有其他比前述方法更早发展起来的诸如生命周期评价(Life Cycle Assessment)、积累火用分析(Cumulative Exergy Analysis)、火用生命周期评价(Exergetic Life Cycle Assessment)、物质流分析(Material Flow Analysis)等方法在生态经济学中也继续得到了应用。③但是相对于生态足迹、能值分析及生态系统服务价值分析而言,研究论文的数量较少。进入21世纪以来,生态经济学在上述数量分析方法的支持下,日益朝着模型化趋势发展,得益于数学工具的不断引进以及计算机等信息处理辅助工具的日新月异,其研究手段越来越多地表现为多门学科联动、多类技术手段集成。环境经济学的集大成者威廉·诺德

---

① [德]彼得·巴特姆斯:《数量生态经济学》,齐建国、张友国、王红等译,社会科学文献出版社2010年版,第29—40页。
② 樊胜岳、王曲元、包海花:《生态经济学原理与应用》,中国社会科学出版社2010年版,第123—124页。
③ Jorge Hau, Bhavik R. Bakshi, "Promise and Problems of Emergy Analysis", *Ecological Modeling*, Vol. 178, 2004, pp. 215–225.

豪斯（William D. Nordhaus）用经济学分析框架分析环境变化，比较强调用市场化方式解决气候变化问题，其政策主张就包括给碳排放进行定价。20世纪70年代以来，他发展了研究全球变暖的经济学方法，包括构建了整合的经济和科学模型DICE（Dynamic Integrated Climate – Economy）和RICE（Regional Integrated Model of Climate and the Economy）；20世纪90年代中期，他首创了综合评估模型（Integrated Assessment Model），定量模拟描述全局的经济与气候之间的相互作用，整合了理论和来自物理、化学和经济学的实证结果，可以用于测试例如碳税等相关气候政策干预经济的后果，为应对气候变化提供了有效途径。

1. 生态足迹分析方法

生态足迹（Ecological Footprint）是最初由加拿大经济学家威廉·里斯（William Reese）提出，后来经过瓦克纳格尔在20世纪90年代阐述的一种度量可持续发展程度的方法，它是一组基于土地面积的量化指标。生态足迹模型主要基于两个基本的事实：第一，人类可以确定自身消费的绝大多数资源及其所产生的废弃物的数量；第二，这些资源和废弃物能转换成相应的生产过程。[①] 生态足迹方法通过对生物生产面积的计算来实现对区域发展可持续性的定量测度。所谓生物生产性面积是指具有生态生产能力的土地或水体，是通过对各种能源和能源消费项目进行折算得到的，主要有以下六种类型：耕地、森林、草地、化石能源、建筑用地和水域。由于不同土地单位面积的生物生产能力差异很大，因此在计算生态足迹时，要在这6类不同的土地面积计算结果数值前分别乘上一个相应的均衡因子，以转换为可以比较的生物生产的均衡面积。生态足迹方法假设这6种生物生产面积是互斥的，这种互斥性使得在计算过程中可以对这6种生物生产面积进行加权求和，其计算结果就是生态足迹。在加权求和过程中对各类生物生产面积乘以一个均衡因子。均衡因子等于全球某一类土地潜在的平均生态生产力和全球土地的平均生态生产力的比值，体现了不同土地类型间生物生产能力的差异。生态足迹的计算包括生态足迹即生态需求方面的计算、生态承载力即生态供给方面的计算以及在这两者基础上比较得出的生态赤字或者生态盈余。

生态足迹（即生态需求）的计算公式如下：

---

① 刘康：《生态规划——理论、方法与应用》，化学工业出版社2011年版，第99—104页。

$$EF = Ne_f = N\sum r_j A_i \quad (j = 1,2,3,4,5,6; i = 1,2,\cdots\cdots n) \quad (15.1)$$

式（15.1）中，EF 为区域总的生态足迹，e_f 为人均生态足迹，N 为人口数，r_j 为第 j 类生物生产性土地的均衡因子；j 为前篇所提到的 6 类生态性土地类型；A_i 为第 i 种消费项目折算的人均生态足迹分量，单位为 $hm^2/$人；i 为消费项目的类别。

A_i 通过下列等式计算：

$$A_i = C_i/Y_i = (P_i + I_i - E_i)/(Y_i N) \quad (15.2)$$

式（15.2）中，C_i 为第 i 种消费项目的人均消费量；Y_i 为第 i 种消费项目的全球平均产量，单位是 kg/km^2；P_i 为第 i 种消费项目的年生产量；E_i 为第 i 种消费项目的年出口量，I_i 为第 i 中消费项目的年进口量。

生态承载力（生态供给）的计算。为了实现国家或者地区间的生态足迹比较，生态足迹方法通过当量因子把各类生物生产性土地面积转换为等价生产力的土地面积，而产量因子是一种生产空间类型的局地产量和全球平均产量之比，表示了特定区域各类空间类型单位面积产量超过或低于世界平均水平的情况。计算出生态足迹之后，通过产量因子计算生态承载力，将两者结果进行比较来分析可持续发展程度。[①] 出于谨慎考虑，生态承载力计算时应该扣除掉 12% 的生物多样性保护面积。计算公式如下：

$$EC = 0.88N\sum e_c = 0.88N\sum A_j r_j y_j, \quad (j = 1, 2, 3, 4, 5, 6) \quad (15.3)$$

式（15.3）中，EC 为总的生态承载力，单位为 hm^2；e_c 为人均生态承载力；A_j 为人均实际占有的生物生产性土地面积，单位为 $hm^2/$人；y_j 为产量因子，其他指标的意义同式（15.1）和式（15.2）。

对 EC 和 EF 进行比较，如 $EC < EF$ 则表示出现生态赤字；如 $EC > EF$ 则意味着生态盈余，即该区域发展处于相对可持续状态。[②]

作为一种定量测度区域可持续发展状态的方法，生态足迹方法能够较为客观地度量生态—经济—社会复合系统的可持续性，其计算所需要的数据容易获得、计算结果能够方便进行国际与区域间比较，问世以来

[①] 高翀、王京安：《生态足迹理论研究进展及实践综述》，《商业时代》2011 年第 10 期。
[②] 刘康：《生态规划——理论、方法与应用》，化学工业出版社 2011 年版，第 100 页。

引起了世界各国的广泛关注，越来越多的国家采用生态足迹来考察本国生态系统的可持续性问题。国际上，世界自然基金会（World Wide Fund For Nature，WWF）从 2000 年起每隔两年就公布一次全球各国的生态足迹，在中国，从 2008 年起中国环境与发展国际合作委员会等机构与 WWF 同步发表中国生态足迹报告。但是，也有研究者认为，该方法相对于其他方法而言，没有准确地反映出人类消费所带来的冲击；不能正确地分配责任；该方法对于决策者所能起到的作用很小。[1]

鉴于生态足迹方法运用的广泛性和其方法存在的许多问题，针对性的研究一直在不断深入。生态足迹计算方法也在实践中得到了完善和发展。成分法最早由西蒙斯（Simmons）和钱伯斯（Chambers）提出，后经约翰·巴雷特（John Barrett）等进行了进一步完善。巴雷特针对成分法消费项目本身难以区分和定义的缺点提出了系统的 Stepwise 方法（即阶梯式成分法），把国家的足迹核算分解成直接能源、原材料、废弃物、食物、私人交通、水、建筑用地，对收集到的数据进行物流分析，研究物质在不同产业部门、人口与环境之间的流动，从而将消费数据转化为组分，后续的研究又将货币投入产出分析和现有国家生态足迹账户（NFA）相结合，改进了原有的生态足迹和物流分析法，建立了生态足迹和物流方法与经济活动间联系，反映了由产业间依存关系产生的间接环境影响。[2] 投入产出法对生态足迹计算影响深远。该方法最早由华西里·列昂惕夫（Wassily Leontief）在 20 世纪 30 年代构建，60 年代时他将环境等因素引入了该模型。进入 21 世纪后，许多研究者将投入产出模型引入生态足迹模型以期改造并弥补该模型的不足。[3] 凯瑟琳·B. 比克内尔（Kathryn B. Bicknell）是第一个将投入产出法引入生态足迹计算过程中的人，她通过利用实际土地使用数据，结合了一个 80 个部门的投入产出框架的

---

[1] Thomas Wiedmann, Jan Minx, John Barrett, et al., "Allocating Ecological Footprints to Final Consumption Categories with Input–output Analysis", *Ecological Economics*, Vol. 56, 2006, pp. 28–48.

[2] John Barrett, "Component Ecological Footprint: Developing Sustainable Scenarios", *Impact Assessment and Project Appraisal*, Vol. 19, No. 2, 2001, pp. 107–118.

[3] Garry W. McDonald, Murray G. Patterson, "Ecological Footprintsand Interdependencies of New Zealand Regions", *Ecological Economics*, Vol. 50, 2004, pp. 49–67.

联合内涵能量乘数,求得了新西兰总体的生态足迹。①冯君君在比克内尔的基础上又前进了一步,他不采用集中土地乘数,而是采用土地乘数的组合,结合生产活动来计算生态足迹,得出的结果与比克内尔的结果不同。②之后,加里·W. 麦克唐纳(Garry W. McDonald)和默里·G. 帕特森(Murray G. Patterson)又修正了比克内尔的模型,建立了一个关于新西兰的多重区域输入输出模型。他们构建了区域性的投入产出表以及一个区域土地占用模型来计算新西兰 16 个地区的生态足迹模型及其关联,计算结果按照土地类型和经济部门进行分解。③托马斯·维德曼(Thomas Wiedmann)等人首次将投入产出模型引入一个现存的国家生态足迹核算体系,并将该体系彻底变革。他们没有用实际的土地使用或者土地干扰作为输入数据,而是采用了基于生态生产率的国家生态足迹数据(NFA)作为计算的开始,最终提出了一个基于投入产出分析的生态足迹模型,由经济部门、最终需求清单、次国家区域或者社会—经济群落形成的国家生态足迹经由该模型可以分解,并且使结果可以相互比较。他们的研究中区分了全球产量,区域产量和不变产量的含义,将生态足迹的计算推广到时间序列的计算上,弥补了计算指标的静态性的缺点。④

2. 能值分析方法

能值理论是由奥德姆创立的,他从 20 世纪 50 年代开始分析研究生态系统能量;70 年代发展出独创性系统生态学理论方法;80—90 年代发展出能值分析理论方法。⑤能值(Emergy)是指某种流动或者储存的能量包含另一种类别能量的数量,即产品或者劳务形成过程中直接或者间接投入应用的一种能量的综合。能值不等于实际的能量,而是一定类别和一

---

① Kathryn B. Bicknell, Richard J. Ball, Ross Cullenr, et al., "New Methodology for the Ecological Footprint with an Applicationto the New Zealand Economy", *Ecological Economics*, Vol. 27, 1998, pp. 149 - 160.

② Jiun – Jiun Ferng, "Using Composition of Land Multiplier to Estimate Ecological Footprints Associated with Production Activity", *Ecological Economics*, Vol. 37, 2001, pp. 159 - 172.

③ Garry W. McDonald, Murray G. Patterson, "Ecological Footprintsand Interdependencies of New Zealand Regions", *Ecological Economics*, Vol. 50, 2004, pp. 49 - 67.

④ Thomas Wiedmann, Jan Minx, John Barrett, et al., "Allocating Ecological Footprints to Final Consumption Categories with Input – output Analysis", *Ecological Economics*, Vol. 56, 2006, pp. 28 - 48.

⑤ 樊胜岳、王曲元、包海花:《生态经济学原理与应用》,中国社会科学出版社 2010 年版,第 125—150 页。

定数量的能量在一定时间和空间的聚集，其实质是体现能（Embodied Energy）或者能量记忆（Energy Memory），产品的产地、生产方式以及生产过程中的技术条件、管理效率等，都会影响产品最终能值的大小，总的来说，投入该产品的能量越多，能值就越大。由于地球上人类所能利用的各种能量均始于太阳能，因此常以太阳能值（Solar Emergy），即任何流动或者储存的能量所包含的太阳能的量为标准来衡量某一能量的能值。[①]不同的能量具有不同的能级和能质，相互之间具有特定的转换关系，即能值转换率（Emergy Transformity）。能值和能值转换率揭示了能量的能质、等级及其真实价值，能值转换率是能值换算过程的关键参数。一般而言，能值转换率随着能量等级的提高而增加，某种能量的能值转换率越高，表明该种能量的能质和能级越高；处于自然生态系统和社会经济系统较高层次上的产品或生产过程具有较大的能值转换率，复杂的生命、人类劳动、高科技等均属高能质、高转换率的能量。能值分析（Emergy Analysis）则是通过太阳能值转换率（Solar Emergy Transformity），将不同类别、难以直接比较的能量形式转化成同一的太阳能值来进行比较，把自然生态系统有形的资源供给、无形的生态系统服务和社会经济系统物质生产与人类消费有机联系起来。奥德姆于1996年出版的著作《生态学基础》中给出了一个常见太阳能值表，目前大部分实证研究在进行能值分析时会直接采用奥德姆及其他先期研究者给出的参考数值。太阳能值转换率计算公式如下：

能值 = 能值转换率 × 能量 (15.4)

能值评价是以能量为工具分析开放系统热力学的一种环境会计方法（Environmental Accounting Method），它用能值作为统一标尺衡量不同性质的质别的能量，构建了系统自然特征与经济研究的统一平台，提供了一种以生态和经济为中心的评价方法，广泛用于测算系统能量流、物质流、信息流、货币流、评价生态系统健康、生态效率、生态管理和设计复合生态系统、产业生态、区域生态及评估区域可持续发展评价等研究领域。[②] 学者们在奥德姆研究的基础上，通过不断创新，构建了系统的综合

[①] 彭建、刘松、吕婧：《区域可持续发展生态评估的能值分析研究进展与展望》，《中国人口·资源与环境》2006年第5期。

[②] 魏胜文、陈先江、张岩、于应文、牛俊义：《能值方法与存在问题分析》，《草业学报》2011年第20卷第2期。

性评价指标体系。

能值理论首次将自然资本的价值纳入环境经济系统范畴,来反映环境资源的外部性及其对经济过程的贡献,利用综合指标的纵向、横向比较分析,来评价人类社会—经济—生态复合系统运行的生态经济效率与发展的水平及可持续性程度,能值分析直接促进了生态经济学向着数量分析方向的演进过程。尽管能值分析方法已经取得了广泛的影响和应用,但是该理论及方法仍然被评价为过于简单、具有内在冲突、容易产生误导以及不准确等问题。由于能值分析过分强调了生态供给的方面而忽略了人类行为及需求,使目前占主流地位的、关注人类而不关注生物世界的现代经济学怀疑能值理论是否能够准确抓住与人类有关的产品的价值,很多主流经济学家几十年来一直拒绝把生态经济学纳入主流经济学研究。对能值理论的批评意见集中在生态中心论、最大功率原则的普适性、缺乏与其他分析方法的规范性连接、时间跨度障碍、等价问题、能值分析的定量问题、能值分析中分配环节的问题七个方面。[1]

为了更好地沟通生态学应用分析中的不同方法,使能值能够与其他方法的火用、能量等代表性指标进行规范的换算等价,还有研究者将能值分析中可获得性能源定义为具有潜在做功的火用或者能量,或将火用作为起始点来构建能值的概念。由于火用与能值的结合可以使能值分析在未来应用于工程产品和流水线的生命周期分析,为了能够将能值分析融合进工程学的火用分析、热力经济学、积累火用分析(CEC)以及扩展火用分析等方法,有研究者构建了一个生态积累火用消费模型(ECEC)。[2] 此外,随着研究内容的不同,能值分析方法也不断改进或者与其他方法融合。例如,用通常的能值方法分析类似于流程工业这一类的多重系统时往往会产生错误,为了纠正这一问题,有研究者对多重生产系统进行了分类,将之分为非分离型生产系统和半独立型生产系统,并给出了相应的改进后的能值分析方法。[3] 为了分析作为传统能源厂最有

---

[1] Jorge Hau, Bhavik R. Bakshi, "Promise and Problems of Emergy Analysis", *Ecological Modeling*, Vol. 178, 2004, pp. 215–225.

[2] Jorge Hau, Bhavik R. Bakshi, "Promise and Problems of Emergy Analysis", *Ecological Modeling*, Vol. 178, 2004, pp. 215–225.

[3] K. Cao, X. Feng, "The Emergy Analysis of Multi-product Systems", *Institution of Chemical Engineers*, Vol. 85, No. B5, 2007, pp. 494–500.

希望的代替者—浓缩太阳能（CSP）系统，有研究者将内涵能量与能值分析两种方法融合起来构建了一个生态核算模型进行研究。[1] 作为生态经济学重要的研究方法工具之一，能值分析方法在 2000 年以来得到了广泛的应用。从小到一个农户家庭生产单元的微型生态经济系统，到国与国能值贸易的巨尺度的全球生态系统，都有采用能值分析方法的研究成果。由于奥德姆采用的最大功率原则受到了一些研究者的诟病，有学者提出了一些补偿性的分析。例如，科拉多·吉安南顿（Corrado Giannantoni）提出了一个关于最大功率原则的数学计算方程式，能够对该定理提供一个一般性的证明过程。[2] 还有学者尝试用相图法取代能值分析表格。[3] 此外，能值分析评价结果由于缺乏不确定性分析而常常遭受到一定的质疑，基于此，有研究者提出使用蒙特卡洛法模拟计算能值表格模型的不确定性，[4] 但蒙特卡洛法需要事先确定参数的概率分布和相关性，从而限制了它的使用。后续有研究者借鉴国际通用的《测量不确定度评定与表示指南》，辨识了能值表格模型的两种数据类型，并分别引进了方差法和泰勒法计算能值表格模型的不确定度，然后用案例加以验证。结果表明，当有多个系统重复样本时，方差法由于不需要任何假设且考虑了模型参数间潜在的相关性，而计算精度更可靠，且计算方法简单；当只有系统组分的重复样本数据时，泰勒法由于不需要作概率分布假设，而比蒙特卡洛法更为适用，且计算也更为方便和简单。这一研究补充完善了能值理论的不确定性评估，是将不确定性分析纳入能值分析与评价实践的重要成果，在一定程度上将促进能值理论和方法的更广泛接受和应用。[5]

---

[1] Meimei Zhang, Zhifeng Wang, Chao Xu, "Embodied Energy and Emergy Analyses of a Concentrating Solar Power (CSP) System", *Energy Policy*, Vol. 42, 2012, pp. 232–238.

[2] Corrado Giannantoni, "The Problem of the Intitial Conditions and Their Physical Meaning in Linear Differential Equations of Fractional Order", *Applied Mathematics and Computation*, Vol. 141, 2003, pp. 87–102.

[3] B. F. Giannetti, F. A. Barrella, C. M. V. B. Almeida, "A Combined Tool for Environmental Scientists and Decision Makers Ternary Diagrams and Emergy Accounting", *Journal of Cleaner Production*, Vol. 14, No. 2, 2006, pp. 201–210.

[4] Wesley W. Ingwersen, "Uncertainty Characterization for Emergy Values", *Ecological Modeling*, Vol. 221, 2010, pp. 445–452。

[5] Linjun Li, Hongfang Lu, Daniel E. Campbell, et al., "Methods for Estimating the Uncertainty in Emergy Table-form Models", *Ecological Modelling*, Vol. 222, 2011, pp. 2615–2622.

3. 生态系统服务价值分析

生态系统服务（Ecosystem Services）是指生态系统与生态过程所形成以及所维持的人类赖以生存的自然条件及效用，主要包括向经济社会系统输入有用物质和能量、接受和转化来自经济社会系统的废弃物以及直接向人类社会成员提供自然生态服务。康世坦最早开展了关于全球生态系统服务与自然资本价值估算的研究工作。[1] 与传统经济学意义上的服务（它实际上是一种购买和消费同时进行的商品）不同，生态系统服务只有一小部分能够进入市场被买卖，大多数生态系统服务是公共品或准公共品，无法进入市场。[2]

康世坦等人在测算全球生态系统服务价值时，首先将全球生态系统服务分为 17 类子生态系统，之后采用或构造了物质量评价法、能值分析法、市场价值法、机会成本法、影子价格法、影子工程法、费用分析法、防护费用法、恢复费用法、人力资本法、资产价值法、旅行费用法、条件价值法等一系列方法分别对每一类子生态系统进行测算，最后进行加总求和，计算出全球生态系统每年能够产生的服务价值。计算结果是，每年的总价值为 16 万亿—54 万亿美元，平均为 33 万亿美元。33 万亿美元是 1997 年全球 GNP 的 1.8 倍。[3] 成本—效益分析是生态系统服务价值评估方法的基础，首先识别研究区域内生态系统服务功能的种类，对各类生态系统服务功能给予评价功能量的表观指标，然后对其采用直接市场法、替代市场法和假想市场法等多种货币化手段进行评估。

康世坦的研究成果面世后引起了巨大的反响，也招致了不少批评。他本人也承认他所构建的方法在计算方法、可行性和重复计算方面存在问题，主要集中在生态系统服务货币化评估的必要性和有效性。由于生态系统本身的复杂性，各项服务之间存在着相互依赖的关系，使生态系统服务的分类本身就缺乏严格的标准，同时存在着时间和空间上复杂的尺度转换问题。而且，为了适应生态系统的复杂性，生态系统服务通常可以有几种不同的评估方法，评估结果在很大程度上依赖于选择的不同

---

[1] Robet Costanza, Ralph d'Arge, Rudolfde Groot, et al., "The Value of the World's Ecosystem Services and Natural Capital", *Nature*, Vol. 387, 1997, pp. 253–260.

[2] 刘康：《生态规划——理论、方法与应用》，化学工业出版社 2011 年版，第 71 页。

[3] Robet Costanza, Ralph d'Arge, Rudolfde Groot, et al., "The Value of the World's Ecosystem Services and Natural Capital", *Nature*, Vol. 387, 1997, pp. 253–260.

方法，从而使得到的结果间缺乏可比性。此外，经济学方法具有本身的局限性，用经济学方法对生态系统进行评估时往往很难真实完整地反映出自然系统的价值，特别是当人类对生态系统服务的偏好随着时间和新信息的出现而发生变化时，可能会出现更大的差异。

进入 21 世纪后，随着人们对生态系统的重视，近年来有关生态系统服务价值的研究呈指数增加。2001 年，由全球 1360 位科学家参与的"千年生态系统评估"（Millennium Ecosystem Assessment，MEA）是生态经济系统价值分析的一个重要的里程碑，该评估开展了全球尺度和 33 个区域尺度的研究并形成报告《生态系统与人类福利》，这是首次在全球范围内开展对生态系统及其对人类福利影响的多尺度综合评价，为改进生态系统管理提供了充分的科学依据和借鉴意义。① 其后，在全球和区域尺度、流域尺度、单个生态系统尺度、单项服务价值方面开展了大量的研究工作，同时关注生态系统服务价值的空间异质性和服务价值与经济、社会等的联系。此外，研究者建立 GUMBO 模型，模拟了 2000 年全球生态系统服务的价值量，并预测了不同情景下生态系统服务价值的变化趋势；还基于 IMAGE 系统和 GLOBIO 模型预测了随着人口和经济发展，气候、污染、土地利用状况和生物多样性在不同情景下的变化趋势。另外，计算机技术不断成熟，地理信息系统分析（GIS）也引入生态系统价值分析评估中。GIS 较早被用来研究大尺度的景观生态评估，随着生态系统服务价值研究的不断深入，逐渐将 GIS 技术与价值评价法联用，主要用于分析生态系统服务价值的空间分布和转移，进而分析土地利用变化对生态系统服务价值的影响，并将 GIS 技术与区域尺度上生物多样性、土地利用变化和生态系统服务相结合。GIS 与价值评估法联用开发的动态评估区域生态价值模型可以用于评价土地利用。而 InVEST 软件是由美国斯坦福大学、世界野生动物基金会（WWF）和美国大自然保护协会（TNC）联合开发，用于生态系统服务功能评估的模型系统，旨在通过模拟预测不同土地利用情景下生态系统服务功能物质量和价值量的变化，为决策者

---

① Millennium Ecosystem Assessment，"Eco‐systems and Human Wellbeing: Biodiversity Synthesis"，Washington DC: World Resources Institute，2005.

权衡人类活动的效益和影响提供科学依据。① 另外，还有针对生态系统服务功能的种种专项研究。

4. 引入环境影响变量的生产函数法

威廉·D. 诺德豪斯充分考虑气候变化、碳排放与经济增长的动态综合气候—经济模型 DICE，依然建立在西方发达市场经济国家主流经济学新古典生产函数理论基础之上，可以认为这是一种引入环境变化的生产函数法。根据他对 DICE-2007 模型的介绍，这里归结为几方面的主要内容。第一，基于经济和气候政策应当能够在时间维度优化消费流的假定，建立了最大化社会福利的目标函数的数学公式；第二，区域和全球的生产函数选择包含资本、劳动和希克斯中性技术进步的规模报酬不变的柯布－道格拉斯生产函数；第三，将经济活动、温室气体排放与碳循环、辐射压力、气候变化联系到一起，建构地球物理学方程；第四，运用拉姆齐方程（Ramsey Equation）$r^* = \rho + \alpha g^*$ 计算均衡资本真实回报率，其中 r^* 即均衡资本真实回报率，它是思考代际投资决定的核心概念，因而也是选择全球变暖政策的核心概念，ρ 为时间贴现率，α 是消费弹性，g^* 是每一代不变的人口和不变的消费增长率；通过完全预见假设和运用所有参数的预期值对模型进行计算的确定性等价假设，解决复杂多样的不确定性问题，从而提供了不确定性条件下的完整答案的初步估计，为可选途径的经济学分析提供了基本的直观认识。②

迄今为止，国际学术界关于生态经济数量分析的探索主要集中在能值、生态足迹、生态系统服务价值分析，以及建构或选择某种生产函数模型将环境影响变量内生化于现代经济增长、可持续发展过程中等方面。适应第四次工业革命数字化、信息化、网络化、智能化、生物化发展趋势，未来生态经济数量分析将在基于计算机模拟技术的生态经济系统时空动态演化模型开发研制、主要生态经济数量分析方法的改进、可持续生态经济评价指标体系的信息集成系统建设等领域有长足进展。

---

① Erik Nelson, Guillermo Mendoza, James Regetz, et al., "Modeling Multiple Ecosystems Services, Biodiversity Conservation, Commodity Production, and Tradeoffs at Landscape Scale", *Frontiers Ecol Environ*, Vol. 7, No. 1, 2009, pp. 4–11.

② ［美］威廉·诺德豪斯：《均衡问题：全球变暖的政策选择》，王少国译，社会科学文献出版社 2011 年版，第 37—62 页。

第二节 高效生态产业发展的微观数量分析

现代经济增长理论因为经济增长的生产函数方法而不断成熟,加上伴随这一过程的现代统计资料和大数据的迅速积累,使市场经济发达国家主流经济学界乃至新兴市场经济体或发展中国家和地区的学者们日益重视经济增长的生产函数分析方法,对于以提高全要素生产率为主要出发点的经济增长的长期动态有效分析,特别是近年来关注因环境变化所带来的经济外部性,进而影响经济长期高效增长的研究来说,更是如此。以下,先就建立在厂商、生产者、企业或公司等供给行为理论基础上的生产函数理论对于经济增长长期动态有效或经济高效生态增长的数量分析做些讨论。然后,在本章第三、第四部分,分别就基于经济增长生产函数分析方法的高效生态产业发展的中观、宏观数量分析进行研讨。

市场经济条件下,微观经济主体或生产单位(厂商、生产者、企业或公司)的生产技术是一组用来对生产要素进行加工以生产商品和服务的竞争性方法的集合。设 $y = (y_1, y_2, \cdots, y_m)$ 是利用向量 $x = (x_1, x_2, \cdots, x_n)$ 给出的 n 个生产要素组合起来后生产出的 m 个产品的向量,则生产可能集为:

$$P = \{(x, y) \mid x \geq 0, y \geq 0, x 可用来生产 y\} \subset R_+^{m+n} \tag{15.5}$$

生产可能集满足下述条件中的某些或全部特点:①本性,没有产出是可能的,但不能从无到有。②闭性,是一个闭集。③有限多个生产要素给出有限多个产品(有界集)。④对生产要素的自由处置,即生产者可以无成本地丢掉多余的生产要素。⑤对成品的自由处置,即生产者可以无成本地丢掉部分或全部产品。⑥凸性,即两个技术上可行的生产的任意凸线性组合(平均)依然还是技术上可行的。

对于一个给定的生产要素向量 x,生产向量 $y^* \in Y(x)$ 在技术上是高效的,若不存在关于 x 可实现的高于 y^* 的生产水平。亦即,$\forall y \in Y(x)$,$y > y^*$ 且 $(x, y^*) \in P \Rightarrow (x, y) \notin P$。可以用多种形式表述这一技术上的高效点,但在只有一种产品的情形时,就可以给出生产函数的定义:

$$f(x) = \max_y \{y \mid y \in Y(x), (x, y) \in P\} \tag{15.6}$$

生产可能集的性质会影响生产函数的性质。过于一般的模型在涉及进行经济数据分析时，很难仅凭经验来处理，所以还要从理论上对生产函数的结构进行齐次性和位似函数、可分离性等的分析和处理以减少生产要素向量的维数，集中分析实践中资本、土地、劳动力、能源等几个有限的生产要素组合所带来的产出。[①]

生产函数的性质和结构与三种弹性紧密相关：产出弹性，即在一定技术条件下，某种要素投入的相对变化所引起的产量的相对变化；生产力弹性，即在一定技术条件下，当全部生产要素都以同一相对改变量变动时所引起的产量的相对变动；替代弹性，即在一定条件下，两种生产要素的边际技术替代率的相对变动将引起两种投入量之比的相对变动。此外，与生产函数性质和结构紧密相关的还有规模报酬，当所有生产要素均以同一的相对改变量变化时，产出做出相对改变的反应。

查尔斯·柯布（Charles Cobb）和保罗·道格拉斯（Paul Douglas）首创的无约束形式的柯布－道格拉斯生产函数在实践中得以广泛应用。这一函数可以写为：

$$Q_t = T_t K_t^\alpha L_t^\beta \tag{15.7}$$

式（15.7）中，Q_t 是 t 时的实际产出，T_t 是技术指数，即"总"生产率指数或全要素生产率；K_t 是以不变价格计算的资本存量指数或资本服务指数；L_t 是劳动投入指数或人时指数；α 是资本的产出偏弹性（假定劳动不变），β 是劳动的产出偏弹性（假定资本不变）。

假设技术变化是外生的，与要素投入无关；技术进步对生产要素集约度的影响是希克斯中性的，即假定劳动与资本的比例不变，技术进步使边际产品的比例不变，亦即技术进步就是新生产函数与旧生产函数平行。应用这一公式时，常常假定 $\alpha + \beta = 1$，即假设规模报酬不变。但是，这一模型的局限性在于：不能区分技术进步带来的函数移动和要素集约化变化带来的沿着曲线移动，除非假定技术进步是中性的；假定技术进步与投入要素无关；无论要素集约性如何，要素间的替代弹性都固定为1；将如此多的异质项加总在一起的函数，其意义含混。另外，也要看到

[①] 关于生产函数概念的分析参见［法］克洛德·热叙阿、克里斯蒂昂·拉布鲁斯、达尼埃尔·斯特里、达米安·戈蒙主编《经济学词典》（修订版），李玉平、郭庆岚等译，史忠义、任君治等审校，社会科学文献出版社 2013 年版，第 480—485 页。

理论上的这些担忧在实践中难以确定,至少在发达国家应用这一模型获得了一些成功。

特别应当指出,上述技术进步实际上是包括劳动质量提高、规模经济、知识进步、资本和劳动的合理组织、资源有效配置、计算误差等在内的一系列不包括投入要素贡献的广义的技术进步或者叫"无知的系数"。① 这也正是在考虑环境等外部性影响因素内生化时也同样常常选择这一生产函数的主要原因。

第三节 高效生态产业发展的中观数量分析

在西方发达市场经济条件下,竞争、供求、价格机制等市场机制相对比较完善,而且均已运行了二三百年的时间;与此相应的是,政府与市场、政府与企业的关系因政府干预较少、科层权力结构层级也少、中央与地方关系上的政治联邦主义等特殊政治制度的安排相对比较简单,所以主流经济学研究对象基本可以抽象为国家层面的宏观和企业层面的微观两个基本维度。但在像中国这样的发展中国家或新兴市场经济体等发展与体制双重转型的场合,就不能不关注从中央到地方等各级地方政府与市场、与企业之间,以及中央政府与地方政府之间的关系了。特别是,为充分发挥中央和地方两个积极性所做出的财政税收体制,即所谓中国特色"财政联邦主义"体制的特殊制度安排,使中国地方政府成为具有相对独立经济利益的主要投资主体,势必影响中国总量生产函数的性质和结构。一句话,中国特色总量生产函数理应体现出中观特征,高效生态产业发展的生产函数模型设立也应当体现中观数量分析的特点。以下就此做简单的建模理论分析。②

考虑简单的社会需求:假设经济体中的个体无差异,代表性个体在时期 t 的效用 $U(\cdot)$ 除了取决于其消费 C_t 外也取决于其生存所处的环境水平 S_t。与消费量一样,环境水平也是个流量而非存量。进一步地,

---

① [英] 瑟尔沃:《增长与发展》,郭熙保译,中国财政经济出版社 2001 年版,第 116—133 页。

② 具体的建模分析和相关计量分析参见张卫国、刘颖、韩青《地方政府投资、二氧化碳排放与二氧化碳减排——来自中国省级面板数据的证据》,《生态经济》2015 年第 7 期。

假设环境水平与 CO_2 排放量负相关，最简单的情形是：

$$S_t = S_0 - ae_t, \tag{15.8}$$

其中，S_0 可视为原生态自然条件下的环境水平，e_t 为 CO_2 排放量，排放每多增加 1 单位，环境水平便下降 a。

考虑简单的社会生产：忽略掉折旧，假设最终产品 Y_t 既可消费又可投资，这里不妨把投资分为生产性投资和致力于改善环境的减排投资 X_t。记减排投资的资本存量为 K_t^X，则生产性资本存量和减排资本存量的动态方程为：

$$\dot{K}_t = Y_t - C_t - X_t - b_t, \tag{15.9}$$

$$\dot{K}_t^X = X_t。 \tag{15.10}$$

其中，b_t 为时期 t 对减排的支出，但假定 b_t 不形成资本存量；而排放量 e_t 则是产出 Y_t、排放资本存量 K_t^X 和减排支出 b_t 的函数：

$$e_t = e(Y_t, K_t^X, b_t), \text{ 其中 } e_{K^X} < 0, e_b < 0。 \tag{15.11}$$

设想地方政府决策本地区最优的生产、消费和排放配置。连续时间下其目标函数为代表性个体贴现的终生效用，该优化问题刻画为：

$$\max_{\{C_t, X_t, b_t, K_t, K_t^X\}} \int_0^\infty e^{-\rho t} U(C_t, S_t) dt \tag{15.12}$$

$$s.t. \ \dot{K}_t = Y_t - C_t - X_t - b_t$$

$$\dot{K}_t^X = X_t。$$

该最优控制的现值汉密尔顿函数（Current-value Hamiltonian）为：

$$\hat{H} = U(C_t, S_t) + \lambda_{1t}(Y_t - C_t - X_t - b_t) + \lambda_{2t} X_t \tag{15.13}$$

当中 λ 皆为动态拉格朗日乘子。求解一阶条件和横截条件可得，

$$a \frac{U_S}{U_C} = -\frac{1}{e_b} \tag{15.14}$$

U_S/U_C 可视之为效用最大化的消费者愿意为一单位边际环境水平支付的以消费为度量的价格，于是，aU_S/U_C 为单位排放的边际社会成本。不妨定义减少排放的边际成本为：

$$\tau = -1/e_b \tag{15.15}$$

于是，式（15.15）表示边际减排成本等于排放的边际社会成本。从一阶条件还可知：

$$\frac{\dot{\lambda}_{1t}}{\lambda_{1t}} = \frac{\dot{\lambda}_{2t}}{\lambda_{2t}} = \rho \tag{15.16}$$

即两种投资的影子价格的增长率在社会最优处应恰好等于贴现率。

汉密尔顿方程中的每一个流量恰好构成度量整体经济福利（Economic Welfare）的一个合意指标：

$$EW = C_t + \dot{K}_t + \dot{K}_t^X + \frac{U_S}{U_C}S_t \tag{15.17}$$

其中，$\dot{K}_t$ 为生产投资，$\dot{K}_t^X$ 为减排投资，$S_t U_S/U_C$ 为经相对价格调整后的环境水平，它除以消费的边际效用只是将环境水平转换为以消费度量。将环境水平与 CO_2 排放量的关系式代入式（15.17）得

$$EW = C_t + \dot{K}_t + \dot{K}_t^X + \frac{U_S}{U_C}S_0 - \tau e_t \tag{15.18}$$

由此，当前的 CO_2 排放水平降低经济福利（以边际减排成本或边际社会成本来度量），而生产性投资和减排投资均能够平衡排放拉低经济福利的力量。各地方政府在起步之初生产性投资 $\dot{K}_t$ 偏高而减排投资 $\dot{K}_t^X$ 不足时，会使 CO_2 排放量 e_t 逐渐增高。只要生产性投资对福利的拉动超过排放效果，社会经济福利是提升的。社会福利一旦提升便难以下降，此时排放日趋严重，因此地方政府会增加减排投资 $\dot{K}_t^X$ 来缓解本地区福利下行的压力。而 CO_2 排放量 e_t 是 $\dot{K}_t^X$ 的减函数，故 CO_2 排放在这个阶段势必增长趋缓或排量下降。因此，地方政府投资对于 CO_2 排放具有倒"U"形影响，即在地方政府投资初期生产性投资偏高而减排性投资相对不足，CO_2 排放会随着地方政府投资的增长而逐渐上升；在发展后期地方政府出于调整经济结构、转变发展方式的需要会增加减排性投资的力度，而减排性投资与排放量负相关，因此 CO_2 排放会随着地方政府投资的增长而渐趋下降。

第四节　高效生态产业发展的宏观数量分析

在高效生态产业发展的宏观数量分析场合，也应当考虑发展中国家或新兴市场经济体在追赶发达和向完善的市场经济体制转轨双重转型中，将政府规制、投资行为等影响因素内生化到包括能源使用、气候变化和污染排放等影响因素在内的生产函数中，以使总量生产函数的性质和结

构朝着能够解析出高效生态产业或高效生态经济的有效影响因素的方向演进。就此，以下做简要建模理论分析。

基本假设与模型。 消费者：假设经济体中的个体无差异，代表性个体既是消费者也是生产者。同时假设，代表性个体在时刻 t 的瞬时效用 $U(\cdot)$ 既取决于其消费水平 $C(t)$，也取决于其生存所处的环境水平 $P(t)$。为了考察环境水平对效用的影响，假设污染物会累积并产生持续影响，$P(t)$ 为 t 时刻的污染存量。在连续时间下，代表性个体的终生效用水平可表示为：

$$W = \int_0^\infty U(c,p)e^{-\rho t}dt \tag{15.19}$$

其中，ρ 为个人主观时间偏好贴现率。

生产者：假设人均生产函数受气候影响，在传统柯布-道格拉斯生产函数的基础上，构建本研究所用人均生产函数，形式如下：

$$Q(t) = \Omega A k^\alpha(t) g^{1-\alpha}(t) \tag{15.20}$$

式（15.20）中 Ω 表示气候影响，借鉴威廉·D. 诺德豪斯提出的 DICE 模型，本书将 Ω 表示为 $\Omega = \dfrac{1-\mu}{1+\gamma}$，其中 $\mu > 0$ 为环境规制强度，$\gamma > 0$ 为污染排放强度。可以看出，Ω 是关于污染排放强度的减函数，也是关于环境规制强度的减函数（这是由于环境规制会耗费一定的资源从而导致产出减少）。为考察政府行为对产业生态效率的影响，引入政府投资作为投入变量，$g(t)$ 表示人均政府投资额。A 为全要素生产率，$k(t)$ 为人均物质资本存量。

假设最终产出 Q 全部用于消费 c、生产性投资 I、研发投入 R 和环境治理投入 V，则市场出清状态时应有：

$$Q(t) = c(t) + I(t) + R(t) + V(t) \tag{15.21}$$

其中，设 $R(t) = r \cdot k(t)$，r 为技术进步率；设 $V(t) = \mu \cdot Q(t)$，μ 为环境规制强度。

假设资本折旧率为 $\delta_k > 0$，对于物质资本存量 $k(t)$，其动态变化可由式（15.22）描述：

$$\dot{k} = (1-\mu)Q(t) - c(t) - (\delta_k + r)k \tag{15.22}$$

污染排放： 假设污染排放量 $E(t)$ 与生产活动产出 $Q(t)$ 成正比，与环境治理投入成反比，即 $E(t) = \gamma Q(t) - \beta V(t)$。污染排放会增加污染存量，但是污染存量本身以一定的速度进行指数衰减，设衰减速率为 $\delta_p > 0$，因此，污染存量 $p(t)$ 的动态变化可以表示为：

$$\dot{p} = E(t) - \delta_p p = \gamma Q(t) - \beta V(t) - \delta_p p \tag{15.23}$$

能源使用：用 $s(t)$ 表示 t 时刻的能源资源存量，假设执行反污染活动本身需要使用能量，进行生产活动也需要使用能量，二者均会导致能源资源存量 s 下降。因此能源存量变化与环境治理投入和生产产出成反比，$s(t)$ 的动态变化可以表示为：

$$\dot{s} = -aV(t) - bQ(t) \tag{15.24}$$

政府行为：假设政府通过征税为投资进行融资，其预算约束方程为：

$$g = \tau Q(t) = \tau \Omega A k^\alpha g^{1-\alpha} \tag{15.25}$$

最大化问题：综合以上假设，代表性个体决策问题是一个动态最优化问题，可以表示如下：

$$\max \int_0^\infty U(c, p) e^{-\rho t} dt \tag{15.26}$$

$$s.t. \ \dot{K} = (1-\mu)Q(t) - c(t) - (\delta_k + r)k(t)$$

$$\dot{p} = \gamma Q(t) - \beta V(t) - \delta_p p(t)$$

$$\dot{s} = -aV(t) - bQ(t)$$

$$p(0) = p_0 > 0, \ s(0) = s_0 > 0$$

均衡求解及研究假说。代表性个体在预算约束方程给定的条件下，通过选择消费水平和环境质量水平来极大化自己的效用水平。构建如下现值汉密尔顿函数求解式（15.26）的最大化问题：

$$H = U(c, p) + m_1[(1-\mu)Q - c - (\delta_k + r)k] + m_2(\gamma Q - \beta V - \delta_p p) + m_3(-aV - bQ) \tag{15.27}$$

其中，m_1、m_2 和 m_3 为当前值拉格朗日乘子，也即共态变量，状态变量为 k、p 和 s，状态变量和共态变量的运动方程如下：

$$\dot{K} = \frac{\partial H}{\partial m_1} = (1-\mu)Q - c - (\delta_k + r)k \tag{15.28}$$

$$\dot{p} = \frac{\partial H}{\partial m_2} = \gamma Q - \beta V - \delta_p p \tag{15.29}$$

$$\dot{s} = \frac{\partial H}{\partial m_3} = -aV - bQ \tag{15.30}$$

$$\dot{m}_1 = \rho m_1 - \frac{\partial H}{\partial k} \tag{15.31}$$

$$\dot{m}_2 = \rho m_2 - \frac{\partial H}{\partial p} \tag{15.32}$$

$$\dot{m}_3 = \rho m_3 - \frac{\partial H}{\partial s} \tag{15.33}$$

此外，当系统的动态行为达到均衡状态时，现值汉密尔顿函数对于变量 c 和 v 的偏导数应该为零，即：

$$H'_c = U'_c - m_1 = 0 \tag{15.34}$$

$$H'_v = -m_2\beta - m_3 a = 0 \tag{15.35}$$

由式（15.33）可得人均消费的增长率为：

$$\frac{\dot{c}}{c} = -\frac{1}{\sigma}\frac{\dot{m}_1}{m_1} \tag{15.36}$$

由式（15.31）、式（15.32）、式（15.33）、式（15.35）整理可得：

$$\frac{\dot{m}_1}{m_1} = \rho + \delta_k + r - (1-\mu)\frac{\delta_p a\gamma}{(1+\delta_p)a\gamma + b\beta}Q'_k。 \tag{15.37}$$

当系统达到均衡状态时，人均消费增长率应该为常数，据此可设：

$$\frac{\dot{m}_1}{m_1} = \rho + \delta_k + r - (1-\mu)\frac{\delta_p a\gamma}{(1+\delta_p)a\gamma + b\beta}Q'_k = \Phi \tag{15.38}$$

进一步，可得到技术进步率 r 的表达式如下：

$$r = \Phi - \rho - \delta_k + (1-\mu)\frac{\delta_p a\gamma}{(1+\delta_p)a\gamma + b\beta}Q'_k \tag{15.39}$$

$$r = \Phi - \rho - \delta_k - \alpha(1-\mu)^{\frac{\alpha-1}{\alpha}}\frac{\delta_p a\gamma}{(1+\delta_p)a\gamma + b\beta}\tau^{\frac{1-\alpha}{\alpha}}[A(1+\gamma)]^{\frac{1}{\alpha}} \tag{15.40}$$

至此，我们已经构建出关于能源使用、环境规制、政府行为与技术进步率之间关系的理论框架，如式（15.40）所示。接下来进一步分析环境规制、政府行为、能源使用对技术进步率的影响作用。

第一，环境规制的影响。根据式（15.40）求技术进步率 r 对环境规制强度 μ 的偏导数，可以发现，当 $0<\mu<1$ 时，$\frac{\partial r}{\partial \mu}>0$，即在环境规制强度较小时，加强环境规制有利于提高技术进步率。但是，当 $\mu>1$ 时，$\frac{\partial r}{\partial \mu}<0$，意味着在环境规制强度较高时，加强环境规制不利于技术进步，这应该是由于高强度的环境规制可能耗费更多的能源资源，导致企业技术研发投入不足，从而阻碍技术进步。据此得到如下假说：

H1：环境规制强度对技术进步存在倒"U"形影响，即在环境规制强度较小时,加强环境规制能促进技术进步;但是当环境规制强度过大时,环境规制强度的提高会阻碍技术进步。

第二,政府行为的影响。根据式(15.40)求技术进步率 r 对政府投入程度,即税收强度 τ 的偏导数,可以发现,当 $0<\mu<1$ 时,$\frac{\partial r}{\partial \tau}<0$,即此时增加政府投入,并不利于技术进步率的提高,这是因为此时由于环境规制强度较小,企业的技术研发意愿不强烈,因此,政府投入并不能完全用于技术研发。当 $\mu>1$ 时,$\frac{\partial r}{\partial \tau}>0$,意味着此时增加政府投入,有利于提高技术进步率。这是因为,当环境规制强度较高时,企业为增加减排需进行技术研发,而研发耗费大量资本,政府投入恰好可以助力企业技术研发,从而提高技术进步率。据此得到如下假说:

H2:政府投入与环境规制存在交互作用,政府投入通过环境规制的调节可以发挥其对技术进步的影响作用。

第三,能源使用的影响。根据式(15.40)求技术进步率 r 对能源使用强度 b 的偏导数,可以发现,当 $0<\mu<1$ 时,$\frac{\partial r}{\partial b}>0$,表明当环境规制强度较小时,增加能源的使用强度,有利于技术进步。但是当 $\mu>1$ 时,$\frac{\partial r}{\partial b}<0$,说明当环境规制强度较大时,生产能耗越高,越不利于技术进步。事实上,当环境规制强度较大时,生产能耗越高,所支付的污染治理费用或环境税就会越高,从而用于技术研发的资金比例会相对减少,因此不利于企业技术进步。据此得到如下假说:

H3:生产活动中的能耗强度对技术进步的影响存在环境规制的门槛作用,环境规制强度较大时,有利于低耗能企业的技术进步,但不利于高耗能企业的技术进步。

第十六章　高效生态产业发展政策

高效生态产业发展政策是供给侧结构性改革背景下产业发展政策优化的必然结果。它是促进高效生态产业发展的一整套政策体系，包括高效生态产业结构演进政策、高效生态产业发展规制政策、高效生态产业发展国际合作政策等，也同样可以具体解析为经济、政治、文化、社会、生态政策多个维度。在第五章对供给侧结构性改革与产业政策优化分析，以及第六至十五章分别对高效生态产业结构演进、高效生态产业发展规制的中国国情和隐含的政策取向进行了具体分析的基础上，以下就现阶段促进中国高效生态产业发展的重点政策选择进行概要分析。

第一节　贯彻新发展理念

创新、协调、绿色、开放、共享的新发展理念，是中国改革开放和社会主义现代化实践经验的集中体现，是在中国经验空间对经济发展规律的崭新认识；是反思世界各国以往经济发展成功经验与不可持续失败教训的结果，也充分体现了人类文明发展的崭新成果。新发展理念是中国实现"两个一百年"奋斗目标，推进构建人类命运共同体的行动指南。

进入21世纪，人类所面临的全球危机问题迫使世界各国共同考虑全球治理方案。2000年9月，在联合国千年首脑会议上，世界各国领导人就消除贫穷、饥饿、疾病、文盲、环境恶化和对妇女的歧视，商定了完成时间至2015年的联合国千年发展目标。2004年哥本哈根共识则对世界发展中重大问题的解决提出了投资优先方向排在前十位的领域：气候变化、传染病、冲突和武器扩散、获取教育的权利、金融不稳定、治理和腐败、营养不良和饥饿、移民、废水处理设施和洁净水的供应、补贴和贸易壁垒。2008年国际金融危机以来，上述人类面临的共同问题更加凸显，环境恶化、金融动荡、贸易保护主义、暴恐事件、经济增长放缓等全球危机问题的解决，越来越需要各国合作、人类智慧和全球治理方案。2015年通过、2016年签署的关于气候变化的《巴黎协定》，2016年联合国大会通过的《2030年可持续发展议程》等再次说明，世界经济可持续发展已经不仅是个需要引起人类共同关注的理论问题，也是摆到加强全球生态治理以促进世界经济可持续发展的重大议事议程。新发展理念充分反映了"全球危机、全球治理"的时代要求。创新是发展的第一动力，创新发展是世界各国解决包括环境污染、气候变化、经济社会可持续发展在内的各种发展问题的根本选择；协调是持续健康发展的内在要求，协调发展才有助于解决贫困、受教育机会不平等的问题，有助于解决发展不充分、不平衡的问题，有助于解决社会再生产、经济增长、经济发展过程中的供给与需求动态均衡等问题；绿色是永续发展的必要条件和人民对美好生活的重要追求，绿色发展的直接目标和任务就是解决气候和环境问题，实现资源集约利用、低碳排放、环境保护，绿色发展也是建构资源节约型、环境友好型社会的根本途径；开放是国家繁荣发展的必由之路，开放发展是顺应经济全球化趋势，破除贸易保护主义，充分利用国内外两个市场、两种资源，在全球范围内有效配置资源的直接举措；共享是中国特色社会主义的本质要求，共享发展才能从根本上解决贫困、获取受教育权利和解决暴恐问题，使最广大人民有安全感、获得感和幸福感。贯彻新发展理念，才能从根本上保证包括金融稳定、经济可持续发展等在内的全球发展，这对中国和世界各国都不例外。新发展理念既充分反映了迄今为止关于发展问题的人类共识，也表明了中国对解决全球危机、全球治理问题的积极参与和贡献。

协同理论认为，人类社会、自然界乃至整个宇宙都存在协调发展的问题，系统内各子系统之间协同发展变化的结果将形成新的结构和新的功能。中西哲学理论都十分重视整体内部的协同一致。马克思主义的辩证唯物主义和历史唯物主义都高度重视自然界、人类社会和人类思维发展中的协同问题。新发展理念，充分运用协同发展这一人类文明发展的崭新成果，立足当今中国经济社会发展实际，又以世界眼光考量中国发展与全球发展的紧密联系，提炼出当代中国促进人与自然、人与社会、人与自身协同、和谐、一致发展的崭新发展观。包括理论创新、制度创新、科技创新、文化创新等各方面创新在内的创新发展，是协同发展的动力源泉和根本途径；包括城乡区域协调发展，经济社会协调发展，新型工业化、信息化、城镇化、农业现代化同步发展，同时增强国家硬实力和提升国家软实力等的协调发展，更加直接体现了协同发展在重大发展关系、发展总体布局和发展整体性方面的客观要求；绿色发展突出了人与自然和谐共生，中国发展与全球生态安全协同发展的时代要求；开放发展凸显了国内外两个发展大局，两个发展空间的协同发展问题；共享发展既是中国特色社会主义的本质要求，也是协同发展的历史必然，人类命运共同体是一个客观实在，人类文明终将走向全体地球村公民共同享有自然财富、资本财富、精神财富等这一协同发展的新境界。

新发展理念是为了全面建成小康社会，实现社会主义现代化这"两个一百年"奋斗目标而提出的，实现了这"两个一百年"奋斗目标，中国就一定会民富国强，中国人民的生活水平和质量就一定会达到发达国家的水平，中国也一定会对世界可持续发展做出更大贡献；特别是，新发展理念将引领中国走出一条可持续发展的成功路径，也势必引致中国取得高效生态产业和经济发展的显著绩效。创新发展才能充分发挥人们参与发展的积极性和创造美好生活的聪明才智；协调发展才能克服阻碍发展的"短板"和不平衡、不充分的问题，为包括人民共享福祉在内的共享发展创造条件；绿色发展才能为人民创造美好的生活环境，从而提高人民的生活质量；开放发展在开辟广阔发展空间的同时，也为民生国际化、现代化提供了现实可能性；共享发展更是把人为核心的发展目标、立足点和出发点进行了直接表达。

第二节　创新生态文明规制

规制是带有一定强制性的正式与非正式制度规范、规则、社会组织结构和机制等的集合，包括法律、法规、行政规定；文化传统、契约规范、习俗习惯；"准制度"意义上的长期有效的政策规定等。所以，规制常常与制度—政策安排规范等同。它比一般的政策规定要更具有约束力，更加稳定，更带有根本性。自新制度经济学交易成本理论创建以来，通过比较科学的边际交易成本—边际收益的运用，规制内生化的社会变迁理论模型、经济发展模型、外部成本内生化的现代经济增长理论模型更加成熟,运用这一系列模型所揭示出来的促进经济、政治、文化、社会、生态文明发展的政策性含义也更具有针对性。规制创新对于生态文明建设,特别是对于以降低交易成本,提高全要素生产率为直接具体目的的高效生态产业和高效生态经济的发展具有更加卓有成效和根本性的决定性作用。但是,由于人类对敬畏自然、尊重自然、顺应自然、保护自然,与自然和谐共生的认识太迟,国内外直接的生态文明规制的建构、完善和创新远不及经济、政治、文化、社会规制等的进程、程度和水平,而在间接涉及生态文明的一系列经济、政治、文化、社会规制里,也明显缺乏生态文明建设、完善和创新的应有规定。在中国,自中共十八大以来形成了统筹推进经济建设、政治建设、文化建设、社会建设、生态文明建设"五位一体"的总体布局,明确提出加强生态文明制度建设这一相对于其他制度建设明显薄弱的制度创新要求。《中共中央关于坚持和完善中国特色社会主义制度、推进国家治理体系和治理能力现代化若干重大问题的决定》提出了"坚持和完善生态文明制度建设,促进人与自然和谐共生"的基本内容:一是实行最严格的生态环境保护制度;二是全面建立资源高效利用制度;三是健全生态保护和修复制度;四是严明生态环境保护责任制度。

最严格的生态环境保护制度,集中体现在健全源头预防、过程控制、损害赔偿、责任追究的生态环境保护体系。具体又在于:建立健全包括统筹划定落实生态保护红线、永久基本农田、城镇开发边界等空间管控边界以及各类海域保护线,完善主体功能区制度在内的国土空间规划和用途统筹协调管控制度;完善包括绿色金融、市场导向的绿色技术创新、绿色循环低碳发展制度等在内的绿色生产和消费制度—政策安排;构建以排污许可证为核心的固定污染源监管制度体系,完善污染防治区域联动机制和陆海统筹的生态环境治理体系;加强农业农村环境污染防治制度;完善生态环境保护法律制度体系和执法司法制度。资源高效利用制度集中体现在:自然资源统一确权登记法制化、规范化、标准化、信息化,自然资源产权、资源有偿使用、资源总量管理和全面节约制度化;健全资源节约集约循环利用政策体系;实行垃圾分类和资源化利用制度;构建清洁低碳、安全高效的能源体系;健全海洋资源开发保护制度;建立自然资源统一调查、评价、监测制度,健全自然资源监管体制。生态保护和修复制度集中体现在:山水林田湖草一体化保护和修复,森林、草原、河流、湖泊、湿地、海洋等自然生态保护制度；重要生态系统的保护和永续利用，以国家公园为主体的自然保护地体系，国家公园保护制度；长江、黄河等大江大河生态保护和系统治理制度；国土绿化，水土流失和荒漠化、石漠化综合治理，生物多样性保护等生态安全屏障制度。生态环境保护责任制度集中体现在：旨在强化环境保护、自然资源管控、节能减排等约束性指标管理，严格落实企业主体责任和政府监管责任的目标评价考核制度；领导干部自然资源资产离任审计制度；生态环境保护综合行政执法，中央生态环境保护督察制度；生态环境监测和评价、生态环境公益诉讼、生态补偿和生态环境损害赔偿、生态环境损害责任终身追究制度。

特别是，除上述一系列生态文明正式规制的创新以外，生态文明非正式规制的创新对于高效生态产业发展的作用更具有长远性、根本性和全局性。比如，贯彻运用社会主义核心价值观，将极其有助于从公民自治、社会德治和政治法治的结合上，提高维护最广大人民的永久福祉和社会永续发展的自觉性，进而形成对人与自然和谐共生的自觉，形成敬畏自然、尊重自然、顺应自然、保护自然的自觉，形成可持续发展的自觉；牢固树立和贯彻落实绿水青山就是金山银山的理念，就一定能走出一条将生态系统与经济系统有机结合，融生态环境保护、经济高效发展、生活福祉改善于一体的可持续发展新路；加快构建人类命运共同体共识的形成，必将促进世界各国在保护生态环境，解决环境污染和气候变化等重大生态问题，共享可持续发展成果的协作行动，进而最大可能地保护全人类的地球家园，实现世界高效生态发展和可持续发展。而由于历史文化传统，经济社会发展阶段，现实发展水平和发展综合实力的明显差异，无论从全球的角度还是从国家的角度看，生态文明非正式规制的创新、完善和演进都还有十分漫长的路要走。国际上关于全球生态治理的各种公约签订和实施的艰难，国内各地依然程度不同地存在着忽视生态环境保护的问题等，归根结底都源于生态文明正式规制，特别是生态文明非正式规制的缺失和创新不足。

第三节 前置生态文明规划

前置生态文明规划就是先把生态文明规划制定出来，再以此为导向和约束制定经济和社会发展规划。[①] 这与以往虽然把生态文明指标作为约束指标，但生态文明规划实际上是整个国民经济和社会发展规划的伴随性规划，乃至以经济总量指标为导向、实际上是生态文明规划依附于整个国民经济和社会发展规划有根本区别。在指标上，先根据生态保护的需要和可能把生态文明建设指标设计出来，再倒逼经济和社会指标水平的增与减。

前置生态文明规划是全球生态治理中国担当的必然要求。人类生活和生产活动越来越广阔、越来越深化；人类足迹导致地球高熵化既是规律，也已经是不争的事实。近年来，全球都在热议气候变暖对人类危害的不可逆转性问题；根据发达国家的治理经验，中国雾霾的根除由于高碳传统能源占比高、产业结构偏重等难以短期解决的原因，可能要达数十年的时间。但中国建设人类命运共同体的倡议已得到联合国等国际组织的认同，中国也是《巴黎协定》的缔约国，所以，中国必须在生态文明规划引领整个经济社会发展上有大国担当、大国作为、大国智慧、大国贡献。实践证明，把习近平新时代中国特色社会主义思想指引和贯彻新发展理念写进《中华人民共和国宪法》，这是中国实现"两个一百年"奋斗目标和伟大复兴中国梦的根本保证。特别是，国民经济和社会发展以习近平新时代中国特色社会主义思想作指导，就必然要求我们在以生态文明规划引领整个经济社会规划上有新思路。习近平主席在多种场合，一再强调探索以生态优先、绿色发展为导向的高质量发展新路。国民经济和社会越发展，文明程度要求越高，越要注重顶层设计和规划引领的决定性作用。由于规划先行对经济社会发展的决定性作用，前置生态文明规划，就是探索生态优先、绿色发展为导向的高质量发展新路的必然选择。

---

① 参见张清俐《前置生态文明规划引导经济社会发展——访全国人大代表、山东社会科学院经济研究所所长张卫国》，《中国社会科学报》2019年3月22日第5版。

前置生态文明规划已是世界和中国可持续发展的迫切需要。从世界生态危机看，发达国家和地区走的是先污染后治理的传统工业化道路，对地球造成的高熵化影响严重，大气、水、土壤的原生态已经不复存在，环境污染问题不可能根除。美国国家航空航天局（NASA）和美国国家海洋和大气管理局（NOAA）的气候专家发布的全球气温数据表明：2018年是全球变暖趋势持续的第四个最热年份，2018年的地球表面温度是自1880年以来第四高！而我们知道得还更多，北极冰川和南极冰盖融化，海平面上升……权威研究表明，全球变暖在很大程度上是由人类活动导致的二氧化碳和其他温室气体排放增加造成的。如绿色和平组织与空气质量检测机构——空气智能检测公司合作的研究报告指出，发展中大国印度，拥有超过2000万人口的新德里是全球空气污染最严重的首都。非洲大陆、中南美洲发展中国家工业化、城镇化、市场化、国际化的结果，也在很大程度上不断导致环境污染，乃至从根本上破坏原生态的严重问题。从中国生态环境看，空气污染和大规模国土空间的雾霾现象已是常态。虽然近年来经过加大科学治理力度已经有所好转，但目前尚没有根本好转。而根据国际经验，只要高碳化石能源主导，重化工业久存，燃油气汽车尾气排放不减，加上生产方式粗放不根本改观和生活方式做不到绿色等，中国雾霾问题难以在30—50年内根除。同时，中国已经存在的土壤、水源的污染治理，其所面临的困难和挑战更大。从暴露出的风险看，空气、土壤、水污染问题，极大地影响了人民的生活质量，甚至造成严重人类和动植物疾病，在影响人们健康生活的同时，也会引发严重社会问题。解决这些问题，已构成中国防范化解重大风险的重要内容和三大攻坚战的题中应有之义。

前置生态文明规划必须有切实可行的举措。第一，必须摸清生态环境概况。旨在建立中国生态环境台账，运用大数据技术等摸清大气、土壤、水、森林、植被、湿地等的生态存量和增量；运用绿色GDP核算方法概算GDP总量和结构等。目的是要建立台账和大数据库，为准确乃至精细计量生态环境、生态经济规模、生态对整个经济社会发展的影响奠定基础。第二，需要组建专门规划队伍。组建由生态学家、生态经济学家、经济学家、社会学家、工程技术专家、国土规划专家、经济社会发展规划专家等组成，涉及自然科学、工程技术、经济学、哲学和人文社会科学等相关领域的专门规划队伍。目的是有别于现有的经济社会发展规划队伍，建立更能运用交叉学科、边缘科学、大科学和复杂科学等最先进技术和方法，更科学地编制生态文明建设规划的专业队伍。第三，必须编制生态文明中长期规划。在整个中长期国民经济和社会发展规划之前，根据生态保护的需要和可能，先行独立做出同一规划期间的生态文明建设规划，特别是设计出相应的指标；然后规划整个经济社会发展规划，并以设计出的生态文明建设指标、其他生态文明建设事项等约束经济社会发展指标和其他规划事项，达到生态文明建设倒逼经济社会发展上水平的目的。第四，需要做出相应制度安排。制度建设是一切经济社会发展事宜的根本保障。制定关于国民经济和社会发展中长期规划中生态文明规划前置的法律、法规、条例等，从制度上保证这一崭新创举，这也是根本保障。

第四节 构建高效生态产业结构

构建高效生态产业结构是供给侧结构性改革背景下高效生态产业发展的实质和核心，是从根本上实现经济系统与生态系统有机结合，既能充分发挥市场经济决定性作用又能对人类生态足迹加以合理限制的现实选择，也是确保中国和世界经济可持续发展的根本途径。高效生态产业结构是以智能制造为主导，充分体现了高效生态第一次产业、第二次产业和第三次产业及其内部次生产业的质的内在联系和量的合理比例的产业结构，也包括高效生态产业发展导向的技术结构、空间结构、生产和发展时序结构。

第一，高效生态产业结构必须以智能制造为导向。这是遵循生产力发展基本规律，即"社会生产力以科学技术为基础、以升级换代为形式的不断智能化规律"的必然要求，是顺应第四次工业革命数字化、信息化、网络化、生物化、智能化发展趋势的必然选择，也是取向降低制度性交易成本、提高全要素生产力的供给侧结构性改革的必然归宿，还是保证社会再生产、经济增长和经济发展过程中供给与需求动态平衡，经济增长和经济发展长期动态有效，经济社会可持续发展的必由之路。市场经济和工业革命几百年的实践表明，制造业才是最具创新创造特质的产业，服务业泡沫化，尤其是金融服务业泡沫化发展是导致金融和经济危机以及全球治理混乱的根源。对中国来说，制造业是国民经济的主体，是立国之本、兴国之器、强国之基。如今制造业的发展取向，就是要以智能制造为主导。毫无疑问，智能制造是如今最具高效生态产业特质的产业，是以最先进的科学技术装备的产业，最能够实现资源能源节约集约开发利用；是最能够形成绿色制造的产业，最能够减少碳排放等各种污染排放，最能够实现保护生态环境；最能够提高全要素生产率，同时，最能够充分发挥人的聪明才智和人力资本作用，实现高水平专业化社会分工基础上的高质量充分就业；最能够整合、配置和集聚各种资源，形成全球化创新、技术、产业和价值链条，实现数字化、扁平化、网络化、智能化、服务化全球管理平台网络。要加快制造业与大数据、人工智能、互联网等的深度融合，及早形成智能制造主导的高效生态产业结构。

第二，必须形成高效生态第一次产业、第二次产业和第三次产业及其内部次生产业的质的内在联系和量的合理比例的产业结构。其中，高效生态第一次产业即高效生态农业及其内部次生产业的发展，要重点发展绿色、生态、高效、质量、安全的农、林、牧、渔业，数字化、智能化、生物化、网络化、信息化农业服务业，大力发展集研发、设计、营销、平台服务于一体的总部型农业，大力发展农业与制造业、服务业的融合型产业。高效生态工业的发展，要重点发展高科技含量、高附加值、高加工度的智能制造、绿色制造、环保制造产业，新能源、新材料、新一代信息制造、生物制造、互联网＋制造、人工智能＋制造、大数据＋制造、高端装备制造等工业。高效生态服务业的发展，要重点发展信息服务、网络服务、平台服务、生产性服务业，现代消费服务业，科技金融、绿色金融、智慧金融等产业，现代服务业与制造业、农业融合的新产业、新业态、新模式。

第三，必须形成高效生态产业技术结构。科学技术是第一生产力，创新是发展的第一动力，人类可持续发展进程中所遇到的一切问题最终要通过科技创新和制度创新这两条根本途径来解决。所以，构建高效生态产业技术结构的根本途径，还是要在重大基础性、关键性、共性技术上下功夫，对于像中国这样的大国经济体来说尤其如此。必须实行创新驱动发展战略，必须实施大科学计划和大科学工程，必须组织建立大科学计划和大科学工程所需要的战略科学技术专家队伍。加快绿色、生态、环保、节能、节约技术进步及其推广应用。加强高效生态产业技术研发和应用的国际合作。应当确立市场机制决定资源配置与利用的技术研发与利用机制，但必须以最大限度地实现经济系统与生态系统的有机统一为导向。因此，传统的局限于经济效益最大化的所谓劳动密集型、资本密集型、技术密集型的产业结构类型划分，以及自主研发抑或引进消化吸收再开发等的技术研发模式分类已经显得不合时宜。

第四，必须形成高效生态产业空间结构。主要在实现各次产业及其内部次生产业空间布局上的土地集中、企业集中、产业集群等方面下功夫，努力实现产业发展集群化、园区化、平台化，取得规模经济、范围经济、单位空间产出最大化的经济效果。这就必然要求在区域、城乡、陆海空空间规划中，在统筹国内外两个大局、两种资源和两个市场的制度—政策安排、战略规划、方针指南、具体措施中，以高效生态产业发展为引领。

第五，必须形成高效生态产业发展的时序结构。企业生产经营产品、项目、工程进展，人、财、物、产、供、销等次序的安排；各次产业及其内部次生产业发展，与此相关的规划、组织、投入、产出次序，都是在时间上继起和空间上并存的，不同生产经营时期，不同经济发展阶段，重点任务不同，客观上存在着一个内在的先后时序结构。这对于以高效生态产业发展为重点和引领的不同产业发展阶段、不同产业发展重点任务来说也不例外。例如，为了高效生态开发利用资源能源，如何在时序安排上确定不可再生能源和可再生能源的先后开发比例关系，就是一个高效生态产业发展的时序结构安排问题。

第五节 加快形成低碳绿色能源主导的现代能源结构

加快形成低碳绿色能源主导的现代能源结构是客观需要。[①] 首先，是顺应正在兴起的第四次工业革命发展趋势的客观需要。正在兴起的第四

---

① 参见张清俐《加快形成现代能源结构——访全国人大代表、山东社会科学院经济研究所所长张卫国》，《中国社会科学报》2018年3月14日第5版；王博勋《加快形成现代能源结构》，《中国人大》2018年第7期。

次工业革命最突出的发展特征之一，是在现代能源技术基础上形成的低碳绿色新能源主导的能源结构的形成，高碳化石能源主导的传统能源结构将不复存在。与此同时，能源产业数字化、信息化、网络化、智能化发展的结果，是能源互联网以及分布式能源等的普遍运用。其次，是建设现代化经济体系、现代产业体系、现代能源体系的客观需要。党的十九大明确提出，进入新时代中国经济的高质量发展必须建设现代化经济体系。现代产业体系是现代化经济体系的本质和核心，而现代能源体系则是现代产业体系的基础和重要组成部分。建设现代能源体系是建设现代产业体系，从而是建设现代化经济体系的题中应有之义。再次，是从源头上保证生态文明建设的客观需要。传统的高碳化石能源的大规模使用、占比居高不下，而且长期保持高速增长，是导致中国碳排放居高不下、在世界占比大，环境污染严重的重要原因。煤炭、石油、天然气等高碳化石能源的大规模耗竭式低效利用，在导致生态环境污染的同时，还引致国家能源安全问题。如中国石油目前的对外依存度高居不下，国际石油市场价格波动对中国影响很大。最后，是化解煤电产能过剩，推进供给侧结构性改革的客观需要。伴随第四次工业革命浪潮兴起、经济新常态、高质量发展，中国煤电发展已经进入产能过剩阶段，淘汰煤电落后产能和煤电装机占比任务十分艰巨。

构建低碳绿色能源主导的现代能源结构非常迫切。首先，是中国高质量发展的必然要求。最近十几年来，发达国家如美国、英国、德国等通过燃气发电、核电以及可再生能源替代煤电，煤电占比都已下降到45%以下；2015年年底《巴黎协定》通过后，大部分发达国家如荷兰、法国、英国、芬兰、葡萄牙、加拿大、德国等加快了放弃煤电的步伐，而中国目前煤电占比还远高于上述发达国家。李克强总理在十三届全国人大一次会议所做的政府工作报告中指出，过去的五年，中国单位国内生产总值能耗、水耗均下降20%以上，主要污染物排放量持续下降，重点城市重污染天数减少一半。显然，这一成就的取得与五年来中国在淘汰高耗能、高消耗原材料、高污染的水泥、平板玻璃等落后产能的基础上，以钢铁、煤炭为重点加大去产能力度有关。特别是与李克强总理在报告中所指出的一系列有关优化能源结构的举措紧密相关：加强散煤治理，推进重点行业节能减排，71%的煤电机组实现超低排放；优化能源结构，煤炭消费比重下降8.1个百分点，清洁能源比重提高6.3个百分点；提高燃油品质，淘汰黄标车和老旧车 2000 多万辆。以新能源汽车发展为例，2018 年 3 月 5 日全国两会时间，工业和信息化部部长苗圩经过人民大会堂"部长通道"时说，中国新能源汽车与国际先进水平基本同步发展，连续三年产销量全球第一，累积推广新能源汽车总量超过 180 万辆，未来还会呈现出一个高速增长的态势。其次，中国目前还是高碳化石能源主导的传统能源结构。从能源消费看，中国目前煤炭消费占全球的 50% 左右，是最大的消费国；是全球第二大石油消费国、第一大石油进口国。最后，中国尽早形成低碳绿色能源主导的现代能源结构，将对全球能源治理目标的实现起到巨大推动作用。2017 年 12 月，国际能源署（IEA）在其发布的《世界能源展望 2017 中国特别报告》中指出：如果基于"中国制造 2025"的由传统能源密集型产业向经济服务业和高附加值制造业的经济转型延迟 10 年，则中国 2040 年的煤炭需求量可能会比 IEA 预测的主要情景水平高 35%，石油需求量将多出 18%。另外，如果中国能够进一步加快能源转型的步伐，将会使清洁能源转型的速度比 IEA 主要模拟情景预期得更快：2040 年的可再生能源装机量将高出 20%，天然气需求增长会进一步上升 10%，煤炭需求量将减半，石油需求量将减少三分之一。这意味着中国空气质量的大幅度改善，化石燃料进口成本的大幅削减。同样，如果中国经济转型延迟 10 年，2040 年中国温室气体排放将增加 27 亿吨；而如果加快能源转型发展，则会使 2040 年中国温室气体排放减少 53 亿吨。

加快形成低碳绿色能源主导的现代能源结构的切实可行的举措。第一，加快低碳绿色能源主导的现代能源体系的顶层设计。在已有的国民经济和社会发展五年规划纲要、国家科技创新规划、能源发展五年规划等基础上，抢抓第四次工业革命正在兴起的战略机遇，适应新时代高质量发展的要求，抓紧低碳绿色能源主导的现代能源体系的顶层设计，出台相应的规划和重大举措。第二，加大对低碳绿色能源产业发展的投入力度。加大对太阳能、风能、现代生物质能、地热能、海洋能以及核能、氢能等新能源，以及分布式能源的科技研发在人才、资金和基础条件等各方面的投入力度；加快这些能源的产业化和产业集群化发展；特别是，加快风电、光伏、核电等清洁能源的发展，尤其要破除"核电不安全"的认识偏差，积极应用新一代核电技术为基础的核能；加快分布式能源和能源互联网等的发展。第三，深化能源供给侧结构性改革。加快推动能源发展质量变革、效率变革、动力变革，夺取煤炭去产能的决定性胜利，大力化解煤电产能过剩，进一步深化电力体制改革、油气体制改革、"放管服"改革，进一步强化能源监管和依法治理。第四，加快新能源汽车战略规划。充分发挥中央和地方两个积极性，充分发挥市场机制的决定性作用，探索符合国情的新能源汽车发展模式和路径，"弯道"或"改道"超车，加快从汽车大国向汽车强国的转变。第五，加快出台有效激励低碳绿色能源消费的配套举措。通过法律、法规、政策、经济、金融、规划、标准等手段，约束、激励和扶持居民绿色消费和公共绿色消费。

第六节　高效生态产业发展的财政政策

财政是国家治理的基础和重要支柱。财政政策体现着国家治理的意志和为民服务的战略选择；财政政策是实现社会资源优化配置的重要手段，在关系长远、全局、公益性强的经济宏观调控中，财政政策手段相对于其他政策手段而言具有明显的时效快、效率高、政策性强的特征，因而是基本宏观调控手段；在中国特色社会主义制度下，财政能够充分体现社会主义制度集中力量办大事的优点，是政府调控经济的首要手段，在保证社会再生产、经济增长、经济发展的动态平衡中理应处于首要地位。因此，制定并实施推动实体经济高质量发展的财政政策，体现出财政是国家治理体系的重要组成部分，也是国家治理能力现代化的重要体现之一。而对于高效生态经济和高效生态产业发展，更是特别需要财政政策的引导和支持；在高效生态产业发展过程中，为了确保经济系统与生态系统的有机统一，必须把充分发挥价格、利率、汇率等市场杠杆机制对于资源配置与调节的决定性作用与作为政府调控经济的首要手段的财政政策有机结合。

必须加强高效生态产业发展的财政投入。维持社会再生产，经济增长、经济发展过程中的动态平衡，或者简言之，维持经济可持续发展。随着环境污染、气候变化的难以逆转，或者说因为地球高熵化问题的必然存在，加上人口老龄化及其所必然导致的劳动人口、劳动生产率的双下降等问题日益凸显，世界各国都必须面对所谓治理经济、社会、环境等系统问题的"被迫"和"自发"的投入增加问题，前者是为了缓解环境污染、气候变化等带来的对人类自身生存条件的破坏；后者则是为了缓解乃至克服诸如不可再生能源短缺、可再生能源开发缓慢，保护生物多样性等以改善人类生活质量。在这些公益性较强的投资领域，财政投入理所当然应当主导并不断增加。由于问题的不确定性，财政投资必须在基金投资、规划投资、实时增加投资等多方面进行设计。一是基金投资，是指财政资金引导，吸引社会投资参与，形成与国民经济社会发展现实水平、一定阶段相适应的基金规模，而且实行保值增值、有足够竞争力、影响力、控制力的运作机制，形成创新发展绩效良好的基金发展态势。二是规划投资，是指财政资金的设立、投资方向、绩效评估等要有科学的顶层设计，要与经济社会发展规划同步，不能随意变化和更改，要保持稳定、可控、可评价、可持续。三是实时增加投资，应当是针对突发性生态环境问题或者由于不确定性问题突然爆发所及时增加的财政投资。实际上，在高效生态产业发展的常规财政投资中，还包括财政扶持的高效生态产业发展所需要的人才、科技、信息、数据、基础设施等各方面的投入。特别是，要加强PPP模式在高效生态产业发展中的应用，争取更多生态建设和环境保护项目进入全国PPP综合信息平台项目管理库。既减轻政府环保财政支出负担，又能发挥财政资金的杠杆作用，撬动更多的民营资本参与到环境保护中来，提高企业投入环保领域的积极性。

制定促进高效生态产业发展的税收政策。深化供给侧结构性改革内在要求的资源环境税收改革，对生产经营者供给行为有足够约束力的高效生态化税收政策，对消费者有足够约束力的高效生态化税收政策。其中，对各种不可再生资源征税，既是要缩小资源开发利用引致的极差收入问题，也是为了保护生态环境的迫切需要，随着时间的推移，将实现对各种不可再生资源开发利用应征对象的全覆盖；对生产经营者行为约束的供给侧税收，应当充分考虑碳排放税的征收，从发达国家的成功经验看，这是有效化解温室气体效应所导致的气候变暖问题的重要税收设计选项，尽管理论上碳税征收绩效到底如何依然带有一定的不确定性；随着时间推移，节省资源和保护环境的消费者征税政策也应当及时出台。

健全资源高效利用和生态补偿政策体系。按照生态环境保护者和资源能源节约者受益，生态环境污染者和资源能源浪费者付费的原则，逐步建立和完善起对不可再生资源能源开发利用约束，对可再生资源能源激励；对环境污染和温室气体排放约束，对改善和修复生态环境激励；对高耗能、高排放、高消耗原材料产业约束，对绿色循环低碳产业激励的一整套行之有效的财政税收政策体系。

鼓励开展碳排放权、排污权、水权市场交易。制定、完善、创新财政税收政策，有效促进节能减排、自然资源产权界定、自然资源资产负债表编制、自然资源离任审计等，进而加快碳排放权、排污权、水权市场交易市场的形成。进而，有助于形成充分发挥市场机制决定性作用与更好发挥政府财政政策作用有机结合的节能减排和生态环境保护的高效调控机制。

第七节 高效生态产业发展的金融政策

积极发展绿色金融。绿色金融在投融资决策中考虑环境的影响，加强对生态环境保护、污染治理以及绿色生产和生活的支持力度，因而是发展高效生态经济和高效生态产业的重要政策着力点。中国已经相继出台了以绿色信贷、绿色证券、绿色保险为主要内容的绿色金融政策框架。其中，绿色保险与绿色证券仍处于探索和起步阶段，绿色金融仍以信贷为主，绿色信贷规模较小，直接融资比重小，金融市场上绿色金融产品和服务的结构和种类较为单一，绿色金融发展亟待模式和体制创新。应当拓宽绿色金融项目的覆盖范围，加大绿色、环保或高效生态项目贷款力度。要创新环保、绿色或高效生态企业和项目的融资方式，支持地方政府发行专项债券支持生态环保领域投资，扩大绿色债券的发行规模，鼓励发行绿色资产支持证券产品，加大各地产业引导基金、PPP 引导基金、创业投资基金对绿色、环保或高效生态企业、投资项目或产业的支持力度。

完善绿色金融支持体系。相对于欧美发达国家，中国绿色金融发展起步晚，相应的政策支持体系不够完善和规范。基于引导社会资金投入绿色、环保或高效生态发展，提高资金配置效率的考量，必须建立取向提高生态环保项目回报率、降低污染性项目回报率的金融支持体系。要完善金融对政府绿色发展政策落实的资金和平台支持，协调好绿色发展过程中金融机构和政府机构的关系，将政府出台的支持高效生态产业发展的产业政策与金融机构的信贷、债券和保险等业务有机对接。对企业的技术研发、成果转化和产品创新提供资金支持，构建以社会责任型企业为主体，以市场为导向的金融交易平台，引导资金流向高效生态产业。加强对高校和科研机构在人才培养和技术研发方面的资金支持，鼓励高素质人才培养和绿色技术的研发，加快高效生态技术成果转化。特别是，应当考虑整合已有的涉及环境保护、减排节能、降低污染、气候变化等的各种专门基金，建立足够规模的绿色发展、可持续发展或高效生态发展国家重大战略基金，主导、引领和支持未来中国绿色发展、可持续发展或高效生态发展的大格局，对世界可持续发展产生足够引导力、影响力和竞争力。要充分发挥国家政策性银行不以营利为目的、服务于更好落实国家政策的公益性作用，加大政策性银行投入、引导和助推绿色发展、可持续发展或高效生态发展的力度。要通过深化金融供给侧结构性改革，降低绿色发展、可持续发展或高效生态产业发展领域制度性交易成本，加快这些产业发展领域企业上市步伐，做大、做强、做优股市绿色板块，建立有国际影响力、引导力和竞争力的中国特色绿色股票指数。

完善绿色金融监管体系。有序、高效发展绿色金融涉及国家发展改革委、国家统计局、"一行三会"、财政税务部门、环保部门、金融机构以及社会行业组织等多方主体的职责，需要建立稳定有效的跨部门协调机制，确保绿色金融政策的统一性、稳定性和可持续性，形成应有的系统协作整合效应。银行要通过优化绿色金融结构，设计符合环保标准的信贷流程，在利率定价和信贷准入方面给予从事作为高效生态产业经营主体的企业融资优惠。企业也应当通过绿色报告的方式向银行真实反映产能规模和可能面临的环境风险威胁。构建环保部门与银行系统信息共享平台，实现信贷环境风险的可控性，提高绿色金融的可操作性。对支持高效生态产业发展的金融机构实施优惠制度，完善其信贷风险机制，加强对绿色金融监管引领。确定合理的考核制度，通过窗口指导和现场监管等方式，引导金融机构执行差异性金融政策。金融机构也要定期披露绿色金融情况，让企业明确环境政策走向，合理确定未来绿色发展、可持续发展或高效生态产业发展预期。要建立统筹政府、金融机构、企业等评价主体，包括事前、事中与事后全过程评估在内的绿色金融政策绩效评估体系，以使绿色金融政策出台前的决策更科学、实施中的监管更到位、实施后的绩效更优良。

第八节　高效生态产业发展的就业政策

高效生态产业发展是推进产业优化升级与创造新的就业机会的双重过程。一方面，高效生态产业发展过程势必伴随一些传统高耗能、高污染和高消耗原材料的产业萎缩，一些就业机会随之消失，产生一定规模的结构性失业；另一方面，也势必伴随低消耗、低排放、低污染产业的兴起与发展壮大，创造出大量新的就业机会。取向高效生态产业发展的转型过程，导致就业总量、结构和就业态势发生深刻变化的结果，是与取向于民生为本的经济高质量发展一致的。就业优先是中国长期坚持的发展战略和政策选择，也是经济高质量发展和高效生态产业发展的内在要求，高质量发展和高效生态产业发展的共同优先选择就是要保证就业稳定，必须从促进供给与需求的动态平衡上建立、完善和创新就业政策体系，通过合理的就业政策安排处理好高效生态产业发展与就业发展的关系，在助推高质量发展和高效生态产业更好发展的同时，促进经济、环境和就业的协调发展。

完善创新绿色就业供给政策。一是，加强绿色就业规划设计。制定绿色就业发展规划；经济社会发展总体规划要充分考虑绿色产业发展，加大对绿色产业的支持力度以创造更多的绿色就业岗位。建立绿色就业统计指标体系，作为地方政府政绩的考核指标之一；建立绿色就业认证制度，激励企业增加绿色就业，对于实现绿色就业的企业给予一定的政策优惠；建立绿色职业资格认证体系，促使劳动者变为"绿领"，激励劳动者向高效生态产业转移；科学设置绿色就业评价指标，建立高效生态产业发展的系统评价体系。二是，促进形成绿色就业主导的就业结构。产业结构和就业结构相互影响、相互促进，随着取向高质量发展和高效生态产业发展的经济结构和产业结构的转型升级，顺应第四次工业革命发展趋势的新经济的崛起，传统行业就业人数下降，而具有灵活就业弹性的高效生态产业就业规模扩大，为下岗职工和大学毕业生带来了新的就业机会，政策选择也必须顺势而为，促进提高高效生态产业就业比重。制定实施高效生态产业发展的科技进步政策，制定实施大力发展高效生态农业、高效生态工业、高效生态服务业的政策。三是，完善社会保障与促进就业的联动机制。对于取向高效生态产业发展转型的企业，政府可以降低企业负担，增加企业就业吸纳能力，包括降低社会保险费率，给予企业社会保险补贴、岗位补贴、职业补贴等政策，鼓励企业稳定就业。构建良好就业缓冲平台，通过公共就业服务和再就业培训促进下岗再就业，对于参加培训的人员提供培训补贴以及职业资格鉴定补贴，提高劳动者素质。同时，要加强对绿色就业领域劳动者权益的保护，包括建立完善的劳动合同，健全工会组织，健全执法监督，提高从业人员薪酬待遇和促进其参加社会保险，改善安全卫生条件，使绿色就业劳动者获得符合体面劳动原则的工作条件和工作待遇，增强就业安全性和保障性。为了促进多渠道灵活就业，还必须完善与灵活就业相关的社会保障制度建设。

加强绿色创业带动绿色就业的扶持力度。绿色创业是指涉足绿色产业发展、可持续发展或高效生态产业发展领域的社会创业活动。技术创新是绿色创业成功的关键，政府要鼓励、扶持、促进和保护绿色技术研发、绿色技术创新，并促进市场导向的绿色技术发展以为绿色创业发展提供有力支撑。增强绿色创业带动绿色就业的作用，需要加强绿色创业指导和服务，必须发展市场化、专业化众创空间和双创基地等创业载体。鼓励、扶持、促进高校毕业生、失业人员和农村劳动者从事绿色创业和就业，加强就业政策与产业政策、环保政策的协调，将绿色创业和就业培育为新的就业增长点。鼓励有条件的行业和企业加快技术改造，实现绿色转型升级，提供绿色就业岗位。做好困难地区困难群众的就业援助，建立中央和地方专项资金用于经济落后地区的绿色创业和就业援助。加强绿色创业和就业的宣传力度，倡导文明、节约、绿色、低碳创业和就业方式，提高全社会对绿色创业和就业的认知。树立一批绿色社区、绿色企业的典型，形成有利于绿色经济和绿色就业发展的社会环境。引导企业树立绿色就业意识，主动调整生产行为，创造更多的绿色岗位。倡导绿色生产和绿色生活，以模范行为引领绿色生活，崇尚绿色就业和体面劳动。

第九节　高效生态产业发展的人才政策

人才是第一战略资源。当今世界综合国力的竞争归根结底是人才的竞争。对于技术密集、知识密集和信息密集的高效生态产业发展来说，人才特别是高端人才更是起着根本性的决定作用。

建设学习型社会。学习是增加知识、技能、才干的唯一途径，也是信息存量积累和增量不断扩大的唯一途径。在现代社会中，学习将随着学习模式、教育体制等的创新，日益成为社会再生产、经济增长和经济发展过程的内生影响变量。高效生态产业的发展也必须把学习作为唯一途径。中国一直具有建设学习型社会的良好传统，所以中华文明才成为迄今为止人类历史上唯一一个演进五千余年未曾中断的灿烂文明。必须构建服务全民、灵活开放的终身教育体系，完善和创新包括城乡一体化义务教育、职业教育、高等教育、继续教育、民办和合作教育、城乡家庭教育指导服务、网络教育等在内的教育体系，做到"学有所教"，教育面向、适合每个人。建设适应第四次工业革命发展趋势要求的学习型社会，必须进行教育体制的根本变革和创新，主要是要打造与工业4.0等相适应的数字化、网络化、信息化、智能化、生物化的教育4.0新体制、新机制、新模式，这也必然导致教育组织体系、办学模式、教学内容、师资队伍等的根本变革和创新。具体来说，人才培养政策的发力举措包括：依托人才培养的重点方向调整设置相关学科专业。教育部门赋予学校学科专业设置的自主权，增强专业设置的科学性、灵活性、特色化和创新性，依托不同院校的特色和优势，调整优化高效生态产业发展重点人才需求专业。促进产教深度融合，增强企业参与人才培养的作用，提高人才培养质量和精准化对接需求，包括企业参与教学标准和人才培养方案制定，课程教材教学资源开发及教学实施等。增强实践项目在人才培养中的作用，通过产教深度融合，培养理论与技术相结合的复合型人才，缩减理论与实践人才培养周期，提高人才培养效率。鼓励学校、企业、行业协会等组建人才培养联盟，协同人才培养资源、对接人才培养需求、提高人才培养水平。充分发挥继续教育培训作用，提高高效生态产业人才素质和能力。政府、协会、高校、企业合力完善高效生态产业人才继续教育培训体系，依托中国制造 2025、乡村振兴战略、供应链创新与应用等系列重要工程，深度协同继续教育培训资源。政府相关部门对继续教育培训提出适当的要求和给予政策鼓励，行业协会搭建高校和企业之间的桥梁，高校和企业协同发挥继续教育培训作用。

调整优化人才结构。目前，中国绿色发展、可持续发展或高效生态产业发展领域存在明显的供需结构失衡问题。一方面，随着产业自动化、信息化、智能化水平的提升，释放了大量低端劳动力；另一方面，适应产业升级发展的高端人才匮乏，制约着绿色发展、可持续发展或高效生态产业发展。从人才区域分布看，支撑绿色发展、可持续发展或高效生态产业发展的人才，特别是高端人才的东、中、西部占比不平衡的状况也十分明显，发达东部地区的人才"虹吸效应"使高效生态产业发展的高级人才不断集聚，而中西部地区人才，特别是高端人才流失的现象比较明显。适应绿色发展、可持续发展或高效生态产业发展的迫切需要，必须从顶层设计上对优化调整人才结构给予重视，包括制定中长期规划、发展战略、产业发展扶持重点等各方面都要做出科学、合理、有效的相应政策安排，以实现支撑绿色发展、可持续发展或高效生态产业发展的人才结构的动态平衡，既包括人才结构的不断智能化、高级化，也包括人才结构的比例协调、合理化。结合高效生态产业发展要求，高效生态产业发展人才培养要把握以下趋势：着力培养掌握生态产业链组建技术的人才，发挥其在高效生态产业模式的构建，产业链的设计与运营维护方面的作用；着力培养生态环保产业人才，尤其是能够发挥生态环保产业生态增值服务能力的人才；着力培养具有绿色供应链、绿色工厂运维能力的人才，发挥全链条绿色运营水平；着力培养高端产业发展的高级人才，发挥人才推动产业链向中高端迈进的能力；着力培养高效生态产业营销人才，助力生态产品销售渠道建设和品牌化增值服务等。同时，通过中西部政策倾斜等，促进人才与产业互动向空间平衡迈进，如贵州依托大数据产业形成人才虹吸效应，获取"弯道超车"效果。

有效激励人才创新创业。创新是发展的第一动力，创新才会真正拓展创业空间和增加就业岗位，而人才则是创新创业的基础、第一战略资源、决定性生产要素。必须深化要素市场改革，遵循生产力发展基本规律、第四次工业革命发展趋势、要素市场发展规律，在产权明晰的前提下，使知识、技术、管理、数据等生产要素获得市场竞争价格，并使掌握、使用、发明这些生产要素的人才获得应有的贡献所得；同时，还可以扩大包括科技人员、技能人才、企业家、教师、律师、金融从业人员、信息服务人员等在内的中等收入群体，这也是经济高质量发展的必然结果。加强对人才的产权、期权等激励是市场经济条件下，使人才作为发明创造者和知识产权所有者"有恒产者有恒心"，热爱和奋发努力工作的根本性激励举措。从生活、工作、学习等各方面优化人才发展环境，做到"情感与事业双留人"。物质激励与精神鼓励有机结合，在有效物质激励的同时，也要通过大胆使用、精心培养、积极推荐等措施，为各类人才获得荣誉奖励、职务升迁、参与社会事务等创造条件和机会。通过有效激励人才，使人才资源和要素顺畅流动、有效整合、活力迸发，创造出浓厚的创新创业氛围，形成创新创业的大气候，为绿色发展、可持续发展或高效生态产业发展奠定坚实的基础。

此外，还要从存量和增量上加强全社会对绿色发展、可持续发展或高效生态产业发展的各种人力资本的投入。

第十节 高效生态产业发展的科技政策

新中国成立以来，特别是1978年改革开放以来中国取得的建设和发展成就充分证明，创新是发展的第一动力，科学技术是第一生产力，科学技术进步是促进高效生态产业发展的根本途径。针对现阶段中国自主创新能力不强、绿色创新不足、创新效率不高等突出问题，必须把遵循生产力发展的基本规律、顺应第四次工业革命发展趋势、贯彻新发展理念、实施创新驱动发展战略等有机结合起来，制定一整套有效促进经济高质量发展，有效促进绿色发展、可持续发展或高效生态产业发展的政策体系。

实施国家战略科技引领工程。战略科技是关系国家乃至世界发展全局、长远走向、前途命运的重大科技进步事项。因此，国家重大科技引领工程也一定是决定绿色发展、可持续发展或高效生态产业发展的重大科技进步事项。现阶段中国自主创新能力明显不够强，总体研发投入占GDP的比例已超过2%，但基础研发投入仅占总体研发投入的5%左右，远远低于美国20%左右的水平，导致具有自主知识产权的源头创新和高端创新不足，关键核心技术受制于人。基础创新和高端创新不足已严重制约传统产业转型升级以及新兴产业培育，难以有效支撑产业发展向中高端价值链迈进。实施国家战略科技引领工程，在顶层设计、战略规划和具体实施过程中，要把充分发挥市场机制的决定性作用与更好发挥政府作用有机结合起来，把中国特色社会主义的制度优势转化为提高自主创新能力的效能，集中高端人才，整合优势资源，建设协同创新平台，对影响国家乃至世界发展走向的重大公益性科技项目、工程、任务进行攻关。合理布局，全球视野，实施大科学计划和大科学工程；通过自主培养、大胆使用、积极引进等多种渠道，加快战略尖端人才集聚；通过政府主导和有效吸引社会多元主体，特别是企业主体参与，加大战略科技投入；通过深化供给侧结构性改革，特别是深化科技体制创新，加快形成中国特色社会主义战略科技体制机制。

加快绿色科技进步。绿色科技进步是促进绿色发展、可持续发展或高效生态经济发展的科技进步。现阶段中国绿色创新不足，资源节约和环境友好的绿色生态技术尚未成为高效生态产业发展的强有力支撑。要加快生态科技创新，围绕关键技术、核心技术、共性技术强力推进相关研发创新，引领和支撑高效生态产业发展。加快传统产业高效生态化改造关键技术的研发创新。围绕钢铁、有色、化工、建材、造纸等传统高耗能、高污染行业，以新一代清洁高效及可循环生产工艺和装备为重点，结合国家科技重大工程、重大专项，推进关键技术研发。加快高效生态核心技术的研发创新。围绕节能环保、新能源汽车及其他装备等技术需求，加强核心关键技术研发。节能环保产业重点研发节能新工艺，环保新技术、新装备、新材料等，新能源装备重点研发核心部件制造、运维管理等关键技术。加快高效生态共性技术研发创新。按照产品全生命周期理念，推进生态环保材料、生态设计、生态工艺与装备、废旧产品资源化利用等领域共性技术研发。重点突破产品轻量化、模块化、集成化及智能化等生态设计技术，研发推广轻量化、高性能、生态环保新材料，推进废旧金属、废旧塑料等产品的高质利用和清洁利用的关键技术，推进基于产品全生命周期的绿色评价技术研究。加强生态产业链设计与构建，生态工厂、生态园区、生态城市等模式构建和运维技术研发和推广。依托生态农业园区、生态工业园区、（高效）生态经济区、生态县、生态省等建设实践，推进生态技术创新与产业融合工作。

创新完善科技创新体系。现阶段中国创新效率明显不高，科技成果转化效率较低，中国科技人力资源已跃居世界第一位，科技研发人员总数占世界四分之一以上，但高端创新型人才非常匮乏，人均产出效率远远落后于发达国家，诸多成果无法转化为产出，造成科技资源的严重浪费。同时，中国科技创新主体结构失衡，科技研发与创新以国家为主导，尤其反映在基础创新方面，而企业作为科技创新的主体作用却没有发挥出来，中国规模以上工业企业研究开发强度不足1%，拥有自主知识产权核心技术的企业仅有万分之三左右。而反观科技发达国家，企业是科技研究与创新的主体。要构建企业主导高效生态产业技术研发的体制机制，强化企业技术创新的主体地位，促进创新要素向企业集聚，培育一批具有较强科技创新能力的典型企业，发挥典型企业的带头作用和示范作用；鼓励企业、高等院校、科研机构、服务机构等建立合作机制，共建研发中心、实验室、中试基地等科技创新载体，完善创新生态系统；建设高效生态产业创新联盟等创新平台，协同产学研用多方资源，精准对接科技服务供需，依托联合开发、利益共享、风险共担模式，攻克共性关键技术，加快成果转化和工程示范；加强生态产业关键核心技术知识产权储备，建设产业化导向专利组合和战略布局，不断丰富生态产业发展技术专利池，完善专利协同运用体系，推动知识产权资源的共享使用；增强生态产业发展项目甄别、技术鉴定与成果推广，以及信息交流等技术服务能力，建立企业、中介机构、银行、科研机构等的互动机制，利用市场机制和信息化手段，增强问题咨询、人才培训、技术服务、融资支持、绩效评估等一体化服务。

第十一节 高效生态产业发展的国际合作政策

促进绿色产业、可持续发展产业或高效生态产业发展国际合作，有助于充分利用国内外两种资源和两个市场。全球化是大势所趋，中国必须在全球范围内构建生态创新链、产业链、供应链、价值链，这是高效生态产业发展的重要途径。

倡行构建人类命运共同体。构建人类命运共同体是总结人类文明演进经验，遵循人类文明发展规律，充分反映世界各国人民的心声，特别是得到秉持共商共建共享全球发展观和治理观的广大爱好和平的国家和人民的认同的结果。中国提出的人类命运共同体理念已被多次写入联合国文件，势必在有效促进和引领全球发展和治理体系不断创新和完善的同时，有效促进和引领世界绿色发展、可持续发展或高效生态产业发展。我们必须高举人类命运共同体的旗帜，顺应全球化、多边主义和国际关系民主化的大势，倡行各国无论大小、强弱、贫富都是国际社会平等一员；倡行各国内部事务由各国自己做主，世界事务由各国商量着办；倡行世界可持续发展，不断增进世界发展的共同利益。

推进高效生态产业发展国际合作。促进高效生态产业发展进入国际市场。一方面，加大生态产品国际贸易力度，为国内高效生态产业的发展拓展广阔的市场空间；另一方面，推动高效生态产业发展模式融入国际市场。在"一带一路"建设中贯彻生态发展理念，基于全球资源配置，采用境外投资、承包工程、装备出口、技术合作等方式，推动高效生态产业走进国际市场，积累发展经验，提高生态产业技术链、产业链、供应链和价值链组建水平。针对不同行业采用不同模式推进高效生态产业发展，如钢铁、建材、造纸等行业注重依托生态循环模式加强国际合作，石油化工行业加强境外生态发展基地建设，太阳能、风电、核能等新能源行业加强国际项目投资、建设和运营等。

强化绿色生态技术研发国际合作。通过发挥市场规模、装备生产、劳动力资源、创新环境等方面的优势吸引全球顶尖研发资源和先进技术向国内转移，为高效生态产业发展提供有力支撑。加快建设国际化生态技术创新平台，加强生态环保、节能降耗、典型生态技术等领域国际科技合作研究，鼓励高等学校、科研院所及企业研发机构等与世界一流科研机构建立合作关系，广泛开展科研人员交流培训，协同研发等活动。加强生态产业模式国际经验借鉴及关键生态技术和服务引进工作，广泛借鉴国际经验和国际技术，提升高效生态产业发展水平。

促进形成全球生态治理长效机制。积极参与国际交流合作活动，充分利用双边、多边合作机制，加强生态环保、节能减排等方面的交流对话，积极参与高效生态产业发展相关谈判和相关规则的制定工作；加强与联合国环境开发计划署、全球环境基金等生态发展相关组织的合作，深化与联合国工业发展组织在工业生态发展领域的合作交流；依托中欧、中美及相关国际组织等合作框架，推动双边、多边政府部门、企业、研究机构、行业协会等之间的交流互动；鼓励企业积极开展国际技术交流活动，依托科技合作、技术转移与并购、资源共同开发与利用、在国外设立研发中心以及国际标准参与制定等方式，提高生态技术研发创新和规则制定的国际影响力和话语权。

第十七章　高效生态产业发展前瞻

第一节　高效生态产业发展的中国展望

高效生态产业发展，中国已经走在路上。创新、协调、绿色、开放、共享的发展理念已经写入中华人民共和国宪法，是必须长期坚持的新发展理念；统筹推进经济建设、政治建设、文化建设、社会建设、生态文明建设这"五位一体"的总体布局；坚持供给侧结构性改革和高质量发展，建设现代化经济体系，等等，这一切都在引领着中国经济向着绿色、可持续或高效生态的方向发展。中国正在实施和即将实施的重大区域发展战略，包括共建"一带一路"、京津冀协同发展、长江经济带发展、粤港澳大湾区建设、长三角一体化发展、黄河流域生态保护和高质量发展等新的区域发展战略，将在国内外广阔地域空间上贯彻"绿色发展、生态优先""绿水青山就是金山银山"的理念，毋宁说，是势必将这些理念内生化促进绿色、可持续和高效生态发展的战略。其中，共建"一带一路"战略，从开始倡议到如今取得迅速进展，自始至终按照构建人类命运共同体，共商共建共享，绿色、生态、文明之"一带一路"等理念进行；京津冀协同发展战略要打造世界级绿色发展、生态引领的城市群样板，雄安新区将成为世界绿色生态之都，从顶层设计到如今强势推进，始终把绿色、生态、高效理念融入全过程、全环节、全方位；长江经济带发展战略要求沿江各省份协同一体对长江生态环境进行大保护，不搞大开发；粤港澳大湾区建设旨在打造全球科技创新中心和创新发展高地，深圳将打造中国社会主义现代化先行示范区；长三角一体化发展战略将在建设国家级战略性新兴产业基地、形成若干世界级制造业集群的同时，着力强化生态环境共保联治以形成高质量发展跨区域、跨流域生态网络，使优质生态产品供给能力不断提升；黄河流域生态保护和高质量发展战略直接将生态保护与高质量发展作为主题，集中体现了高效生态经济与高效生态产业发展的时代要求。也就是说，在所有这些涉及国内外广阔空间和决定中国"两个一百年"奋斗目标和中华民族伟大复兴中国梦的重大区域发展战略规划中，都充分体现出中国经济和产业绿色、可持续或高效生态发展的理论和实践在不断演进着，已经走在路上。

高效生态产业发展，中国将会取得辉煌成就。作为世界上最大的发展中社会主义人口大国，新中国成立以后我们曾走过一段先污染、后治理的传统工业化老路，但自充分认识到必须走人与自然和谐共生的新型工业化道路以后，特别是自中共十八大以来，践行绿水青山就是金山银山的理念，中国的绿色发展、可持续发展或高效生态发展已经取得了举世瞩目的崭新成就。在创造了经济长期高速增长、社会长期稳定双重世界奇迹的同时，美丽中国建设也开创出崭新局面，人民群众的获得感、幸福感、安全感持续增强。特别是近年来中国以绿色发展、生态优先为引领的高质量发展新路子越走越宽。中共十九届四中全会通过的《中共中央关于坚持和完善中国特色社会主义制度、推进国家治理体系和治理能力现代化若干重大问题的决定》，提出了到中国共产党成立一百年、到2035年、再到新中国成立一百周年时分三步走全面实现国家治理体系和治理能力现代化，使中国特色社会主义制度更加巩固、优越性充分展现的总体目标。具体决定内容既包括坚持社会主义基本经济制度，充分发挥市场在资源配置中的决定性作用，更好发挥政府作用，全面贯彻新发展理念，坚持以供给侧结构性改革为主线，加快建设现代化经济体系；也包括坚持和完善生态文明制度体系，促进人与自然和谐共生，实行最严格的生态环境保护制度，全面建立资源高效利用制度，健全生态保护和修复制度，严明生态环境保护责任制度等。毫无疑问，实现这样的国家治理体系和治理能力现代化，中国的绿色发展、可持续发展或高效生态发展就一定会取得更加辉煌的成就。

高效生态产业发展，会对世界贡献中国智慧。作为世界文明古国，中国富有传统生态智慧，中国古代思想体系中的"天人合一"思想的基本内涵就是人与自然的和谐共生；中国传统哲学倡导万物顺应自然规律生长，且多有节流开源、保护资源与经济发展的关系的主张；中国文化中一直继承着尊重自然、顺应自然、保护自然等人与自然和谐共生的古老传统。中国现在是全球经济总量大国，多年成为世界经济增长的最大贡献者，努力探索以新发展理念引领、坚持供给侧结构性改革促进经济高质量发展新路的同时，已经成为全球生态治理的重要参与者、贡献者和引领着。中国作为当今世界人口、经济总量、国土空间、资源环境利用社会主义发展中大国，对全球绿色、可持续或高效生态发展的影响可谓举足轻重。中国认真履行对联合国环境与发展大会通过的《21世纪议程》的庄严承诺，制定了《中国21世纪议程》，即《中国21世纪人口、环境与发展白皮书》，以此作为中国可持续发展总体战略、规划和方案，作为制定国民经济和社会发展中长期规划的指导性文件；积极落实《2030年可持续发展议程》，作为缔约方遵循《联合国气候变化框架公约》的基本原则，积极签署《巴黎气候变化协定》并严格履行承诺。中国倡导生态引领、绿色发展保持了战略定力。中国努力提供绿色、可持续或高效生态发展的国际公共产品，推进"一带一路"建设向高质量发展迈进，同各方共建"一带一路"可持续城市联盟、绿色发展国际联盟，制定《"一带一路"绿色投资原则》，建设"一带一路"生态环保大数据服务平台等，使"一带一路"沿线各国长久受益，造福"一带一路"沿线各国人民。中国努力为全球应对气候变化做出贡献，助推全球可持续发展。据统计，2018年中国煤炭消费量占能源消费总量比例为59%，首次降至60%以下；清洁能源的比例提升到22.1%。中国已成为世界利用清洁能源第一大国，风电、光伏发电装机规模和核电在建规模均居世界第一。以往碳排放快速增长的局面初步扭转，为落实2030年国家自主贡献目标奠定坚实基础。显而易见，随着中国高质量发展和深度参与全球环境治理，势必对全球绿色发展、可持续发展或高效生态发展贡献出越来越多的方案和智慧。

第二节　高效生态产业发展的世界展望

高效生态产业发展，世界已经进行实践探索。从发展史实看，即使从工业革命算起，成熟市场经济的发展也已有300余年的历史，而从第一次工业革命到如今的第四次工业革命，工业革命一直遵循着生产力发展的基本规律，即"社会生产力以科学技术为基础、以升级换代为形式的不断智能化规律"。在这一引起世界经济社会发展巨变，从而导致人与自然关系极度紧张的历史进程中，一方面，市场机制对资源配置的决定性作用得到越来越充分的发挥，以至于包括发达国家和不发达国家在内的世界各国纷纷走上市场经济的发展道路；另一方面，以科学技术为基础的智能化在产业发展过程中的主导作用也已经成为大趋势。也就是说，把充分发挥市场机制对于资源配置的卓有成效的调节作用与产业发展中充分发挥科学技术为基础的智能主导作用有机结合已是现实，进而说，客观规律使然，世界高效生态经济发展的实践早已开始。进入 21 世纪，一方面，包括中国在内的世界各国通过改革使市场经济体制越来越完善和成熟，在资源配置中的决定性作用发挥得越来越充分；另一方面，随着第四次工业革命浪潮的兴起，发达国家如美国、德国、英国、日本等国以及崛起中的大国——中国，适应第四次工业革命数字化、网络化、信息化、智能化、生物化的发展趋势，相继实施了一系列智能制造主导的工业振兴战略，都在确保制造业的优先地位，都把科技创新作为制造业发展的第一驱动力，都把制造业高质量发展作为财政施策的重要方向，注重把握战略性和效率性等基本原则，重点从科技创新和高素质人才方面助推潜力型、高端型企业，都持续围绕提高企业的造血能力优化营商环境以降低制度性交易成本。除德国工业 4.0 以外，中国也已经在 2015 年颁布实施了《中国制造 2025》。其中，制造业高质量发展得以充分体现：要转变发展方式，其中涉及资源要素的组织模式和配置方式、经济产出效率、经济与生态的关系等；要优化产业结构，涉及行业结构、供需结构、收入结构等；要转换增长动力，涉及创新驱动、传统动能优化提升、新动能培育等。特别是，中国进入经济新常态和高质量发展新阶段以后，为解决人民日益增长的美好生活需要与发展不充分、不平衡之间的矛盾这一社会主要矛盾，制造业高质量发展的步伐迈得越来越坚实。至少在中国，第一个直接以高效生态经济发展为主题的国家战略规划已经制定实施，这就是中华人民共和国国务院于 2009 年 12 月 1 日批准通过的《黄河三角洲高效生态经济区发展规划》。

高效生态产业发展，世界将会取得更多共识。迄今为止，市场经济体制机制是对资源配置和利用最有效的体制机制模式，也是世界各国在文明演进的漫长岁月中探索有效进行社会再生产、经济增长和经济发展的共同结晶，是最有共识的经济社会发展治理模式。与此同时，在社会再生产、经济增长和经济发展过程中必须遵循社会生产力发展的基本规律、工业革命发展趋势也是迄今为止世界各国所能够达到的最大共识之一。把这两种共识有机结合在一起，就是在社会再生产、经济增长和经济发展中理应发展绿色经济、可持续发展经济或高效生态经济的共识，形成只有发展高效生态经济才能够实现经济系统与生态系统的有机统一，同时获取经济效益、生态效益、社会效益的最佳结合，走出一条生态经济发展的最优路径来。可以肯定的是，越来越多倾向研究生态足迹物理规模、环境物理承载能力，比较忽视市场机制对环境变化有效调节作用的自然科学家、环境和资源问题研究学者、早期的生态经济学家，已经越来越多地转向重视生态环境变化过程中的市场作用有效性问题的探讨；同时，一向注重市场机制对生态环境变化有效调节作用，比较忽视生态足迹物理规模、环境物理承载能力问题研究的环境经济学、资源经济学或资源环境经济学学者们，也越来越多地对生态足迹物理规模、环境物理承载能力的变化给予足够重视。越来越多的经济学者、生态经济学者等对社会再生产、经济增长、经济发展可持续性的分析，注重采用环境变量内生化的数量分析模型，更加精准地分析经济绿色、可持续或高效生态产业发展。随着时间的推进，世界各国不断完善创新市场经济体制机制，遵循生产力发展基本规律、工业革命发展规律的共同结果，将是绿色经济、可持续发展经济或高效生态产业发展绩效的不断提高，引致世界各国对着力于绿色经济、可持续发展经济或高效生态产业发展的越来越多的共识，以及对于高效生态经济和高效生态产业概念本身的理论共识。从生态经济学、资源环境经济学、可持续发展问题研究权威研究成果，罗马俱乐部最新研究成果，以及长期致力于环境影响的经济学分析的一系列权威研究成果来看，世界各国、社会各界、学术界对高效生态经济和高效生态产业发展的实践和理论共识会越来越多。

高效生态产业发展，世界发展前景可以预期。地球演化的高熵化规律，市场经济发展的高效化规律，社会生产力发展以科学技术为基础、以升级换代为形式的不断智能化规律等，一起决定了绿色、可持续或高效生态产业发展的历史必然性。市场经济不发达的农业社会，产业发展低效但生态环境保持良好，或者说低效生态是产业发展的基本特征；市场经济发达的工业社会，产业发展比较高效、污染排放经历加速增长转向缓慢增长，达到极点后增长速度下降的所谓"倒U形曲线"的动态过程，或者说呈现出中效（一般或普通）生态经济的基本特征；知识经济（后工业社会，服务经济时代，或智能经济、数字经济时代），产业高效发展，生态环境得到最大可能的保护，经济系统与生态系统有机统一，经济效益、生态效益、社会效益有机统一，生态经济最典型的形态和治理模式已经成熟，高效生态经济和高效生态产业成为产业发展的主导和支柱。问题是，规律都是有条件的，除了遵循上述决定高效生态产业发展的客观规律，人类如何采取行动才能创造高效生态产业发展所需要的条件呢？幸运的是，人类文明演进的实际历程正在向绿色、可持续和高效生态产业发展方向收敛。首先，包括发达国家和欠发达国家在内的世界各国对"地球村""人类命运共同体"以及必须避免发展"过冲"等共识越来越多；其次，国际学术界、高端智库、决策机关、政府组织与NGO、联合国等跨国组织对绿色发展、可持续发展或高效生态产业发展的相关研究越来越投入、越来越深入、越来越合作；企业绿色生产经营、居民绿色消费、产业高效生态发展、国民经济绿色核算、生态环境保护和应对气候变化等各种生态环境保护和资源节约利用的规制、协定、方案、行动越来越多、越来越有效、越来越有约束力；绿色、环保技术进步速度越来越快，质量越来越高；全球经济、生态、社会治理体系创新步伐越来越快，越来越朝着绿色、生态、高效的方向演进。我们有充分的理由可以预期：高效生态产业发展的前景广阔，一定会伴随整个人类文明演进历程大踏步前行。

参考文献

［英］A. P. 瑟尔沃：《增长与发展》，郭熙保译，中国财政经济出版社2001年版。

［英］E. 库拉：《环境经济学思想简史》，谢扬举译，上海人民出版社2007年版。

［美］罗伯特·D. 阿特金森、［美］史蒂芬·J. 伊泽尔：《创新经济学：全球竞争优势》，王瑞军等译，科学技术文献出版社2014年版。

［英］安格斯·麦迪森：《中国经济的长期表现——公元960—2030年》（修订版），伍晓鹰、马德斌译，上海人民出版社2016年版。

［英］安格斯·麦迪森：《世界经济千年史》，伍晓鹰、叶燕文、施发启译，北京大学出版社2003年版。

［美］罗伯特·J. 巴罗、［美］哈维尔·萨拉伊马丁：《经济增长》，何晖、刘明兴译，中国社会科学出版社2000年版。

［美］比尔·盖茨：《未来时速：数字神经系统与商务新思维》，蒋显璟、姜明译，北京大学出版社1999年版。

［德］彼得·巴斯特姆：《数量生态经济学——如何实现经济的可持续发展》，齐建国、张友国、王红等译，社会科学文献出版社2010年版。

［英］大卫·李嘉图：《政治经济学及赋税原理》，郭大力、王亚南译，北京联合出版公司2013年版。

［美］赫尔曼·E. 戴利、［美］乔舒亚·佛蕾：《生态经济学：原理与应用》，徐中民等译，黄河水利出版社2007年版。

［美］菲利普·阿吉翁、［美］彼得·霍伊特：《内生增长理论》，陶然、倪彬华、汪柏林、曹广忠等译，陶然审校，北京大学出版社2004年版。

［澳］海因茨·沃尔夫冈·阿恩特：《经济发展思想史》，唐宇华、吴良建译，商务印书馆1997年版。

［法］吉恩·泰勒尔：《产业组织理论》，马捷等译，中国人民大学出版社1997年版。

［美］杰里米·里夫金：《第三次工业革命：新经济模式如何改变世界》，张体伟、孙豫宁译，中信出版社2012年版。

［法］克洛德·热叙阿、克里斯蒂昂·拉布鲁斯、达尼埃尔·维特里、达米安·戈蒙主编：《经济学词典》（修订版），李玉平、郭庆岚等译，史忠义、任君治等审校，社会科学文献出版社2013年版。

［美］蕾切尔·卡森：《寂静的春天》，吕瑞兰、李长生译，上海译文出版社2008年版。

［美］罗斯托：《经济增长理论史：从大卫·休谟至今》，陈春良等译，浙江大学出版社2016年版。

［英］马尔萨斯：《人口原理》，朱泱、胡企林、朱和中译，商务印书馆1992年版。

［美］马克·格兰诺维特：《镶嵌——社会网络与经济行动》，罗家德译，社会科学文献出版社2007年版。

［英］马歇尔：《经济学原理》，朱志泰、陈良璧译，商务印书馆1964年版。

［美］梅多斯（Meadows，D）、［美］兰德斯（Randers，J）、［美］梅多斯（Meadows，D）：《增长的极限》（珍藏版），李涛、王智勇译，机械工业出版社2013年版。

［美］梅多斯（Meadows，D）、［美］兰德斯（Randers，J）、［美］梅多斯（Meadows，D）：《增长的极限》，李涛、王智勇译，机械工业出版社2018年版。

［美］尼古拉·尼葛洛庞帝：《数字化生存》，胡冰、范海燕译，海南出版社1997年版。

［挪威］乔根·兰德斯：《2052：未来四十年的中国与世界》，秦雪征、谭静、叶硕译，译林出版社2013年版。

［挪威］乔根·兰德斯：《2052：未来四十年的中国与世界》，秦雪征、谭静、叶硕译，译林出版社2018年版。

［美］塞萨尔·伊达尔戈：《增长的本质：秩序的演化，从原子到经济》，浮木译社译，中信出版社2015年版。

［美］威廉·诺德豪斯：《均衡问题：全球变暖的政策选择》，王少国

译，社会科学文献出版社 2011 年版。

［英］亚当·斯密：《国民财富的性质和原因研究》（上卷），郭大力、王亚南译，商务印书馆 1972 年版。

［比］伊·普里戈金、［法］伊·斯唐热：《从混沌到有序》，曾庆宏、沈小峰译，上海译文出版社 1987 年版。

［英］约翰·伊特韦尔、默里·米尔盖特、彼得·纽曼主编：《新帕尔格雷经济学大辞典》（第二卷：E-J），经济科学出版社 1996 年版。

［美］约翰·R. 麦克尼尔：《太阳底下的新鲜事》，李芬芳译，中信出版集团 2017 年版。

［美］约瑟夫·斯蒂格里茨、［美］布鲁斯·格林沃尔德：《增长的方法：学习型社会与经济增长的新引擎》，陈宇欣译，中信出版集团 2017 年版。

［日］植草益：《微观规制经济学》，朱绍文等译，中国发展出版社 1992 年中文版。

世界银行：《2010 年世界发展报告：发展与气候变化》，胡光宇等译，清华大学出版社 2010 年版。

安同良、杨晨：《互联网重塑中国经济地理格局：微观机制与宏观效应》，《经济研究》2020 年第 2 期。

巴曙松、何师元、朱伟豪：《中国三次产业劳动生产率与单位劳动成本的国际比较研究》，《当代经济管理》2019 年第 2 期。

北京大学国家发展研究院：《中国能源体制改革研究报告》，北京大学国家发展研究院，2014 年。

陈冰梦、崔铁宁：《功能经济下产品服务系统的企业竞争优势研究》，《中国市场》2009 年第 36 期。

陈超凡：《中国工业绿色全要素生产率及其影响因素——基于 ML 生产率指数及动态面板模型的实证研究》，《统计研究》2016 年第 3 期。

陈柳钦：《未来产业发展的新趋势：集群化、融合化和生态化》，《商业经济与管理》2006 年第 1 期。

陈诗一：《中国的绿色工业革命：基于环境全要素生产率视角的解释（1980—2008）》，《经济研究》2010 年第 11 期。

陈诗一、陈登科：《中国资源配置效率动态演化——纳入能源要素的新视角》，《中国社会科学》2017 年第 4 期。

陈甦：《商法机制中政府与市场功能定位》，《中国法学》2014年第5期。

陈小勇：《产业集群的虚拟转型》，《中国工业经济》2017年第12期。

陈艳莹、原毅军、袁鹏：《中国高端服务业的内涵、特征与界定》，《大连理工大学学报》（社会科学版）2011年第3期。

程宇航：《论绿色发展的产业基础：生态产业链的构建》，《求实》2013年第5期。

戴建军、田杰棠：《互联网新兴业态规制研究》，中国发展出版社2017年版。

党耀国、赵庆业、刘思峰等：《农业主导产业评价指标体系的建立及选择》，《农业技术经济》2000年第1期。

邓启明、胡剑锋、黄祖辉：《财政支农机制创新与现代农业转型升级——基于浙江现代高效生态农业建设的理论分析与实践探索》，《福建论坛》（人文社会科学版）2011年第7期。

邓英淘：《新发展方式与中国未来》，中信出版社1992年版。

杜传忠：《从分散竞争到寡头垄断：中国工业市场结构调整的路径选择》，《人文杂志》2002年第1期。

杜志雄、檀学文：《食品短链的理念与实践》，《农村经济》2009年第6期。

樊胜岳、王曲元、包海花：《生态经济学原理与应用》，中国社会科学出版社2010年版。

范超、刘晓倩：《服务业发展的国际比较研究》，《调研世界》2018年第3期。

傅瑜、隋广军、赵子乐：《单寡头竞争性垄断：新型市场结构理论构建——基于互联网平台企业的考察》，《中国工业经济》2014年第1期。

傅泽强、杨明、段宁等：《生态工业技术的概念、特征及比较研究》，《环境科学研究》2006年第4期。

干春晖、郑若谷、余典范：《中国产业结构变迁对经济增长和波动的影响》，《经济研究》2011年第5期。

干春晖、王强：《改革开放以来中国产业结构变迁：回顾与展望》，《经济与管理研究》2018年第8期。

高翀、王京安：《生态足迹理论研究进展及实践综述》，《商业时代》

2011年第10期。

龚松柏、闪月:《农业的多功能性与中国新型农业经营体系的构建》,《中共浙江省委党校学报》2015年第2期。

顾益康、黄冲平:《浙江发展高效生态农业的战略与思路》,《浙江农业科学》2008年第2期。

郭朝先:《改革开放40年中国工业发展主要成就与基本经验》,《北京工业大学学报》(社会科学版)2018年第6期。

郭朝先:《当前中国工业发展问题与未来高质量发展对策》,《北京工业大学学报》(社会科学版)2019年第2期。

郭凤芝、王朝科:《产业分类方法重构——基于生态文明建设的视角》,《人力资源管理》2016年第11期。

郭旭红、武力:《新中国产业结构演变述论(1949—2016)》,《中国经济史研究》2018年第1期。

郭训成:《黄河三角洲高效生态产业发展研究》,《山东社会科学》2012年第9期。

韩超、胡浩然:《清洁生产标准规制如何动态影响全要素生产率——剔除其他政策干扰的准自然实验分析》,《中国工业经济》2015年第5期。

韩永辉、黄亮雄、王贤彬:《产业结构优化升级改进生态效率了吗?》,《数量经济技术经济研究》2016年第4期。

韩玉堂:《生态工业园中的生态产业链系统构建研究》,博士学位论文,中国海洋大学,2009年。

何传启主编:《中国现代化报告2018:产业结构现代化研究》,北京大学出版社2018年版。

何绍辉、舒隽:《构建生态消费伦理的三重理念》,《光明日报》2017年11月13日第15版。

何涛:《共享单车现象与共享经济发展探讨》,《技术经济与管理研究》2017年第8期。

何伟、张朝霞、贺芳:《关于加强和改进垄断行业价格监管的几点思考》,《价格理论与实践》2010年第7期。

胡安俊、孙久文:《空间层级与产业布局》,《财贸经济》2018年第10期。

胡凌:《"连接一切":论互联网帝国意识形态与实践》,《文化纵横》

2016 年第 1 期。

胡志刚：《市场结构理论分析范式演进研究》，《中南财经政法大学学报》2011 年第 2 期。

黄国勤、赵其国、龚绍林等：《高效生态农业概述》，《农学学报》2011 年第 9 期。

黄国勤：《循环农业的产生、含义及生态经济特征》，载陈建成、于法稳主编《生态经济与美丽中国》，社会科学文献出版社 2015 年版。

黄继忠：《对产业结构优化理论中一个新命题的论证》，《经济管理》2002 年第 4 期。

黄剑辉等：《我国改革开放 40 年产业结构演进历程与新时代现代化产业体系构建研究》，中国民生银行研究院，2018 年。

黄群慧：《从高速度工业化向高质量工业化转变》，《人民日报》2017 年 11 月 26 日第 5 版。

黄群慧：《改革开放 40 年中国的产业发展与工业化进程》，《中国工业经济》2018 年第 9 期。

黄群慧：《中国产业结构演进的动力与要素》，《中国经济报告》2018 年第 12 期。

黄婷、郭克莎：《国有僵尸企业退出机制的演化博弈分析》，《经济管理》2019 年第 5 期。

吉志鹏：《新时代绿色消费价值诉求及生态文化导向》，《山东社会科学》2019 年第 6 期。

蒋大兴、王首杰：《共享经济的法律规制》，《中国社会科学》2017 年第 9 期。

蒋高明：《畜南下，禽北上——畜禽换位新思路促农牧业双赢》，《发明与创新》（综合版）2009 年第 5 期。

金碚、吕铁、邓洲：《中国工业结构转型升级：进展、问题与趋势》，《中国工业经济》2011 年第 2 期。

金乐琴：《高质量绿色发展的新理念与实现路径——兼论改革开放 40 年绿色发展历程》，《河北经贸大学学报》2018 年第 6 期。

赖亚兰：《重庆三峡库区高效生态农业可持续发展模式与机制研究》，博士学位论文，西南农业大学，2001 年。

雷尚君、夏杰长：《以习近平新时代绿色发展思想推动服务业绿色转型》,《黑龙江社会科学》2018 年第 3 期。

李斌、彭星、欧阳铭珂:《环境规制,绿色全要素生产率与中国工业发展方式转变——基于 36 个工业行业数据的实证研究》,《中国工业经济》2013 年第 4 期。

李创:《我国产业集群发展瓶颈与破解对策》,《光明日报》2014 年 8 月 7 日第 16 版。

李春玲:《中等收入标准需要精准界定》,《人民日报》2016 年 12 月 7 日第 5 版。

李海舰:《〈中国高端服务业发展研究〉评介》,《中国工业经济》2012 年第 4 期。

李怀、高良谋:《新经济的冲击与竞争性垄断市场结构的出现——观察微软案例的一个理论框架》,《经济研究》2001 年第 10 期。

李克强:《在全国深化"放管服"改革转变政府职能电视电话会议上的讲话》,新华网,2018 年 7 月 13 日。

李玲、陶锋:《中国制造业最优环境规制强度的选择——基于绿色全要素生产率的视角》,《中国工业经济》2012 年第 5 期。

李鹏梅:《我国工业生态化路径研究》,博士学位论文,南开大学,2012 年。

李瑞农:《我国 50 个生态农业试点县建设开始启动》,《中国环境报》1993 年 12 月 11 日第 1 版。

李胜兰、初善冰、申晨:《地方政府竞争、环境规制与区域生态效率》,《世界经济》2014 年第 4 期。

李树:《生态工业:我国工业发展的必然选择》,《经济问题》1998 年第 4 期。

李伟:《产业演进中的技术创新与市场结构关系——兼论熊彼特假说的中国解释》,《科研管理》2009 年第 6 期。

李文华、刘某承、闵庆文:《中国生态农业的发展与展望》,《资源科学》2010 年第 6 期。

李文华、成升魁、梅旭荣等:《中国农业资源与环境可持续发展战略研究》,《中国工程科学》2016 年第 1 期。

李文姝、刘道前:《人工智能视域下的信息规制——基于隐私场景理论的激励与规范》,《人民论坛·学术前沿》2019 年第 3 期。

李晓西、王佳宁：《绿色产业：怎样发展，如何界定政府角色》，《改革》2018年第2期。

李欣泽、黄凯南：《中国工业部门要素错配变迁：理论与实证》，《经济学家》2016年第9期。

李周：《生态农业的经济学基础》，《云南大学学报》（社会科学版）2004年第2期。

李周：《生态产业发展的理论透视与鄱阳湖生态经济区建设的基本思路》，《鄱阳湖学刊》2009年第1期。

梁大为：《基于生态经济的五次产业划分研究》，《现代管理科学》2013年第10期。

林伯强、刘泓汛：《对外贸易是否有利于提高能源环境效率——以中国工业行业为例》，《经济研究》2015年第9期。

凌永辉、刘志彪：《中国服务业发展的轨迹、逻辑与战略转变——改革开放40年来的经验分析》，《经济学家》2018年第7期。

刘秉镰、林坦、刘玉海：《规模和所有权视角下的中国钢铁企业动态效率研究——基于Malmquist指数》，《中国软科学》2010年第1期。

刘传江、吴晗晗、胡威：《中国产业生态化转型的IOOE模型分析——基于工业部门2003—2012年数据的实证》，《中国人口·资源与环境》2016年第2期。

刘康：《生态规划——理论、方法与应用》，化学工业出版社2011年版。

刘克英：《论高效生态产业的演进及组织》，《生态经济》2004年第S1期。

刘磊：《产业集群生态化的内涵、路径与政策——基于交易成本视角的探讨》，《宏观经济研究》2018年第6期。

刘淑茹、贾箫扬、党继强：《中国工业绿色全要素生产率测度及影响因素研究》，《生态经济》2020年第11期。

刘小玄：《中国转轨经济中的产权结构和市场结构——产业绩效水平的决定因素》，《经济研究》2003年第1期。

刘玉升：《大农业循环经济的科学基础与技术体系》，《再生资源与循环经济》2015年第9期。

刘征驰、邹智力：《共享经济市场演进逻辑：结构、效率与驱动力——基于共享出行市场的理论与案例研究》,《华东经济管理》2019 年第 3 期。

刘志彪等编:《产业经济学》,机械工业出版社 2015 年版。

卢燕群、袁鹏:《中国省域工业生态效率及影响因素的空间计量分析》,《资源科学》2017 年第 7 期。

陆根尧、盛龙、唐辰华:《中国产业生态化水平的静态与动态分析——基于省际数据的实证研究》,《中国工业经济》2012 年第 3 期。

罗能生:《生态服务业:洞庭湖生态经济区的"新型动力"》,《湖南日报》2016 年 9 月 20 日第 5 版。

罗能生、王玉泽:《财政分权、环境规制与区域生态效率——基于动态空间杜宾模型的实证研究》,《中国人口·资源与环境》2017 年第 4 期。

骆世明:《论生态农业的技术体系》,《中国生态农业学报》2010 年第 3 期。

骆世明:《农业生态转型态势与中国生态农业建设路径》,《中国生态农业学报》2017 年第 1 期。

骆世明:《中国生态农业制度的构建》,《中国生态农业学报》2018 年第 5 期。

吕明元、陈维宣:《产业结构生态化:演进机理与路径》,《人文杂志》2015 年第 4 期。

马春文、武赫:《地方政府竞争与环境污染》,《财经科学》2016 年第 8 期。

马建堂:《结构与行为:中国产业组织研究》,中国人民大学出版社 1993 年版。

马鹏、李文秀:《高端服务业集聚效应研究——基于产业控制力视角的分析》,《中国软科学》2014 年第 4 期。

梅夏英:《数据的法律属性及其民法定位》,《中国社会科学》2016 年第 9 期。

母爱英、何恬:《京津冀循环农业生态产业链的构建与思考》,《河北经贸大学学报》2014 年第 6 期。

潘丹、应瑞瑶:《中国农业生态效率评价方法与实证——基于非期望产出的 SBM 模型分析》,《生态学报》2013 年第 12 期。

彭建、刘松、吕婧：《区域可持续发展生态评估的能值分析研究进展与展望》，《中国人口·资源与环境》2006年第16卷第5期。

钱颖一、肖梦：《走出误区：经济学家论说硅谷模式》，中国经济出版社2000年版。

秦庆武：《黄河三角洲高效生态产业选择与土地利用》，《科学与管理》2016年第2期。

邱兆林：《高技术产业两阶段创新效率》，《财经科学》2014年第12期。

邱兆林：《中国制造业转型升级中产业政策的绩效研究》，博士学位论文，山东大学，2016年。

邱兆林、王业辉：《行政垄断约束下环境规制对工业生态效率的影响——基于动态空间杜宾模型与门槛效应的检验》，《产业经济研究》2018年第5期。

邱兆林：《中国制造业转型升级中产业政策的绩效研究》，经济科学出版社2019年版。

曲晓华：《论政府规制与企业反应》，博士学位论文，四川大学，2003年。

任胜钢、张如波、袁宝龙：《长江经济带工业生态效率评价及区域差异研究》，《生态学报》2018年第15期。

阮建青、石琦、张晓波：《产业集群动态演化规律与地方政府政策》，《管理世界》2014年第12期。

沈能：《环境效率、行业异质性与最优规制强度——中国工业行业面板数据的非线性检验》，《中国工业经济》2012年第3期。

时正新、吴玉树：《试论生态农业结构的合理化》，《农业现代化研究》1987年第5期。

史丹：《绿色发展与全球工业化的新阶段：中国的进展与比较》，《中国工业经济》2018年第10期。

史健勇：《优化产业结构的新经济形态——平台经济的微观运营机制研究》，《上海经济研究》2013年第8期。

宋马林、王舒鸿：《环境规制、技术进步与经济增长》，《经济研究》2013年第3期。

苏东水主编：《产业经济学》，高等教育出版社2010年版。

孙建鸿:《我国生态农业发展思想及实践研究》,《农业部管理干部学院学报》2014年第4期。

孙丽文、杜娟:《基于推拉理论的生态产业链形成机制研究》,《科技管理研究》2016年第16期。

孙婷:《关于发展贵阳市南明区生态服务业的几点思路》,《特区经济》2007年第5期。

孙振清、鲁思思、刘保留:《省级区域生态效率评价及提升路径研究——基于超效率SBM模型和Tobit回归》,《生态经济》2021年第1期。

檀学文、杜志雄:《食品短链、生态农场与农业永续:京郊例证》,《改革》2015年第5期。

唐清利:《"专车"类共享经济的规制路径》,《中国法学》2015年第4期。

田金平、刘巍、李星等:《中国生态工业园区发展模式研究》,《中国人口·资源与环境》2012年第7期。

田金平、刘巍、臧娜等:《中国生态工业园区发展现状与展望》,《生态学报》2016年第22期。

汪涛、叶元煦:《可持续发展的产业分类理论——立体产业分类理论》,《学术交流》2000年第6期。

王宝义、张卫国:《中国农业生态效率的省际差异和影响因素——基于1996—2015年31个省份的面板数据分析》,《中国农村经济》2018年第1期。

王宝义:《中国现代农业生态化发展历程与政策导向》,《福建农林大学学报》(哲学社会科学版)2018年第2期。

王宝义:《高效生态农业研究的计量分析与文献综述》,《湖北经济学院学报》2018年第3期。

王宝义:《中国农业生态化发展的评价分析与对策选择》,博士学位论文,山东农业大学,2018年。

王博勋:《加快形成现代能源结构》,《中国人大》2018年第7期。

王冠凤:《中国高端服务业发展的国际比较研究》,《湖北社会科学》2018年第4期。

王国印:《论循环经济的本质与政策启示》,《中国软科学》2012年第1期。

王晶：《鄱阳湖生态经济区产业生态化研究》，博士学位论文，江西财经大学，2013年。

王珺：《我国资源配置效率的改善：条件、变迁与建议》，《南方经济》2018年第9期。

王利明：《负面清单管理模式与私法自治》，《中国法学》2014年第5期。

王庆功、赵国强：《论中国市场结构模式的选择》，《东岳论丛》2002年第1期。

王如松、杨建新：《产业生态学和生态产业转型》，《世界科技研究与发展》2000年第5期。

王如玉、梁琦、李广乾：《虚拟集聚：新一代信息技术与实体经济深度融合的空间组织新形态》，《管理世界》2018年第2期。

王文、孙早：《产业结构转型升级意味着去工业化吗》，《经济学家》2017年第3期。

王兆华、尹建华、武春友：《生态工业园中的生态产业链结构模型研究》，《中国软科学》2003年第10期。

危旭芳：《生态产业集群的基本模式及其构建路径》，《江西社会科学》2008年第5期。

魏胜文、陈先江、张岩等：《能值方法与存在问题分析》，《草业学报》2011年第20卷第2期。

魏学文：《黄河三角洲产业结构生态化发展路径研究》，《生态经济》2012年第6期。

文佳筠：《环境和资源危机时代农业向何处去？——古巴、朝鲜和美国农业的启示》，《开放时代》2010年第4期。

翁伯琦：《发展高效生态农业：推进农业供给侧结构性改革的新举措》，《福建日报》2017年2月14日第10版。

吴波：《绿色消费研究评述》，《经济管理》2014年第11期。

吴德进：《产业集群的组织性质：属性与内涵》，《中国工业经济》2004年第7期。

吴福象、蔡悦：《中国产业布局调整的福利经济学分析》，《中国社会科学》2014年第2期。

吴光玲：《论循环经济及其产业体系的构建》，《中共福建省委党校学报》2005年第4期。

吴利学、魏后凯、刘长会：《中国产业集群发展现状及特征》，《经济研究参考》2009年第15期。

习近平：《走高效生态新型农业现代化道路》，《人民日报》2007年3月21日第9版。

习近平：《在省部级主要领导干部学习贯彻党的十八届五中全会精神专题研讨班上的讲话》，人民出版社2016年版。

习近平：《决胜全面建成小康社会 夺取新时代中国特色社会主义伟大胜利——在中国共产党第十九次全国代表大会上的报告》，载《党的十九大报告辅导读本》编写组编著《党的十九大报告辅导读本》，人民出版社2017年版。

习近平：《习近平主席在出席世界经济论坛2017年年会和访问联合国日内瓦总部时的演讲》，人民出版社2017年版。

肖兴志、邓菁：《战略性新兴产业组织的政策评价与取向》，《重庆社会科学》2011年第4期。

肖焰恒、陈艳：《生态工业理论及其模式实现途径探讨》，《中国人口·资源与环境》2001年第3期。

谢伏瞻：《论新工业革命加速拓展与全球治理变革方向》，《经济研究》2019年第7期。

胥和平：《中国产业组织结构变化的主要趋势》，《经济管理》1998年第10期。

徐朝阳、周念利：《市场结构内生变迁与产能过剩治理》，《经济研究》2015年第2期。

徐莉婷、叶春明：《基于演化博弈论的雾霾协同治理三方博弈研究》，《生态经济》2018年第12期。

徐升华、吴丹：《基于系统动力学的鄱阳湖生态产业集群"产业—经济—资源"系统模拟分析》，《资源科学》2016年第5期。

许涤新主编：《生态经济学》，浙江人民出版社1987年版。

许宗泉：《黄河三角洲高效生态农业建设的必要性及发展思路研究》，《当代生态农业》2005年第Z1期。

薛永应、张德霖、李晓帆：《生产力经济论》，人民出版社1995年版。

颜建军、谭伊舒：《生态产业价值链模型的构建与推演》，《经济地理》2016 年第 5 期。

阳立高、龚世豪、王铂、晁自胜：《人力资本、技术进步与制造业升级》，《中国软科学》2018 年第 1 期。

杨丽君、邵军：《中国区域产业结构优化的再估算》，《数量经济技术经济研究》2018 年第 10 期。

叶明：《互联网企业独家交易行为的反垄断分析》，《现代法学》2014 年第 4 期。

叶谦吉：《生态农业》，《农业经济问题》1982 年第 11 期。

尹琦、肖正扬：《生态产业链的概念与应用》，《环境科学》2002 年第 6 期。

于法稳：《中国生态产业发展政策回顾及展望》，《社会科学家》2015 年第 10 期。

虞震：《我国产业生态化路径研究》，博士学位论文，上海社会科学院，2007 年。

袁富华：《低碳经济约束下的中国潜在经济增长》，《经济研究》2010 年第 8 期。

岳鸿飞、徐颖、周静：《中国工业绿色全要素生产率及技术创新贡献测评》，《上海经济研究》2018 年第 4 期。

臧旭恒、徐向艺、杨蕙馨主编：《产业经济学》，经济科学出版社 2007 年版。

张国林、刘旗、罗勇：《论县域高效生态农业的发展》，《西南民族学院学报》（哲学社会科学版）1999 年第 S4 期。

张红凤：《西方规制经济学的变迁》，经济科学出版社 2005 年版。

张佳华、鞠成伟：《新自由主义市场规制理论及其批判》，《国外理论动态》2018 年第 8 期。

张丽芳、张清辨：《网络经济与市场结构变迁——新经济条件下垄断与竞争关系的检验分析》，《财经研究》2006 年第 5 期。

张娜、李波：《基于演化博弈的战略性新兴产业集群共生技术协同创新研究》，《科技管理研究》2019 年第 10 期。

张清俐：《加快形成现代能源结构——访全国人大代表、山东社会科学院经济研究所所长张卫国》，《中国社会科学报》2018 年 3 月 14 日第 5 版。

张清俐:《前置生态文明规划引导经济社会发展——访全国人大代表、山东社会科学院经济研究所所长张卫国》,《中国社会科学报》2019年3月22日第5版。

张蕊、刘小玄:《转轨时期不同所有制企业的规模边界——基于钢铁行业的微观实证研究》,《财经科学》2013年第12期。

张瑞:《环境规制、能源生产力与中国经济增长》,博士学位论文,重庆大学,2013年。

张腾飞、杨俊:《绿色发展绩效的环境保护财政支出效应评价及政策匹配》,《改革》2019年第5期。

张卫国主编:《知识经济与未来发展》,青岛海洋大学出版社1998年版。

张卫国:《从"马歇尔收敛"到"转型中自生":——中国经济转型的经验》,《学术月刊》2008年第12期。

张卫国、任燕燕、侯永建:《地方政府投资行为对经济长期增长的影响——来自中国经济转型的证据》,《中国工业经济》2010年第8期。

张卫国、任燕燕、花小安:《地方政府投资行为、地区性行政垄断与经济增长——基于转型期中国省级面板数据的分析》,《经济研究》2011年第8期。

张卫国主编:《山东经济蓝皮书2012年:高效生态经济赢取未来》,山东人民出版社2011年版。

张卫国、刘颖、韩青:《地方政府投资、二氧化碳排放与二氧化碳减排——来自中国省级面板数据的证据》,《生态经济》2015年第7期。

张卫国:《高效生态经济研究的理论基础》,载张卫国、于法稳主编《全球生态治理与生态经济研究》,中国社会科学出版社2016年版。

张卫国、王双:《大国崛起:东亚模式与中国道路》,《学术月刊》2019年第10期。

张晓波:《中国产业集群崛起背后的故事》,《南方工报》2018年10月26日第14版。

张晓莹、张红凤:《中国经济性规制改革的动态演进及现实选择》,《教学与研究》2012年第9期。

章铭、刘传江:《基于低碳经济的产业分类模式研究》,《广西社会科学》2013年第1期。

赵桂慎：《生态经济学》，化学工业出版社2009年版。

赵涛、周志刚：《基于循环经济的五次产业分类研究》，《现代经济探讨》2010年第1期。

中共中央文献研究室编：《习近平关于社会主义经济建设论述摘编》，中央文献出版社2017年版。

中共中央宣传部编：《习近平新时代中国特色社会主义思想学习纲要》，学习出版社、人民出版社2019年版。

中国社会科学院语言研究所词典编辑室编：《现代汉语词典》，商务印书馆1996年版。

钟林生、马向远、曾瑜皙：《中国生态旅游研究进展与展望》，《地理科学进展》2016年第6期。

钟琴道、姚扬、乔琦等：《中国生态工业园区建设历程及区域特点》，《环境工程技术学报》2014年第5期。

朱东波、任力：《环境规制、外商直接投资与中国工业绿色转型》，《国际贸易问题》2017年第11期。

朱立志：《对新时期我国生态农业建设的思考》，《中国科学院院刊》2013年第3期。

朱立志：《循环经济增值机理——基于农业循环经济的探索》，《世界农业》2017年第4期。

朱有为、徐康宁：《中国高技术产业研发效率的实证研究》，《中国工业经济》2006年第11期。

Anca Butnariu, Silvia Avasilcai, "Research on the Possibility to Apply Ecological Footprint as Environmental Performance Indicator for the Textile Industry", *Procedia - Social and Behavioral Sciences*, Vol. 124, 2014, pp. 344–350.

B. F. Giannetti, F. A. Barrella, C. M. V. B. Almeida, "A Combined Tool for Environmental Scientists and Decision Makers Ternary Diagrams and Emergy Accounting", *Journal of Cleaner Production*, Vol. 14, No. 2, 2006, pp. 201–210.

Béchir Ben Lahouel, "Eco-efficiency Analysis of French Firms: A Data Envelopment Analysis Approach", *Environmental Economics and Policy Studies*, Vol. 18, No. 3, 2016, pp. 395–416.

Chang-Tai Hsieh, Peter J. Klenow, "Misallocation and Manufacturing TFP in China and India", *The Quarterly Journal of Economics*, Vol. 124,

No. 4, 2009, pp. 1403 – 1448.

Charongpun Musikavong, Shabbir H. Gheewala, "Ecological Footprint Assessment towards Eco – efficient Oil Palm and Rubber Plantations in Thailand", *Journal of Cleaner Production*, Vol. 140, 2016, pp. 581 – 589.

Chuan Zhang, Li Zhou, Pulkit Chhabra, et al. , "A Novel Methodology for the Design of Waste Heat Recovery Network in Eco – industrial Park Using Techno – economic Analysis and Multi – objective Optimization", *Applied Energy*, Vol. 184, 2016, pp. 88 – 102.

Corrado Giannantoni, "The Problem of the Intitial Conditions and Their Physical Meaning in Linear Differential Equations of Fractional Order", *Applied Mathematics and Computation*, Vol. 141, 2003, pp. 87 – 102.

Daniel Friedman, "Evolutionary Games in Economics", *Econometrica*, Vol. 3, 1991, pp. 637 – 666.

Dianjun Qin, Xiaojing Guo, "Research on Implementation Strategies of Green Supply Chain Management", *Applied Mechanics and Materials*, Vol. 84 – 85, No. 8, 2011, pp. 757 – 760.

Erik Nelson, Guillermo Mendoza, James Regetz, et al. , "Modeling Multiple Ecosystems Services, Biodiversity Conservation, Commodity Production, and Tradeoffs at Landscape Scale", *Frontiers Ecol Environ*, Vol. 7, No. 1, 2009, pp. 4 – 11.

Francesco Testa, Fabio Iraldo, Marco Frey, "The Effect of Environmental Regulation on Firm' Competitive Performance: The Case of the Building & Construction Sector in Some EU Regions", *Journal of Environmental Management*, Vol. 92, No. 9, 2011, pp. 2136 – 2144.

Garry W. McDonald, Murray G. Patterson, "Ecological Footprints and Interdependencies of New Zealand Regions", *Ecological Economics*, Vol. 50, 2004, pp. 49 – 67.

George J. Stigler, "The Theory of Economic Regulation", *Bell Journal of Economics*, Vol. 2, No. 1, 1971, pp. 3 – 21.

Giorgia Oggioni, Rossana Riccardi, R. Toninelli, "Eco – efficiency of the World Cement Industry: A Data Envelopment Analysis", *Energy Policy*, Vol. 39, No. 5, 2011, pp. 2842 – 2854.

Gretchen C. Daily, Tore Söderqvist, Sara Aniyar, et al. , "The Value of Nature and the Nature of Value", *Science*, Vol. 289, No. 5478, 2000, pp. 395 – 396.

Guoqin Huang, Qiguo Zhao, Shaolin Gong, et al. , "Overview of Ecological Agriculture with High Efficiency", *Asian Agricultural Research*, Vol. 9, 2012, pp. 71 – 77.

Herman E. Daly, Joshua Farley, "Ecological Economics: Principles and Applications (Second Edition)", *Island Press*, 2010.

Hyeong – Woo Kim, Liang Dong, Seok Jung, et al. , "The Role of the Eco – Industrial Park (EIP) at the National Economy: An Input – Output Analysis on Korea", *Sustainability*, Vol. 10, No. 12, 2018, pp. 1 – 19.

Jingke H, Fengrui J, Qiang Y, et al. , "Ecological Efficiency for Non – ferrous Metals Industry in China Based on Bulk Materials Flow Analysis", Sustainable Development: Proceedings of the 2015 International Conference on Sustainable Development (ICSD2015), 2015.

Jiun – Jiun Ferng, "Using Composition of Land Multiplier to Estimate Ecological Footprints Associated with Production Activity", *Ecological Economics*, Vol. 37, 2001, pp. 159 – 172.

John A. Mathews, Hao Tan, "Progress Toward a Circular Economy in China: the Drivers (and Inhibitors) of Eco – industrial Initiative", *Journal of Industrial Ecology*, Vol. 15, No. 3, 2016, pp. 435 – 457.

John Barrett, "Component Ecological Footprint: Developing Sustainable Scenarios", *Impact Assessment and Project Appraisal*, Vol. 19, No. 2, 2001, pp. 107 – 118.

Jorge Hau, Bhavik R. Bakshi, "Promise and Problems of Emergy Analysis", *Ecological Modeling*, Vol. 178, 2004, pp. 215 – 225.

K. Cao, X. Feng, "The Emergy Analysis of Multi – product Systems", *Institution of Chemical Engineers*, Vol. 85, No. B5, 2007, pp. 494 – 500.

K. Charmondusit, S. Phatarachaisakul, P. Prasertpong, "The Quantitative Eco – efficiency Measurement for Small and Medium Enterprise: A Case Study of Wooden Toy Industry", *Clean Technologies and Environmental Policy*, Vol. 16, No. 5, 2014, pp. 935 – 945.

Kathryn B. Bicknell, Richard J. Ball, Ross Cullenr, et al., "New Methodology for the Ecological Footprint with an Application to the New Zealand Economy", *Ecological Economics*, Vol. 27, 1998, pp. 149 – 160.

Keijiro Otsuka, Tetsushi Sonobe, "A Cluster – based Industrial Development Policy for Low – income Countries", *Policy Research Working Paper*, World Bank, 2011.

Les Carlson, Stephen J. Grove, Norman Kangun, "A Content Analysis of Environmental Advertising Claims: A Matrix Method Approach", *Journal of Advertising*, Vol. 22, No. 3, 1993, pp. 27 – 39.

Linjun Li, Hongfang Lu, Daniel E. Campbell, et al., "Methods for Estimating the Uncertainty in Emergy Table – form Models", *Ecological Modelling*, Vol. 222, 2011, pp. 2615 – 2622.

Marian Ruth Chertow, "Industrial Symbiosis: Literature and Ttaxonomy", *Annual Review of Energy and the Environment*, Vol. 25, No. 1, 2000, pp. 313 – 337.

Mathilde Le Tellier, Lamia Berrah, Benoit Stutz, et al., "From SCM to Eco – Industrial Park Management: Modelling Eco – Industrial Park's Symbiosis with the SCOR Model", *Advances in Production Management Systems*. 2017, pp. 467 – 478.

Meimei Zhang, Zhifeng Wang, Chao Xu, "Embodied Energy and Emergy Analyses of a Concentrating Solar Power (CSP) System", *Energy Policy*, Vol. 42, 2012, pp. 232 – 238.

Millennium Ecosystem Assessment, "Ecosystems and Human Wellbeing: Biodiversity Synthesis," Washington DC: World Resources Institute, 2005.

Mohammad Sadegh Taskhiri, Shishir Kumar Behera, Raymond R. Tan, et al. "Fuzzy Optimization of a Waste – to – energy Network System in an Eco – Industrial Park", *Journal of Material Cycles and Waste Management*, Vol. 17, No. 3, 2015, pp. 476 – 489.

Pardo Martínez, Clara Inés, "An Analysis of Eco – efficiency in Energy Use and CO_2 Emissions in the Swedish Service Industries", *Socio – Economic Planning Sciences*, Vol. 47, No. 2, 2013, pp. 120 – 130.

Robert A. Frosch, Nicholas E. Gallopoulos, "Strategies for Manufacturing", *Scientific American*, Vol. 261, 1989, pp. 144 – 152.

Robet Costanza, Ralph d'Arge, Rudolfde Groot, et al., "The Value of the World's Ecosystem Services and Natural Capital", *Nature*, Vol. 387, 1997, pp. 253-260.

Sihua Chen, "An Evolutionary Game Study of an Ecological Industry Chain Based on Multi-Agent Simulation: A Case Study of the Poyang Lake Eco-Economic Zone", *Sustainability*, Vol. 9, No. 7, 2017, pp. 1-27.

Stephen Levine, "Comparing Products and Production in Ecological and Industrial Systems", *Journal of Industrial Ecology*, Vol. 7, No. 2, 2003, pp. 33-42.

Suntao Qin, Weiwei Fu, "Evolvement Model of Eco-Industrial Cluster—Research Based on Complex Adaptive System", *Advanced Material Research*, Vol. 304, No. 6, 2011, pp. 247-252.

Suphi Sen, "Corporate Governance, Environmental Regulation, and Technological Change", *European Economic Review*, Vol. 80, No. 10, 2015, pp. 36-61.

Suren Erkman, "Industrial Ecology: An Historical View", *Journal of Cleaner Production*, Vol. 5, 1997, pp. 1-10.

Thomas Wiedmann, Jan Minx, John Barrett, et al., "Allocating Ecological Footprints to Final Consumption Categories with Input-output Analysis", *Ecological Economics*, Vol. 56, 2006, pp. 28-48.

Tyler J. Hengen, Heidi L. Sieverding, Noel A. Cole, et al., "Eco-Efficiency Model for Evaluating Feedlot Rations in the Great Plains, United States", *Journal of Environment Quality*, Vol. 45, No. 4, 2016, pp. 1234-1242.

Vasilica Onofrei, Gabriel-Ciprian Teliban, Christiana Balan, et al., "Necessity, Desirability and Importance of Ecological Agriculture in the Context of Medicinal Plants Cultivation", *Bulletin of University of Agricultural Sciences and Veterinary Medicine Cluj-Napoca: Agriculture*, Vol. 73, No. 1, 2016.

Wesley W. Ingwersen, "Uncertainty Characterization for Emergy Values", *Ecological Modeling*, Vol. 221, 2010, pp. 445-452.

X. J. Ye, Z. Q. Wang, Q. S. Li, "The Ecological Agriculture Movement in Modern China", *Agriculture Ecosystems and Environment*, Vol. 92, No. 2-3, 2002, pp. 261-281.

后　记

《高效生态产业发展研究》一书是张卫国、王宝义、邱兆林共同完成的成果。各位作者的分工如下：

张卫国拟定撰文大纲，主持撰写工作，对各章提出修改意见并对全书进行审定。撰写了前言、第一、二、三、四、五、十五、十六、十七章；王宝义参与撰文大纲讨论，撰写了第六、七、八、九、十章；邱兆林参与撰文大纲讨论，撰写了第十一、十二、十三、十四章。

中国生态经济学会的多位领导在本书撰写过程中给予关心、指导和支持，作者向他们表示衷心感谢。

山东社会科学院高效生态经济研究泰山学者岗位，特别是山东社会科学院经济研究所全体同人对本书撰写给予了大力帮助和支持，作者向他们表示衷心感谢。

中国社会科学出版社为本书及时出版提供了宝贵机会，特别是责任编辑李庆红为本书如期出版付出了心血，作者表示衷心感谢和深深敬意。

作者家人承担了额外家务，以鼓励、支持和帮助撰文工作，我们三位一并表示深深感激，更当以加倍努力回报亲人和社会。

张卫国
2021 年 1 月 20 日